화엄경청량소
華嚴經淸凉䟽

화엄경청량소

제33권

제9 서다원림법회 ⑤

[제39 입법계품 ⑮ - ⑱]

청량징관 저

석반산 역주

담앤북스

일러두기

1. 본 화엄경소초의 번역에 사용된 원본은 봉은사에 소장된 목판 80권 『화엄경소초회본』이다.

2. 교정본은 민국(民國) 31년(1942) 대만의 화엄소초편인회(華嚴疏鈔編印會)에서 합본으로 교간(校刊)한 『화엄경소초 10권』을 사용하였다. 그리고 원본현토는 화엄학 연구소의 원조각성 강백의 현토본을 참고하였다.

3. 대장경 속에 경전과 합본으로 수록된 것은 없고, 다만 大正大藏經 권35에 『화엄경소 60권』이 있으며 권36에 『화엄경수소연의초(華嚴經隨疏演義鈔) 90권』이 있지만 경의 본문과의 손쉬운 대조를 위해 회본(會本)을 기본으로 하였으며, 일일이 찾아서 대장경과 대조하지는 못하였다.

4. 교재본이라 한 것은 민족사에서 1997년에 발간한 『현토과목 화엄경』(전 4권)을 지칭하며, 원문 인용은 이 본을 기본으로 하였다.

5. 본『청량소』전권에서는 소(疏)의 전문을 해석하였고, 초문(鈔文)은 너무 번다하고 중복되는 부분을 필자가 임의로 생략하였다.

6. 본문의 이해를 돕기 위하여 도표로 작성한 것은 전강 스승이신 봉선사 능엄학림의 월운강백께 허락을 얻어『화엄경과도(華嚴經科圖)』를 준용(準用)한 것이다.

7. 목차(目次)는『화엄경소초』의 과목을 사용하였고『화엄경과도』를 준용하였다. 과목에 이어지는 ( ) 안에는 간편한 대조를 위하여 목판본의 페이지를 표시하였다. 예) 一. 一) (一) 1 1) (1) 가. 가) (가) ㄱ. ㄱ) (ㄱ) a. a) (a) ㊀ ① ㉮ ㉠ ⓐ ㊉ ㉧ Ⓐ 一 1 가 ㄱ a A ├ ➊ ① ㉿ ㉠ ⓐ Ⓐ 一 1 가 ㄱ a A

8. 목차는 되도록 현대적 번역어로 제목을 삼으려 하였고, 제목에 이어 표기된 아라비아 숫자는 문단의 개수이다.

9. 경과 소문(疏文)은 조금 띄워서 차별화하였고 소문(疏文) 앞에는 ■ 표시를, 초문(鈔文) 앞에는 ● 로 표시하여 번역문을 수록하였다. ❖ 표시는 역자의 견해를 밝힌 부분이다.

10. 경구(經句)의 번역문은 한글대장경과 민족사 간(刊) 『화엄경 전10권』을 참고하였고, 소(疏) 문장의 번역은 직역을 원칙으로 하였고, 인용문은 주로 한글대장경의 번역을 따르고자 노력하였다.

11. 본 청량소 번역에 참고한 주요 도서는 다음과 같다.
   (1) 한글대장경 『화엄경1, 2, 3』 『보살본업경』 『대승입능가경』 『대반열반경』 『보살영락경』; 동국역경원 刊
   (2) 한글대장경 『성유식론』 『십지경론』 『아비달마잡집론』 『유가사지론』 『대지도론』 『섭대승론』 『섭대승론석』 『대승기신론소별기』 『현양성교론』 『신화엄경론』; 동국역경원 刊
   (3) 『대정신수대장경』; 大正一切經刊行會 刊

(4) 현토과목 『화엄경』; 민족사 刊

(5) 『망월대사전』; 세계성전간행협회 刊, 『불교학대사전』; 홍법원 刊, 『중국불교인명사전』; 明復 編, 『인도불교고유명사사전』; 法藏館 刊

(6) 『신완역 주역』; 명문당 刊, 『장자』; 신원문화사 刊, 『노자도덕경』; 고림 刊, 『논어』; 전통문화연구회 編

12. 주)의 교정본 양식

(1) 소초회본; 대만교정본[華嚴疏鈔編印會]

(2) 宋元明淸南續金纂本 등; 소초회본의 출전 소개 양식

『화엄경청량소』 제33권 차례

大方廣佛華嚴經疏鈔 제74권 帝字卷中

제39. 법계에 증득해 들어가는 품[入法界品] ⑮

    자) 제40. 람비니주림신 선지식 6. ····················18
      (가) 가르침에 의지해 나아가 구하다·················18
      (나) 만나서 공경을 표하고 법문을 묻다···············19
      (다) 자신의 법계를 설해 주다 4. ···················21
        ㄱ. 법문의 이치를 밝히다 2. ·······················21
        ㄱ) 장항으로 밝히다 4. ··························21
        (ㄱ) 숫자로 표방하고 수승함을 찬탄하다···········21
        (ㄴ) 숫자로 묻고 명칭을 나열하다················22
        (ㄷ) 명칭에 의지하여 뜻을 해석하다··············25
        (ㄹ) 수승한 이익을 결론하여 찬탄하다············44
        ㄴ) 열 게송은 앞의 열 가지 법을 거듭 노래하다········45
        ㄴ. 해탈문의 명칭을 세우다······················48
        ㄷ. 해탈문의 업과 작용을 밝히다 2. ···············49
        ㄱ) 발원에 의지하여 태어나다····················49
        ㄴ) 예전에 한 발원과 같이 보다 4. ················50
        (ㄱ) 세존이 탄생할 때의 서상···················50
        (ㄴ) 마야부인이 성에서 나와 숲에 들어올 때의 서상광명·········53
        (ㄷ) 보살이 장차 탄생하려는 신통변화를 나타내다·······54
        (ㄹ) 람비니 동산에서 탄생함을 보다···············62
        ㄹ. 법을 얻은 법의 근원이 깊음을 밝히다 2. ··········64

(ㄱ) 장항으로 밝히다 6. ····································65
　a. 옛 세상에 부처님이 출현하다 ····················65
　b. 과거 부모를 밝히다································65
　c. 나무를 부여잡고 탄생하다·······················65
　d. 부처님을 뵙고 득법하다··························67
　e. 옛과 현재를 결론하여 회통하다 ················67
　f. 작용이 두루함을 결론하다 ························67
(ㄴ) 게송으로 거듭 노래하다 4. ·····················68
　a. 한 게송은 듣기를 훈계하고 설법을 허락하다···68
　b. 아홉 게송은 최초로 수행하여 증득하다········69
　c. 12개 게송은 일을 거치면서 수행을 더하다 ····72
　d. 한 게송은 그지없음을 결론하여 찬탄하다 ·····76
(라) 자신은 겸양하고 뛰어난 분을 추천하다···········76
(마) 다음 선지식을 지시하다 ··································77
(바) 덕을 사모하여 예배하고 물러가다··················77

大方廣佛華嚴經疏鈔 제75권 帝字卷下

제39. 법계에 증득해 들어가는 품[入法界品] ⑯

　차) 제41. 석녀구파주야신 선지식 6. ···············80
　　ㄱ. 선지식의 가르침에 의지해 나아가 구하다 2.·····80
　　ㄱ) 앞 선지식의 가르침에 의지하여 닦고 증득하다 ········80
　　ㄴ) 다음 선지식에 나아가 구하다 4. ··············82
　　(ㄱ) 나아가 구하고 도량에 참예하다················82
　　(ㄴ) 동반한 무우덕신이 맞아들여 찬탄하다·······82

(ㄷ) 선재가 인정하여 말하다 2. ·· 85
 a) 사무량심으로 중생을 섭수하다 ······································ 86
 b) 만 가지 덕으로 중생을 이익하다 ··································· 89
(ㄹ) 신중들의 공경함이 더욱 깊어지다 ································· 91
ㄴ. 만나서 공경을 표하고 법문을 묻다 ··································· 96
ㄷ. 자신의 해탈법을 보이다 4. ·· 101
 ㄱ) 법문의 뜻을 밝히다 2. ··· 102
  (ㄱ) 장항으로 밝히다 ·· 102
  (ㄴ) 게송으로 거듭 노래하다 ··· 105
 ㄴ) 해탈문의 명칭을 세우다 ··· 110
 ㄷ) 해탈법의 작용을 설명하다 2. ······································· 111
  (ㄱ) 해탈문에 대해 묻다 ··· 111
  (ㄴ) 대답하다 2. ··· 111
   a. 자세히 아는 것을 밝히다 3. ······································ 111
    a) 사바세계를 알다 ·· 111
    b) 불국토의 일을 유례하여 알다 ································ 116
    c) 비로자나의 인행과 과덕을 개별로 밝히다 ············· 119
   b. 아는 원인을 밝히다 ·· 120
 ㄹ) 법을 얻은 근원을 밝히다 4. ··· 121
  a. 최초의 한 부처님 2. ··· 121
   a) 본래 인연을 밝히다 10. ·· 121
    (a) 왕도의 때와 장소 ··· 121
    (b) 태자가 인륜을 초월하다 ······································ 124
    (c) 보녀가 시집가기를 구하다 ··································· 133
    (d) (12개 게송은) 태자가 살펴서 묻다 ······················· 140
    (e) (31개 게송은) 묘덕녀의 어머니가 대신하여 대답하다 ············ 145

(f) 태자가 소중하게 맞아들이다 ····································156
　　(g) (14개 게송은) 보녀가 공경히 순종하다 ························162
　　(h) 태자가 보녀를 섭수하다 ···167
　　(i) (열 게송은) 보녀 어머니가 기쁘게 따를 것을 말하다 ··········168
　　(j) 함께 수행함을 바로 말하다 ·····································171
　b) 옛과 현재를 결론하여 회통하다 ···································180
　b. 중간의 여러 부처님 ··183
　c. 법을 깨달은 시절 ··185
　d. 오랜 세월 수행이 빛나다 ···186
　ㄹ. 자신은 겸양하고 뛰어난 분을 추천하다·························192
　ㅁ. 다음 선지식을 지시하다 ···193
　ㅂ. 덕을 사모하여 예배하고 물러가다 ·······························205

大方廣佛華嚴經疏鈔 제76권 鳥字卷上
제39. 법계에 증득해 들어가는 품[入法界品] ⑰

　제2절. 인연을 모아서 진실법에 들어가는 모양 2. ·····················208
　제1. 경문 앞에 뜻을 말하다 ··208
　제2. 경문을 따라 바로 해석하다 2. ···································214
　1. 제42. 마야부인 선지식 6. ··214
　1) 가르침에 의지해 나아가 구하다 2. ································214
　(1) 장차 찾아가서 관법을 이루다 ·····································214
　(2) 뛰어난 인연으로 인도하다 3. ·····································221
　가. 보안주성신이 마음 닦음에 대해 가르쳐 주다ㆍㆍㆍㆍㆍㆍㆍㆍ221
　나. 연화법덕신중신이 은밀히 가피하여 법을 설해 주다············229

다. 선안법당나찰이 선지식 구하는 방법을 가르쳐 주다 ············231
2) 만나서 공경을 표하고 법문을 묻다 3. ·······················239
(1) 선지식을 뵙다 2. ······································240
가. 선지식의 의보를 보다 ································240
나. 선지식의 정보를 뵙다 ································244
(2) 공경을 표하다 ··254
(3) 해탈법을 질문하다 ····································256
3) 자신의 법계를 설해 주다 3. ·······························257
(1) 해탈문의 명칭과 체성 ·································258
(2) 해탈문의 업과 작용 4. ································259
가) 현재 비로자나의 어머니가 되다 ······················260
나) 과거 모든 부처님의 어머니 ·························269
다) 현겁 천 부처님의 어머니 ···························270
라) 가로 세로로 끝없음을 결론하다 ······················275
(3) 해탈법의 근원 ··275
4) 자신은 겸양하고 뛰어난 분을 추천하다····················280
5) 다음 선지식을 지시하다 ·································281
6) 덕을 사모하여 예배하고 물러가다························281
2. 천주광녀 아래 열 분 선지식은 별상이다 9. ··················282
1) 제43. 천주광녀 선지식 6. ·································282
(1) 가르침에 의지해 나아가 구하다·························282
(2) 만나서 공경을 표하고 법문을 묻다······················282
(3) 자신의 법계를 보여 주다································284
(4) 자신은 겸양하고 뛰어난 분을 추천하다··················288
(5) 다음 선지식을 지시하다·································289
(6) 덕을 사모하여 예배하고 물러가다·······················289

2) 제44. 동자들의 스승 변우 선지식 ·································290
3) 제45. 선지중예 동자 선지식 6. ·································291
(1) 가르침에 의지해 나아가 구하다 ·······························291
(2) 만나서 공경을 표하고 법문을 묻다 ···························291
(3) 자신의 해탈법을 설해 주다 2. ·································293
가. 법문의 명칭과 체성을 표방하다 ·······························293
나. 해탈법의 업과 작용을 밝히다 3. ·······························293
(가) 총합하여 표방하다 ···295
(나) 별도로 나열하다 3. ··297
ㄱ. 근본 오자에 대해 해석하다 2. ·································297
(ㄱ) 다섯 글자를 개별로 해석하다 ································301
(ㄴ) 원융문으로 거두어 섭수하다 ································312
ㄴ. 나머지 37글자를 해석하다 37. ································315

(1) 라(La 邏) 자 315   (2) 다(Da 拖) 자 318
(3) 바(Va 婆) 자 319   (4) 다(Da 茶) 자 320
(5) 샤(Ṣa 沙) 자 321   (6) 바(Ba 縛) 자 322
(7) 타(Ta 哆) 자 323   (8) 야(Ya 也) 자 324
(9) 슈타(Stha 瑟吒) 자 325   (10) 카(Ka 迦) 자 326
(11) 사(Sa 娑) 자 327   (12) 마(Ma 麼) 자 329
(13) 가(Ga 伽) 자 330   (14) 타(Tha 他) 자 331
(15) 사(Ja 社) 자 332   (16) 스바(Sva 鎖) 자 333
(17) 드하(Dha 柁) 자 334   (18) 샤(Śa 奢) 자 334
(19) 크하(Kha 佉) 자 335   (20) 크샤(Kṣa 叉) 자 336
(21) 스타(Sta 娑多) 자 337   (22) 즈냐(Jna 壤) 자 338
(23) 흐르다(三合·曷攞多) 자 339 (24) 바(Bha 婆) 자 340
(25) 차(Cha 車) 자 342

(26) 스마(Sma 娑麼) 자 343   (27) 흐바(Hva 訶婆) 자 344
(28) 트사(Tsa 縒) 자 345   (29) 가(Gha 伽) 자 346
(30) 타(Ta 吒) 자 347   (31) 나(Na 拏) 자 347
(32) 스파(Spha 娑頗) 자 349   (33) 스카(Ska 娑迦) 자 350
(34) 이사(Ysa 也娑) 자 350   (35) 스차(Sca 室者) 자 351
(36) 타(Tha 佗) 자 353   (37) 라(La 陀) 자 354

    ㄷ. 총상으로 결론하여 묶다···355
  (다) 총합 결론하여 보이다···361
  (4) 자신은 겸양하고 뛰어난 분을 추천하다·······························362
  (5) 다음 선지식을 지시하다···364
  (6) 덕을 사모하여 예배하고 물러가다······································364
4) 제46. 현승우바이 선지식 6.···365
  (1) 가르침에 의지해 나아가 구하다··365
  (2) 만나서 공경을 표하고 법문을 묻다·····································365
  (3) 자신의 해탈법을 설해 주다···366
  (4) 자신은 겸양하고 뛰어난 분을 추천하다·······························369
  (5) 다음 선지식을 지시하다···369
  (6) 덕을 사모하여 예배하고 물러가다······································369
5) 제47. 견고장자 선지식 5.···370
  (1) 총합하여 표방하다···370
  (2) 자신의 해탈법을 보이다··371
  (3) 자신은 겸양하고 뛰어난 분을 추천하다·······························372
  (4) 다음 선지식을 지시하다···372
  (5) 덕을 사모하여 예배하고 물러가다······································372
6) 제48. 묘월장자 선지식 5.···373
  (1) 총합하여 표방하다···373

(2) 자신의 해탈법을 보여 주다 ································· 373
(3) 만나서 공경을 표하고 법문을 묻다 ······················ 374
(4) 다음 선지식을 지시하다 ····································· 374
(5) 덕을 사모하여 예배하고 물러가다 ························ 374
7) 제49. 무승군장자 선지식 5. ·································· 375
(1) 총합하여 표방하다 ··· 375
(2) 자신의 해탈법을 보여 주다 ································· 377
(3) 자신은 겸양하고 뛰어난 분을 추천하다 ················ 377
(4) 다음 선지식을 지시하다 ····································· 377
(5) 덕을 사모하여 예배하고 물러가다 ························ 377
8) 제50. 최적정바라문 선지식 6. ······························· 378
(1) 가르침에 의지해 나아가 구하다 ··························· 378
(2) 선지식을 만나서 공경을 표하고 법문을 묻다 ········· 378
(3) 자신의 해탈법을 설해 주다 ································· 379
(4) 자신은 겸양하고 뛰어난 분을 추천하다 ················ 382
(5) 다음 선지식을 지시하다 ····································· 382
(6) 덕을 사모하여 예배하고 물러가다 ························ 382

大方廣佛華嚴經疏鈔 제77권의 ① 鳥字卷下
제39. 법계에 증득해 들어가는 품[入法界品] ⑱

9) 제51. 덕생동자와 유덕동녀 선지식 6. ···················· 386
(1) 선지식의 가르침에 의지해 나아가 구하다 ············· 386
(2) 만나서 공경을 표하고 법문을 묻다 ······················ 386

(3) 자신의 해탈법을 보여 주다 2. ·······························388
　가. 명칭을 표방하다···388
　나. 해탈법의 업과 작용·····································389
(4) 자신은 겸양하고 뛰어난 분을 추천하다················398
(5) 다음 선지식을 지시하다 2. ·····························398
　가. 선근의 힘으로 그윽이 가피하다·····················399
　나. 언사로 밝게 보이다 3. ································399
　가) 도량을 지정하다··399
　나) 사람을 보이다··401
　다) 교법으로 질문하다 2. ··································404
　ㄱ) 구할 대상인 덕이 광대하다··························406
　ㄴ) 대승을 잘 구하는 마음 2. ···························407
　(ㄱ) 법을 구하라고 훈계하고 권하다··················407
　(ㄴ) 선지식 섬길 것을 훈계하여 권하다················416
(6) 덕을 사모하여 예배하고 물러가다······················436

大方廣佛華嚴經 제74권

大方廣佛華嚴經疏鈔 제74권 帝字卷中

제39 入法界品 ⑮

제39. 법계에 증득해 들어가는 품[入法界品] ⑮

제40. 람비니주림신은 이 원림이 가비라 성 동쪽으로 20리에 있으니 마야부인이 부처님을 낳은 장소에 머무는 숲의 신이니 이름은 묘덕원만(妙德圓滿)이다. '자재하게 태어나는 해탈문'을 얻어서 세존이 세상에 태어나시기를 기다렸는데, 보보(普寶)세계에서 기쁜 빛 부인[喜光夫人]이 비로자나의 어머니가 되었다. 마침내 때가 되어 경문에 이르되,

"백 년이 지난 뒤에 세존이 도솔천으로부터 내려오시는데, 그때 이 숲속에는 열 가지 상서가 나타났으니, 무엇이 열인가? 이 동산의 땅이 홀연히 평탄해지고 구렁이나 등성이가 나타나지 않았다. 금강으로 땅이 되어 모든 보배로 장엄하고, 자갈과 가시덤불과 나무 그루터기들이 없어졌다. 보배로 된 다라 나무가 줄을 지어 들러서고 그 뿌리가 깊이 들어가 물 있는 곳까지 이르렀다. 모든 향의 음이 돋고 향의 광이 나타났으며, 보배 향으로 된 나무가 수북하게 무성하여 모든 향기가 천상의 향기보다도 더 아름다웠다. 여러 묘한 화만과 보배 장엄거리가 줄지어 퍼져서 곳곳마다 가득하였다. … 시방의 모든 부처님 배꼽에서 '보살이 태어나는 자재한 등불'이란 광명을 놓아 이 숲에 비추고, 이 상서가 나타날 때에 모든 천왕들은 보살이 내려오실 줄을 알았고, 나는 이 상서를 보고 한량없이 기뻐하였다."

```
大方廣佛華嚴經 제74권
大方廣佛華嚴經疏鈔 제74권 帝字卷中
```

제39. 법계에 증득해 들어가는 품[入法界品] ⑮

자) 제40. 람비니주림신 선지식[嵐毗尼林神] 6.
- 제9. 선혜지(善慧地)에 의탁한 선지식

(가) 가르침에 의지해 나아가 구하다[依敎趣求] (第九 1上8)

爾時에 善財童子가 於大願精進力救護一切衆生夜神所에 得菩薩解脫已에 憶念修習하며 了達增長하고 漸次遊行하여 至嵐毗尼林하여 周徧尋覓彼妙德神하니라
이때 선재동자는 큰 서원 정진하는 힘으로 모든 중생 구호하는 밤 맡은 신에게서 해탈을 얻고는 생각하고 닦으며 분명히 알고 정진하면서, 점점 나아가다가 람비니숲에 이르러 묘한 덕이 원만한 신을 두루 찾았다.

[疏] 第九, 嵐毗尼林神은 寄善慧地라
■ 자) 제40. 람비니주림신은 제9. 선혜지(善慧地)에 의탁한 선지식이다.

[鈔] 寄善慧地者는 謂成就微妙四無礙辯하여 能徧十方하여 善說法故라
● 제9. 선혜지에 의탁함이란 이른바 미묘한 네 가지 걸림 없는 변재를

성취하여 능히 시방에 두루하여 법문을 잘 설하는 까닭이다.

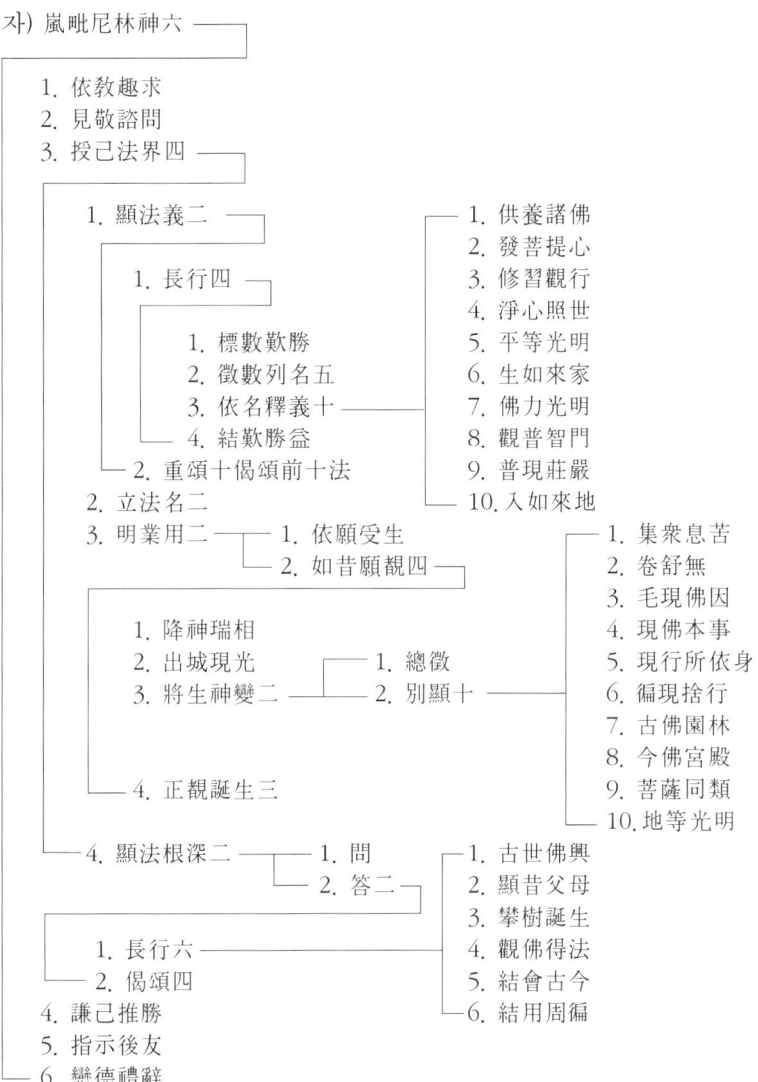

(나) 만나서 공경을 표하고 법문을 묻다[見敬諮問] (經/見在 1上10)

❖ 람비니주림신이 전생에 喜光부인이었던 변상도(제74권)

見在一切寶樹莊嚴樓閣中하여 坐寶蓮華師子之座하사 二十億那由他諸天이 恭敬圍遶어든 爲說菩薩受生海經 하사 令其皆得生如來家하여 增長菩薩大功德海하고 善 財가 見已에 頂禮其足하며 合掌前立하여 白言하되 大聖 이여 我已先發阿耨多羅三藐三菩提心하니 而未能知菩 薩이 云何修菩薩行하며 生如來家하여 爲世大明이리잇고

그는 온갖 보배 나무로 장엄한 누각 가운데 보배 연꽃 사자 좌에 앉았는데, 20억 나유타 하늘들이 둘러 모시고 공경하 며 그들에게 '보살의 태어나는 바다경'을 말씀하여 여래의 가문에 나서 보살의 큰 공덕을 증장케 하는 것을 보았다. 선 재동자가 보고는 그의 발에 절하고 합장하고 서서 말하였

다. "거룩하신 이여, 저는 이미 아뇩다라삼먁삼보디심을 내었사오나, 보살이 어떻게 보살의 행을 닦으며 여래의 가문에 나서 세상의 큰 광명이 되는지를 알지 못하나이다."

[疏] 初二는 可知니라
■ (가) 가르침에 의지해 나아가 구함과 (나) 만나서 공경을 표하고 법문을 물음은 알 수 있으리라.

(다) 자신의 법계를 설해 주다[授己法界] 4.

ㄱ. 법문의 이치를 밝히다[顯法義] 2.
ㄱ) 장항으로 밝히다[長行] 4.
(ㄱ) 숫자로 표방하고 수승함을 찬탄하다[標數歎勝] (第三 2上3)

彼神이 答言하시되 善男子여 菩薩이 有十種受生藏하니 若菩薩이 成就此法하면 則生如來家하여 念念增長菩薩善根하여 不疲不懈하며 不厭不退하며 無斷無失하며 離諸迷惑하여 不生怯劣惱悔之心하며 趣一切智하여 入法界門하며 發廣大心하여 增長諸度하며 成就諸佛無上菩提하여 捨世間趣하고 入如來地하며 獲勝神通하여 諸佛之法이 常現在前하며 順一切智眞實義境하나니라
그 신이 대답하였다. "착한 남자여, 보살이 열 가지의 태어나는 장이 있나니, 만일 보살이 이 법을 성취하면 여래의 가문에 태어나서, 잠깐잠깐에 보살의 착한 뿌리를 증장하되,

고달프지도 않고 게으르지도 않으며, 싫지도 않고 물러나지도 않으며, 끊어짐도 없고 잃어짐도 없으며, 모든 미혹을 여의어 겁약하거나 뉘우치는 마음을 내지 않고, 온갖 지혜에 나아가 법계의 문에 들어가며, 광대한 마음을 내고 모든 바라밀다를 증장하여 부처님의 위없는 보리를 성취하며, 세상길을 버리고 여래의 지위에 들어가 훌륭한 신통을 얻으며 부처님의 법이 항상 앞에 나타나서 온갖 지혜의 진실한 이치를 따르게 되느니라.

[疏] 第三, 彼神答下는 授己法界라 於中에 四니 一, 顯法義요 二, 立法名이요 三, 明業用이요 四, 辨根本이라 初中에 二니 先은 長行이요 後는 偈頌이라 前中에 四니 一, 標數歎勝이요 二, 徵數列名이요 三, 依名釋義요 四, 結歎勝益이라 初中에 生如來家는 卽正酬其問이니라

■ (다) 彼神答 아래는 자신의 법계를 설해 줌이다. 그중에 넷이니 ㄱ. 법문의 이치를 밝힘이요, ㄴ. 법문의 명칭을 세움이요, ㄷ. 업과 작용을 밝힘이요, ㄹ. 법의 근원이 깊음을 밝힘이다. ㄱ. 중에 둘이니 ㄱ) 장항으로 밝힘이요, ㄴ) 게송으로 거듭 노래함이다. ㄱ) 중에 넷이니 (ㄱ) 숫자로 표방하고 수승함을 찬탄함이요, (ㄴ) 숫자로 묻고 명칭을 나열함이요, (ㄷ) 명칭에 의지하여 뜻을 해석함이요, (ㄹ) 수승한 이익을 찬탄함을 결론함이다. (ㄱ) 중에 여래의 집안에 태어남은 곧 그 질문에 바로 대답함이다.

(ㄴ) 숫자로 묻고 명칭을 나열하다[徵數列名] 5.
a. 지위를 잡아 세로로 배대하다[約位竪配] (第二 2下3)

b. 앞을 결론하고 뒤를 시작하다[結前生後] (然依)

何等爲十고 一者는 願常供養一切諸佛受生藏이요 二者는 發菩提心受生藏이요 三者는 觀諸法門勤修行受生藏이요 四者는 以深淨心普照三世受生藏이요 五者는 平等光明受生藏이요 六者는 生如來家受生藏이요 七者는 佛力光明受生藏이요 八者는 觀普智門受生藏이요 九者는 普現莊嚴受生藏이요 十者는 入如來地受生藏이니라

무엇이 열인가? 하나는 모든 부처님께 항상 공양하기를 원하여 태어나는 장이요, 둘은 보리심을 내어 태어나는 장이요, 셋은 여러 법문을 관찰하고 부지런히 행을 닦아 태어나는 장이요, 넷은 깊고 청정한 마음으로 세 세상을 두루 비추어 태어나는 장이요, 다섯은 평등한 광명으로 태어나는 장이요, 여섯은 여래의 가문에 나게 되는 태어나는 장이요, 일곱은 부처님 힘의 광명으로 태어나는 장이요, 여덟은 넓은 지혜의 문을 관찰하여 태어나는 장이요, 아홉은 장엄을 널리 나투어 태어나는 장이요, 열은 여래의 지위에 들어가 태어나는 장이니라.

[疏] 第二, 何等爲十下는 徵數列名이라 此十이 通於六位하니 一, 當十信이요 二, 卽十住요 三, 通行向이요 四, 是初地요 五, 從二至七니 以是功用邊故라 六七, 皆八地라 然이나 六은 卽自分이요 七은 卽勝進이니 得勸之後니라 八, 卽九地요 九, 當十地요 十, 卽等覺이니 入如來地니라 然이나 依行布하여 豎配定然이어니와

- (ㄴ) 何等爲十 아래는 숫자로 묻고 명칭을 나열함이니 여기의 열 문단은 여섯 지위에 통한다. a. 십신위에 해당함이요, b. 십주위요, c. 십행위와 십회향위에 통함이요, d. 초지요, e. 2지에서 7지까지이니 공용의 끝인 연고요, f.와 g.는 모두 제8지이다. 그러나 f. 자분행이요, g. 승진행이니 권함을 얻은 뒤이다. h. 제9지요, i. 제10지에 해당함이요, j. 등각위이니 여래의 지위에 들어감이다. 그러나 항포문에 의지하여 세로로는 선정에 배대하여 그러한 부분이다.

c. 여러 지위를 통틀어 해석하다[通諸位釋] (若約 2下7)
d. 지위를 세워 결론하다[結成竪位] (若定)
e. 가로를 구함으로 결론하다[結成須橫] (若定)

[疏] 若約圓融하면 初後通用이라 故로 云, 成就此法하면 則生如來家라 하니라 若定須具十이라야 方得生家인대 何以文中에 第二第六에 皆有生家하며 第十에 復言於三世佛所에 已受[1]灌頂고 故知須竪하야는 約證分異오 若定竪者인대 則違具十則生之言이니 是知須[2]橫하여 約圓融修觀이니라

- 만일 원융문을 잡으면 처음과 뒤는 작용에 통하는 연고로 이르되, "이 법을 성취하면 여래의 집안에 태어난다"라고 하였다. 만일 결정코 모름지기 열 가지를 갖추어야만 비로소 가문에 태어난다면 어째서 경문 중에 둘째와 여섯째는 모두 집안에 태어남이 있었는가? 열 번째 다시 삼세의 부처님 처소에서 이미 관정위를 받은 연고로 모름지기 세로로 알아서 증득한 부분이 다름을 잡아 해석하였다. 만일 결

---

1) 受는 甲南續金本作授誤 原本作受 與下經及行願品疏合.
2) 須는 續金本作順誤.

정코 세로였다면 열 가지를 갖춤과 위배됨이요, '태어난다'는 말은 이로써 모름지기 가로임을 안 것이요, 원융문을 잡아 관법을 수행함의 뜻이다.

[鈔] 此之十法通於六位下는 疏文有五하니 一, 約位竪配니 亦名行布釋이라 二, 然依行布下는 結前生後니 生後圓融이라 三, 若約圓融下는 通諸位釋이니 亦名圓融釋이라 四, 若定須具十下는 結成上竪요 五, 若定竪下는 結成須橫이라 實則橫竪無礙가 是此中意일새 故存二釋이니 文義昭然이니라

● 此之十法通於六位 아래는 소문에 다섯이 있으니 a. 지위에 의지하여 세로로 배대함이니, 또한 항포문으로 해석함이라 말한다. b. 然依行布 아래는 앞을 결론하고 뒤를 시작함이니, 뒤의 원융문을 시작함이요, c. 若約圓融 아래는 여러 지위를 통틀어 해석함이니, 또한 원융문으로 해석함이라 말하기도 한다. d. 若定須具十 아래는 위의 지위를 세워 결론함이다. e. 若定竪 아래는 가로를 구함으로 결론함이다. 실법으로는 가로와 세로가 걸림 없음이니 바로 이 가운데 의미이므로 두 가지 해석을 두었으니 (그때 비로소) 경문의 이치가 뚜렷해진다.

(ㄷ) 명칭에 의지하여 뜻을 해석하다[依名釋義] 10.
a. 모든 부처님께 공양하기를 원하여 태어나는 장[供養諸佛] (第三 3下1)

善男子여 云何名願常供養一切佛受生藏고 善男子여 菩薩이 初發心時에 作如是願하되 我當尊重恭敬供養一切諸佛하여 見佛無厭하며 於諸佛所에 常生愛樂하며 常起

深信하여 修諸功德하여 恒無休息이라하나니 是爲菩薩爲
一切智始集善根受生藏이니라

착한 남자여, 어찌하여 모든 부처님께 항상 공양하기를 원
하여 태어나는 장이라 하는가? 착한 남자여, 보살이 처음
마음 낼 적에 원하기를 '나는 마땅히 모든 부처님을 존중하
고 공경하고 공양하며, 부처님을 뵈옵되 만족함이 없으며,
여러 부처님에게 항상 사모하고 좋아하며 깊은 믿음을 내
고 모든 공덕을 닦아 항상 쉬지 않으리라' 하나니, 이것이
보살이 온갖 지혜를 위하여 처음으로 착한 뿌리를 모으는
태어나는 장이니라.

[疏] 第三, 善男子云何名下는 依名釋義라 一中은 卽信發心이니 故로 賢
首品에 云, 常欲利樂諸群生하여 莊嚴國土供養佛故라 故로 文에 云,
始集善根이라하니라

- (ㄷ) 善男子云何名 아래는 명칭에 의지하여 뜻을 해석함이다. a. (모
든 부처님께 공양하기를 원하여 태어나는 장) 중에 신성취발심인 연고로 제
18. 현수품에 이르되, "늘 모든 중생 이익되고 즐겁게 하고자 국토를
장엄하고 부처님을 공양하며"라고 한 까닭이다. 그러므로 경문에 이
르되, "처음으로 선근을 모은다"라고 하였다.

b. 보리심을 내어 태어나는 장[發菩提心] (二中 4上4)

云何名發菩提心受生藏고 善男子여 此菩薩이 發阿耨多
羅三藐三菩提心하니 所謂起大悲心이니 救護一切衆生

故며 起供養佛心이니 究竟承事故며 起普求正法心이니 一切無悋故며 起廣大趣向心이니 求一切智故며 起慈無量心이니 普攝衆生故며 起不捨一切衆生心이니 被求一切智堅誓甲故며 起無諂誑心이니 得如實智故며 起如說行心이니 修菩薩道故며 起不誑諸佛心이니 守護一切佛大誓願故며 起一切智願心이니 盡未來化衆生不休息故라 菩薩이 以如是等佛刹微塵數菩提心功德故로 得生如來家하나니 是爲菩薩第二受生藏이니라

어찌하여 보리심을 내어 태어나는 장이라 하는가? 착한 남자여, 이 보살이 아눗다라삼약삼보디심을 내는 것은 이른바 (1) 크게 가엾이 여기는 마음을 내나니, 모든 중생을 구호하려는 연고라. (2) 부처님께 공양하려는 마음을 내나니, 끝까지 받자와 섬기려는 연고라. (3) 바른 법을 널리 구하려는 마음을 내나니, 모든 것을 아끼지 않는 연고라. (4) 광대하게 향하여 나아가려는 마음을 내나니, 온갖 지혜를 구하는 연고라. (5) 한량없이 인자한 마음을 내나니, 중생을 널리 거두어 주는 연고라. (6) 모든 중생을 버리지 않으려는 마음을 내나니, 온갖 지혜를 구하는 서원인 갑옷을 입는 연고라. (7) 아첨이 없으려는 마음을 내나니, 실제와 같은 지혜를 얻는 연고라. (8) 말씀과 같이 실행하려는 마음을 내나니, 보살의 도를 닦는 연고라. (9) 부처님을 속이지 않으려는 마음을 내나니, 모든 부처님의 큰 서원을 수호하는 연고라. (10) 온갖 지혜로 원하는 마음을 내나니, 오는 세월이 끝나도록 중생 교화하기를 쉬지 않으려는 연고라. 보살이

이러한 세계의 티끌 수 보리심의 공덕으로 여래의 가문에 태어나나니, 이것이 보살의 둘째 태어나는 장이니라.

[疏] 二中은 初住發心이라 文具三心하니 生如來家는 亦初住生家라
- b. 보리심을 내어 태어나는 장 중에 초발심주의 발심이니, 경문에 세 가지 마음을 갖추었다. 여래의 집안에 태어남도 또한 초발심주에 가문에 태어남의 뜻이다.

[鈔] 亦初住生家者는 恐人이 誤爲初地生家라 然其生家가 略有六位하니 一, 初住生菩提心家요 二,[3] 四住生聖敎家요 三, 初地生眞如家요 四, 四地를 約寄位인대 生出世家요 五, 八地는 生無生法忍家요 六, 如來地는 究竟生家라 今是初住卽[4]第一이니 生菩提心家니라
- '또한 초발심주에 가문에 태어남'이란 사람이 초지에 가문에 태어남으로 잘못 알까 봐 두려워한다는 뜻이다. 그러나 그 가문에 태어남에 간략히 여섯 지위가 있으니 (1) 초발심주에 보리심의 가문에 태어남이요, (2) 제4. 생귀주에 성인 교법의 가문에 태어남이요, (3) 초지에 진여의 집안에 태어남이요, (4) 제4. 염혜지에 의탁한 지위를 잡아서 출세간의 집안에 태어남이요, (5) 제8. 부동지에 무생법인의 가문에 태어남이요, (6) 여래의 지위는 마지막으로 가문에 태어남이다. 지금에 초발심주는 곧 (1) 보리심의 가문에 태어남의 뜻이다.

c. 법문을 관찰하고 행을 닦아 익혀서 태어나는 장[修習觀行] (三中 4下8)

---

3) 二下에 南續金本有第字.
4) 卽은 甲南續金本無; 一下에 南續金本有是字.

云何名觀諸法門勤修行受生藏고 善男子여 此菩薩摩訶薩이 起觀一切法門海心하며 起廻向一切智圓滿道心하며 起正念無過失業心하며 起一切菩薩三昧海淸淨心하며 起修成一切菩薩功德心하며 起莊嚴一切菩薩道心하며 起求一切智大精進行으로 修諸功德하되 如劫火熾然無休息心하며 起修普賢行하여 敎化一切衆生心하며 起善學一切威儀하여 修菩薩功德하여 捨離一切所有하고 住無所有眞實心이 是爲菩薩第三受生藏이니라

어찌하여 여러 법문을 관찰하고 부지런히 행을 닦아 태어나는 장이라 하는가? 착한 남자여, 이 보살마하살이 (1) 모든 법문 바다를 관찰하려는 마음을 일으키고, (2) 온갖 지혜의 원만한 길에 회향하려는 마음을 일으키고, (3) 바른 생각으로 잘못된 업이 없게 하려는 마음을 일으키고, (4) 모든 보살의 삼매 바다의 청정한 마음을 일으키고, (5) 모든 보살의 공덕을 닦아 이루려는 마음을 일으키고, (6) 모든 보살의 도를 장엄하려는 마음을 일으키고, (7) 온갖 지혜를 구하여 크게 정진하는 행으로 모든 공덕을 닦을 적에 겁 말의 불이 치성하듯이 쉬는 일이 없게 하려는 마음을 일으키고, (8) 보현의 행을 닦아 모든 중생을 교화하려는 마음을 일으키고, (9) 모든 위의를 잘 배우고 보살의 공덕을 닦아 모든 있는 것을 버리고 아무 것도 없는 데 머물려는 진실한 마음을 일으키나니, 이것이 보살의 셋째 태어나는 장이니라.

[疏] 三中에 十句니 一, 觀法門海는 標十行이요 二, 向一切智는 標廻向이

니 以行願相資일새 故合爲一이라 餘八은 通行向이니라
- c. 관하는 행법을 닦고 익혀서 태어나는 장 중에 열 구절이니 (1) 법문의 바다를 관함은 십행위를 표방함이요, (2) 온갖 지혜에 회향함은 십회향위를 표방함이다. 수행과 서원이 서로 도우므로 합하여 하나가 되었고, 나머지 여덟 구절은 십행위와 십회향위에 통한다.

d. 깊고 청정한 마음으로 세상을 비추어 태어나는 장[淨心照世]

(四中 5上6)

云何名以深淨心普照三世受生藏고 善男子여 此菩薩이 具淸淨增上心하여 得如來菩提光하며 入菩薩方便海하며 其心堅固가 猶若金剛하며 背捨一切諸有趣生하며 成就一切佛自在力하며 修殊勝行하여 具菩薩根하며 其心明潔하여 願力不動하며 常爲諸佛之所護念하며 破壞一切諸障礙山하며 普爲衆生作所依處가 是爲菩薩第四受生藏이니라

어찌하여 깊고 청정한 마음으로 세 세상을 두루 비추어 태어나는 장이라 하는가? 착한 남자여, 이 보살이 청정하여 더 나아가는 마음을 갖추고 여래의 보리 광명을 얻으며, 보살의 방편 바다에 들어가 마음이 견고하기 금강과 같으며, 모든 생사의 길에 나는 것을 등지고 모든 부처님의 자재한 힘을 이룩하며, 수승한 행을 닦아 보살의 근기를 갖추며, 마음이 밝고 깨끗하고 서원하는 힘이 흔들리지 아니하여 부처님들의 보호하고 염려하심이 되며, 모든 장애의 산을 깨

뜨리고 중생들의 의지할 곳이 되려 하나니, 이것이 보살의 넷째 태어나는 장이니라.

[疏] 四中에 契理斷障을 名深淨心이니 卽淨心地라 已證理故로 堅如金剛이요 已得離生道故로 捨諸有趣요 已破二障礙山故로 爲物依處니라

■ d. 청정심으로 세상을 비추어 보는 장 중에 이치와 계합하여 장애를 단절함을 깊고 청정한 마음이라 이름하나니 곧 정심지(淨心地)에 이미 이치를 증득한 까닭이요, 군건함이 금강과 같으면 이미 중생의 갈래를 여의는 까닭이다. 모든 유의 갈래를 버리고 이미 두 가지 장애의 산을 부수는 연고로 중생의 의지처가 되는 것이다.

[鈔] 卽5)淨心地等者는 疏隨難釋이니 今更委釋하리라 言得如來菩提光者는 明心菩提故요 入菩薩方便海者는 證眞了俗故요 捨諸有趣는 亦由已6)斷異生性故요 成就自在者는 分身百刹故요 修殊勝行者는 淨治地法하여 十行常修故오 具菩薩根者는 由證信故요 餘皆成根이니라 又大悲爲首일새 故悲爲根이요 已斷所知일새 故心明潔은이오 十願成熟일새 故願不動이요 同佛證如일새 故得佛護요 分別頓盡일새 名壞諸障이라 具上諸德일새 爲物7)依處니라

● '곧 정심지(淨心地) 등'이란 소가 힐난을 따라 해석함이다. 지금 다시 자세히 해석하리라. '여래의 보리 광명을 얻으며'라 말한 것은 마음의 깨달음을 밝힌 까닭이요, '보살의 방편 바다에 들어감'은 진제를 증득하고 속제를 요달한 연고요, '모든 유의 갈래를 버림'도 또한

---

5) 卽上에 甲南續金本有四藏二字.
6) 已는 甲南續金本作已漸.
7) 物은 甲續金本作佛.

이미 중생과 다른 성품을 끊음으로 말미암은 까닭이요, '자재를 성취함'은 백 개의 국토에 몸을 나누는 연고요, '수승한 행을 닦음'은 십지의 법을 청정하게 다스려 열 가지 행법을 항상 닦는 까닭이다. '보살의 근기를 갖춤'은 증득과 믿음으로 인한 것이요, 나머지는 모두 근기를 성취함의 뜻이다. 또한 대비가 머리가 되는 연고로 자비로 근본을 삼았으니 이미 소지장(所知障)을 끊은 연고로 마음이 밝고 청결함은 열 가지 서원을 성숙한 연고로 서원이 동요하지 않음이다. 부처님과 같아서 진여를 증득한 연고로 부처님의 호념을 얻으며 분별심이 몰록 다한 것이니 명칭으로 모든 장애를 무너뜨리고 위의 모든 공덕을 갖추어 중생의 의지처를 삼은 것이다.

e. 평등한 광명으로 태어나는 장[平等光明] (五中 6上3)

云何名平等光明受生藏고 善男子여 此菩薩이 具足衆行하여 普化衆生하되 一切所有를 悉皆能捨하며 住佛究竟淨戒境界하며 具足忍法하며 成就諸佛法忍光明하며 以大精進으로 趣一切智하며 到於彼岸하며 修習諸禪하여 得普門定하며 淨智圓滿하여 以智慧日로 明照諸法하며 得無礙眼하여 見諸佛海하며 悟入一切眞實法性하며 一切世間에 見者歡喜하며 善能修習如實法門이 是爲菩薩 第五受生藏이니라

어찌하여 평등한 광명으로 태어나는 장이라 하는가? 착한 남자여, 이 보살이 (1) 여러 가지 행을 구족하고 중생을 널리 교화하되, (2) 모든 가진 것을 능히 버리고, (3) 부처님의

끝까지 청정한 계율의 경계에 머물며, (4) 참는 법을 구족하여 부처님들의 법 지혜의 광명을 얻으며, (5) 큰 정진으로 온갖 지혜에 나아가 저 언덕에 이르며, (6) 선정을 닦아 넓은 문의 삼매를 얻으며, (7) 깨끗한 지혜가 원만하여 지혜의 해로 모든 법을 밝게 비추며, (8) 장애 없는 눈을 얻어 부처님 바다를 보고, (9) 모든 진실한 법의 성품에 깨달아 들어가며, (10) 모든 세간의 보는 이들이 환희하여 실제와 같은 법문을 닦나니, 이것이 보살의 다섯째 태어나는 장이니라.

[疏] 五中에 證如起行이 爲平等光明이요 戒忍進等이 爲次五地요 得無礙下는 即是七地니 七地에 得無生忍光明故요 入一切眞實法이니라

■ e. 평등한 광명으로 태어나는 장 중에 진여를 증득하고 행을 시작함으로 평등한 광명을 삼고, 계율과 인욕과 정진 등으로 다음의 제5. 난승지가 되었다. 得無礙 아래는 곧 제7지이며, 제7. 원행지에 무생법인의 광명을 얻은 연고로 온갖 진실한 법에 들어간 것이다.

[鈔] 戒[8]忍進等者는 等取禪慧니 各[9]一增故라 末後二句에 上句는 三業善巧하니 見者는 必欣이요 下句는 功用行滿이라 又以無功으로 得諸行故니라

● '계율과 인욕과 정진'이란 선정과 지혜를 똑같이 취하나니 각기 하나가 늘어난 까닭이다. 마지막 두 구절에서 위 구절은 삼업이 뛰어난 소견은 반드시 좋아함이요, 아래 구절은 공용행이 만족함이다. 또한 공용 없음으로 모든 행을 얻은 까닭이다.

---

8) 戒上에 甲南續金本有五藏二字.
9) 各은 甲南續金本作文各.

f. 여래의 가문에 나서 태어나는 장[生如來家] (六中 6下4)

云何名生如來家受生藏고 善男子여 此菩薩이 生如來家하여 隨諸佛住하며 成就一切甚深法門하여 具三世佛淸淨大願하며 得一切佛同一善根하여 與諸如來로 共一體性하며 具出世行白淨善法하여 安住廣大功德法門하며 入諸三昧하여 見佛神力하며 隨所應化하여 淨諸衆生하며 如問而對하여 辯才無盡이 是爲菩薩第六受生藏이니라

어찌하여 여래의 가문에 나서 태어나는 장이라 하는가? 착한 남자여, 이 보살이 여래의 가문에 나서 (1) 부처님들을 따라 머물며, (2) 모든 깊고 깊은 법문을 성취하고 (3) 세 세상 부처님들의 청정한 큰 서원을 갖추며, (4) 모든 부처님과 같은 착한 뿌리를 얻어 (5) 부처님들과 자체의 성품이 같으며, (6) 세상에서 벗어나는 행과 희고 깨끗한 법을 갖추어 (7) 광대한 공덕의 법문에 편안히 머물며, (8) 모든 삼매에 들어가 부처님의 신통한 힘을 보며, (9) 교화할 이를 따라 중생들을 청정케 하며, (10) 묻는 대로 대답하여 변재가 다함이 없나니, 이것이 보살의 여섯째 태어나는 장이니라.

[疏] 六中에 以得無生忍하여 契同法性이 爲生佛家라 願度增上하고 善根一體하여 惑等에 不動이 爲白淨法이니라

■ f. 여래의 가문에 나서 태어나는 장 중에 무생법인(無生法忍)을 얻음으로 법의 성품과 같음에 계합하여 부처님 가문에 태어나고 서원바라밀이 뛰어나서 선근과 한 몸이고 미혹 등으로 인해 동요하지 않아서

백정법(白淨法)을 삼은 것이다.

[鈔] 六中10)下는 初로 至爲生佛家에 此有兩句하니 一, 正釋標요 二, 卽解釋初之二句에 得無生忍은 是釋生家요 契同法性은 卽釋隨諸佛住니 佛住甚深眞法性故라 上卽淨忍分이요 成就一切甚深法門下는 皆得勝行分이라 此句爲總일새 故로 疏不釋이니 已下는 皆甚深法門故니라 其願度增上은 釋具三世已下의 經文이요 善根一體는 釋得一切佛下經文이니 謂同無功用之善根故며 同契無生法忍體故라 從惑等下는 釋具出世白淨善法이니 上皆前經의 不可知義요 經11)安住已下는 卽是前經의 正行廣大라 入諸三昧下는 卽離障寂滅이요 後三句는 卽三輪化益이라 並易故로 不釋이니라

● f. 여래의 가문에 나서 태어나는 장 중 아래는 처음부터 부처님 가문에 태어남까지이다. 여기에 두 구절이 있으니 a) 바로 해석하고 표방함이요, b) 해석함이다. 처음 두 구절은 무생법인(無生法忍)을 얻었으므로 가문에 태어남이라 해석함이다. '법의 성품과 같다'고 계합함은 곧 모든 부처님을 따라 머무름이라 해석한다. 부처님이 매우 깊고 진실한 법의 성품에 머무는 까닭이다. 위는 곧 청정한 법인의 부분이요, 成就一切甚深法門 아래는 모두 수승한 행을 얻은 부분이다. 이 구절로 총상을 삼은 연고로 소가가 해석하지 않았다. 아래는 매우 깊은 법문인 연고로 그 서원바라밀이 뛰어남이다. b) 具三世 아래 경문은 해석함이다. '착한 뿌리와 한 몸'인 것은 得一切佛을 해석한 부분이다. 아래 경문은 이른바 공용 없는 선근과 같은 까닭이며 무생법인의 자체와 같이 계합한 까닭이다. 惑等부터 아래는 具出世行白淨善

---

10) 中은 甲南續金本作生如來.
11) 經은 甲南續金本作從.

法을 해석함이니, 위는 모두 앞의 경문의 '알 수 없다'는 뜻이요, 경문의 安住 아래는 곧 앞의 경문의 '바른 행법이 광대함'이요, 入諸三昧 아래는 곧 장애를 여읜 고요함의 뜻이다. 뒤의 세 구절[(8) 入諸三昧 見佛神力 (9) 隨所應化 淨諸衆生 (10) 如問而對 辯才無盡]은 삼륜으로 교화한 이익이니 함께 쉬운 연고로 해석하지 않았다.

g. 부처님 힘의 광명으로 태어나는 장[佛力光明] (七中 7下2)

云何名佛力光明受生藏고 善男子여 此菩薩이 深入佛力하여 遊諸佛刹하되 心無退轉하며 供養承事菩薩衆會하되 無有疲厭하며 了一切法이 皆如幻起하며 知諸世間이 如夢所見하며 一切色相이 猶如光影하며 神通所作이 皆如變化하며 一切受生이 悉皆如影하며 諸佛說法이 皆如谷響하며 開示法界하여 咸令究竟이 是爲菩薩第七受生藏이니라

어찌하여 부처님 힘의 광명으로 태어나는 장이라 하는가? 착한 남자여, 이 보살이 (1) 부처님 힘에 깊이 들어가 (2) 여러 부처님의 세계에 노닐어도 물러나는 생각이 없으며, (3) 보살 대중을 공양하며 받들어 섬겨도 고달프지 아니하며, (4) 모든 법이 환술처럼 일어난 줄을 알며, (5) 모든 세간이 꿈과 같음을 알며, (6) 눈에 보이는 모든 빛깔이 그림자와 같으며, (7) 신통으로 짓는 일이 모두 변화함과 같으며, (8) 모든 태어나는 것이 그림자와 같으며, (9) 부처님의 말씀하는 법이 메아리와 같은 줄을 알고, (10) 법계를 열어 보여 다

필경에 이르게 하나니, 이것이 보살의 일곱째 태어나는 장이니라.

[疏] 七中에 因佛勸起하여 能頓修行이 名佛力光明이요 無功用修일새 故無疲厭等이니라

■ g. 부처님 힘의 광명으로 태어나는 장 중에 부처님 권유로 인하여 일어나고 능히 돈법(頓法)으로 수행함을 '부처님 힘의 광명'이라 이름한다. 공용 없는 수행인 연고로 고달프지 않다는 등이다.

[鈔] 七中因佛力下는 經疏가 俱易어니와 若欲釋者인대 由佛七勸일새 名入諸佛力이니 此爲總句요 遊刹下는 別이니 二句는 起行速疾이라 從了一切下는 是淨土分中事니 於三世間에 得自在故라 初二는 器界自在요 次二는 正覺이요 後三은 衆生이니 說法度生故라

● 七中因佛力 아래는 경문과 소문이 모두 쉬운데, 만일 굳이 해석하려 한다면 부처님의 일곱 번 권유함으로 말미암은 것을 이름하여 '모든 부처님의 힘으로 들어간다'고 하였으니 이것은 총상 구절이요, 遊刹 아래는 별상이다. (별상 중의) 두 구절[(2) 遊諸佛刹 心無退轉 (3) 供養承事 菩薩衆會 無有疲厭]은 행을 시작함이 빠름이요, 了一切부터 아래는 정토(淨土) 부분 중의 일이니, 삼세간에 자재함을 얻은 까닭이다. 처음 두 구절[(4) 了一切法 皆如幻起 (5) 知諸世間 如夢所見]은 기세간에 자재함이요, 다음 두 구절[(6) 一切色相 猶如光影 (7) 神通所作 皆如變化]은 지정각세간에 자재함이요, 뒤의 세 구절[(8) 一切受生 悉皆如影 (9) 諸佛說法 皆如谷響 (10) 開示法界 咸令究竟]은 중생세간에 자재함이니, 법문을 설하여 중생을 제도하는 까닭이다.

h. 넓은 지혜의 문을 관찰하여 태어나는 장[觀普智門] (八中 8上5)

云何名觀普智門受生藏고 善男子여 此菩薩이 住童眞位에 觀一切智와 一一智門하여 盡無量劫토록 開演一切菩薩所行하며 於諸菩薩甚深三昧에 心得自在하며 念念生於十方世界諸如來所하며 於有差別境에 入無差別定하며 於無差別法에 現有差別智하며 於無量境에 知無境界하며 於少境界에 入無量境하며 通達法性이 廣大無際하며 知諸世間이 悉假施設이라 一切皆是識心所起가 是爲菩薩第八受生藏이니라

어찌하여 넓은 지혜의 문을 관찰하여 태어나는 장이라 하는가? 착한 남자여, 이 보살이 (1) 동진의 지위에 머물러 있으면서 온갖 지혜를 관찰하고, (2) 낱낱 지혜의 문에서 한량없는 겁이 다하도록 모든 보살의 행을 연설하며, (3) 모든 보살의 깊은 삼매에 마음이 자재하여지고, (4) 잠깐잠깐마다 시방세계의 여래가 계신 데 태어나며, (5) 차별이 있는 경계에서 차별이 없는 선정에 들어가고, (6) 차별이 없는 법에 차별이 있는 지혜를 나타내며, (7) 한량없는 경계에서 경계가 없음을 알고, (8) 적은 경계에서 한량없는 경계에 들어가며, (9) 법의 성품이 광대하여 끝이 없음을 통달하고, (10) 모든 세간이 다 거짓 시설이어서 모든 것이 인식하는 마음으로 생긴 줄을 아니니, 이것이 보살의 여덟째 태어나는 장이니라.

[疏] 八中에 從第八地하여 入第九地일새 故云, 住童眞位라 觀一切智智門이 卽法師之德故니 於三性等을 皆如實知라 卽事하여 知理之如實故로 於有差別境에 入無差別定이요 卽理하여 窮事之如實故로 於無差別法에 現有差別智라 餘可準思니라

- h. 넓은 지혜의 문을 관찰하여 태어나는 장 중에 제9. 선혜지에 들어가는 연고로 이르되, "동진의 지위에 머물러 있으면서 온갖 지혜를 관찰한다"고 하였으니 곧 법사의 덕목[12]인 까닭이요, 세 가지 성품 등은 모두 여실하게 아는 것이니, 현상과 합치하여 이치를 아는 것이 실다운 까닭이다. 차별 있는 경계에서 차별 없는 선정으로 들어감은 이치와 합치하여 현상을 궁구함이 진실과 같은 까닭이다. 차별 없는 법에서 차별 있는 지혜를 나타냄이니, 나머지는 준하여 생각할 수 있으리라.

[鈔] 八觀普智門을 言卽法師之德者는 亦法師方便成就라 言於三性等者는 三性은 卽是化法이니 爲智成就等이라 等字는 等取入行成就智와 十一稠林이라 經一一門下는 卽口業成就니 具四十無礙일새 故能長演이라 餘는 皆法師의 自在成就니 一, 三昧自在니 隨心頓演故요 二, 受生自在요 三, 於有差別下는 於法自在니 事理交徹故니라
卽事知理者는 釋此初對니 了卽事入理하며 卽理入事[13]라 亦前句는 事能顯理요 後句는 依理成事니라 又前은 不壞假名코 而說實相이요 後는 不動眞際코 建立諸法이니라 又前은 動不離寂이요 後則靜無遺照니라 於無量下는 有無自在요 於少境下는 廣狹自在요 通達下는 眞俗齊照니 以文顯故로 云何思準이니라

---

12) '법사의 덕목'은 십지품 제9지에서 네 가지를 성취한다고 하였으니, 1. 法師方便成就 2. 智成就 3. 入行成就 4. 說法成就의 넷을 말한다.
13) 入事는 甲南續金本作如事.

- h. 넓은 지혜의 문에서 곧 '법사의 덕목'이라 말한 것은 또한 (1) 법사의 방편을 성취함이요, '세 가지 성품' 등이라 말한 것에서 세 가지 성품은 곧 교화하는 법으로 '(2) 지혜를 성취함' 등을 삼았으니, 등(等)이란 글자는 '(3) 행법에 들어감을 성취한 지혜'를 똑같이 취함이니, 11가지 조림(稠林)을 말한다. 經一一門 아래는 곧 '구업을 성취함'이요, 40가지 걸림 없음을 갖춘 연고로 능히 길게 연설함[說法成就]¹⁴⁾이요, 나머지는 모두 법사의 자재를 성취함이다. (1) 삼매가 자재함이 마음을 따라 단박에 연설하는 까닭이요, (2) 받아 태어남이 자재함이요, (3) 於有差別 아래는 법에 자재하여 현상과 이치가 서로 사무치는 까닭이다.

'현상과 합치하여 이치를 아는 것'은 여기의 첫 대구를 해석함이며, 요달함은 현상과 합치하여 이치에 들어감과 이치와 합치하여 현상에 들어감도 또한 앞 구절은 현상이 이치를 잘 밝힘이요, 뒤 구절은 이치에 의지하여 현상을 성취함이다. 또한 앞은 빌린 이름을 무너뜨리지 않고 실다운 모양을 말함이요, 뒤는 진실한 경계를 움직이지 않고 모든 법을 건립함의 뜻이다. 또한 앞은 동요가 고요함을 여의지 않음이요, 뒤는 고요함은 남긴 비춤이 없다. 於無量 아래는 유와 무에 자재함이요, 於少境 아래는 넓고 좁음에 자재함이요, 通達 아래는 진제와 속제를 함께 비추어서 경문을 밝히는 때문인데, 어떻게 생각으로 준하겠는가?

i. 장엄을 널리 나투어 태어나는 장[普現莊嚴] (九中 9上6)

云何名普現莊嚴受生藏고 善男子여 此菩薩이 能種種莊

---

14) 앞의 네 가지 중 說法成就는 다시 세 가지를 성취하나니 1. 智成就 2. 口業成就 3. 法師自在成就이다.

嚴無量佛刹하며 普能化現一切衆生과 及諸佛身하며 得無所畏하여 演淸淨法하며 周流法界하여 無所障礙하며 隨其心樂하여 普使知見하며 示現種種成菩提行하여 令生無礙一切智道하며 如是所作이 不失其時하되 而常在三昧와 毘盧遮那智慧之藏이니 是爲菩薩第九受生藏이니라

어찌하여 장엄을 널리 나투어 태어나는 장이라 하는가? 착한 남자여, 이 보살이 (1) 한량없는 부처님 세계를 여러 가지로 장엄하며, (2) 모든 중생과 부처님들의 몸을 널리 변화하여 나타내되 (3) 두려움이 없으며, (4) 청정한 법을 연설하여 법계에 두루 다니되 걸림이 없으며, (5) 그들의 마음에 좋아하는 대로 모두 알고 보게 하고, (6) 가지가지로 보리의 행을 이루는 것을 나타내어 (7) 보리에 걸림이 없는 온갖 지혜의 길을 내게 하며, (8) 이렇게 하는 일이 때를 놓치지 아니하면서 (9) 항상 삼매와 비로자나 지혜의 장에 있나니, 이것이 보살의 아홉째 태어나는 장이니라.

[疏] 九中에 以佛莊嚴으로 而莊嚴故로 名普莊嚴이라 已得離垢等諸三昧故로 雖復常用이나 而常在三昧니라

■ i. 장엄을 널리 나투어 태어나는 장 중에 부처의 장엄으로 장엄하는 연고로 '널리 장엄함'이라 이름하였고, 이미 때를 여읨을 얻어서 모든 삼매에 평등한 까닭이다. 비록 다시 항상 작용하면서도 항상 삼매에 있는 것이다.

[鈔] 九普現莊嚴이라 先, 釋名이요 後, 已得下는 總釋大意라 若別說者인

대 初句는 嚴依요 餘皆嚴正이라 正中에 並秘密智라 初三句는 身秘密이요 演淸淨下는 口秘密이요 隨其心下는 皆意秘密이니라

- i. 장엄을 널리 나투어 태어나는 장이다. a) 명칭 해석이요, b) 已得 아래는 큰 의미를 총합 해석함이다. 만일 별상으로 설한다면 a) 첫 구절[(1) 普現莊嚴受生藏]은 장엄의 의보요, b) 나머지는 모두 장엄의 정보이다. b) 정보 중에 아울러 비밀한 지혜라면 (a) 세 구절[(1) 能種種 莊嚴無量佛刹 (2) 普能化現一切衆生 及諸佛身 (3) 得無所畏]은 신업이 비밀함이요, (b) 演淸淨 아래[(4) 演淸淨法 周流法界 無所障礙]는 구업이 비밀함이요, (c) 隨其心 아래 다섯 구절((5) 隨其心樂 普使知見 (6) 示現種種成菩提行 (7) 令生無礙一切智道 (8) 如是所作 不失其時 (9)而常在三昧 毘盧遮那智慧之藏)은 모두 의업이 비밀함이다.

j. 여래의 지위에 들어가 태어나는 장[入如來地] (十中 9下8)

云何名入如來地受生藏고 善男子여 此菩薩이 悉於三世諸如來所에 受灌頂法하여 普知一切境界次第하나니 所謂知一切衆生前際後際歿生次第와 一切菩薩修行次第와 一切衆生心念次第와 三世如來成佛次第와 善巧方便說法次第하며 亦知一切初中後際所有諸劫의 若成若壞하는 名號次第하여 隨諸衆生의 所應化度하여 爲現成道하여 功德莊嚴하며 神通說法하며 方便調伏이 是爲菩薩第十受生藏이니라

어찌하여 여래의 지위에 들어가 태어나는 장이라 하는가? 착한 남자여, 이 보살이 (1) 세 세상 여래의 처소에서 정수

리에 물 붓는 법을 받고 모든 경계의 차례를 두루 아느니라. 이른바 (2) 모든 중생이 앞 세상과 뒷세상에서 죽고 나는 차례와 (3) 모든 보살의 수행하는 차례와 (4) 모든 중생의 마음으로 생각하는 차례와 (5) 세 세상 여래의 성불하는 차례와 (6) 교묘한 방편으로 법문 말씀하는 차례를 알며, (7) 앞세상·지금 세상·뒷세상의 모든 겁이 이룩되고 무너지는 이름의 차례도 알고, (8) 교화를 받을 만한 중생을 따라서 도를 이루는 공덕과 (9) 장엄을 나타내며, (10) 신통으로 법을 말하고 방편으로 조복하나니, 이것이 보살의 열째 태어나는 장이니라.

[疏] 十中에 約其自分컨대 爲此菩薩이요 約其勝進컨대 名入佛地라 已受職位일새 云, 受灌頂이요 智齊佛境일새 云知一切니 如十定品辨이니라

　j. 여래의 지위에 들어가 태어나는 장 중에 그 자분행을 잡으면 이런 보살이 됨이요, 그 승진행을 잡으면 부처 지위에 들어감이라 이름한다. 이미 직책의 지위를 받고는 "관정을 받음"이라 말하고, 지혜가 부처님과 가지런한 경계를 "온갖 것을 안다"고 말하였으니 제27. 십정품(十定品)에서 밝힌 내용과 같다.

[鈔] 十中下는 經15)文이 顯이라 然이나 皆與本位義理로 相符하니 不爲此釋하고 實抑經文이라 餘는 並易了

　十中 아래는 경문에 드러나 있다. 그러나 모두 본래 지위가 뜻과 이치와 함께 서로 부합하니 여기서 해석하지 않고 실제로 경문을 물리

---

15) 中은 甲南續金本作入如來地, 經은 南金本無.

친 것이다. 나머지는 (경문과) 함께하면 쉽게 알리라.

(ㄹ) 수승한 이익을 결론하여 찬탄하다[結歎勝益] (第四 10下1)

佛子여 若菩薩摩訶薩이 於此十法에 修習增長하여 圓滿成就하면 則能於一莊嚴中에 現種種莊嚴하여 如是莊嚴一切國土하며 開導示悟一切衆生하되 盡未來劫토록 無有休息하며 演說一切諸佛法海와 種種境界와 種種成熟과 展轉傳來無量諸法하며 現不思議佛自在力하여 充滿一切虛空法界하여 於諸衆生心行海中에 而轉法輪하며 於一切世界에 示現成佛하되 恒無間斷하며 以不可說淸淨言音으로 說一切法하며 住無量處하여 通達無礙하며 以一切法으로 莊嚴道場하며 隨諸衆生의 欲解差別하여 而現成佛하며 開示無量甚深法藏하여 敎化成就一切世間이니라

불자여, 만일 보살마하살이 이 열 가지 법을 닦아 익히고 증장하며 원만하게 성취하면, (1) 능히 한 가지 장엄 속에 갖가지 장엄을 나타내며, (2) 이렇게 모든 국토를 장엄하며, (3) 모든 중생을 인도하고 깨우쳐서 오는 세월이 끝나도록 쉬지 아니하며, (4) 모든 부처님 법 바다를 연설하며, (5) 여러 가지 경계를 여러 가지로 성숙하여 한량없는 법을 차츰차츰 전하여 오며, (6) 헤아릴 수 없는 부처님의 자재한 힘을 나타내어 모든 허공과 법계에 가득하며, (7) 중생의 마음으로 행하는 바다에서 법륜을 굴리며, (8) 모든 세계에서 성

불함을 나타내되 사이가 끊이지 아니하며, (9) 말할 수 없이 청정한 음성으로 모든 법을 말하여 한량없는 곳에 머무르되 통달하여 걸림이 없으며, (10) 온갖 법으로 도량을 장엄하고, (11) 중생의 욕망과 이해하는 차별을 따라 성불함을 나타내고, (12) 한량없는 깊은 법장을 열어 보여 모든 세간을 교화하고 성취하느니라."

[疏] 第四, 佛子若菩薩下는 結歎勝益을 可知니라
- (ㄹ) 佛子若菩薩 아래는 수승한 이익을 결론하여 찬탄함이니 알 수 있으리라.

ㄴ) 열 개송은 앞의 열 가지 법을 거듭 노래하다[重頌十偈頌前十法]
(二重 11下4)

爾時에 嵐毘尼林神이 欲重明其義하사 以佛神力으로 普觀十方하고 而說頌言하시되
이때 람비니숲 맡은 신이 이 뜻을 거듭 펴려고 부처님의 신통으로 시방을 관찰하고 게송을 말하였다.

最上離垢淸淨心으로　　　見一切佛無厭足하여
願盡未來常供養이　　　　此明慧者受生藏이로다
가장 높고 때 없이 청정한 마음
부처님들 뵈옵기 싫은 줄 몰라
오는 세월 끝나도록 공양하고자

이는 지혜 밝은 이의 태어나는 장이로다.

一切三世國土中에　　　　所有衆生及諸佛을
悉願度脫恒瞻奉이　　　　此難思者受生藏이로다
세 세상의 수없는 국토 가운데
살고 있는 중생들과 여러 부처님
제도하고 받드옵기 항상 원하니
부사의한 이들의 태어나는 장이로다.

聞法無厭樂觀察하며　　　普於三世無所礙하여
身心淸淨如虛空이　　　　此名稱者受生藏이로다
법 듣기 싫지 않고 관찰 좋아해
세 세상에 두루하여 걸림 없으며
몸과 마음 깨끗하기 허공 같나니
이는 소문난 이들의 태어나는 장이로다.

其心恒住大悲海하며　　　堅如金剛及寶山하며
了達一切種智門이　　　　此最勝者受生藏이로다
마음은 자비 바다에 항상 머물고
굳기로는 금강과 보배 산 같아
온갖 가지 지혜문을 통달했으니
이는 가장 높은 이의 태어나는 장이로다.

大慈普覆於一切하고　　　妙行常增諸度海하여

以法光明照群品이　　　　此雄猛者受生藏이로다
인자함이 모든 것에 두루 덮이고
묘한 행은 바라밀다 항상 더하여
법의 광명 삼라만상 두루 비추니
이는 용맹한 이의 태어나는 장이로다.

了達法性心無礙하며　　　　生於三世諸佛家하여
普入十方法界海가　　　　此明智者受生藏이로다
법의 성품 통달하여 걸림이 없고
세 세상 부처님들 가문에 나서
시방의 법계 바다 널리 들어가니
이는 슬기 있는 이의 태어나는 장이로다.

法身淸淨心無礙하여　　　　普詣十方諸國土하여
一切佛力靡不成이　　　　此不思議受生藏이로다
법의 몸 깨끗하고 마음 트이어
시방의 모든 국토 두루 나아가
부처님의 모든 힘 다 이루나니
헤아릴 수 없는 이의 태어나는 장이로다.

入深智慧已自在하고　　　　於諸三昧亦究竟하여
觀一切智如實門이　　　　此眞身者受生藏이로다
깊은 지혜 들어가 자재하였고
여러 가지 삼매도 다 끝났으며

온갖 지혜 진실한 문 다 보았으니
이는 참몸 가진 이의 태어나는 장이로다.

淨治一切諸佛土하며　　　勤修普化衆生法하며
顯現如來自在力이　　　　此大名者受生藏이로다
부처님의 모든 국토 잘 다스리고
중생 교화하는 법 닦아 이루어
여래의 자재한 힘 나타내나니
큰 이름 떨친 이의 태어나는 장이로다.

久已修行薩婆若하고　　　疾能趣入如來位하여
了知法界皆無礙이　　　　此諸佛子受生藏이로다
오래부터 살바야 닦아 행하고
여래의 높은 지위 빨리 들어가
법계를 밝게 알아 걸림 없나니
이는 여러 불자들이 태어나는 장이로다.

[疏] 二, 重頌이라 中에 十偈는 如次頌前十法이니라
- ㄴ) 게송으로 거듭 노래함이다. 그중에 열 게송은 순서대로 앞의 열 가지 법을 노래하였다.

ㄴ. 해탈문의 명칭을 세우다[立法名] 2.
ㄱ) 앞에서 밝힌 바를 따오다[牒前所明] (第二 11下7)
ㄴ) 앞에서 세운 제목을 가리키다[指前立目] (後我)

善男子여 菩薩이 具此十法하면 生如來家하여 爲一切世間淸淨光明하나니 善男子여 我從無量劫來로 得是自在受生解脫門하라

"착한 남자여, 보살이 이 열 가지 법을 갖추고 여래의 가문에 태어나면 모든 세간의 청정한 광명이 되느니라. 착한 남자여, 나는 한량없이 오랜 겁으로부터 이 <자재하게 태어나는 해탈문>을 얻었노라."

[疏] 第二, 善男子菩薩具此下는 立法名中에 先, 牒前所明이요 後, 我從無量下는 指前立目이니라 機感에 便現하여 無所擁礙를 名自在受生이니 通能所現[16]이니라

■ ㄴ. 善男子菩薩具此 아래는 해탈문의 명칭을 건립함이다. 그중에 ㄱ) 앞에서 밝힌 바를 따옴이요, ㄴ) 我從無量 아래는 앞에서 세운 제목을 가리킴이다. 중생 근기에 감득하여 문득 나타나고 잡거나 장애함 없음을 '자유롭게 태어남[自在受生]'이라 이름하나니 나타나는 주체와 대상에 통한다.

ㄷ. 해탈문의 업과 작용을 밝히다[明業用] 2.
ㄱ) 발원에 의지하여 태어나다[依願受生] (第三 12上4)

善財가 白言하되 聖者여 此解脫門이 境界云何니잇고 答言하시되 善男子여 我先發願하되 願一切菩薩이 示受生時에 皆得親近하여 願入毘盧遮那如來無量受生海일새

---

16) 現은 甲南續金本作見.

以昔願力으로 生此世界閻浮提中嵐毘尼園하여 專念菩薩의 何時下生이러라

선재동자가 말하였다. "거룩하신 이여, 이 해탈문의 경계는 어떠하옵니까?" 신이 대답하였다. "착한 남자여, 나는 먼저 발원하기를 '모든 보살이 태어날 적마다 다 친근하게 하여지이다. 비로자나여래의 한량없이 태어나는 바다에 들어가지이다' 하였고, 이런 서원의 힘으로 이 세계의 염부제에 있는 람비니숲 동산에 나서 '보살이 언제나 내려오시겠는가?'라고 생각하였노라.

[疏] 第三, 善財白言下는 明法門業用이라 於中에 先은 問이요 後는 答이라 答中에 知見此境이 卽是業用이라 於中에 二니 先, 明依願受生이요

■ ㄷ. 善財白言 아래는 해탈문의 업과 작용을 밝힘이다. 그중에 (1) 질문함이요, (2) 대답함이다. (2) 대답함 중에 이런 경계를 알고 보는 것이 곧 업과 작용이다. 그중에 둘이니 ㄱ) 발원에 의지하여 태어남을 밝힘이요,

ㄴ) 예전에 한 발원과 같이 보다[如昔願覩] 4.
(ㄱ) 세존이 탄생할 때의 서상[降神瑞相] (後經 13上3)

經於百年하여 世尊이 果從兜率陀天으로 而來生此하실새 時此林中에 現十種相하니 何等爲十고 一者는 此園中地가 忽自平坦하여 坑坎堆[17]阜가 悉皆不現이요 二者는

---

17) 堆는 宋元明淸合綱杭鼓纂續金本作土追, 麗本作堆 慧苑音義云 王逸注楚辭曰 土追 高土也 字又作堆.

金剛爲地하고 衆寶莊嚴하여 無有瓦礫荊棘株杌이요 三者는 寶多羅樹가 周帀行列하되 其根深植하여 至於水際요 四者는 生衆香芽하며 現衆香藏하며 寶香爲樹하되 扶疎蔭暎하여 其諸香氣가 皆踰天香이요 五者는 諸妙華鬘과 寶莊嚴具가 行列分布하여 處處充滿이요 六者는 園中所有一切諸樹가 皆自然開摩尼寶華요 七者는 諸池沼中에 皆自生華하되 從地涌出하여 周布水上이요 八者는 時此林中에 娑婆世界欲色所住天龍夜叉乾闥婆阿修羅迦樓羅緊那羅摩睺羅伽一切諸王이 莫不來集하여 合掌而住요 九者는 此世界中所有天女와 乃至摩睺羅伽女가 皆生歡喜하여 各各奉持諸供養具하고 向畢洛叉樹前하여 恭敬而立이요 十者는 十方一切諸佛臍中에 皆放光明하니 名菩薩受生自在燈이라 普照此林하니 一一光中에 悉現諸佛受生誕生所有神變과 及一切菩薩受生功德하며 又出諸佛種種言音이니 是爲林中十種瑞相이라 此相現時에 諸天王等이 卽知當有菩薩下生하나니 我見此瑞하고 歡喜無量하라

백년을 지난 뒤에 세존이 도솔천으로부터 내려오시는데, 그때 이 숲속에는 열 가지 상서가 나타났으니, 무엇이 열인가? 하나는 이 동산의 땅이 홀연히 평탄해지고 구렁이나 등성이가 나타나지 않았다. 둘은 금강으로 땅이 되어 모든 보배로 장엄하고, 자갈과 가시덤불과 나무 그루터기들이 없어졌다. 셋은 보배로 된 다라 나무가 줄을 지어 둘러서고 그 뿌리가 깊이 들어가 물 있는 곳까지 이르렀다. 넷은 모든 향

의 음이 돌고 향의 광이 나타났으며, 보배 향으로 된 나무가 수북하게 무성하여 모든 향기가 천상의 향기보다도 더 아름다웠다. 다섯은 여러 묘한 화만과 보배 장엄거리가 줄지어 퍼져서 곳곳마다 가득하였다. 여섯은 동산 안에 있는 나무에는 모두 마니보배 꽃이 저절로 피었다. 일곱은 연못 속에는 자연히 꽃이 나는데, 땅속에서 솟아올라서 물 위에 두루 덮였다. 여덟은 이 숲속에는 사바세계의 욕심 세계와 형상 세계에 있는 하늘·용·야차·건달바·아수라·가루라·긴나라·마후라가의 왕들이 모두 모여 와서 합장하고 있었다. 아홉은 이 세계에 있는 하늘 여자와 내지 마후라가의 여자들이 모두 환희하여 여러 가지 공양거리를 받들고 필락차 나무를 향하여 공경하고 서 있었다. 열은 시방의 모든 부처님 배꼽에서 <보살이 태어나는 자재한 등불>이란 광명을 놓아 이 숲에 비추고, 낱낱 광명에서는 부처님이 태어나고 탄생하는 신통변화와 보살들이 태어나는 공덕을 나타내었고, 또 여러 부처님의 가지가지 음성을 내었다. 이것이 이 숲속의 열 가지 상서다. 이 상서가 나타날 때에 모든 천왕들은 보살이 내려오실 줄을 알았고, 나는 이 상서를 보고 한량없이 기뻐하였다.

[疏] 後, 經於百年下는 如昔願覩라 於中에 四니 初, 覩降神瑞相이라
- ㄴ) 經於百年 아래는 예전에 한 발원과 같이 봄이다. 그중에 넷이니
  (ㄱ) 세존이 탄생할 때의 서상(瑞相)이요,

(ㄴ) 마야부인이 성에서 나와 숲에 들어올 때의 서상광명[出城現光]

(二善 13下3)

善男子여 摩耶夫人이 出迦毘羅城하여 入此林時에 復現十種光明瑞相하여 令諸衆生으로 得法光明케하시니 何等爲十고 所謂一切寶華藏光과 寶香藏光과 寶蓮華開演出眞實妙音聲光과 十方菩薩初發心光과 一切菩薩得入諸地現神變光과 一切菩薩修波羅蜜圓滿智光과 一切菩薩大願智光과 一切菩薩敎化衆生方便智光과 一切菩薩證於法界眞實智光과 一切菩薩得佛自在受生出家成正覺光이니 此十光明이 普照無量諸衆生心이러라

착한 남자여, 마야부인이 가비라성에서 나와 이 숲에 들어올 때에도 열 가지 광명의 상서가 있어 중생들에게 법의 광명을 얻게 하였다. 무엇이 열인가? 이른바 (1) 모든 보배 꽃광 광명, (2) 보배 향 광 광명, (3) 보배 연꽃이 피어 진실하고 묘한 음성을 연설하는 광명, (4) 시방 보살이 처음으로 마음을 내는 광명, (5) 모든 보살이 여러 지위에 들어가서 신통변화를 나타내는 광명, (6) 모든 보살이 바라밀을 닦아서 원만한 지혜 광명, (7) 모든 보살의 큰 서원의 지혜 광명, (8) 모든 보살이 중생을 교화하는 방편 지혜의 광명, (9) 모든 보살이 법계를 증득하는 진실한 지혜의 광명, (10) 모든 보살이 부처님의 자재하심을 얻어 태어나고 출가하여 정각을 이루는 광명이니, 이 열 가지 광명이 한량없는 중생들의 마음을 두루 비추느니라.

[疏] 二, 善男子摩耶下는 見出城現光이라
- (ㄴ) 善男子摩耶 아래는 성에서 나와 광명을 나툼을 봄이요,

(ㄷ) 보살이 장차 탄생하려는 신통변화를 나타내다[將生神變] 2.
a. 총합하여 묻다[總徵] (三摩 13下6)

善男子여 摩耶夫人이 於畢洛叉樹下坐時에 復現菩薩將欲誕生十種神變하시니 何等爲十고
착한 남자여, 마야부인이 필락차 나무 아래 앉을 적에 다시 보살이 탄생하려는 열 가지 신통변화를 나타내었느니라. 무엇이 열인가?

❖ 람비니주림신이 迦毘羅성의 嵐毘尼동산에 들어가는 모습 변상도(제74권)

[疏] 三, 摩耶夫人이 於畢洛叉下는 覩將生神變이라 於中에 二니 先, 標
徵이라 畢洛叉者는 此云高顯이니라
- (ㄷ) 摩耶夫人於畢洛叉 아래는 장차 탄생하려는 신통변화를 나타
냄을 봄이다. 그중에 둘이니 a. 총합하여 물음이다. 필락차(畢洛叉)는
'높이 드러냄'이라 번역한다.

b. 열 가지 신통변화를 개별로 밝히다[別顯] 10.
a) 대중을 모으니 고통이 소멸하다[集衆息苦] (後別 16上10)
b) 거두고 펴는 데 무애하다[卷舒無礙] (經/又善)

善男子여 菩薩이 將欲誕生之時에 欲界諸天의 天子天
女와 及以色界一切諸天과 諸龍夜叉乾闥婆阿修羅迦樓
羅緊那羅摩睺羅伽와 幷其眷屬이 爲供養故로 悉皆雲集
이어든 摩耶夫人이 威德殊勝하여 身諸毛孔에 咸放光明
하사 普照三千大千世界하여 無所障礙하니 一切光明이
悉皆不現하여 除滅一切衆生煩惱와 及惡道苦가 是爲菩
薩將欲誕生第一神變이요
又善男子여 當爾之時하여 摩耶夫人腹中에 悉現三千世
界一切形像하여 其百億閻浮提內에 各有都邑하고 各有
園林하여 名號不同이어든 皆有摩耶夫人이 於中止住하
고 天衆圍遶하여 悉爲顯現菩薩將生不可思議神變之相
이 是爲菩薩將欲誕生第二神變이요
착한 남자여, 보살이 탄생하시려는 때에 욕심 세계의 하
늘·천자·천녀와 형상 세계의 모든 하늘·용·야차·건

달바・아수라・가루라・긴나라・마후라가와 그 권속들이 공양하기 위하여 구름같이 모여 왔고, 마야부인은 위엄과 덕이 썩 훌륭하여 여러 털구멍에서 광명을 놓아 삼천대천세계를 두루 비추어 막히는 데가 없었으며, 다른 광명들은 모두 나타나지 않았고, 모든 중생의 번뇌와 나쁜 길의 고통을 소멸하였으니, 이것이 보살의 탄생하시려는 첫째의 신통변화니라.

또 착한 남자여, 그때에 마야부인의 복중에서 삼천대천세계의 모든 형상을 나타내었는데, 백억 염부제 안에 각각 서울이 있고 각각 숲 동산이 있어 이름이 같지 아니하였으며, 다 마야부인이 그 가운데 계시거든, 하늘 대중이 둘러 모셨으니, 보살이 장차 태어나시려 할 때의 부사의한 신통변화를 나타내려는 것이다. 이것이 보살의 탄생하시려는 둘째의 신통변화이니라.

c) 털구멍마다 부처님 인행을 나타내다[毛現佛因] (經/又善 14上7)
d) 부처님 본생의 일이 나타나다[現佛本事] (經/又善)

又善男子여 摩耶夫人一切毛孔에 皆現如來往昔修行菩薩道時恭敬供養一切諸佛과 及聞諸佛說法音聲하시니 譬如明鏡과 及以水中에 能現虛空日月星宿雲雷等像인달하여 摩耶夫人身諸毛孔도 亦復如是하여 能現如來往昔因緣이 是爲菩薩將欲誕生第三神變이요

又善男子여 摩耶夫人身諸毛孔에 一一皆現如來往修菩

薩行時所住世界와 城邑聚落과 山林河海와 衆生劫數와 值佛出世와 入淨國土와 隨所受生壽命長短과 依善知識 修行善法과 於一切刹在在生處에 摩耶夫人이 常爲其母 하사 如是一切를 於毛孔中에 靡不皆現이 是爲菩薩將欲 誕生第四神變이요

또 착한 남자여, 마야부인의 모든 털구멍마다 여래께서 옛날 보살의 도를 수행할 적에 모든 부처님께 공경하고 공양하던 일과 부처님들의 법문 말씀하시는 음성을 듣던 일을 나타내었느니라. 마치 밝은 거울이나 물속에 허공과 해와 달과 별과 구름과 우레의 모양을 나타내듯이, 마야부인의 털구멍도 그와 같아서 여래의 옛날 인연을 능히 나타내었으니, 이것이 보살의 탄생하시려는 셋째의 신통변화이니라.

또 착한 남자여, 마야부인의 털구멍에는 여래께서 옛날 보살의 행을 닦을 적에 계시던 세계와 도시와 마을과 산과 숲과 강과 바다와 중생과 겁의 수효를 나타내었으며, 부처님이 세상에 나신 일과 깨끗한 국토에 들어가서 태어나는 일과 수명이 길고 짧음과 선지식을 의지하여 착한 법을 닦던 일과 모든 세계에서 태어날 적마다 마야부인이 어머니가 되시던 온갖 일이 모두 털구멍에 나타났으니, 이것이 보살의 탄생하시려는 넷째의 신통변화이니라.

e) 현행으로 의지하는 몸[現行所依身] (經/又善 14下7)
f) 재물 버리는 행을 두루 나타내다[徧現捨行] (經/又善)

又善男子여 摩耶夫人一一毛孔에 顯現如來往昔修行菩薩行時隨所生處色相形貌와 衣服飮食苦樂等事하사 一一普現하여 分明辯了가 是爲菩薩將欲誕生第五神變이요

又善男子여 摩耶夫人身諸毛孔에 一一皆現世尊往昔修施行時捨所難捨한 頭目耳鼻와 脣舌牙齒와 身體手足과 血肉筋骨과 男女妻妾과 城邑宮殿과 衣服瓔珞과 金銀寶貨의 如是一切內外諸物하시며 亦見受者의 形貌音聲과 及其處所가 是爲菩薩將欲誕生第六神變이요

또 착한 남자여, 마야부인의 낱낱 털구멍마다 여래께서 옛날에 보살의 행을 닦으실 적에 나셨던 곳과 모습과 형상이 나타났으며, 의복과 음식과 괴롭고 즐거운 일이 낱낱이 나타나서 분명하게 볼 수 있었으니, 이것이 보살의 탄생하시려는 다섯째의 신통변화이니라.

또 착한 남자여, 마야부인의 털구멍마다 세존께서 옛날 보시하는 행을 닦을 적에 버리기 어려운 머리·눈·귀·코·입술·혀·치아·몸·손·발·피·살·힘줄·뼈와 아들·딸·아내·첩·도시·궁전·의복·영락·금·은·보화 따위의 모든 것을 버리던 일을 나타내었으며, 또 받는 이의 형상과 음성과 처소까지 보였으니, 이것이 보살의 탄생하시려는 여섯째의 신통변화이니라.

g) 옛 부처님이 모태에 들 때의 동산[古佛園林] (經/又善 15上5)

h) 현재 부처님의 궁전[今佛宮殿] (經/又善)

又善男子여 摩耶夫人이 入此園時에 其林이 普現過去所有一切諸佛의 入母胎時國土園林과 衣服華鬘과 塗香末香과 旛繒幢蓋와 一切衆寶莊嚴之事와 妓樂歌詠上妙音聲하여 令諸衆生으로 普得見聞이 是爲菩薩將誕生時第七神變이요

又善男子여 摩耶夫人이 入此園時에 從其身出菩薩所住摩尼寶王宮殿樓閣이 超過一切天龍夜叉乾闥婆阿修羅迦樓羅緊那羅摩睺羅伽와 及諸人王之所住者하사 寶網覆上하고 妙香普熏하며 衆寶莊嚴하여 內外淸淨하며 各各差別하되 不相雜亂하여 周帀徧滿嵐毘尼園이 是爲菩薩將誕生時第八神變이요

또 착한 남자여, 마야부인이 이 동산에 들어올 적에 이 숲에는 지난 세상의 부처님들이 모태에 드실 때의 국토와 숲 동산과 의복·화만·바르는 향·가루 향·번기·당기·깃발·일산과 모든 보배로 장엄한 것이 모두 나타났고, 풍류와 노래와 아름다운 음성을 모든 중생들이 다 듣고 보게 되었으니, 이것이 보살의 탄생하시려는 때의 일곱째 신통변화이니라.

또 착한 남자여, 마야부인이 이 동산에 들어올 적에 그 몸으로부터 보살이 거주하는 마니보배로 된 궁전과 누각을 내었는데, 모든 하늘·용·야차·건달바·아수라·가루라·긴나라·마후라가나 사람의 왕의 거처하는 데보다 뛰어났으며, 보배 그물을 위에 덮고 묘한 향기가 두루 풍기며, 여러 보배로 장엄하여 안팎이 청정하고 제각기 달라서 서

로 섞이지 않고 람비니 동산에 두루 가득하였으니, 이것이 보살의 탄생하시려는 때의 여덟째 신통변화이니라.

i) 비로자나보살과 같은 부류가 나오다[出菩薩同類] (經/又善 15下4)
j) 땅에서 연꽃 등이 피어나다[地現蓮華] (經/又善)

又善男子여 摩耶夫人이 入此園時에 從其身出十不可說百千億那由他佛剎微塵數菩薩하시니 其諸菩薩의 身形容貌와 相好光明과 進止威儀와 神通眷屬이 皆與毘盧遮那菩薩로 等無有異하여 悉共同時에 讚歎如來가 是爲菩薩將誕生時第九神變이요

又善男子여 摩耶夫人이 將欲誕生菩薩之時에 忽於其前에 從金剛際로 出大蓮華하니 名爲一切寶莊嚴藏이라 金剛爲莖하며 衆寶爲鬚하며 如意寶王으로 以爲其臺하며 有十佛剎微塵數葉이 一切皆以摩尼所成이며 寶網寶蓋로 以覆其上하여 一切天王의 所共執持며 一切龍王이 降注香雨하며 一切夜叉王이 恭敬圍遶하여 散諸天華하며 一切乾闥婆王이 出微妙音하여 歌讚菩薩의 往昔供養諸佛功德하며 一切阿修羅王이 捨憍慢心하고 稽首敬禮하며 一切迦樓羅王이 垂寶繒幡하여 徧滿虛空하며 一切緊那羅王이 歡喜瞻仰하여 歌詠讚歎菩薩功德하며 一切摩睺羅伽王이 皆生歡喜하여 歌詠讚歎하고 普雨一切寶莊嚴雲이 是爲菩薩將誕生時第十神變이니라

또 착한 남자여, 마야부인이 이 동산에 들어올 적에 그 몸에

서 열 곱 말할 수 없는 백천억 나유타 세계의 티끌 수 보살을 내었는데, 그 보살들의 형상과 용모와 잘생긴 모습과 광명과 앉고 서는 위의와 신통과 권속들이 모두 비로자나보살과 다르지 않았으며, 다 한꺼번에 여래를 찬탄하였으니, 이것이 보살의 탄생하시려는 때의 아홉째 신통변화이니라. 또 착한 남자여, 마야부인이 보살이 탄생하려 할 때에, 문득 그 앞에 금강이 있는 데로부터 큰 연꽃이 솟아났으니, 이름은 온갖 보배로 장엄한 광이라. 금강으로 줄기가 되고 여러 보배로 꽃술이 되고 여의 보배로 꽃판이 되었으며, 열 세계의 티끌 수 잎은 모두 마니로 되었고 보배 그물·보배 일산이 위에 덮였는데, 모든 천왕들이 함께 받들었고, 모든 용왕은 향 비를 내리고, 모든 야차왕은 공경하며 둘러싸고 하늘꽃을 흩고, 모든 건달바왕은 아름다운 음성으로 옛날에 보살이 부처님께 공양하던 공덕을 찬탄하고, 모든 아수라왕은 교만한 마음을 버리고 머리를 조아려 경례하고, 모든 가루라왕은 보배 번기를 드리워 허공에 가득하고, 모든 긴나라왕은 환희하여 앙모하면서 보살의 공덕을 노래하며 찬탄하고, 모든 마후라가왕은 모두 환희하여 노래하고 찬탄하며 모든 보배 장엄 구름을 비 내렸으니, 이것이 보살의 탄생하시려는 때의 열째 신통변화이니라.

[疏] 後, 別顯十變이니 一, 集衆息苦요 二, 卷舒無礙요 三, 毛現佛因이요 四, 現佛本事요 五, 現行所依身이요 六, 徧現捨行이요 七, 現古佛受生園林이요 八, 現今佛所處宮殿이요 九, 出菩薩同類요 十, 地現

蓮華하여 將承至聖이니라

- b. 열 가지 신통변화를 개별로 밝힘이다. a) 대중을 모으니 고통이 소멸함이요, b) 거두고 펴는 데 무애함이요, c) 털구멍마다 부처님 인행을 나타냄이요, d) 부처님 본생의 일이 나타남이요, e) 현행으로 의지하는 몸이요, f) 재물 버리는 행을 두루 나타냄이요, g) 옛 부처님이 모태에 들 때의 동산을 나타냄이요, h) 현재 부처님이 머무시는 궁전을 나타냄이요, i) 비로자나보살과 같은 부류가 나옴이요, j) 땅에서 연꽃 등이 피어나서 장차 받들고 성인에 이름이다.

(ㄹ) 람비니 동산에서 탄생함을 보다[正觀誕生] 3.
a. 바깥 모양을 보다[觀外相] (四善 17上6)
b. 내부의 공덕을 요달하다[了內德] (二菩)
c. 주변을 결론하다[結周徧] (三當)

善男子여 嵐毘尼園에 示現如是十種相已한 然後菩薩의 其身誕生하시니 如虛空中에 現淨日輪하며 如高山頂에 出於慶雲하며 如密雲中에 而耀電光하며 如夜暗中에 而然大炬하여 爾時菩薩의 從母脇生한 身相光明도 亦復如是러라 善男子여 菩薩이 爾時에 雖現初生이나 悉已了達一切諸法이 如夢如幻하며 如影如像하며 無來無去하며 不生不滅하니라
善男子여 當我見佛이 於此四天下閻浮提內嵐毘尼園에 示現初生種種神變時하여 亦見如來가 於三千大千世界百億四天下閻浮提內嵐毘尼園中에 示現初生種種神變

하며 亦見三千大千世界一一塵中無量佛刹하며 亦見百佛世界와 千佛世界와 乃至十方一切世界一一塵中無量佛刹인 如是一切諸佛刹中에 皆有如來가 示現受生種種神變하여 如是念念常無間斷하라

착한 남자여, 람비니 동산에서 이 열 가지 모양이 나타난 뒤에 보살의 몸이 탄생하시니, 마치 공중에 찬란한 해가 뜨는 듯, 높은 산 위에서 좋은 구름이 일어나는 듯, 여러 겹 쌓인 구름 속에 번개가 비치는 듯, 어두운 밤에 횃불을 받는 듯이, 보살이 어머니의 옆구리로 나시는 몸의 모습 광명도 그와 같았다. 착한 남자여, 보살이 그때에 비록 처음으로 나셨지마는 모든 법이 꿈과 같고 환술 같고 그림자 같고 영상과 같아서 오는 것도 없고 가는 것도 없고 나지도 않고 멸하지도 않는 것임을 이미 통달하였느니라.

착한 남자여, 부처님이 이 사천하의 염부제에 있는 람비니 동산에서 처음으로 탄생하시면서 가지가지 신통변화가 나타나는 것을 내가 보는 동시에, 여래께서 삼천대천세계의 백억 사천하의 염부제에 있는 람비니 동산에서 처음으로 탄생하시면서 가지가지 신통변화를 나타내는 것도 보았고, 또 삼천대천세계의 낱낱 티끌 속에 있는 한량없는 세계에서도 그러함을 보았고, 또 백 부처님 세계, 천 부처님 세계와, 내지 시방 모든 세계의 낱낱 티끌 속에 있는 한량없는 세계에서와 같이, 모든 부처님 세계에도 다 여래께서 탄생하시면서 가지가지 신통변화 나타내는 것을 보았나니, 이와 같이 잠깐잠깐도 끊어지지 아니하였느니라."

[疏] 四, 善男子嵐毘尼下는 正覩誕生이라 於中에 三이니 初, 覩外相이니 有四種相의 釋通事理라 約事컨대 謂一, 廻耀挺特故요 二, 高顯邕容故요 三, 威光赫奕故요 四, 分明可覩故라 約理則一, 依性空하여 無住現故요 二, 依涅槃山하여 無心出故요 三, 大慈雲中에 現無住之化身故요 四, 爲破衆生生死無明之大暗故니라 二, 菩薩爾時下는 了其內德이요 三, 當我見佛下는 結其周徧이니 則橫竪無窮이니라

- (ㄹ) 善男子嵐毘尼 아래는 람비니 동산에서 탄생함을 봄이다. 그중에 셋이니 a. 바깥 모양을 봄이니 네 가지 모양으로 현상과 이치에 통함을 해석하였다. a) 현상을 잡으면 이른바 (1) 돌고 빛남이 특별한 연고요, (2) 높이 드러나게 용모가 온화한 연고요, (3) 위덕 광명이 크게 빛나는 연고요, (4) 분명하게 볼 수 있는 까닭이다. b) 이치를 잡으면 (1) 성품이 공함을 의지하므로 머무름 없이 나투는 연고요, (2) 열반의 산에 의지하므로 무심하게 나온 연고요, (3) 큰 자비한 구름 중에 머무름 없는 화신을 나투는 연고요, (4) 중생이 나고 죽음의 무명에서 큰 어둠을 타파하기 위한 까닭이다. b. 菩薩爾時 아래는 내부의 공덕을 요달함이요, c. 當我見佛 아래는 그 주변을 결론하면 가로와 세로가 다함없다는 뜻이다.

ㄹ. 법을 얻은 근원이 깊음을 밝히다[顯法根深] 2.
ㄱ) 질문하다[問] (第四 18下5)

時에 善財童子가 白彼神言하되 大天하 得此解脫이 其已久如니잇고
이때 선재동자는 저 신에게 말하였다. "큰 천신께서 이 해

탈을 얻은 지는 얼마나 오래였나이까?"

[疏] 第四, 時善財童子白彼神下는 顯法根深이니 先은 問이요 後는 答이라
ㄹ. 時善財童子白彼神 아래는 법을 얻은 근원이 깊음을 밝힘이다.
ㄱ) 질문함이요, ㄴ) 대답함이다.

ㄴ) 대답하다[答] 2.

(ㄱ) 장항으로 밝히다[長行] 6.
a. 옛 세상에 부처님이 출현하다[古世佛興] (答中 18下6)
b. 과거 부모를 밝히다[顯昔父母] (二其)
c. 나무를 부여잡고 탄생하다[攀樹誕生] (三其)

答言하시되 善男子여 乃往古世에 過億佛刹微塵數劫하고 復過是數하여 時有世界하니 名爲普寶요 劫名悅樂이어든 八十那由他佛이 於中出現하시니 其第一佛이 名自在功德幢이라 十號具足이시며 彼世界中에 有四天下하니 名妙光莊嚴이요 其四天下閻浮提中에 有一王都하니 名須彌莊嚴幢이요 其中有王하니 名寶焰眼이요 其王夫人은 名曰喜光이라
善男子여 如此世界摩耶夫人이 爲毘盧遮那如來之母하여 彼世界中에 喜光夫人이 爲初佛母도 亦復如是하니라
善男子여 其喜光夫人이 將欲誕生菩薩之時에 與二十億那由他婇女로 詣金華園할새 園中에 有樓하니 名妙寶峯

이요 其邊에 有樹하니 名一切施라 喜光夫人이 攀彼樹枝하고 而生菩薩하니 諸天王衆이 各持香水하여 共以洗沐할새

신이 대답하였다. "착한 남자여, 지나간 옛적 1억 세계의 티끌 수 겁을 지내고, 또 그만한 겁 전에 세계가 있었으니 이름이 넓은 보배요, 겁의 이름은 즐거움이었는데, 80나유타 부처님이 그 속에서 나시었느니라. 첫 부처님 이름은 자재공덕당으로서 열 가지 명호가 구족하였고, 그 세계에 묘한 빛 장엄이란 사천하가 있었느니라. 그 사천하의 염부제에 한 서울이 있으니 이름은 수미장엄당이요, 그 나라의 왕은 이름이 보배 불꽃 눈이요, 그 왕의 부인은 기쁜 빛이었느니라. 착한 남자여, 이 세계에서는 마야부인이 비로자나여래의 어머니가 되는 것처럼 저 세계에서는 기쁜 빛 부인이 첫 부처님의 어머니가 되었느니라.

착한 남자여, 그 기쁜 빛 부인이 보살이 탄생하려는 때에 20억 나유타 채녀들과 함께 금빛 동산에 나아갔는데, 동산에 누각이 있으니 이름이 묘한 보배 봉우리요, 그 곁에 나무가 있으니 이름이 온갖 것 보시라 기쁜 빛 부인이 그 나뭇가지를 붙잡고 보살을 낳으니, 여러 천왕들이 향수로써 목욕시키었다.

[疏] 答中에 先, 長行이라 中에 六이니 一, 古世佛興이요 二, 其四天下는 顯昔父母요 三, 其喜光下는 攀樹誕生이요

■ ㄴ) 대답함 중에 (ㄱ) 장항으로 밝힘이다. 그중에 여섯 과목이니 a.

옛 세상에 부처님이 출현함이요, b. 其四天 아래는 과거 부모를 밝힘이요, c. 其喜光 아래는 나무를 부여잡고 탄생함이다.

d. 부처님을 뵙고 득법하다[觀佛得法] (四時 18下7)
e. 옛과 현재를 결론하여 회통하다[結會古今] (五善)
f. 작용이 두루함을 결론하다[結用周徧] (六我)

時有乳母하니 名爲淨光이라 侍立其側이러니 旣洗沐已에 諸天王衆이 授與乳母한대 乳母敬受하여 生大歡喜하여 卽得菩薩普眼三昧하고 得此三昧已에 普見十方無量諸佛하며 復得菩薩於一切處示現受生自在解脫하니 如初受胎識이 速疾無礙하여 得此解脫故로 見一切佛이 乘本願力하여 受生自在도 亦復如是하니라
善男子여 於汝意云何오 彼乳母者는 豈異人乎아 我身이 是也니 我從是來로 念念常見毘盧遮那佛의 示現菩薩受生海와 調伏衆生自在神力하니 如見毘盧遮那佛이 乘本願力하사 念念於此三千大千과 乃至十方一切世界微塵之內에 皆現菩薩受生神變하여 見一切佛도 悉亦如是하여 我皆恭敬承事供養하여 聽所說法도 如說修行하라

그때 깨끗한 빛이란 유모가 그 곁에 있었는데 천왕들이 보살을 목욕시키고는 유모에게 주었고, 유모는 보살을 받들고 매우 기뻐하면서 보살의 넓은 눈 삼매를 얻었다. 이 삼매를 얻고는 시방의 한량없는 여러 부처님을 뵈옵고 다시 보살이 여러 곳에서 일부러 태어나는 자재한 해탈을 얻었는

데 처음 태에 드는 의식이 걸림 없이 빠른 것같이 하였고, 이 해탈을 얻은 연고로 모든 부처님들이 본래 서원한 힘으로 자재하게 태어나는 것을 보기도 그와 같이 하였다.

착한 남자여, 어떻게 생각하느냐? 그 유모는 다른 이가 아니라 내 몸이었느니라. 나는 그때부터 잠깐 동안마다 비로자나불이 보살로 태어나는 바다와 중생을 조복하는 자재한 신통을 보았으며, 비로자나불이 본래의 서원한 힘으로 잠깐잠깐마다 이 삼천대천세계와 내지 시방 모든 세계의 티끌 속에서 보살로 태어나면서 신통변화를 나타냄을 보는 것처럼 모든 부처님도 그와 같이 보고, 공경하고 받자와 섬기면서 공양하고, 말씀하시는 법을 듣고 말씀하신 대로 수행하였노라."

[疏] 四, 時有下는 觀佛得法이요 五, 善男子下는 結會古今이요 不結父母者는 意明卽淨飯摩耶요 佛은 卽今佛故라 六, 我從是下는 顯用周徧이니라

■ d. 時有 아래는 부처님을 뵙고 법을 얻음이요, e. 善男子 아래는 옛과 현재를 결론하여 회통함이다. 부모를 결론하지 않은 것은 의미를 밝히면 곧 정반왕과 마야부인이며, 부처님은 곧 지금의 석가 부처님인 까닭이다. f. 我從是 아래는 작용이 두루함을 밝힘이다.

(ㄴ) 게송으로 거듭 노래하다[偈頌] 4.
a. 한 게송은 듣기를 훈계하고 설법을 허락하다[一頌誡聽許說]

(後偈 20上5)

時에 嵐毘尼林神이 欲重宣此解脫義하사 承佛神力하여
普觀十方하고 而說頌言하시되
이때 람비니숲 신이 이 해탈의 뜻을 거듭 펴려고 부처님의
신통한 힘을 받들어 시방을 관찰하고 게송을 말하였다.

佛子汝所問　　　　　　諸佛甚深境을
汝今應聽受어다　　　　我說其因緣하리라
불자여, 그대가 물은
부처님의 깊은 경지를
내가 이제 그 인연 말하리니
그대여, 자세히 들으라.

[疏] 後, 偈頌이라 中에 二十三頌을 分四니 初一, 誡聽許說이요
- (ㄴ) 게송으로 거듭 노래함이다. 그중에 23개 게송을 넷으로 나누리니 a. 한 게송은 듣기를 훈계하고 설법을 허락함이요,

b. 아홉 게송은 최초로 수행하여 증득하다[九頌最初修證] (次九 20上5)

過億刹塵劫하여　　　　有劫名悅樂이라
八十那由他　　　　　　如來出興世하시니
1억 세계 티끌 수 겁 전에
즐거움이란 겁이 있으니
80나유타 여래께서
그 세상에 나시었는데

最初如來號가 　　　　自在功德幢이라
我在金華園하여 　　　見彼初生日하고
그 첫 부처님이
자재공덕당이시니
나는 금꽃 동산에서
그가 탄생하심을 보았소.

我時爲乳母하여 　　　智慧極聰利러니
諸天授與我 　　　　　菩薩金色身이어늘
나는 그때 유모로서
지혜 있고 총명했는데
천왕들이 금빛 보살을
나에게 주었소.

我時疾捧持하여 　　　諦觀不見頂과
身相皆圓滿하여 　　　一一無邊際하며
나는 빨리 받잡고
살폈으나 정수리는 볼 수 없고
잘생긴 모습 모두 원만하여
낱낱이 끝닿은 데 없었소.

離垢淸淨身에 　　　　相好以莊嚴이
譬如妙寶像하고 　　　見已自欣慶하노라
때 없이 깨끗한 몸

거룩한 모습으로 장엄했으니
마치 보배로 된 형상처럼
보고 스스로 기뻐하였소.

思惟彼功德하여　　　　　疾增衆福海하며
見此神通事하고　　　　　發大菩提心하여
그 공덕 생각하니
모든 복 바다 빨리 더할 듯
이 신통한 일을 보고
큰 보리심 내어

專求佛功德하며　　　　　增廣諸大願하여
嚴淨一切刹하며　　　　　滅除三惡道하노라
부처의 공덕 구하고
큰 서원 더 넓히었으며
모든 세계 깨끗이 장엄하여
세 나쁜 길을 없애 제했노라.

普於十方土에　　　　　　供養無數佛하고
修行本誓願하여　　　　　救脫衆生苦하려고
시방의 모든 국토에서
수없는 부처님께 공양하며
본래의 서원 닦아 행하여
중생들의 고통 건져 주려고

我於彼佛所에　　　　　　　聞法得解脫하여
億刹微塵數　　　　　　　　無量劫修行하며
나는 그 부처님에게
법문 듣고 해탈을 얻어
1억 세계의 티끌 수처럼
한량없는 겁에 행을 닦았소.

[疏] 次九는 最初修證이요
- b. 아홉 게송은 최초로 수행하여 증득함이요,

c. 12개 게송은 일을 거치면서 수행을 더하다[十二頌歷事增修]

(次十 20上6)

劫中所有佛을　　　　　　　我悉曾供養하고
護持其正法하여　　　　　　淨此解脫海하라18)
그런 겁 동안 많은 부처님
나는 모두 공양하고
그의 바른 법 보호하여
이 해탈의 바다 깨끗이 하고

億刹微塵數　　　　　　　　過去十力尊에
盡持其法輪하여　　　　　　增明此解脫하노라
억만 세계 미진수 겁에

---

18) 我悉의 悉은 嘉淸綱杭鼓纂弘昭本作昔, 準晉譯及貞元譯應從普合續金大作悉.

72　화엄경청량소 제33권 大方廣佛華嚴經 제74권

과거에 부처님이 계시는 데서
그 법의 바퀴 모두 가져서
이 해탈을 더욱 밝게 하였노라.

我於一念頃에　　　　　　見此刹塵中에
一一有如來의　　　　　　所淨諸刹海어든
나는 잠깐 동안에
세계의 티끌 속에 계시는
낱낱 여래께서 깨끗하게 한
세계 바다를 보니

刹內悉有佛이　　　　　　園中示誕生하사
各現不思議　　　　　　　廣大神通力하며
그 세계마다 부처님 계셔
동산에서 탄생하시며
부사의하고 광대한
신통을 제각기 나투었소.

或見不思議　　　　　　　億刹諸菩薩이
住於天宮上하여　　　　　將證佛菩提하며
어떤 때는 헤아릴 수 없는
억만 세계의 여러 보살들
천궁에 계시면서
부처의 보리 증득하려고

無量刹海中에 　　　　　　諸佛現受生하사
說法衆圍遶를 　　　　　　於此我皆見하노라
한량없는 세계 바다에서
부처님들 탄생하시고
대중에 둘러싸여 설법하심을
여기서 모두 보았소.

一念見億刹 　　　　　　　微塵數菩薩이
出家趣道場하여 　　　　　示現佛境界하며
나는 잠깐 동안에
억만 세계의 티끌 수 보살을
출가하여 도량에 나아가
부처님 경계 나타냄을 보고

我見刹塵內에 　　　　　　無量佛成道하사
各現諸方便하여 　　　　　度脫苦衆生하시며
나는 또 세계의 티끌 속에서
한량없는 부처님 성도하시고
여러 가지 방편으로
괴로운 중생을 건지심 보고

一一微塵中에 　　　　　　諸佛轉法輪하사
悉以無盡音으로 　　　　　普雨甘露法하며19)

---

19) 一一은 續金本及貞元譯作一切, 麗宋元明清合綱杭鼓纂本及晉譯作一一.

모든 티끌 속에서
부처님들 법륜 굴리며
그지없는 음성으로
감로법을 비 내리며

億刹微塵數의
悉見於如來가
티끌 수 같은 억천 겁의
낱낱 세계의 티끌 속에서
부처님이 열반에 드심을
나는 또 모두 보았소.

一一刹塵內에
示現般涅槃하라

如是無量刹에
而我悉分身하여
이렇게 한량없는 세계에
여래께서 탄생하는 대로
나는 몸을 나누어
그 앞에 공양하였고

如來示誕生이어시든
現前興供養하며

不思議刹海
我悉現其前하여
부사의한 세계 바다
한량없는 길 각각 다른데
나는 그 앞에 나타나

無量趣差別에
雨於大法雨하리라

큰 법 비를 내렸소.

[疏] 次, 十二偈는 歷事增修요
- ■ c. 12개 게송은 일을 거쳐서 수행을 더함이요.

d. 그지없음을 결론하여 찬탄하다[一頌結歎無盡] (末偈 20上6)

  佛子我知此   難思解脫門이로니
  無量億劫中에   稱揚不可盡이로다
  불자여, 나는
  이 부사의한 해탈문을
  한량없는 겁에 말하여도
  다하지 못할 줄을 알아야 하리라.

[疏] 末偈는 結歎無盡이니라
- ■ d. 마지막 게송은 그지없음을 결론하여 찬탄함이다.

(라) 자신은 겸양하고 뛰어난 분을 추천하다[謙己推勝] (經/善男 20上7)

善男子여 我唯知此菩薩於無量劫徧一切處示現受生自在解脫이어니와 如諸菩薩摩訶薩은 能以一念으로 爲諸劫藏하여 觀一切法하며 以善方便으로 而現受生하여 周徧供養一切諸佛하며 究竟通達一切佛法하며 於一切趣에 皆現受生하며 一切佛前에 坐蓮華座하며 知諸衆生의

應可度時하여 爲現受生하여 方便調伏하며 於一切刹에 現諸神變하되 猶如影像하며 悉現其前하나니 我當云何 能知能說彼功德行이리오

착한 남자여, 나는 다만 이 <보살의 한량없는 겁의 모든 곳에서 가득히 태어나는 자재한 해탈>을 알거니와, 저 보살마하살들이 능히 잠깐 동안으로 여러 겁을 삼으며 온갖 법을 관찰하고, 좋은 방편으로 일부러 태어나서 모든 부처님께 공양하며, 모든 불법을 끝까지 통달하고 모든 길에 태어나서 여러 부처님 앞에서 연꽃 자리에 앉으며, 중생을 제도할 시기를 알고는 일부러 태어나서 방편으로 조복하며, 여러 세계에서 신통변화를 나타내되 그림자와 같이 그 앞에 나타나는 일이야 내가 어떻게 알며 그 공덕의 행을 말하겠는가?

(마) 다음 선지식을 지시하다[指示後友] (第五 20下6)
(바) 덕을 사모하여 예배하고 물러가다[戀德禮辭] (經/時善)

善男子여 此迦毘羅城에 有釋種女하니 名曰瞿波니 汝詣 彼問하되 菩薩이 云何於生死中에 教化衆生이릿고하라 時에 善財童子가 頂禮其足하며 遶無數帀하며 殷勤瞻仰하고 辭退而去하니라

착한 남자여, 이 가비라 성중에 석종의 여자가 있으니 이름이 구파라, 그대는 그에게 가서 '보살이 어떻게 나고 죽는 속에서 중생을 교화하느냐?'고 물으라."

선재동자는 그의 발에 엎드려 절하고 수없이 돌고 은근하게 우러러 보면서 하직하고 떠났다.

[疏] 第五, 指示後友라 中에 言瞿波者는 此云守護大地니 在家에 爲父母守護하고 太子儲備에 守護國地니 旣爲其妃일새 依主得名이라 表十地旣圓일새 故無地不護니라 然이나 太子가 有三夫人하니 一은 名瞿波요 次는 名耶輸陀羅요 三은 名摩奴舍라 今因位之極일새 故取其第一이라 法喜已滿일새 故寄之昔妃오 此位에는 親能得佛일새 故在生佛之城矣니라

■ (마) 다음 선지식을 지시함이다. 그중에 구파(瞿波)라 말한 것은 '대지(大地)를 수호함'이라 번역하나니, 집에 살면서 부모를 수호하고 태자가 모두 준비하고 국가의 땅을 수호함이니 이미 그 왕비를 위하여 의주석(依主釋)으로 이름을 얻었으니 십지가 이미 원만함을 표한 연고로 십지를 보호하지 못함이 없다. 그러나 태자에게 세 부인이 있으니 하나는 구파(瞿波)라 이름하고, 다음은 야수다라(耶輸陀羅)라 하고, 셋은 마노사(摩奴舍)라 이름한다. 지금은 인행 지위의 끝이므로 그 첫째를 취한 것이다. 법의 기쁨이 이미 만족한 연고로 예전의 왕비에 의탁하나니, 이런 지위는 친히 능히 부처를 얻게 하므로 부처의 성(城)에 태어난 것이다.

[帝字卷中 終]

大方廣佛華嚴經 제75권

大方廣佛華嚴經疏鈔 제75권 帝字卷下

제39 入法界品 ⑯

제39. 법계에 증득해 들어가는 품 [入法界品] ⑯

제41. 석종녀 구파주야신은 과거세에 부처님을 흠모하는 인연을 말하고 있다. 지난 미진수겁 전에 승행겁이 있고, 무외세계 안은이란 나라에 재주(財主)라는 임금이 다스리던 강성한 왕국이었다. 이때 위덕주(威德主)태자의 모습에 반한 선현(善現)이란 여인의 딸 구족묘덕녀(具足妙德女)가 시집가기를 구하다[賣女求歸]. 이처럼 구파녀는 자신의 해탈법 '보살의 삼매 바다를 관찰하는 해탈문'을 성취한 결과 세세생생 부처님과 함께 세상에 나서 불법을 전하기 위해 부처님을 도와주는 도반이 되었다.

태자께서 처음 나던 날	太子始生日에
이 애가 연꽃에서 났는데	卽從蓮華生하니
눈은 깨끗하고 길고	其目淨修廣하며
사지가 모두 구족하였소.	肢節悉具足이러라

한량없는 겁 바다에서	無量劫海中에
지옥 불이 몸을 태우더라도	地獄火焚身이라도
나를 사랑하여 받아 주시면	若能眷納我하면
그런 고통 달게 받겠소.	甘心受此苦하며

大方廣佛華嚴經 제75권

大方廣佛華嚴經疏鈔 제75권 帝字卷下

제39. 법계에 증득해 들어가는 품[入法界品] ⑯

차) 제41. 석녀구파주야신 선지식[釋女瞿波主夜神] 2.
- 제10. 법운지(法雲地)에 의탁하다

(가) 표방하다[標] (第十 1上7)
(나) 해석하다[釋] 6.
ㄱ. 선지식의 가르침에 의지해 나아가 구하다[依敎趣求] 2.

ㄱ) 앞 선지식의 가르침에 의지하여 닦고 증득하다[依前修證] (第一)

爾時에 善財童子가 向迦毘羅城하여 思惟修習受生解脫하여 增長廣大하여 憶念不捨하고
이때 선재동자는 가비라성을 향하면서 태어나는 해탈을 생각하고 닦아 더 늘게 하며 광대하게 하여 기억하고 버리지 아니하며,

[疏] 第十, 釋女瞿波는 寄法雲地라 第一, 依敎趣求中에 二니 初, 依前修證이요

■ 차) 제41. 석녀구파주야신이니 제10. 법운지에 의탁한 선지식이다.

ㄱ. 선지식의 가르침에 의지해 나아가 구함 중에 둘이니 ㄱ) 앞 선지식의 가르침에 의지하여 닦고 증득함이다.

```
차) 釋女瞿波主夜神二 ─┬─ 1. 標
                      └─ 2. 釋六 ─┐
   ┌──────────────────────────────┘
   1. 依敎趣求二 ─┬─ 1. 依前修證
                  └─ 2. 趣求後友四 ─┐
   ┌────────────────────────────────┘
      1. 依求詣處
      2. 伴友迎讚四
      3. 善財印述二 ─┬─ 1. 印述所說
                     └─ 2. 述自所作二 ─┬─ 1. 法
                                       ├─ 2. 喩
              1. 四等攝生四 ───────────┼─ 3. 合
                                       └─ 4. 釋二 ─┐
   ┌──────────────────────────────────────────────┘
         1. 徵        ┌─ 1. 總明      ┌─ 1. 明不自爲
         2. 釋二 ─────┴─ 2. 別顯二 ───┴─ 2. 明其所爲
      2. 萬德益物二
      4. 神敬增深三
   2. 見敬諮問三 ─┬─ 1. 見二 ─┬─ 1. 見依報
   3. 示己法界四 │           └─ 2. 見正報
                 ├─ 2. 敬
                 └─ 3. 問二
      1. 顯法義二 ┐
                  │                ┌─ 1. 讚誠許說    ┌─ 1. 帝網智光行
         1. 長行二 ──┬─ 2. 正顯法義二 ┴─ 2. 承事善友行
         2. 偈頌二 ┘
      2. 立法名              ┌─ 1. 問
      3. 明法用二 ────────────┴─ 2. 答二
         1. 顯廣知三
                                ┌─ 1. 刹塵劫事二 ─┬─ 1. 知世間因果
            1. 知娑婆二 ─────────┴─ 2. 類盡未來際   └─ 2. 知出世因果二
            2. 類知刹海二
            3. 別顯毗盧二
         2. 顯知所以
      4. 辨法根源
   4. 謙己推勝
   5. 指示後友二 ─┬─ 1. 指後友
                  └─ 2. 頌前法三
   6. 戀德禮辭
```

[鈔] 寄法雲地者는 謂大法智雲이 含衆德水하여 蔽如空麤重하여 充滿法身故니라

- '제10. 법운지에 의탁한다'는 것은 이른바 큰 법과 지혜의 구름이 여러 공덕의 물을 머금어서 공과 같은 거칠고 무거운 번뇌를 덮어서 법신에 충만하기 때문이다.

ㄴ) 다음 선지식에 나아가 구하다[趣求後友] 4.

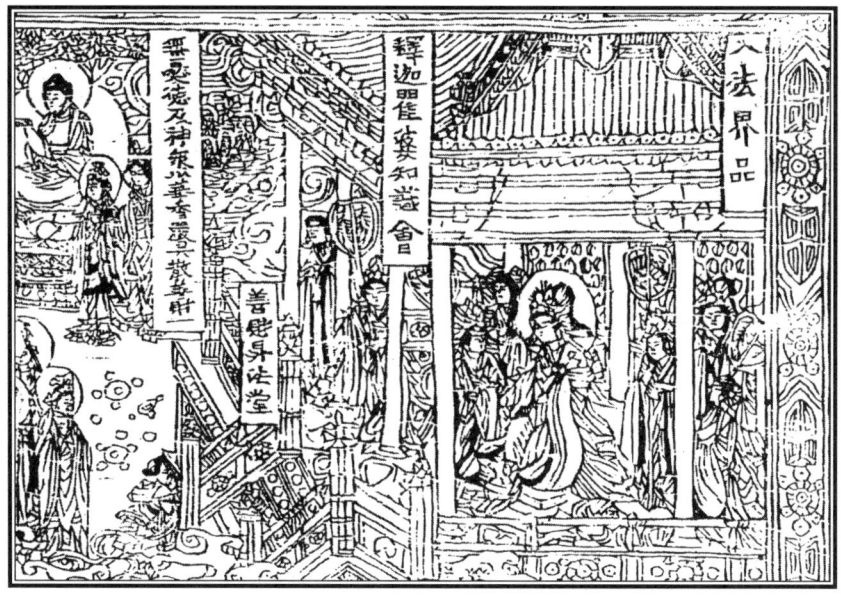

❖ 석가녀 瞿波 선지식과 摩耶 불모 선지식 법회 변상도(제75권)

(ㄱ) 나아가 구하고 도량에 참예하다[趣求詣處] (後漸 1下1)
(ㄴ) 동반한 무우덕신이 맞아들여 찬탄하다[伴友迎讚] 4.
a. 행법의 끝을 찬탄하다[讚行究竟] (二中)

b. 정진으로 얻은 결과를 찬탄하다[讚進得果] (二我)
c. 정진으로 얻은 법을 찬탄하다[讚進得法] (三我)
d. 이치로 성립함을 해석하다[以理釋成] (四何)

漸次遊行하여 至菩薩集會普現法界光明講堂한대 其中有神하니 號無憂德이라 與一萬主宮殿神으로 俱하사 來迎善財하여 作如是言하시되 善來丈夫여 有大智慧하며 有大勇猛하여 能修菩薩不可思議自在解脫하여 心恒不捨廣大誓願하며 善能觀察諸法境界하여 安住法城하며 入於無量諸方便門하야 成就如來功德大海하며 得妙辯才하여 善調衆生하며 獲聖智身하여 恒順修行하며 知諸衆生의 心行差別하여 令其歡喜하여 趣向佛道로다
我觀仁者컨댄 修諸妙行하되 心無暫懈하여 威儀所行이 悉皆淸淨하니 汝當不久에 得諸如來의 淸淨莊嚴한 無上三業하여 以諸相好로 莊嚴其身하며 以十力智로 瑩飾其心하여 遊諸世間하리라 我觀仁者컨댄 勇猛精進이 而無有比하니 不久에 當得普見三世一切諸佛하여 聽受其法하며 不久에 當得一切菩薩의 禪定解脫과 諸三昧樂하며 不久에 當入諸佛如來의 甚深解脫하리니 何以故오 見善知識하고 親近供養하며 聽受其敎하고 憶念修行하여 不懈不退하며 無憂無悔하며 無有障礙하며 魔及魔民이 不能爲難하여 不久當成無上果故니라

점차로 유행하여 보현법계광명 강당에 보살이 모여 있는데
a. 그 가운데 신이 있으니 이름이 근심 없는 덕이라, 궁전을

맡은 일만 신들과 함께 와서 선재동자를 맞으면서 이렇게 말하였다. "잘 오시도다. 장부여, 큰 지혜가 있고 큰 용맹이 있어 보살의 부사의하고 자재한 해탈을 닦으며, 마음에는 광대한 서원을 항상 버리지 않고, 법의 경계를 잘 관찰하며, 법의 성에 편안히 있으면서 한량없는 방편문에 들어가 여래의 큰 공덕 바다를 성취하였고, 묘한 변재를 얻어 중생들을 잘 조복하며, 거룩한 지혜의 몸을 얻어 항상 따라 수행하고, 모든 중생의 마음과 행이 차별함을 알아 그들이 기뻐서 부처님 도로 나아가게 하나이다.

b. 내가 보건대 당신은 묘한 행을 닦는 마음이 잠깐도 게으르지 않으며, 동작하는 위의가 모두 청정하니, 당신은 오래지 않아서 여래의 청정하게 장엄한 위없는 세 가지 업을 얻을 것이며, 여러 가지 잘생긴 모습으로 몸을 장엄하고, 열 가지 힘의 지혜로 마음을 훌륭하게 장식하여 모든 세간에 다니리이다. c. 또 보니 당신은 용맹하게 정진함이 비길 데 없으니, 오래지 않아서 세 세상의 부처님들을 보고 그의 법을 들을 것이며, 오래지 않아서 모든 보살의 선정과 해탈과 삼매의 낙을 얻을 것이며, 오래지 않아서 여러 부처님 여래의 깊은 해탈에 들어갈 것이외다. d. 왜냐하면 선지식을 보면 친근하게 공양하며 그의 가르침을 받고는 기억하고 닦아 행하며, 게으르지 않고 물러나지 않고 근심이 없고 뉘우침이 없고 장애가 없으며, 마와 마의 백성들이 저해하지 못하며, 오래지 않아 위없는 과를 이룰 연고입니다."

점점 행하여 보살들이 모여 있는 법계를 널리 나타내는 광법한 강당에 이르렀다.

[疏] 後, 漸次 下는 趣求後友라 於中에 四니 一, 趣求詣處요 二, 其中有神下는 伴友迎讚이요 三, 善財童子言下는 善財가 印[20]述이요 四, 爾時善財下는 神敬增深이라 二中에 四니 一, 讚行究竟이요 二, 我觀仁者修諸下는 讚精進得果요 三, 我觀仁者勇猛下는 讚精進得法이요 四, 何以下는 以理釋成이니라

■ ㄴ) 漸次 아래는 다음 선지식에 나아가 구함이다. 그중에 넷이니 (ㄱ) 나아가 구하고 도량에 참예함이요, (ㄴ) 其中有神 아래는 동반한 무우덕신(無憂德神)이 맞아들여 찬탄함이요, (ㄷ) 善財童子言 아래는 선재가 인정하여 말함이요, (ㄹ) 爾時善財 아래는 신중들의 공함이 더욱 깊어짐이다. (ㄴ) 동반한 무우덕신이 맞이하고 찬탄함 중에 넷이니 a. 행법의 끝을 찬탄함이요, b. 我觀仁者修諸 아래는 정진으로 얻은 결과를 찬탄함이요, c. 我觀仁者勇猛 아래는 정진으로 얻은 법을 찬탄함이요, d. 何以 아래는 이치로 성립함을 해석함이다.

(ㄷ) 선재가 인정하여 말하다[善財印述] 2.
a. 설한 내용을 인정하여 말하다[印述所說] (三善 2下2)

善財童子가 言하되 聖者여 如向所說하여 願我皆得하노이다

---

20) 印은 金本作迎誤, 原南續本及行願品疏作印.

선재동자가 말하였다. "거룩하신 이여, 지금 말씀하신 것을 내가 모두 얻으려 하나이다.

[疏] 三, 善財印述이라 中에 二니 初, 印受所說이요,
- (ㄷ) 선재가 인정하여 말함 중에 둘이니 a. 설한 내용을 인정하여 말함이요,

b. 자신이 지은 바를 말하다[述自所作] 2.
a) 사무량심으로 중생을 섭수하다[四等攝生] 4.
(a) 법으로 설하다[法] (後聖 3上9)
(b) 비유로 밝히다[喩] (經/聖者)

聖者여 我願一切衆生이 息諸熱惱하며 離諸惡業하며 生諸安樂하며 修諸淨行이로니 聖者여 一切衆生이 起諸煩惱하며 造諸惡業하며 墮諸惡趣하여 若身若心이 恒受楚毒일새 菩薩이 見已에 心生憂惱하나니라 聖者여 譬如有人이 唯有一子하여 愛念情至라가 忽見被人의 割截肢體하면 其心痛切하여 不能自安인달하니라

거룩하신 이여, 모든 중생들이 번뇌를 쉬며 나쁜 업을 여의고, 안락한 곳에 나서 깨끗한 행을 닦기로 내가 원하옵나니, 거룩하신 이여, 모든 중생이 번뇌를 일으키고 나쁜 업을 지어 나쁜 길에 떨어져서 몸과 마음으로 고통받는 것을 보살이 보면 걱정하고 괴로운 마음을 내는 것입니다. 거룩하신 이여, 비유하면 어떤 사람이 지극히 사랑하는 외아들이 있

는데, 다른 사람이 아들의 몸을 할퀴고 찢는 것을 보면 아픈 가슴을 참을 수 없습니다.

[疏] 後, 聖者我願下는 述自所作이라 於中에 二니 先, 明四等攝生이요 後, 明萬德益物이라 前中에 有四하니 謂法喩合釋이라 法에 有慈悲하고 合中에 兼喜요

■ b. 聖者我願 아래는 자신이 지은 바를 말함이다. 그중에 둘이니 a) 사무량심으로 중생을 섭수함이요, b) 만 가지 덕으로 중생을 이익함이니 a) 중에 넷이 있으니 이른바 (a) 법으로 설함과 (b) 비유로 밝힘과 (c) 법과 비유를 합함과 (d) 해석함이다. (a) 법으로 설함에는 자비가 있고 (c) (법과 비유를) 합함에는 기쁨을 겸하였다.

(c) 법과 비유를 합하다[合] (經/菩薩 2下7)

菩薩摩訶薩도 亦復如是하여 見諸衆生이 以煩惱業으로 墮三惡趣하여 受種種苦하면 心大憂惱하며 若見衆生이 起身語意三種善業하여 生天人趣하여 受身心樂하면 菩薩이 爾時에 生大歡喜하나니라

보살마하살도 그와 같아서, 중생들이 번뇌로 업을 짓고 세 가지 나쁜 길에 떨어져 모든 고통을 받는 것을 보면 근심하고 걱정할 것이며, 만일 중생들이 몸과 말과 뜻으로 세 가지 착한 업을 짓고 천상에나 인간에 나서 쾌락을 받는 것을 보면 보살이 매우 즐거워할 것입니다.

(d) 해석하다[釋] 2.
㊀ 질문하다[徵] (經/何以 2下10)
㊁ 해석하다[釋] 2.
① 총합하여 설명하다[總明] (釋中)
② 개별로 밝히다[別顯] 2.

㉮ 스스로 할 수 없음을 설명하다[明不自爲] (後不)
㉯ 그 역할을 설명하다[明其所爲] (後但)

何以故오 菩薩이 不自爲故로 求一切智하며 不貪生死와 諸欲快樂하며 不隨想倒見倒心倒의 諸結隨眠과 愛見力 轉하며 不起衆生의 種種樂想하며 亦不味着諸禪定樂하나니 非有障礙하여 疲厭退轉하여 住於生死요 但見衆生이 於諸有中에 具受無量種種諸苦일새 起大悲心하여 以 大願力으로 而普攝取하며 悲願力故로 修菩薩行하여 爲 斷一切衆生煩惱하며 爲求如來一切智智하며 爲供養一 切諸佛如來하며 爲嚴淨一切廣大國土하며 爲淨治一切 衆生樂欲과 及其所有身心諸行하여 於生死中에 無有疲 厭이니이다

그 까닭을 말하면, 보살은 자기를 위하여서 온갖 지혜를 구하는 것이 아니니, 나고 죽는 일과 모든 욕락을 탐하지 않으며 뒤바뀐 생각과 뒤바뀐 소견과 뒤바뀐 마음과 얽매임과 따라다니며 잠자게 하는 것과 애착[愛]하고 억측[見]하는 힘을 따라 옮겨지지 않으며, 중생들의 여러 가지 즐기는 생

각을 일으키지 않으며, 여러 선정의 즐거움에 맛들이지도 않고, 장애가 되거나 고달프거나 물러나서 생사에 머물지도 아니하나이다. 다만 중생들이 모든 존재에서 한량없는 괴로움을 받는 것을 보고는 크게 가엾이 여기는 마음을 내어 큰 서원의 힘으로 두루 거두어 주며, 자비와 서원의 힘으로 보살의 행을 닦나니, 모든 중생의 번뇌를 끊기 위하여, 여래의 온갖 지혜의 지혜를 구하기 위하여, 모든 부처님 여래에게 공양하기 위하여, 모든 넓고 큰 국토를 깨끗이 장엄하기 위하여, 모든 중생의 욕락과 그의 몸과 마음으로 행하는 일을 깨끗이 다스리기 위하여, 나고 죽는 속에서 고달픈 줄을 모르나이다.

[疏] 釋中에 不貪이 兼明有捨라 於中에 先은 徵이요 後는 釋이라 釋中에 先, 總明이요 後, 不貪生死下는 別顯이라 於中에 先, 明不自爲요 後, 但見衆生下는 明其所爲라

- (d) 해석함 중에 탐내지 않음은 버림이 있음을 겸하여 밝혔다. 그중에 ㉠ 질문함이요, ㉡ 해석함이다. ㉢ 해석함 중에 ① 총합하여 설명함이요, ② 不貪生死 아래는 개별로 밝힘이니 그중에 ㉮ 스스로 할 수 없음을 설명함이요, ㉯ 但見衆生 아래는 그 역할을 설명함이다.

b) 만 가지 덕으로 중생을 이익하다[萬德益物] 2.
(a) 중생을 위하여 종취에 귀의하다[爲物歸趣] (二聖 4上5)
(b) 중생을 이익함으로 결론하다[結成益物] (後聖)

聖者여 菩薩摩訶薩이 於諸衆生에 爲莊嚴이니 令生人天富貴樂故며 爲父母니 爲其安立菩提心故며 爲養育이니 令其成就菩薩道故며 爲衛護니 令其遠離三惡道故며 爲船師니 令其得度生死海故며 爲歸依니 令捨諸魔煩惱怖故며 爲究竟이니 令其永得淸凉樂故며 爲津濟니 令入一切諸佛海故며 爲導師니 令至一切法寶洲故며 爲妙華니 開敷諸佛功德心故며 爲嚴具니 常放福德智慧光故며 爲可樂이니 凡有所作이 悉端嚴故며 爲可尊이니 遠離一切諸惡業故며 爲普賢이니 具足一切端嚴身故며 爲大明이니 常放智慧淨光明故며 爲大雲이니 常雨一切甘露法故니이다 聖者여 菩薩이 如是修諸行時에 令一切衆生으로 皆生愛樂하여 具足法樂이니이다

거룩하신 이여, 보살마하살은 (1) 모든 중생에게 장엄이 되나니, 인간과 천상에서 부귀의 낙을 내게 하는 연고라. (2) 부모가 되나니, 그를 위하여 보리심을 잘 정돈하는 연고라. (3) 양육함이 되나니, 그의 보살의 도를 성취케 하는 연고라. (4) 호위함이 되나니, 세 가지 나쁜 길을 여의게 하는 연고라. (5) 뱃사공이 되나니, 생사의 바다를 건너게 하는 연고라. (6) 의지할 데가 되나니, 마와 번뇌의 공포를 버리게 하는 연고라. (7) 끝 간 데가 되나니, 서늘한 낙을 영원히 얻게 하는 연고라. (8) 나루터가 되나니, 모든 부처님 바다에 들어가게 하는 연고라. (9) 길잡이가 되나니, 온갖 법 보배가 있는 섬에 이르게 하는 연고라. (10) 묘한 꽃이 되나니, 부처들의 공덕의 마음을 피게 하는 연고라. (11) 장엄거리

가 되나니, 복덕과 지혜의 빛을 놓는 연고라. (12) 좋아할 것
이 되나니, 무릇 하는 일이 모두 단정한 연고라. (13) 존경할
만하니, 모든 나쁜 업을 멀리 여의는 연고라. (14) 보현보살
이 되나니, 단정하고 엄숙한 몸을 갖춘 연고라. (15) 크게 밝
음이 되나니, 항상 지혜의 깨끗한 광명을 놓는 연고라. (16)
큰 구름이 되나니, 모든 감로의 법을 비 내리는 연고라. 거
룩한 이여, 보살이 이렇게 수행할 때에 모든 중생으로 하여
금 사랑하고 좋아하여 법의 즐거움을 구족하게 하나이다."

[疏] 二, 聖者菩薩摩訶薩下는 明萬德益物이라 於中에 二니 初, 有十六
句는 別約喩顯爲物歸趣요 後, 聖者菩薩如是下는 結成益物이니라

- b) 聖者菩薩摩訶薩 아래는 만 가지 덕으로 중생을 이익함이니 그중
에 둘이다. (a) 16구절이 있어서 개별로 비유를 잡아 밝힘이니, 중생
을 위해 종취에 귀의함이다. (b) 聖者菩薩如是 아래는 중생을 이익
함으로 결론함이다.

(ㄹ) 신중들의 공경함이 더욱 깊어지다[神敬增深] 3.

a. 장항에서 공양함을 밝히다[長行申供] (四神 5上3)
b. 게송으로 공덕을 찬탄하다[以偈讚德] 2.
a) 세 게송은 아래로 중생을 이익하는 행법을 찬탄하다
   [三偈歎下益衆生行] (次以)

爾時에 善財童子가 將升法堂에 其無憂德과 及諸神衆이

以出過諸天上妙華鬘과 塗香末香과 及以種種寶莊嚴具
로 散善財上하고 而說頌言하되
이때 선재동자가 법당에 오르려 하매, 근심 없는 덕과 여러
신들이 천상의 것보다 더 좋은 화만·바르는 향·가루 향과
여러 가지 장엄거리로 선재에게 흩으며 게송을 말하였다.

汝今出世間하여　　　　　爲世大明燈이라
普爲諸衆生하여　　　　　勤求無上覺이로다
당신은 지금 세간을 뛰어나
세상의 큰 등불 되고
모든 중생을 두루 위하여
위없는 깨달음 부지런히 구하니

無量億千劫에　　　　　　難可得見汝니
功德日今出하여　　　　　滅除諸世暗이로다
한량없는 억천겁에
당신을 뵈올 수 없어
공덕의 햇빛 하늘에 떠서
세간의 어두움 없애고

汝見諸衆生이　　　　　　顚倒惑所覆하고
而興大悲意하여　　　　　求證無師道로다
당신은 모든 중생들이
번뇌에 덮임을 보고

가엾이 여기는 마음으로
스승 없는 도를 증득하려고

[疏] 四, 神敬增深者는 以聞上法故라 文中에 三이니 初, 長行申供이요
次, 以偈讚德이라 十偈를 分二니 初三은 歎下益衆生行이요
- (ㄹ) 신중들의 공경함이 더욱 깊어짐은 뛰어난 법을 들은 까닭이니, 경문 중에 셋이니 a. 장항에서 공양함을 밝힘이요, b. 게송으로 공덕을 찬탄함이니 열 게송을 둘로 나누니 a) 세 게송은 아래로 중생을 이익하는 행법을 찬탄함이요,

b) 일곱 게송은 위로 걸림 없는 행법을 구함을 찬탄하다
[七偈歎上求無礙行] (後七 5上4)

汝以淸淨心으로　　　　尋求佛菩提하여
承事善知識에　　　　　不自惜身命이로다
당신은 청정한 마음으로
부처님의 보리 구하여
선지식 받들어 섬기며
몸과 목숨 아끼지 않아

汝於諸世間에　　　　　無依無所着하여
其心普無礙하여　　　　淸淨如虛空이로다
당신은 모든 세간에
의지도 없고 애착도 없고

넓은 마음 걸림 없이
깨끗하기 허공 같으며

汝修菩提行하여　　　　功德悉圓滿하니
放大智慧光하여　　　　普照一切世로다
당신은 보리의 행을 닦아
공덕이 모두 원만하고
큰 지혜의 광명 놓아
모든 세간 널리 비추며

汝不離世間하며　　　　亦不着於世하여
行世無障礙이　　　　　如風遊虛空이로다
당신은 세간을 떠나지 않고
세간에 집착하지도 않아
걸림 없이 세간에 다니기
바람이 허공에 다니는 듯

譬如火災起에　　　　　一切無能滅인달하여
汝修菩提行에　　　　　精進火亦然이로다
마치 화재가 일어날 적에
무엇으로도 끌 수 없듯이
당신이 보리를 닦는
정진의 불도 그와 같네.

勇猛大精進이여 　　　　堅固不可動이요
金剛慧師子여　　　　　遊行無所畏로다
용맹하고 크게 정진함
견고하여 동할 수 없으며
금강 같은 지혜의 사자
어디 다녀도 두려움 없듯

一切法界中에　　　　　所有諸刹海에
汝悉能往詣하여　　　　親近善知識이로다
모든 법계에 있는
여러 세계 바다에
당신이 모두 나아가
선지식을 친근히 모시네.

[疏] 後七, 歎上求無礙行이라
■ b) 일곱 게송은 위로 걸림 없는 행법 구함을 찬탄함이요,

c. 몸으로 따라다니다[以身隨逐] (後爾 5上5)

爾時에 無憂德神이 說此頌已하고 爲愛樂法故로 隨逐善財하여 恒不捨離러시니라
그때 근심 없는 덕 신이 이 게송을 말하고 법을 좋아하는 연고로 선재동자를 따라다니며 항상 떠나지 않았다.

[疏] 後, 爾時下는 以身隨逐이니 愛重情深故니라
- c. 爾時 아래는 무우덕신이 선재를 따름이니 사랑이 무겁고 생각이 깊은 까닭이다.

ㄴ. 만나서 공경을 표하고 법문을 묻다[見敬諮問] 3.

ㄱ) 선지식을 뵙다[見] 2.
(ㄱ) 의보를 보다[見依報] (第二 5下8)
(ㄴ) 선지식의 정보를 뵙다[見正報] (二見)

爾時에 善財童子가 入普現法界光明講堂하여 周徧推求 彼釋氏女라가 見在堂內하여 坐寶蓮華師子之座하니 八萬四千婇女의 所共圍遶니 是諸婇女가 靡不皆從王種中生이라 悉於過去에 修菩薩行하여 同種善根하며 布施愛語로 普攝衆生하며 已能明見一切智境하며 已共修習佛菩提行하며 恒住正定하고 常遊大悲하며 普攝衆生을 猶如一子하며 慈心具足하고 眷屬淸淨하며 已於過去에 成就菩薩不可思議善巧方便하여 皆於阿耨多羅三藐三菩提에 得不退轉하며 具足菩薩諸波羅蜜하여 離諸取著하고 不樂生死하며 雖行諸有나 心常淸淨하며 恒勤觀察一切智道하며 離障蓋網하여 超諸著處하며 從於法身하여 而示化形하며 生普賢行하여 長菩薩力하며 智日慧燈이 悉已圓滿하니라21)

---

21) 長菩薩力의 薩은 續金本作提, 麗宋元明淸合綱杭鼓纂本及晉譯作薩.

(ㄱ) 이때 선재동자는 법계를 널리 나타내는 광명한 강당에 들어가 석씨녀를 두루 찾다가, (ㄴ) 강당 안에서 보배 연꽃 사자좌에 앉은 것을 보았다. (1) 8만4천의 시녀들이 둘러 모시었는데, (2) 그 시녀들도 모두 왕의 가문에서 났으며, (3) 지난 세상에 보살의 행을 닦으며 (4) 착한 뿌리를 함께 심고 (5) 보시와 좋은 말로 중생들을 거두어 주며, (6) 이미 온갖 지혜의 경계를 분명히 보았고, (7) 부처님의 보리의 행을 함께 닦았으며, (8) 바른 선정에 항상 머물고 크게 가엾이 여기는 데 항상 노닐며, (9) 중생들을 널리 거두어 주기 외아들같이 하고, (10) 인자한 마음을 갖추고 권속이 청정하였으며, (11) 지난 세상에 보살의 헤아릴 수 없는 교묘한 방편을 성취하여 아뇩다라삼먁삼보리에서 물러나지 아니하며, (12) 보살의 모든 바라밀다를 구족하고 (13) 모든 집착을 여의어 생사를 좋아하지 않으며, (14) 비록 번뇌와 업이 있는 데 다니어도 마음은 항상 청정하며, (15) 온갖 지혜의 도를 항상 관찰하여 장애의 그물을 떠나 집착하는 데서 뛰어났으며, (16) 법의 몸으로부터 나툰 몸을 보이며, (17) 보현의 행을 내고 보리의 힘을 자라게 하며, (18) 지혜의 해와 슬기의 등불이 이미 원만하였다.

[疏] 第二, 爾時善財童子下는 見敬咨問이니 先, 見이요 次, 敬이요 後, 問이라 前中에 二니 先, 入堂推求니 已見依報라 此文은 亦可屬前이니라 二, 見在堂內下는 見其正報니 初, 見主요 後, 八萬下는 見伴이니 廣歎伴從勝德이라 主德은 固已絶言이니라

■ ㄴ. 爾時善財童子 아래는 만나서 공경을 표하고 법문을 물음에서
ㄱ) 선지식을 뵈옴이요, ㄴ) 공경을 표함이요, ㄷ) 법을 물음이다.
ㄱ) 중에 둘이니 (ㄱ) 법당에 들어가 추구하다가 의보를 뵈옴이니 이 경문은 또한 앞의 (ㄹ) (신중들의 공경함이 더욱 깊어짐)에 속한다. (ㄴ) 見在堂內 아래는 정보를 뵈옴이니 a. 구파녀를 뵈옴이요, b. 八萬 아래는 동반 대중을 뵈옴이다. 동반 대중이 뛰어난 덕을 따름을 널리 찬탄하였고, 구파 선지식의 덕은 진실로 이미 말이 끊어짐이다.

ㄴ) 공경을 표하다[敬] (二爾 6下2)

爾時에 善財童子가 詣彼釋女瞿波之所하여 頂禮其足하며 合掌而住하여
그때 선재동자는 석씨녀 구파에게 나아가서 발에 엎드려 절하고 합장하고 서서

[疏] 二, 爾時善財下는 設敬이요
■ ㄴ) 爾時善財 아래는 공경을 표함이요,

ㄷ) 법문을 묻다[問] 2.
(ㄱ) 발심에 대해 진술하다[陳心] (三作 6下2)
(ㄴ) 바로 법문을 묻다[正問] (後而)

作如是言하되 聖者여 我已先發阿耨多羅三藐三菩提心하니 而未知菩薩이 云何於生死中에 而不爲生死過患所

染이며 了法自性하되 而不住聲聞辟支佛地며 具足佛法하되 而修菩薩行이며 住菩薩地하되 而入佛境界며 超過世間하되 而於世受生이며 成就法身하되 而示現無邊種種色身이며 證無相法하되 而爲衆生하여 示現諸相이며 知法無說하되 而廣爲衆生하여 演說諸法이며 知衆生空하되 而恒不捨化衆生事며 雖知諸佛의 不生不滅이나 而勤供養하여 無有退轉이며 雖知諸法의 無業無報나 而修諸善行하여 恒不止息이리잇고

(ㄱ) 말하였다. "거룩하신 이여, 저는 이미 아늦다라삼먁삼보디심을 내었으나, (ㄴ) 보살이 (1) 어떻게 해야 생사 중에서 생사하는 걱정에 물들지 않으며, (2) 법의 성품을 깨달아 성문이나 벽지불의 지위에 머물지 않으며, (3) 부처의 법을 구족하고도 보살의 행을 닦으며, (4) 보살의 지위에 있으면서 부처님 경계에 들어가며, (5) 세간에서 초월하고도 세간에 태어나며, (6) 법의 몸을 성취하고도 그지없는 여러 가지 육신을 나타내며, (7) 형상 없는 법을 증득하고도 중생을 위하여 모든 형상을 나타내며, (8) 법은 말할 것 없음을 알고도 중생을 위하여 법을 연설하며, (9) 중생이 공한 줄 알면서도 중생을 교화하는 일을 버리지 않으며, (10) 부처님은 나지도 않고 멸하지도 않음을 알면서도 부지런히 공양하고 물러나지 않으며, (11) 모든 법이 업도 없고 과보도 없음을 알면서도 여러 가지 착한 행을 닦아 항상 쉬지 않는지를 알지 못하나이다."

[疏] 三, 作如是言下는 咨問이라 於中에 先, 自陳發心이요 後, 而未知下는 正問이라 有十一句하니 問悲智逆順과 權實寂用이 無礙雙行之行이라 前十句를 攝爲五對하니 一, 過凡越小對요 二, 離果超因對요 三, 現生示色對요 四, 極相窮說對요 五, 下化上供對요 十一, 總顯諸善眞俗雙行이니라

■ ㄷ) 作如是言 아래는 법문을 물음이니, 그중에 (ㄱ) 스스로 발심에 대해 진술함이요, (ㄴ) 而未知 아래는 바로 법문을 질문함이니 11구절이 있다. 자비와 지혜가 역과 순인 것과 방편과 실법, 고요함과 작용이 걸림 없이 함께 행하는 행법에 대해 물음이다. 앞의 열 구절은 포섭하여 다섯 대구를 삼았으니 (1) 범부를 지나고 소승을 초월함이 대구요, (2) 과덕을 여읨과 인행을 초월함이 대구요, (3) 생을 나투고 색신을 보임이 대구요, (4) 모양을 다하고 끝까지 설함이 대구요, (5) 아래로 교화함과 위로 공양함이 대구이다. 11구절은 모든 선행을 총합하여 밝힘이니 진제와 속제가 함께 행하기 때문이다.

[鈔] 悲智逆順等者는 此中에 疏有四種無礙하니 亦名四種雙行이라 其十句中에 句句가 皆是雙行이라 約雙行事에는 有十差別이나 其中雙行에 但有四別耳니 如第一句에 云, 云何於生死中에 而不爲生死過患의 所染者는 卽悲智無礙니 謂於生死中에 卽有大悲故오 不爲生死過患의 所染은 卽具大智故라 二, 了法自性이나 而不住聲聞辟支佛地는 卽寂用雙行이요 三, 卽實而權雙行이요 四, 卽權而實雙行이요 五, 卽逆順雙行이요 六, 卽寂用雙行이요 七八, 皆卽實而權이요 九十, 皆權實雙行이니 九는 約化生이요 十은 約供佛이라 十一, 眞俗雙行이니 各有別相이니라

● '자비와 지혜가 역과 순' 등은 이 가운데 소문에 네 가지 걸림 없음이 있으며 또한 네 가지 함께 행함이라 하였다. 그 열 구절 중에 구절마다 모두 함께 행함이요, 함께 행하는 일을 잡으면 열 가지 차별이 있다. 그중 함께 행함에 단지 네 가지 구별이 있을 뿐이다. 마치 첫째 구절에 이르되, "(1) 어떻게 해야 생사 중에서 생사하는 걱정에 물들지 않음"이란 곧 자비와 지혜가 걸림 없음이다. 이른바 생사하는 중에도 곧 대비가 있기 때문이다. 생사하는 걱정에 물들지 않음은 곧 큰 지혜를 갖춘 까닭이다. (2) 법의 성품을 깨달아 성문이나 벽지불의 지위에 머물지 않음은 곧 고요함과 작용이 함께 행함이다. (3) (부처의 법을 구족하고도 보살의 행을 닦음)은 실법과 합치하여 방편을 함께 행함이요, (4) (보살의 지위에 있으면서 부처님 경계에 들어감)은 방편과 합치하여 실법을 함께 행함이요, (5) (세간에서 초월하고도 세간에 태어남)은 곧 역과 순이 함께 행함이요, (6) (법의 몸을 성취하고도 그지없는 여러 가지 육신을 나타냄)은 곧 고요와 작용이 함께 행함이요, (7) (형상 없는 법을 증득하고도 중생을 위하여 모든 형상을 나타냄)과 (8) (법은 말할 것 없음을 알고도 중생을 위하여 법을 연설함)은 모두 실법과 합치하여 방편을 함께 행함이요, (9) (중생이 공한 줄 알면서도 중생을 교화하는 일을 버리지 않음)과 (10) (부처님은 나지도 않고 멸하지도 않음을 알면서도 부지런히 공양하고 물러나지 않음)은 방편과 실법을 함께 행함이니, (9)는 중생 교화를 잡은 해석이요, (10)은 부처님께 공양 올림을 잡은 해석이다. (11) (모든 법이 업도 없고 과보도 없음을 알면서도 여러 가지 착한 행을 닦아 항상 쉬지 않음)은 진제와 속제를 함께 행함이니 각기 별상이 있다.

ㄷ. 자신의 해탈법을 보이다[示己法界] 4.

ㄱ) 법문의 뜻을 밝히다[顯法義] 2.
(ㄱ) 장항으로 밝히다[長行] 2.
a. 찬탄하여 경계하고 설법을 허락하다[讚誡許說] (第三 8上4)

時에 瞿波女가 告善財言하시되 善哉善哉라 善男子여 汝今能問菩薩摩訶薩의 如是行法하니 修習普賢의 諸行願者라사 能如是問이니 諦聽諦聽하여 善思念之어다 我當承佛神力하여 爲汝宣說하리라

그때 구파아가씨는 선재에게 말하였다. "좋고 좋다. 착한 남자여, 그대가 이제 보살마하살의 이와 같이 행하는 법을 묻는구나. 보현의 모든 행과 원을 닦는 이라야 능히 이렇게 묻느니라. 자세히 듣고 잘 생각하라. 내가 부처님의 신통한 힘을 받자와 그대에게 말하리라.

[疏] 第三, 時瞿波女下는 示己法界라 於中에 四니 一, 法義요 二, 法名이요 三, 法用이요 四, 法根이라 前中에 先, 長行이요 後, 偈頌이라 前中에 亦二니 先, 讚誡許說이요

■ ㄷ. 時瞿波女 아래는 자신의 해탈법을 보임이다. 그중에 넷이니 ㄱ) 법문의 뜻을 밝힘이요, ㄴ) 법문의 명칭이요, ㄷ) 법문의 작용이요, ㄹ) 법의 근원이다. ㄱ) 중에 (ㄱ) 장항으로 밝힘이요, (ㄴ) 게송으로 거듭 밝힘이다. (ㄱ) 중에도 둘이니 a. 찬탄하여 경계하고 설법을 허락함이요,

b. 법문의 뜻을 바로 밝히다[正顯法義] 2.

a) 인드라 그물 같은 지혜 광명의 행법[帝網智光行] (後善 8上6)

> 善男子여 若諸菩薩이 成就十法하면 則能圓滿因陀羅網普智光明菩薩之行하나니 何等爲十고 所謂依善知識故며 得廣大勝解故며 得淸淨欲樂故며 集一切福智故며 於諸佛所에 聽聞法故며 心恒不捨三世佛故며 同於一切菩薩行故며 一切如來의 所護念故며 大悲妙願이 皆淸淨故며 能以智力으로 普斷一切諸生死故라 是爲十이니 若諸菩薩이 成就此法하면 則能圓滿因陀羅網普智光明菩薩之行이니라

착한 남자여, 만일 보살들이 열 가지 법을 성취하면 '인드라 그물 같은 넓은 지혜 광명인 보살의 행'을 능히 원만하리라. 무엇이 열인가? 이른바 선지식을 의지하는 연고며, 광대하고 훌륭한 이해를 얻는 연고며, 청정한 욕망을 얻는 연고며, 온갖 복과 지혜를 모으는 연고며, 여러 부처님에게서 법을 듣는 연고며, 마음에 항상 세 세상 부처님을 버리지 않는 연고며, 모든 보살의 행과 같은 연고며, 모든 여래가 보호하고 염려하는 연고며, 큰 자비와 묘한 서원이 다 청정한 연고며, 지혜의 힘으로 모든 생사를 모두 끊는 연고니, 이것이 열이니라. 만일 보살들이 이 법을 성취하면 인드라 그물 같은 넓은 지혜의 광명인 보살의 행을 능히 원만하니라.

[疏] 後, 善男子下는 正顯法義라 於中에 二니 先, 明帝網智光行이니 謂依此十하면 則照重重無盡法故라 有標와 釋과 結이니 可知니라

■ b. 善男子 아래는 법문의 뜻을 바로 밝힘이다. 그중에 둘이니 a) 인드라 그물 같은 지혜 광명의 보살행이니 이른바 이 열 구절을 의지하면 거듭거듭 끝없는 법을 비추는 까닭이니, 표방함과 해석함과 결론함이 있나니 알 수 있으리라.

b) 선지식을 받들어 모시는 행법[承事善友行] (後佛 8上8)

佛子여 若菩薩이 親近善知識하면 則能精進不退하여 修習出生無盡佛法하리니 佛子여 菩薩이 以十種法으로 承事善知識하나니 何等爲十고 所謂於自身命에 無所顧惜하며 於世樂具에 心不貪求하며 知一切法이 性皆平等하며 永不退捨一切智願하며 觀察一切法界實相하며 心恒捨離一切有海하며 知法如空하여 心無所依하며 成就一切菩薩大願하며 常能示現一切刹海하며 淨修菩薩無礙智輪이니 佛子여 應以此法으로 承事一切諸善知識하여 無所違逆이니라

불자여, 만일 보살이 선지식을 친근하면 정진하고 물러나지 아니하여 다함이 없는 부처의 법을 닦아서 내느니라. 불자여, 보살은 열 가지 법으로 선지식을 친근하나니, 무엇이 열인가? 이른바 (1) 자기의 몸과 목숨을 아끼지 않으며, (2) 세상의 즐거워하는 도구를 탐내어 구하지 않으며, (3) 모든 법의 성품이 평등한 줄을 알며, (4) 모든 지혜와 서원을 영원히 퇴타하여 버리지 않으며, (5) 모든 법계의 진실한 모양을 관찰하며, (6) 마음에는 모든 존재의 바다를 항상 떠나며, (7)

법이 공함을 알고 마음에 의지함이 없으며, (8) 모든 보살의 큰 원을 성취하며, (9) 모든 세계 바다를 항상 나타내며, (10) 보살의 걸림 없는 지혜 바퀴를 깨끗이 닦는 것이니라. 불자여, 마땅히 이 법으로 모든 선지식을 섬기고 어기지 말라."

[疏] 後, 佛子若菩薩下는 承事善友行이니 前明依法이오 此辨依人이니 法假人弘이라 故由得此하여 出無盡法이니 亦是廣前初一이라 亦有標와 釋과 結이라

■ b) 佛子若菩薩 아래는 선지식을 받들어 모시는 행법이니 앞에서는 의지한 법을 밝히고, 여기서는 의지한 사람을 말하였다. 법은 사람을 빌려서 넓히므로 이것을 얻음으로 인해 끝없는 법문이 나온다. 또한 앞의 처음 한 구절을 자세히 해석하면 또한 표방함과 해석함과 결론함이 있다.

(ㄴ) 게송으로 거듭 노래하다[偈頌] 2.
a. 열 게송은 인드라 그물 같은 행법을 노래하다[十偈頌帝網行]

(後頌 9下7)

爾時에 釋迦瞿波女가 欲重明此義하사 承佛神力하여 觀察十方하고 而說頌言하시되
그때 석가구파녀는 이 뜻을 거듭 펴려고 부처님의 신통한 힘을 받자와 시방을 관찰하고 게송을 말하였다.

菩薩爲利諸群生하여　　　　正念親承善知識하나니

敬之如佛心無怠여　　　　此行於世帝網行이로다
보살이 모든 중생 이익하려고
바른 생각으로 선지식을 친히 섬기며
부처같이 공경하고 게으름 없어
이 행은 이 세상의 인드라 그물

勝解廣大如虛空하여　　　　一切三世悉入中하며
國土衆生佛皆爾하니　　　　此是普智光明行이로다
좋은 이해 넓고 크기 허공 같아서
이 가운데 세 세상이 모두 들었고
국토·중생·부처님도 그러하나니
이것은 넓은 지혜 광명행이며

志樂如空無有際하여　　　　永斷煩惱離諸垢하고
一切佛所修功德하니　　　　此行於世身雲行이로다
즐거운 맘 허공같이 끝난 데 없고
번뇌는 아주 끊고 때를 여의고
모든 부처 계신 데서 공덕 닦으니
이 행은 이 세상의 몸 구름의 행

菩薩修習一切智와　　　　不可思議功德海하여
淨諸福德智慧身하니　　　　此行於世不染行이로다
보살이 온갖 지혜 닦아 익히고
헤아릴 수가 없는 공덕 바다에

모든 복덕 지혜의 몸 깨끗이 하니
이 세상에 물들지 아니하는 행

一切諸佛如來所에　　　　聽受其法無厭足하여
能生實相智慧燈하니　　　此行於世普照行이로다
모든 세계 부처님 여래에게서
그 법문 들어 받기 싫은 줄 몰라
실상의 지혜 등불 내나니
이 행은 이 세상의 두루 비춘 행

十方諸佛無有量이어늘　　一念一切悉能入하여
心恒不捨諸如來하니　　　此向菩提大願行이로다
시방의 부처님들 한량이 없어
한 생각에 모든 것에 다 들어가며
마음에는 여래를 버리잖나니
보리를 향해 가는 큰 서원의 행

能入諸佛大衆會와　　　　一切菩薩三昧海와
願海及以方便海하니　　　此行於世帝網行이로다
부처님의 여러 대중 모인 회상과
수없는 보살들의 삼매 바다와
서원 바다·방편 바다 다 들어가니
이 행은 이 세상의 인드라 그물

一切諸佛所加持로 　　　　盡未來際無邊劫토록
處處修行普賢道하니 　　　此是菩薩分身行이로다
모든 부처님들의 가피를 입어
그지없이 오는 세월 끝날 때까지
간 데마다 보현의 도 닦아 행하니
이것은 보살들의 몸 나투는 행

見諸衆生受大苦하고 　　　起大慈悲現世間하여
演法光明除暗冥하니 　　　此是菩薩智日行이로다
중생들의 많은 고통 받음을 보고
대자대비한 맘으로 세간에 나서
법의 광명 연설하여 어둠 없애니
이런 것은 보살의 지혜 해의 행

見諸衆生在諸趣하고 　　　爲集無邊妙法輪하여
令其永斷生死流하니 　　　此是修行普賢行이로다
중생들 여러 길에 있음을 보고
그지없는 묘한 법륜 위해 모아서
그들의 생사 흐름 끊게 하나니
이것은 보현행을 수행하는 것

[疏] 後, 偈頌中에 有十二偈를 分二니 前十偈는 如次頌前十帝網行이라 然前長行은 但名帝網光明行이나 則十法通稱이라 今偈中에 初二는 取前總名이요 後之八行은 各別立稱하니 則知十名이 一一通其十行하여

重重無礙라야 方受帝網之名이라 又須得斯偈意라야 方了前名이니라

■ (ㄴ) 게송으로 거듭 노래함 중에 12개 게송이 있으니 둘로 나누면 앞의 a. 열 게송은 순서대로 인드라 그물 같은 행법을 노래함이다. 그러나 앞의 장항에서 단지 '인드라 그물 광명을 행함'이란 이름은 열 가지 법을 통틀어 칭함이다. 지금 게송 중에서 a) 처음 두 게송은 앞의 총합 명칭을 취함이요, b) 뒤의 여덟 항은 각기 별도로 명칭을 세웠으니, 열 가지 명칭은 하나하나 그 열 가지 행법을 통틀어 거듭거듭 걸림 없음이라야 비로소 인드라 그물이란 명칭을 받게 된다. 또한 모름지기 이 게송의 의미를 얻어야만 비로소 앞의 명칭을 알 수 있다.

b. 두 게송은 선지식을 받드는 행법[二偈頌承友行] (後二 10上1)

菩薩修行此方便하여 隨衆生心而現身하여
普於一切諸趣中에 化度無量諸含識이로다
보살이 이 방편을 닦아 행하고
중생의 마음 따라 몸을 나투어
모든 세계 좋고 나쁜 여러 길에서
한량없는 중생들을 제도하오며

以大慈悲方便力으로 普徧世間而現身하여
隨其解欲爲說法하니 皆令趣向菩提道로다
대자대비 여러 가지 방편으로써
세간에 두루하게 몸을 나투고
중생들의 욕망 따라 법을 말하여

모두들 보리도로 향하게 하네.

[疏] 後二偈는 頌前事友十法이요 後二는 以後二相이 隱故로 餘略不頌이
니라
- b. 두 게송은 선지식을 받드는 열 가지 행법을 노래함이다. 뒤의 두 게송은 뒤의 둘이 서로 숨기는 연고며, 나머지는 생략하고 노래하지 않았다.

[鈔] 然前長行者에 此卽顯帝網之義也니라
- '그러나 앞의 장항에서'란 이것은 곧 인드라 그물의 뜻을 밝힌 내용이다.

ㄴ) 해탈문의 명칭을 세우다[立法名] (第二 10上6)

時에 釋迦瞿波가 說此頌已하고 告善財童子言하시되 善
男子여 我已成就觀察一切菩薩三昧海解脫門하노라
이때 석가구파는 이 게송을 말하고 나서 선재동자에게 말하였다. "착한 남자여, 나는 이미 모든 <보살의 삼매 바다를 관찰하는 해탈문>을 성취하였노라."

[疏] 第二, 時釋迦下는 立法名이니 謂一切菩薩의 普賢三昧가 深廣如海
니 如法界故로 深이요 如衆生名故로 廣이라 以殊妙智로 念念觀察일
새 故立此名이니라
- ㄴ) 時釋迦 아래는 해탈문의 명칭을 세움이다. 이른바 모든 보살의 보현삼매가 바다처럼 깊고 넓으니, 법계와 같으므로 깊고, 중생과 같

으므로 넓다. 뛰어나고 묘한 지혜가 생각 생각에 관찰하므로 이런 해탈문의 명칭을 세운 것이다.

ㄷ) 해탈법의 작용을 설명하다[明法用] 2.
(ㄱ) 해탈문에 대해 묻다[問] (第三 11下3)

善財言하되 大聖하 此解脫門이 境界云何니잇고
선재동자가 말하였다. "거룩하신 이여, 이 해탈문의 경계가 어떠하옵니까?"

[疏] 第三, 善財言大聖下는 明法門業用이라 中에 先은 問이요 後는 答이라
■ ㄷ) 善財言大聖 아래는 법문의 업과 작용을 설명함 중에 (ㄱ) 해탈문에 대해 물음이요, (ㄴ) 대답함이다.

(ㄴ) 대답하다[答] 2.
a. 자세히 아는 것을 밝히다[顯廣知] 3.
a) 사바세계를 알다[知娑婆] 2.

(a) 불찰미진수 겁의 일을 알다[刹塵劫事] 2.
㊀ 세간의 인과법을 알다[知世間因果] (答中 11下4)

答言하시되 善男子여 我入此解脫하여 知此娑婆世界佛刹微塵數劫의 所有衆生이 於諸趣中에 死此生彼와 作善作惡과 受諸果報와 有求出離와 不求出離와 正定邪

定과 及以不定과 有煩惱善根과 無煩惱善根과 具足善
根과 不具足善根과 不善根所攝善根과 善根所攝不善根
하여 如是所集善不善法을 我皆知見하며

구파는 대답하였다. "착한 남자여, 내가 이 해탈문에 들고
는, ㉠ 이 사바세계에서 세계의 티끌 수 겁 동안에 있는 모
든 중생들이 여러 길에서 헤매면서, 여기서 죽어 저기 나는
일과, 선을 짓고 악을 지어 모든 과보를 받는 일과, 벗어나
기를 구하는 이와 구하지 않는 이와, 바로 결정된 것 · 잘못
결정된 것 · 결정되지 못한 것과 번뇌 있는 착한 뿌리 · 번
뇌 없는 착한 뿌리와, 구족한 착한 뿌리 · 구족하지 못한 착
한 뿌리와, 착하지 못한 뿌리에 잡히는 착한 뿌리와, 착한
뿌리에 잡히는 착하지 못한 뿌리와, 이렇게 모은 선한 법 ·
선하지 못한 법을 내가 다 알고 보노라.

[疏] 答中에 二니 先, 顯廣知요 後, 釋知所以라 前中에 三이니 初, 知娑婆
世界요 次, 類知刹海요 後, 別顯毘盧因果라 前中에 二니 先, 知刹
塵劫事라 後, 善男子此娑婆下는 類盡未來라 前中에 亦二니 一, 知
世間善惡因果라 不善根所攝善根者는 如瞋心持戒等이라 下句도
類知니라

■ (ㄴ) 대답함 중에 둘이니 a. 자세히 아는 것을 밝힘이요, b. 아는 이
유를 해석함이다. a. 중에 셋이니 a) 사바세계를 앎이요, b) 불국토
를 유례하여 앎이요, c) 비로자나의 인과를 개별로 밝힘이다. a) 중
에 둘이니 (a) 불찰미진수 겁의 일을 앎이다. (b) 善男子此娑婆 아래
는 진미래제(盡未來際)를 유례하여 앎이다. (a) 중에 또한 둘이니 ㉠ 세

간의 선악과 인과를 앎이니, '선근이 아님에 섭수되는 선근'이란 성내는 마음과 지계하는 마음 따위이니 아래 구절은 유례하면 알 것이다.

㈢ 출세간 인과를 알다[知出世因果] 2.
① 부처님의 인행과 과덕을 알다[知佛因果] (二又 11下8)

又彼劫中에 所有諸佛의 名號次第를 我悉了知하며 彼佛世尊의 從初發心과 及以方便과 求一切智와 出生一切諸大願海와 供養諸佛과 修菩薩行과 成等正覺과 轉妙法輪과 現大神通과 化度衆生을 我悉了知하며
또 저 겁 동안에 계시던 부처님의 이름과 차례를 내가 다 알고, 그 부처님 세존께서 처음 발심하던 것과 방편으로 온갖 지혜를 구하던 것과, 여러 가지 큰 서원 바다를 내고 부처님들께 공양하여, 보살의 행을 닦으며, 등정각을 이루고 묘한 법륜을 굴리며, 큰 신통을 나투어 중생들을 제도하던 것을 내가 다 아노라.

[疏] 二, 又彼劫下는 知出世因果라 於中에 亦二니 先, 知佛因果요
■ ㈢ 又彼劫 아래는 출세간 인과를 앎이니 그중에 또한 둘이니 ① 부처님의 인행과 과덕를 앎이요,

② 부처님 대중 모임을 알다[知佛衆會] 3.
㉮ 성문 대중을 알다[知聲聞] (後亦 11下9)
㉯ 연각을 알다[知緣覺] (二知)

㈐ 보살 대중을 알다[知菩薩] (三知)

亦知彼佛衆會差別하되 其衆會中에 有諸衆生이 依聲聞乘하여 而得出離와 其聲聞衆의 過去修習一切善根과 及其所得種種智慧를 我悉了知하며 有諸衆生이 依獨覺乘하여 而得出離와 其諸獨覺의 所有善根과 所得菩提와 寂滅解脫과 神通變化와 成熟衆生과 入於涅槃을 我悉了知하며 亦知彼佛의 諸菩薩衆하되 其諸菩薩의 從初發心으로 修習善根과 出生無量諸大願行과 成就滿足諸波羅蜜과 種種莊嚴菩薩之道와 以自在力으로 入菩薩地와 住菩薩地와 觀菩薩地와 淨菩薩地와 菩薩地相과 菩薩地智와 菩薩攝智와 菩薩敎化衆生智와 菩薩建立智와 菩薩廣大行境界와 菩薩神通行과 菩薩三昧海와 菩薩方便과 菩薩의 於念念中에 所入三昧海와 所得一切智光明과 所獲一切智電光雲과 所得實相忍과 所通達一切智와 所住刹海와 所入法海와 所知衆生海와 所住方便과 所發誓願과 所現神通을 我悉了知하라

㉮ 또 저 부처님들의 대중이 제각기 다른 것을 알며, 그 모임 가운데 중생들이 성문승을 의지하여 뛰어나던 일과 그 성문 대중이 과거에 모든 착한 뿌리를 닦던 일과 그들이 얻은 여러 가지 지혜를 내가 다 아노라. ㉯ 어떤 중생은 독각승을 의지하여 뛰어나던 일과, 그 독각들의 가진 착한 뿌리와 얻은 보리와 고요하게 해탈하고 신통변화로 중생을 성숙하며 열반에 드는 것을 내가 다 아노라. ㉰ 또 저 부처님

의 보살 대중과 그 보살들이 처음 발심하여 착한 뿌리를 닦아 익히고, 한량없는 원과 행을 내고 모든 바라밀다를 만족하게 성취하고, 가지가지로 보살의 도를 장엄하는 것을 아노라. 자유자재한 힘으로 보살의 지위에 들어가서 보살의 지위에 머물고, 보살의 지위를 관찰하고 보살의 지위를 깨끗이 함과 보살 지위의 모양·보살 지위의 지혜·보살에 소속한 지혜·보살이 중생을 교화하는 지혜·보살이 세워 놓은 지혜·보살의 광대한 행의 경계·보살의 신통·보살의 삼매 바다·보살의 방편과 보살이 잠깐 동안에 들어가는 삼매 바다·얻은 온갖 지혜의 광명·얻은 온갖 지혜의 번개 빛 구름·얻은 실상의 법 지혜·통달한 온갖 지혜·머무는 세계 바다·들어간 법 바다·아는 중생 바다·머무는 방편·내는 서원·나투는 신통을 내가 다 아노라.

[疏] 後, 亦知彼佛衆下는 知佛衆會라 於中에 有三하니 初, 知聲聞이요 二, 知緣覺이요 三, 知菩薩이라 及後類盡未來는 文並可知니라

- ② 亦知彼佛衆 아래는 부처님 대중 모임을 앎이다. 그중에 셋이 있으니 ㉮ 성문 대중을 앎이요, ㉯ 연각을 앎이요, ㉰ 보살을 앎이니, 나아가 뒤로 진미래제(盡未來際)를 유례하여 경문과 함께하면 알 수 있으리라.

(b) 진미래제를 유례하여 알다[類盡未來際] (後善 11下6)

善男子여 此娑婆世界盡未來際토록 所有劫海의 展轉不

斷을 我皆了知니라

착한 남자여, 이 사바세계에서 오는 세월이 끝날 때까지의 겁 바다가 서로 계속하여 끊어지지 아니함을 내가 다 아노라.

[疏] 後, 善男子此娑婆下는 類盡未來라 前中에 亦二니 一, 知世間善惡因果라 不善根所攝善根者는 如瞋心持戒等이라 下句도 類知[22]니라

- (b) 善男子此娑婆 아래는 진미래제(盡未來際)를 유례하여 앎이다. (a) 중에 또한 둘이니 (1) 세간의 선악과 인과를 앎이니, '선근이 아님에 섭수되는 선근'이란 성내는 마음과 지계하는 마음 따위이니 아래 구절은 유례하면 알 것이다.

b) 불국토의 일을 유례하여 알다[類知刹海] 2.
(a) 통틀어 밝히다[通顯] (第二 12上10)
(b) 아는 바 모양을 개별로 밝히다[別顯] (後所)

如知娑婆世界하여 亦知娑婆世界內微塵數世界하며 亦知娑婆世界內一切世界하며 亦知娑婆世界微塵內所有世界하며 亦知娑婆世界外十方無間所住世界하며 亦知娑婆世界世界種所攝世界하며 亦知毘盧遮那世尊의 此華藏世界海中에 十方無量諸世界種所攝世界하니 所謂世界廣博과 世界安立과 世界輪과 世界場과 世界差別과 世界轉과 世界蓮華와 世界須彌와 世界名號와 盡此世界海一切世界가 由毘盧遮那世尊本願力故를 我悉能知

---

22) 前中부터 아래 30자는 앞의 내용인데 잘못 편집된 것 같다. (역자 주)

하고 亦能憶念하나니라

이 사바세계를 아는 것처럼, 사바세계 안에 있는 티끌 수 세계도 알고, 또 사바세계 안에 있는 온갖 세계도 알고, 또 사바세계의 티끌 속에 있는 세계도 알고, 또 사바세계의 밖으로 시방에 사이가 없이 있는 세계도 알고, 또 사바세계의 세계종에 소속한 세계도 알고, 또 비로자나 세존의 화장세계해 가운데 있는 시방의 한량없는 세계종에 소속한 세계들도 아노라. 이른바 세계의 넓기·세계의 정돈됨·세계의 바퀴·세계의 도량·세계의 차별·세계의 옮김·세계의 연화·세계의 수미산·세계의 이름과, 이 세계해의 끝까지 모든 세계가 비로자나 세존의 본래의 원력으로 말미암은 것임을 내가 다 알고 능히 기억하노라.

[疏] 第二, 如知娑婆下는 類知刹海라 於中에 二니 先, 通顯知多요 後, 別顯所知相狀이라 今初에 有六重類知하니 後後는 廣於前前이라 初二는 皆全刹攝多刹호대 而初는 但攝同類刹일새 故云塵數라 二, 卽異類刹이니 故云一切니 一切種類故라 三, 卽塵中에 攝刹일새 故細於前이요 四, 卽十三佛刹塵數의 圍繞界와 及廣大眷屬世界니 故云娑婆世界外等이요 五, 卽普照十方熾然寶光明刹種의 所攝刹이니 通二十重이니라 六, 卽全蓮華藏世界海니라 後, 所謂下는 別顯所知相狀이라 有十種하니 一, 廣博은 卽所依種이요 二, 安立은 卽因緣과 或所依住요 三, 卽輪圍요 四, 卽其中의 場地요 五, 體類各殊요 六, 轉者에 有二義니 一, 如輪側轉形故라 故로 世界成就品에 云, 或有世界隨輪轉이라하니라 二, 卽劫轉變故니라 七, 所依蓮華요 八, 卽其

中須彌요 九, 隨緣立稱이요 十, 卽結果屬因이니 謂華藏世界海가 是 佛本願所嚴이니 故云由力이니라

■ b) 如知娑婆 아래는 불국토의 일을 유례하여 앎이다. 그중에 둘이니 (a) 아는 것이 많음을 통틀어 밝힘이요, (b) 아는 바 모양을 개별로 밝힘이다. 지금은 (a)이니 여섯 번 거듭 유례하여 뒤로 갈수록 앞과 앞보다 넓으니 처음 두 구절은 모두 전체 국토가 많은 국토를 포섭함이다. 그런데 (1) 첫 구절은 단지 같은 부류의 국토만 포섭한 연고로 '티끌 수'라고만 말한다. (2) 둘째 구절은 다른 부류의 국토와 합치하므로 '온갖 것'이라 하였으니 온갖 종류를 말한다. (3) 셋째는 티끌 속에 국토를 포섭한 연고로 앞보다 미세함이요, (4) 넷째는 열세 티끌 수 불국토로 세계를 둘러싼 것과 세계의 권속이 광대한 연고로 '사바세계 바깥 등'이라 말하였다. (5) 다섯째는 시방을 두루 비추는 치연한 보배 광명 국토종에 포섭된 국토이니 20층과 통한다. (6) 여섯째는 전체가 연화장 세계 바다이다. (b) 所謂 아래는 아는 바 모양을 개별로 밝힘이니, 여기에 열 종류가 있다. (1) 크고 넓음이니 의지할 대상인 세계종이요, (2) 안립함이니 곧 인연이요 혹은 의지하여 머무를 대상이요, (3) 곧 윤위산이요, (4) 곧 그 가운데 도량이요, (5) 체성은 유례하지만 각기 다름이요, (6) 바퀴에 두 가지 뜻이 있으니 ① 바퀴가 기울게 도는 것과 같은 형상인 까닭이다. 그러므로 제4. 세계성취품에 이르되, "혹은 세계가 바퀴가 돎을 따른다"라 하였고, ② 겁이 전변하는 까닭이다. (7) 의지할 대상인 연꽃이요, (8) 곧 그 가운데 수미산이요, (9) 인연을 따라 세운 명칭이요, (10) 과덕은 인행에 소속됨으로 결론함이다. 이른바 화장 세계 바다가 부처님 본원으로 장엄한 결과이므로 '힘으로 말미암는다'고 말한다.

c) 비로자나의 인행과 과덕을 개별로 밝히다[別顯毗盧] 2.
(a) 인행을 밝히다[明因] (第三 13下5)
(b) 과덕을 밝히다[顯果] (後得)

亦念如來往昔所有諸因緣海하니 所謂修習一切諸乘方便과 無量劫中에 住菩薩行과 淨佛國土와 敎化衆生과 承事諸佛과 造立住處와 聽受說法과 獲諸三昧와 得諸自在와 修檀波羅蜜과 入佛功德海와 持戒苦行과 具足諸忍과 勇猛精進과 成就諸禪과 圓滿淨慧와 於一切處에 示現受生과 普賢行願이 悉皆淸淨과 普入諸刹과 普淨佛土와 普入一切如來智海와 普攝一切諸佛菩提와 得於如來大智光明과 證於諸佛一切智性과 成等正覺과 轉妙法輪과 及其所有道場衆會와 其衆會中一切衆生의 往世已來所種善根과 從初發心으로 成熟衆生과 修行方便하여 念念增長과 獲諸三昧神通解脫한 如是一切를 我悉了知하노니

(a) 또 여래께서 옛날에 있었던 여러 가지 인연의 바다도 기억하노니, 이른바 (1) 모든 승의 방편을 닦아 모으며, (2) 한량없는 겁 동안에 보살의 행에 머물렀으며, (3) 부처님의 국토를 깨끗이 하고 중생을 교화하며, (4) 부처님을 받들어 섬기고 있을 곳을 마련했으며, (5) 법문 말씀을 듣고 삼매를 얻어 자재하여지며, (6) 보시바라밀다를 닦고 부처님의 공덕 바다에 들어가며, (7) 계율을 지니고 고행하며, (8) 여러 가지 참음을 갖추고 용맹하게 정진하며, (9) 선정을 성취하

고 지혜를 원만하며, (10) 여러 곳에 일부러 태어나며, (11) 보현의 행과 원을 모두 청정히 하며, (12) 여러 세계에 두루 들어가서 부처님의 국토를 깨끗이 하며, (13) 모든 여래의 지혜 바다에 널리 들어가며, (14) 모든 부처님의 보리를 두루 거두어 가지는 것이다. (b) (15) 또 여래의 큰 지혜의 광명을 얻고 (16) 부처님의 온갖 지혜의 성품을 증득하며, (17) 등정각을 이루고 묘한 법륜을 굴리며, (18) 부처님의 도량에 모인 대중과, 그 대중 가운데 중생들이 옛적부터 심은 착한 뿌리와 처음 발심할 적부터 중생을 성숙하며, (19) 수행하는 방편이 잠깐잠깐마다 증장하여 여러 삼매와 신통과 해탈을 얻은 따위의 모든 일을 내가 분명히 아노라.

[疏] 第三, 亦念如來下는 別顯毘盧因果라 於中에 二니 先, 明因이라 然有二義하니 一者는 成上이니 上에 但總云本願力故오 今에 別顯成刹之因이라 二者는 順後니 亦通正報之因이라 後, 得於如來下는 顯果를 可知니라

- c) 亦念如來 아래는 비로자나의 인행과 과덕을 개별로 밝힘이다. 그 중에 둘이니 (a) 원인을 밝힘이니 그런데 두 가지 뜻이 있으니 (1) 위를 성립함이니 위는 단지 총합하여 '본원의 힘 때문'이라 말하였고, 지금은 세계를 성취하는 원인을 별도로 밝혔다. (2) 뒤를 따름이니 또한 정보의 인행과 통한다. (b) 得於如來 아래는 과덕을 밝힘이니 알 수 있으리라.

b. 아는 원인을 밝히다[顯知所以] (第二 14上3)

何以故오 我此解脫이 能知一切衆生心行과 一切衆生의 修行善根과 一切衆生의 雜染淸淨과 一切衆生의 種種差別과 一切聲聞의 諸三昧門과 一切緣覺의 寂靜三昧神通解脫과 一切菩薩과 一切如來解脫光明하여 皆了知故니라

왜냐하면 나의 이 해탈은 모든 중생의 마음과 행동과 모든 중생의 닦아 행한 착한 뿌리와 모든 중생의 물들고 청정함과 모든 중생의 갖가지 차별을 능히 알며, 모든 성문의 여러 삼매문과 모든 연각의 고요한 삼매·신통·해탈과 모든 보살·모든 여래의 해탈과 광명을 모두 분명히 아는 연고이니라."

[疏] 第二, 何以故下는 釋知所以니라
■ b. 何以故 아래는 아는 원인을 밝힘이다.

ㄹ) 법을 얻은 근원을 밝히다[辨法根源] 2.

(ㄱ) 질문하다[問] (第四 14上5)
(ㄴ) 대답하다[答] 4.
a. 최초의 한 부처님[最初一佛] 2.

a) 본래 인연을 밝히다[正顯本緣] 10.
(a) 왕도의 때와 장소[王都時處] (答中)

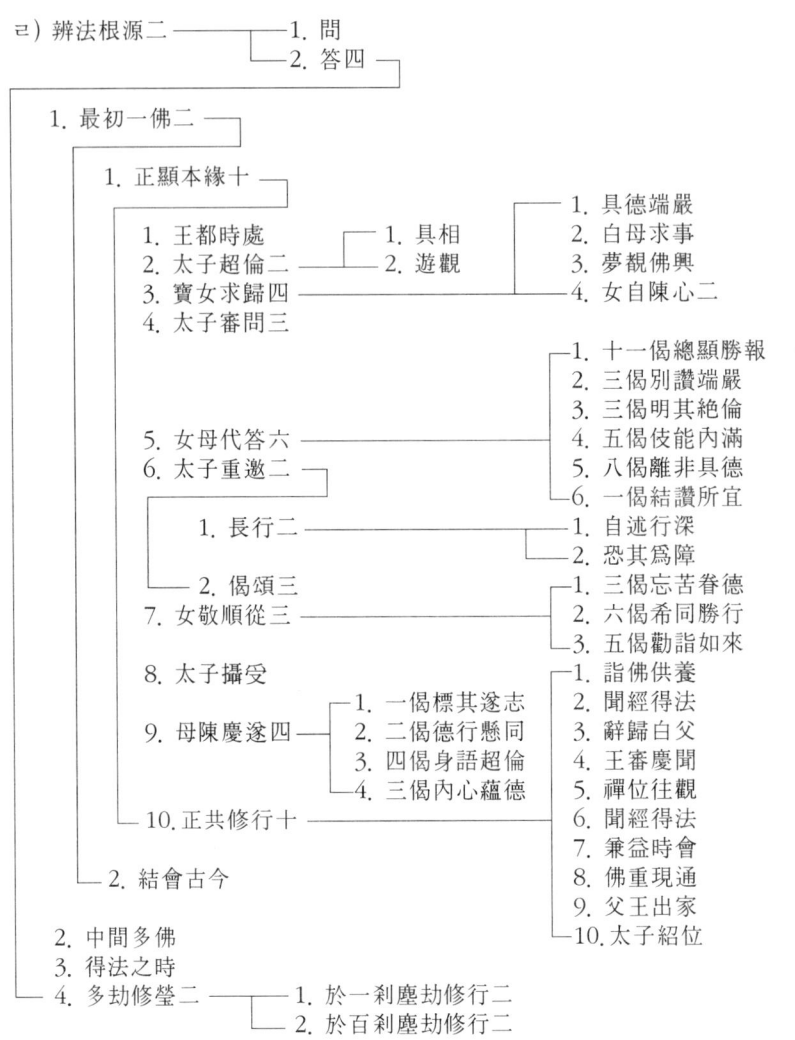

爾時에 善財童子가 白瞿波言하되 聖者여 得此解脫이 其已久如니잇고 答言하시되 善男子여 我於往世에 過佛刹微塵數劫하여 有劫하니 名勝行이요 世界는 名無畏며 彼世界中에 有四天下하니 名爲安隱이요 其四天下閻浮提

中에 有一王城하니 名高勝樹니 於八十王城中에 最爲上
首라 彼時有王하니 名曰財主니 其王이 具有六萬婇女와
五百大臣과 五百王子어든 其諸王子가 皆悉勇健하여 能
伏怨敵이러라

선재동자는 구파에게 말하였다. "거룩하신 이여, 이 해탈을 얻은 지는 얼마나 오래되었나이까?" "착한 남자여, (a) 지난 옛적 세계의 티끌 수 겁 전에 한 겁이 있었으니 이름은 승행이요, 세계의 이름은 무외이며, 그 세계에 안온이란 사천하가 있고, 그 사천하의 염부제에 서울이 있으니 이름이 가장 좋은 나무인데, 80개의 서울 중에 가장 첫째이며, 그 나라의 임금은 재주이니라. 그 왕에게 6만 시녀와 5백 대신과 5백 왕자가 있는데, 그 왕자들이 모두 용맹하고 건장하여 대적을 항복받았느니라.

[疏] 第四, 善財白言下는 顯法根源이라 先, 問이요 後, 答이라 問中에 雖但問得法久近이나 而義已含修行久近이니 得此法門故니라 答中에 分四니 一, 明最初佛所에 發心修行이요 二, 於中間多佛에 修行이요 三, 正[23)]明得法之時요 四, 多劫에 修瑩此法이라 初中에 分二니 初, 正顯本緣이요 二, 結會古今이라 前中에 分十이니 一, 王都時處라

■ ㄹ) 善財白言 아래는 법을 얻은 근원을 밝힘이니 (ㄱ) 질문함과 (ㄴ) 대답함이다. (ㄱ) 질문함 중에 비록 단지 해탈법을 얻은 역사를 물었고, 뜻으로는 이미 수행이 오래되어 이런 해탈법 얻음을 포함하는 까닭이다. (ㄴ) 대답함 중에 넷으로 나누리니 a. 최초의 한 부처님이 발

---

23) 正은 甲續金本作證, 原南本作正.

심하고 수행함을 밝힘이요, b. 중간의 많은 부처님의 수행이요, c. 해탈법을 얻은 시절을 밝힘이요, d. 여러 겁을 지나도록 이 해탈법을 닦음이다. a. 중에 둘로 나누면 a) 본래 인연을 밝힘이요, b) 옛과 현재를 결론하고 회통함이다. a) 중에 열 문단으로 나누리니 (a) 왕도의 때와 장소요,

(b) 태자가 인륜을 초월하다[太子超倫] 2.
㊀ 모양을 구족하다[具相] (二太 15下6)

其王太子는 名威德主니 端正殊特하여 人所樂見이라 足下平滿하며 輪相備具하며 足趺隆起하며 手足指間에 皆有網縵하며 足跟齊正하며 手足柔軟하며 伊尼耶鹿王腨이며 七處圓滿하며 陰藏隱密하며 其身上分이 如師子王하며 兩肩平滿하며 雙臂脩長하며 身相端直하며 頸文三道며 頰如師子하며 具四十齒하되 悉皆齊密하며 四牙鮮白하며 其舌長廣하며 出梵音聲하며 眼目紺青하며 睫如牛王하며 眉間毫相이며 頂上肉髻며 皮膚細軟하여 如眞金色하며 身毛上靡하며 髮帝青色이며 其身洪滿이 如尼拘陀樹러라

(b) 그 왕의 태자는 이름이 위덕님이니, (1) 단정하고 특출하여 (2) 사람들이 보기를 좋아하며, (3) 발바닥은 판판하며 (4) 수레바퀴 모양이 구족하고, (5) 발등은 불룩하고, (6) 손과 발가락 사이에는 그물 같은 막이 있고, (7) 발꿈치는 가지런하고 (8) 손발이 보드랍고, (9) 이니야 사슴의 장딴

지 같고, (10) 일곱 군데가 원만하고, (11) 남근은 으슥하게 숨어 있고, (12) 몸의 윗부분은 사자왕 같고, (13) 두 어깨는 평평하고, (14) 두 팔은 통통하며 길고, (15) 몸이 곧고, (16) 목에 세 줄 무늬가 있고, (17) 얼굴 뺨은 사자와 같고, (18) 치아는 40인데 (19) 어금니가 가지런하며 (20) 빽빽하고, (21) 어금니 네 개가 유난히 희고, (22) 혀가 길고 넓고, (23) 범천의 음성을 내고, (24) 눈이 검푸르고 (25) 속눈썹이 소와 같고, (26) 미간에는 흰 털이 있고, (27) 정수리에는 살상투가 있고, (28) 살결은 보드랍고 연하여 (29) 진금빛이요, (30) 몸에 솜털이 위로 쏠리고, (31) 머리카락이 제청 구슬 빛 같고, (32) 몸이 원만하기 니구타 나무와 같았다.

[疏] 二, 太子超倫이라 於中에 先, 具相이요 後, 遊觀이라
- (b) 태자가 인륜을 초월함이니 그중에 ㉠ 모양을 구족함이요, ㉡ 구경하며 관찰함이다.

[鈔] 先具相者는 經有三十二相하니 前文에 指此廣明하니 以文具故며 今當略說하리라 準瑜伽四十九과 及大般若第三百八十一說하면 然彼經次가 與今不同이라 今依彼經하여 次第列名하고 以今經文으로 注之於下하리라 經에 云, 佛言하시되 善現이여 云何如來三十二相고 善現이여 一, 世尊足下에 有平滿相하니 妙善安住함이 猶如奩底하고 地雖高下나 隨足所蹈하여 皆悉坦然하여 無不等觸이요 (今經에 當第三相이요.) 二, 世尊足下가 千輻輪紋이니 網轂衆相이 無不圓滿四이요 三, 世尊手足이 皆悉柔軟함이 如覩羅綿하여 勝過一切八오 四, 世尊手

足의 二指中間이 猶如鵝王하여 咸有網鞔하고 金色交絡하여 文同綺畵六이요 五, 世尊手足에 所有諸指가 圓滿纖長하여 甚可愛樂義當第二이요 六, 世尊足跟이 廣長圓滿하여 與趺相稱하여 勝餘有情이요七 七, 世尊足趺가 修高充滿하여 柔軟妙好가 與跟相稱五이요 八, 世尊雙腨이 漸次纖圓함이 如伊泥耶仙鹿王腨九이요 九, 世尊雙臂는 修直月庸圓함이 如象王臂하여 平立摩膝十四이요 十, 世尊陰相은 勢峯藏密이 其猶龍馬며 亦如象王十一이요 十一, 世尊毛孔에 各一毛生호대 柔潤紺靑하여 右旋宛轉二十九이요 十二, 世尊髮毛의 端皆上靡하고 右旋宛轉하며 猶潤紺靑하여 嚴金色身하여 甚可愛樂三十이요 十三, 世尊身皮는 細薄潤滑하여 塵垢水等이 皆所不住二十七오 十四, 世尊身皮가 皆眞金色이며 光潔晃曜함이 如妙金臺하고 衆寶24)莊嚴에 衆所樂見二十八이요 十五, 世尊兩足과 二手掌中과 頸及兩肩이 七處充滿十이요 十六, 世尊肩項이 圓滿殊妙十三오 十七, 世尊髆腋이 皆悉充滿十五오 十八, 世尊容儀는 洪滿端直三十一이요 十九, 世尊身相이 修廣端嚴義當第一이요 二十, 世尊體相이 縱廣量等하여 周匝圓滿이 如尼瞿陀樹三十二오 二十一, 世尊頷臆과 幷身上半이 威容廣大가 如師子王十二이요 二十二, 世尊常光은 面各一尋이요 欠此一相 含在第二樂見之中이라 二十三, 世尊齒相은 四十齊平하고 淨密根深하여 白逾珂雪十八이요 二十四, 世尊四牙는 鮮白鋒利二十이요 二十五, 世尊이 常得味中上味니 喉脈直故로 能引身中의 諸支節脈의 所有上味하여 風熱痰病이 不能爲雜이라 由彼不雜하여 脈離沈浮가 延縮損壞하고 壅曲等過하고 能正呑咽하여 津液通流故로 身心適悅하여 常得上味오 義似頸文三道이니 卽當十六이라 二十六, 世尊舌相이 薄淨廣長하

---

24) 寶는 甲南續金本作相, 經原本作寶.

고 能覆面輪하여 上至髮際二十오 二十七, 世尊梵音이 辭韻和雅하여 隨衆多少하여 無不等聞하고 其聲洪震이 猶如天鼓하고 發言婉約함이 如頻伽音二十二이요 二十八, 世尊眼睫이 猶若牛王하고 紺靑齊整하여 不相雜亂二十四이요 二十九, 世尊眼睛은 紺靑鮮白하고 紅環間飾하여 皎潔分明二十三이요 三十, 世尊面輪이 其猶滿月하고 眉相皎淨함이 如天帝弓이요義是頰如師子則當第十七이라 三十一, 世尊眉間에 有白毫相호대 右旋柔軟함이 如兜羅綿하고 鮮白光淨이 逾珂雪等二十五이요 三十二, 世尊頂上의 烏瑟膩沙가 高顯周圓함이 猶如天蓋二十六니라 善現이여 是名三十二大士相하니라 釋曰, 上依彼次具引이어니와 今經을 望之컨대 缺於圓光一尋이나 含在人所樂見之中이니라 若依瑜伽에 開四十齒와 與牙齒鮮白有異하면 則具三十二라 今에 更依今經次하여 列之하고

● ㈠ '모양을 구족함'이란 경문에 32가지 모양이 있으니 앞의 경문은 이것을 가리켜 자세히 밝혔으니 경문에 구족한 연고며 지금은 마땅히 간략히 말하리라. 『유가사지론』제49권과 『대반야경』제381권에 준하여 말한다면 그런데 저 경문의 순서는 지금과 다르다. 지금은 저 경문에 의지하여 순서대로 명칭을 나열하고 본 경문으로 아래에 주(註)를 내었다. 경문에 이르되, "부처님이 선현(善現)에게 말씀하시되, '어떤 것이 여래의 32가지 상호인가? 선현이여, (1) 세존의 발 아래에 평평하고 원만한 상(相)이 있으니 묘하게 잘 안주함이 상자 밑[匳底相]처럼 평평한 모양과 같고, 땅이 비록 높고 낮지만 발로 밟는 곳이 모두 평탄하고 똑같이 닿지 않음이 없다. (본 경문에는 셋째 모양에 해당) (2) 세존의 발 아래에 천 개의 수레바퀴 살을 나투어서 무늬가 그물 바퀴 같은 여러 모양이 원만하지 않음이 없다(넷째). (3) 세존의 손발이 모

두 부드럽기가 마치 도라면(覩羅綿)같이 온갖 것보다 뛰어나다(여덟째). (4) 세존의 손과 발의 두 개 중간이 거위왕과 같아서 모두 신 끝이 그물 같고 금색으로 서로 교차하여 무늬가 비단 그림과 같다(여섯째). (5) 세존의 손발에 이어진 여러 손가락은 원만하고 섬세함이 매우 사랑스럽고 즐겁다(뜻은 둘째에 해당한다). (6) 세존의 발뒤꿈치가 넓고 길고 원만하고 뒤꿈치와 서로 칭합해서 남은 중생들보다 뛰어나다. (7) 세존의 발등은 충분히 길고 높으며 부드럽고 미묘하여 발꿈치가 서로 칭합하다(다섯째). (8) 세존의 양쪽 장딴지는 점점 섬세하고 둥근 것이 이니야 사슴왕의 장딴지와 같다(아홉째). (9) 세존의 두 팔은 길고 곧아서 통통하고 둥근 것이 코끼리의 팔처럼 평평하게 무릎을 세웠다(열넷째). (10) 세존의 남근은 세력이 우뚝하고 은밀히 숨고 그 모양이 용이나 말과 같고 코끼리왕과 같다(열한째). (11) 세존의 털구멍에 각기 한 터럭이 생겨남이 윤기 나고 마치 감청색 같고 오른쪽으로 돌았다(스물아홉째). (12) 세존의 머리카락의 끝이 모두 위쪽으로 쏠리고 오른쪽으로 돈 것이 윤기 나고 감청색이며 금색 몸으로 장엄하여 아주 사랑스럽고 즐겁다(서른째). (13) 세존의 몸의 피부는 미세하게 얇고 미끄러워서 더러운 물 등이 모두 머무르지 않는다(스물일곱째). (14) 세존의 피부는 모두 진금색이고 빛나고 깨끗하며 밝게 빛남이 미묘한 금대(金臺)와 같고 여러 보배로 장엄함을 대중들이 즐겨 보는 것이다(스물여덟째). (15) 세존의 양쪽 발에 두 손바닥 중에 목과 양 어깨 일곱 군데가 충만함이다(열째). (16) 세존의 어깨와 목이 원만하고 특별하다(열셋째). (17) 세존의 얇은 겨드랑이가 모두 충만하다(열다섯째). (18) 세존의 얼굴 모양은 넓고 가득함이 단정하고 곧다(서른한째). (19) 세존의 몸이 길고 넓어서 단정하게 장엄함(뜻으로 첫째에 해당한다)이요, (20) 세존의 몸 모양이 세로로 넓이와 양이 똑같고 원만하게 둘러쌈이 마치 니구타(尼瞿陀)[25] 나무와 같다(서른두째). (21) 세존의 아래턱과 가슴은 함께 몸의 위의 반이고, 위엄한 용모가 광대함이 사자왕과 같다(열두째). (22) 세존의 항상한 광명이 넓이가 각기 한 길이요, (이 한 가지 모양이 모자라서 둘째 즐겨 보는 중에 포함되어 있다.) (23) 세존의 치아 모양은 40개로 모두 평평하고 깨끗하고 숨어서 뿌리가 깊어서 흰 것이 옥빛 눈보다 낫다(열여덟째). (24) 세존의 네 개의 어금니는 곱고 밝음이 예리하다(스무째). (25) 세존의 일상의 맛 중에 뛰어난 맛을 얻어서 목구멍의 맥이 곧바른 연고로 이끄는 주체인 몸 가운데 모든 사지의 혈맥으로 이어진 뛰어난 맛은 풍병, 열병, 염증이 능히 흩뜨리지 못하나니, 저 흩뜨리지 못함으로 인해 혈맥이 잠기고 뜨는 것을 여의어서 늘었다가 수축하여 손해나고 무너짐과 막고 굽은 등의 허물이 능히 바로 목구멍으로 삼켜서 진액이 통하여 흐르는 연고로 몸과 마음에 맞게 즐거워서 항상 뛰어난 맛을 얻어서 뜻은 목구멍의 세 줄과 같음(열여섯째에 해당). (26) 세존의 혀의 모양은 얇고 깨끗하고 넓고 긴 것이 능히 둥근 얼굴을 덮어서 위는 머리카락 끝까지 이른다(스무째). (27) 세존의 범천 음성이 말과 운율이 화합하고 우아하여 대중의 많고 적음을 따라서 똑같이 듣지 못함이 없어서 그 소리가 크게 울림이 마치 하늘 북과 같고 말을 낸 것이 순함이 가릉빈가의 소리와 같다(스물두째). (28) 세존의 눈썹은 소의 것과 같고 감청색이며 가지런하고 서로 잡란하지 않다(스물넷째). (29) 세존의 눈동자는 감청색으로 맑고 밝으며 붉고 둥글어서 사이사이 장식하고 밝고 분명하다(스물셋째). (30) 세존의 얼굴은 보름달과 같고

---

[25] 냐그로다[諾瞿陀] : 尼瞿陀, 多根樹라고 번역한다. 이 나무는 단정하고 곧고 원만하여서 사랑할 만하다.

눈썹은 밝고 청결함이 제석천의 활과 같으며 (이치가 뺨이 사자와 같으며 열일곱째에 해당한다.) (31) 세존의 눈썹 사이에 흰 터럭 모양이 있고 오른쪽으로 돌고 부드러움이 도라면(兜羅綿) 같고 선명하게 빛나고 깨끗하여 흰 눈보다 좋다(스물다섯째). (32) 세존의 정수리 위의 오슬니사(烏瑟膩沙)26)가 높이 드러나 두루 원만함이 하늘 우산과 같다(스물여섯째). 선현이여, 이것을 32가지 대장부상이라 이름한다"라고 하였다. 해석하자면 위의 저 순서에 의지해서 갖추어 인용하였고, 본경으로 비교하나니 둥근 광명이 한 길이 빠져서 사람들이 좋아하고 보는 중에 포함되어 있나니, 만일 『유가사지론』을 의지하여 40개의 치아와 어금니가 선명하고 밝음에 다름이 있으면 32가지를 갖추게 된다. 지금은 다시 본경의 순서에 의지하여 열거하였다.

注大般若次第於下는 一, 端正殊特+九이요 二, 人所樂見이요含於第五甚可愛樂과 及第二十二圓光一尋이라 三, 足下平滿一이요 四, 輪相具備二요 五, 足趺隆起七이요 六, 手足指間에 皆有網鞔四이요 七, 足跟齊正六이요 八, 手足柔軟三이요 九, 伊泥耶鹿王腨八이요 十, 七處圓滿十五이요 十一, 陰藏隱密十이요 十二, 其身上分이 如師子王二十一이요 十三, 兩肩平滿十六이요 十四, 雙臂月庸長九이요 十五, 身相端直十七이요 十六, 頸文三道義當二十五요 十七, 頰如師子義當三十요 十八, 具四十齒二十三요 十九, 四牙가 悉皆齊密이요大般若合上二면 則亦當二十三하고 今依瑜伽開也니라 二十, 四牙鮮白二十四이요 二十一, 其舌長廣二十六이요 二十二, 出梵音聲二十七이요 二十三, 眼目紺青二十九이요 二十四, 睫如牛王二十八이요 二十五, 眉間毫相三十一이요 二

---

26) 오슬니사(烏瑟膩沙) : 육계(肉髻)라고 번역한다. 부처님의 정수리에 솟은 상투 모양의 살덩이다.

十六,頂上肉髻三十二요 二十七,皮膚細軟十三이요 二十八,如眞金色十四이요 二十九,身毛上靡十二요 三十,髮帝靑色이요當第十一 三十一,其身洪滿十八이요 三十二,如尼俱陀樹二十[27])니라 釋曰,上에 略會二經이나 若依瑜伽[28])와 及涅槃說하면 相因各異요 又小不同하니 具如初會니라

● 注大般若次第於 아래는 "(1) 단정하고 특출함이요(열아홉째), (2) 사람들이 즐겨 보는 것(다섯째 매우 사랑스럽고 즐거워함과 스물두 번째 둥근 광명이 한 길임이 포함되었다.)이다. (3) 발바닥이 평평함(첫째)이요, (4) 얼굴 모습이 구족히 감춤(둘째)이요, (5) 발등이 불룩함(일곱째)이요, (6) 손발가락 사이에 모두 그물망이 있다(넷째). (7) 발뒤꿈치가 가지런하고 반듯함(여섯째)이요, (8) 손발이 부드러움(셋째)이요, (9) 이니야 사슴왕의 장딴지 같음(여덟째)이요, (10) 일곱 군데가 원만함(열다섯째)이요, (11) 남근(男根)이 몸 안에 숨어 있음(열째)이요, (12) 그 몸의 윗부분은 사자왕 같음(스물한째)이요, (13) 두 어깨는 평평함(열여섯째)이요, (14) 두 팔은 통통함(아홉째)이요, (15) 몸의 형태가 단정하고 곧음(열일곱째)이요, (16) 목구멍에 세 줄 무늬인 것(뜻으로 스물다섯째에 해당함)이요, (17) 얼굴 뺨은 사자와 같음(뜻으로 서른째에 해당)이요, (18) 40개 치아를 갖춤(스물셋째)이요, (19) 네 어금니가 모두 가지런하고 빽빽함(대반야경으로 위의 둘과 합하면 또한 스물셋째에 해당하고 지금은 유가론에 의지하여 전개하였다.)이다. (20) 네 어금니가 선명하고 밝음(스물넷째)이요, (21) 혀는 길고 넓음(스물여섯째)이요, (22) 범천의 음성을 냄(스물일곱째)이요, (23) 눈은 감청색(스물아홉째)이요, (24) 속눈썹은 소와 같음(스물여덟째)이요, (25) 미간의 흰 터럭상(서른한째)이요, (26) 정수리

---

27) 上諸注는 續本皆係正文.
28) 伽下에 甲南續金本有四十九.

위의 살상투요(서른두째), (27) 피부가 미세하고 유연함(열셋째)이요, (28) 피부가 진금색과 같음(열넷째)이요, (29) 몸의 털이 위로 쏠림(열두째)이요, (30) 머리카락이 제청보의 색(열한째에 해당)이요, (31) 그 몸이 크고 원만함(열여덟째)이요, (32) 몸을 원만하게 둘러쌈이 마치 니구타(尼瞿陀) 나무와 같음(스무째)이다." 해석하자면 위는 두 경문을 간략히 회통하였으니, 만일 유가론과 열반경을 의지한다면 서로 원인됨이 각기 다르다. 또한 조금 같지 않음은 제1. 적멸도량법회에 갖추어 해석한 내용과 같다.

㈢ 구경하며 관찰하다[遊觀] (經/爾時 15上4)

爾時에 太子가 受父王敎하고 與十千婇女로 詣香牙園하여 遊觀戱樂할새 太子가 是時에 乘妙寶車하니 其車가 具有種種嚴飾이라 置大摩尼師子之座하고 而坐其上이어든 五百婇女가 各執寶繩하고 牽馭而行하니 進止有度하여 不遲不速하며 百千萬人이 持諸寶蓋하며 百千萬人이 持諸寶幢하며 百千萬人이 持諸寶幡하며 百千萬人이 作諸妓樂하며 百千萬人이 燒諸名香하며 百千萬人이 散諸妙華하여 前後圍遶하여 而爲翊從하며 道路平正하여 無有高下하며 衆寶雜華로 散布其上하며 寶樹行列하고 寶網彌覆하며 種種樓閣이 延袤其間하여 其樓閣中에 或有積聚種種珍寶하며 或有陳列諸莊嚴具하며 或有供設種種飮食하며 或有懸布種種衣服하며 或有備擬諸資生物하며 或復安置端正女人과 及以無量僮僕侍從하여 隨有所

須하여 悉皆施與러라29)

그때 태자는 부왕의 명령을 받고 10천 시녀와 함께 향아원에 가서 구경하며 즐기었다. 태자는 이때 보배 수레를 탔는데, 수레에는 여러 가지 장엄을 갖추었고, 큰 마니 사자좌를 놓고 그 위에 앉았으며, 5백 시녀는 보배 줄을 잡고 수레를 끌고 가는데, 나아가고 멈춤이 법도가 있어 빠르지도 더디지도 않았고, 백천만 사람은 보배 일산을 받고, 백천만 사람은 보배 당기를 들고, 백천만 사람은 보배 번기를 들고, 백천만 사람은 풍악을 연주하고, 백천만 사람은 유명한 향을 사르고, 백천만 사람은 아름다운 꽃을 흩으며 앞뒤로 호위하고 따라갔다. 길은 평탄하여 높고 낮은 데가 없고, 여러 가지 보배 꽃을 위에 깔았으며, 보배 나무는 줄을 짓고 보배 그물이 가득히 덮이었으며, 여러 가지 누각이 그 사이에 뻗었는데, 그 누각에는 갖가지 보물을 쌓아 두기도 하고 모든 장엄거리를 벌여 놓기도 하고 갖가지 음식을 베풀기도 하고 갖가지 의복을 걸어 놓기도 하였으며, 살림살이에 필요한 물품을 저축하며, 단정한 여인들과 많은 하인들을 있게도 하고서 요구하는 대로 보시하였다.

(c) 보녀가 시집가기를 구하다[寶女求歸] 4.
㊀ 구족묘덕녀의 용모[具德端嚴] (三寶 20上10)
㊁ 어머니에게 구하던 옛 일을 말하다[白母求事] (二見)

---

29) 香牙의 牙는 麗本作牙, 宋元明宮淸合綱杭鼓纂續金本作牙, 下同 晉譯麗本作芽.

時有母人하니 名爲善現이요 將一童女하니 名具足妙德이니 顏容端正하고 色相嚴潔하며 洪纖得所하고 修短合度하며 目髮紺青하고 聲如梵音하며 善達工巧하고 精通辯論하며 恭勤匪懈하고 慈愍不害하며 具足慚愧하여 柔和質直하며 離癡寡欲하여 無諸諂誑이라 乘妙寶車하고 婇女圍遶하여 及與其母로 從王城出하여 先太子行이라가 見其太子의 言辭諷詠하고 心生愛染하여 而白母言하되 我心이 願得敬事此人이로니 若不遂情이면 當自殞滅하리이다

母告女言하되 莫生此念하라 何以故오 此甚難得이니라 此人은 具足輪王諸相하니 後當嗣位하여 作轉輪王하면 有寶女出하여 騰空自在하리니 我等卑賤하여 非其匹偶라 此處難得이니 勿生是念이어다

㈠ 그때 선현이라는 여인에게 한 동녀가 있으니 이름이 묘한 덕 갖춘 이라. 얼굴이 단정하고 모습이 점잖으며, 몸과 키가 알맞고 눈과 머리카락이 검푸르며, 소리는 범천의 음성 같고 모든 기술을 통달하고 변론에 능하며, 공손하고 부지런하여 게으르지 않고 인자하고 사랑하여 남을 해롭게 하지 않으며, 예모를 잘 알고 온화하고 질직하며, 어리석지 않고 탐욕이 없으며, 아첨하거나 속이는 일이 없는데, 보배 수레를 타고 시녀들께 호위되어 어머니와 함께 서울에서 나와 태자보다 앞서서 가다가 ㈡ 태자의 음성과 노래를 듣고 사랑하는 생각이 나서 어머니에게 말하였다. '나는 저 사람을 섬기고자 합니다. 만일 뜻대로 되지 않으면 자살이라도

하겠나이다.'

어머니가 말하였다. '너는 그런 생각을 하지 말라. 왜냐하면 이 일은 될 수 없는 일이다. 저 태자는 전륜왕의 거룩한 모습을 구족하였으니 후일에 왕의 대를 이어 전륜왕이 되면, 보녀가 생겨서 허공으로 자재하게 다니게 될 것이다. 우리는 미천하여 그의 배필이 될 수 없으므로 이 일은 가망이 없으니, 너는 그런 생각을 하지 말라.'

[疏] 三, 寶女求歸라 於中에 分四니 一, 具德端嚴이요 二, 見其下는 白母求事요

■ (c) 보녀가 시집가기를 구함이니 그중에 넷으로 나누리니 ㉠ 구족묘덕녀의 용모요, ㉡ 見其 아래는 어머니에게 구하는 일을 말함이요,

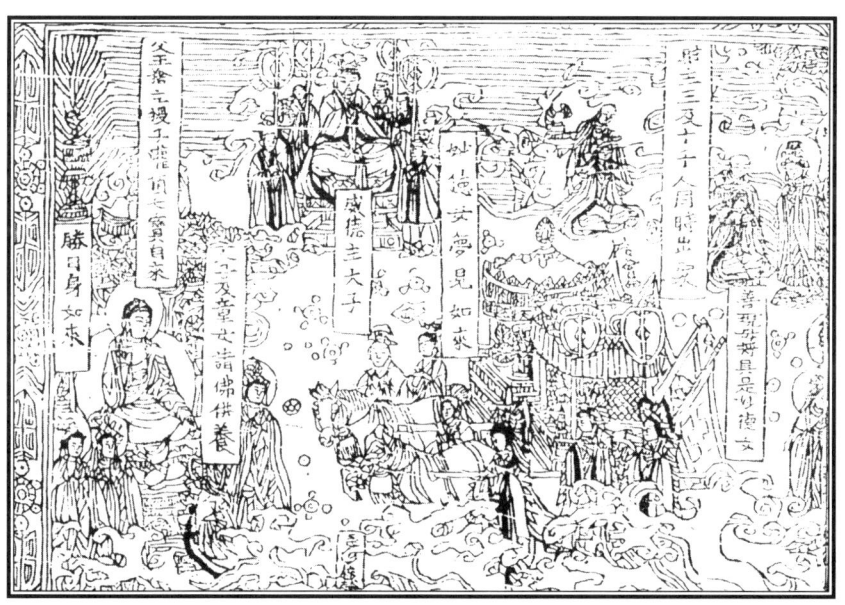

❖ 묘덕녀가 꿈속에 승일신(勝日身)여래를 뵙고 발심하고 위덕주(威德主)태자에게 결혼하기를 구하는 모습 변상도(제75권)

㈢ [夢覩佛興] (三彼 20下1)

彼香牙園側에 有一道場하니 名法雲光明이요 時有如來하니 名勝日身이라 十號具足하사 於中出現이 已經七日이러시니 時彼童女가 暫時假寐하여 夢見其佛하고 從夢覺已에 空中有天이 而告之言하되 勝日身如來가 於法雲光明道場에 成等正覺이 已經七日이라 諸菩薩衆이 前後圍遶하고 天龍夜叉 乾闥婆阿修羅 迦樓羅緊那羅 摩睺羅伽와 梵天 乃至色究竟天과 諸地神 風神 火神 水神 河神 海神 山神 樹神 園神 藥神 主城神等이 爲見佛故로 皆來集會라하니라

㈢ 그때 향아원 옆에 법 구름 광명이란 도량이 있었고, 그 도량에 부처님이 계셨으니 이름이 승일신이요, 열 가지 명호가 구족하였으며, 세상에 나신 지 이레가 되었다. 그때 처녀가 잠깐 졸다가 꿈에 그 부처님을 뵈옵고 깨어나니, 공중에서 천인이 말하였다. '승일신여래께서 법 구름 광명 도량에서 등정각을 이루신 지 이레가 되었는데, 보살 대중이 앞 뒤에 둘러 모시었고 하늘·용·야차·건달바·아수라·가루라·긴나라·마후라가와 범천과 내지 색구경천과 지신·풍신·불 맡은 신·물 맡은 신·강 맡은 신·바다 맡은 신·산 맡은 신·나무 맡은 신·동산 맡은 신·약 맡은 신·성 맡은 신들이 부처님을 뵈오려 모여 왔다.'

[疏] 三, 彼香牙下는 夢覩佛興이요

■ ㈢ (묘덕녀가) 꿈속에 부처님 오신 것을 뵈옴이요,

㈣ (열 게송은) 묘덕녀가 스스로의 마음을 진술하다[女自陳心] 2.
① 세 게송은 스스로 감당할 수 있음을 진술하다[三偈自述德堪]

(四時 20下1)

時에 妙德童女가 夢覩如來故며 聞佛功德故로 其心安隱하여 無有怖畏하여 於太子前에 而說頌言하되
㈣ 이때 묘한 덕 갖춘 처녀는 꿈에 여래를 뵙기도 하고 부처님의 공덕을 들었던 연고로 마음이 편안하고 두려움이 없어서 태자의 앞에서 게송을 말하였다.

我身最端正하여　　　　名聞徧十方하며
智慧無等倫하여　　　　善達諸工巧라
내 몸은 가장 단정해
소문이 시방에 퍼지고
지혜는 짝할 이 없으며
모든 기술을 모두 잘 알아

無量百千衆이　　　　見我皆貪染하되
我心不於彼에　　　　而生少愛欲하여
한량없는 백천 무리는
나를 보고 욕심내지만
나는 그들에게

조금도 애욕이 없어

無瞋亦無恨하며　　　　　無嫌亦無喜하고
但發廣大心하여　　　　　利益諸衆生이러니라
성내지도 원망하지도 않으며
싫어하지도 기뻐하지도 않고
광대한 마음을 내어
중생을 이익하려네.

[疏] 四, 時妙德下는 自陳心이라 總有十偈하니 前三은 自述德堪이요 後七은 讚彼求納이라

■ ㈣ 時妙德 아래는 (묘덕녀가) 스스로의 마음을 진술함이니 a) 앞의 세 게송은 스스로 감당할 수 있음을 진술함이요, b) 뒤의 일곱 게송은 태자를 찬탄하며 (자신을) 받아들일 것을 구함이다.

[鈔] 三寶女求歸者는 女人이 謂嫁曰歸라 故로 周易中에 有歸妹卦하니라

● (c) '보녀가 시집가기를 구함'이란 여인이 시집가는 것을 귀(歸)라 하므로 『주역』 중에 '누이를 시집보내는 괘[歸妹卦]'가 있다.

② 일곱 게송은 태자를 찬탄하며 받아들일 것을 구하다[七偈讚彼求納]

(經/我今 20上3)

我今見太子의　　　　　具諸功德相하고
其心大欣慶하여　　　　諸根咸悅樂하노이다

내가 지금 태자를 보니
모든 공덕의 모습 갖추고
마음은 기쁘고 경행하며
여러 감관이 모두 화평해

色如光明寶하며　　　　　髮美而右旋하며
額廣眉纖曲하니　　　　　我心願事汝하노이다
살갗은 빛난 보배와 같고
고운 머리카락 오른쪽으로 돌고
넓은 이마에 눈썹 가늘어
나는 당신을 섬기려 하오.

我觀太子身하니　　　　　譬若眞金像하고
亦如大寶山하여　　　　　相好有光明하며
태자의 몸을 보니
순금으로 부은 등상 같고
큰 보배 산과도 같고
거룩한 모습 맑고 빛나며

目廣紺靑色이요　　　　　月面師子頰이요
喜顏美妙音이로소니　　　願垂哀納我하소서
눈은 길고 검푸른 빛
얼굴은 보름달, 사자의 뺨
화평한 면모, 고운 음성

나의 소원 받아 주소서.

舌相廣長妙가 　　　　　　　猶如赤銅色하며
梵音緊那聲이니 　　　　　　聞者皆歡喜로다
넓고 길고 아름다운 혀
붉은 구릿빛 같고
범천의 음성, 긴나라 목소리
듣는 이 모두 즐거워하며

口方不褰縮하고 　　　　　　齒白悉齊密하니
發言現笑時에 　　　　　　　見者心歡喜로다
입은 방정해 뒤집히거나 오므라들지 않고
이는 희고 가지런하고
말하거나 웃을 적에는
보는 이가 즐거워하며

離垢清淨身이 　　　　　　　具相三十二하니
必當於此界에 　　　　　　　而作轉輪位로다
때 없고 깨끗한 몸은
32가지 거룩한 모습이라
당신은 반드시 이 세계에서
전륜왕이 되오리다.

(d) (12개 게송은) 태자가 살펴서 묻다[太子審問] 3.

㈠ 두 게송은 그 속하는 인연을 묻다[二偈問其屬緣] (四太 21上9)

爾時에 太子가 告彼女言하되 汝是誰女며 爲誰守護오 若先屬人인댄 我則不應起愛染心이니라 爾時에 太子가 以頌問言하되
태자는 그 처녀에게 말하였다. '너는 누구의 딸이며 누구의 보호를 받는가? 만일 허락한 데가 있다면 나는 사랑하는 마음을 낼 수가 없소.' 그때 태자는 게송으로 물었다.

汝身極淸淨하여　　　　功德相具足하니
我今問於汝하노니　　　汝於誰所住오
그대의 몸 매우 청정하고
공덕의 모습 갖추었네.
내 지금 묻노니
그대는 어디 있으며

誰爲汝父母며　　　　　汝今繫屬誰오
若已屬於人인댄　　　　彼人攝受汝리라
부모는 누구고
누구에게 매여 있는가?
이미 매인 데 있으면
그 사람이 너를 지배하리라.

[疏] 四, 太子審問이라 有十二偈를 分三이니 初二는 問其屬緣이요

■ (d) 태자가 살펴 물음이다. 12개 게송이 있으니, 셋으로 나누면 ㈀ 두 게송은 그 속하는 인연을 물음이요,

㈁ 세 게송은 그 속의 허물을 심문하다[三偈審其內過] (次三 21上9)

汝不盜他物하며　　　　　汝不有害心하며
汝不作邪婬하며　　　　　汝依何語住오
그대는 남의 것을 훔치지 않는가?
남을 해치려는 마음 없는가?
삿된 음행 하지 않는가?
어떤 말을 의지해 머무는가?

不說他人惡하며　　　　　不壞他所親하며
不侵他境界하며　　　　　不於他恚怒아
남의 나쁜 일을 말하지 않는가?
남의 친한 이를 헐뜯지 않는가?
다른 이의 경계를 침노하지 않는가?
남에게 성내지 않는가?

不生邪險見하며　　　　　不作相違業하며
不以諂曲力으로　　　　　方便誑世間가
잘못된 소견을 내지 않는가?
어그러지는 업을 짓지 않는가?
아첨하거나 잘못된 힘과

방편으로 세상을 속이지 않는가?

[疏] 次三, 審其內過요
■ ㈢ 세 게송은 그 속의 허물을 살펴서 물음이요,

㈢ 일곱 게송은 그 선에 나아감을 맞아들이다[七偈邀其進善]
(後七 21上10)

尊重父母不아　　　　　　敬善知識不아
見諸貧窮人하고　　　　　能生攝心不아
부모를 존중하는가?
선지식을 공경하는가?
가난하고 곤궁한 이에게
거두어 줄 생각을 내는가?

若有善知識이　　　　　　誨示於汝法이면
能生堅固心하여　　　　　究竟尊重不아
만일 선지식이
법을 말하여 주면
견고한 마음을 내어
끝까지 존중하겠는가?

愛樂於佛不아　　　　　　了知菩薩不아
衆僧功德海를　　　　　　汝能恭敬不아

부처님을 사랑하는가?
보살을 잘 아는가?
스님네의 공덕 바다를
능히 공경하겠는가?

汝能知法不아　　　　　　能淨衆生不아
爲住於法中가　　　　　　爲住於非法가
법을 능히 아는가?
중생을 청정케 할 수 있는가?
법에서 살겠는가?
법 아닌 데서 살겠는가?

見諸孤獨者하고　　　　　能起慈心不아
見惡道衆生하고　　　　　能生大悲不아
외로운 이들을 보면
인자한 마음을 내겠는가?
나쁜 길에 있는 중생에
가엾은 마음을 낼 수 있는가?

見他得榮樂하고　　　　　能生歡喜不아
他來逼迫汝에　　　　　　汝無瞋惱不아
다른 이의 잘되는 것을 보고
환희한 마음을 내겠는가?

누가 당신을 핍박하여도
성을 내지 않겠는가?

汝發菩提意하여　　　　　　　開悟衆生不아
無邊劫修行하되　　　　　　　能無疲倦不아30)
그대는 보리심을 내어
중생을 깨우쳐 주겠는가?
끝없는 세월에 수행하여도
게으른 생각이 없겠는가?

[疏] 後七, 邀其進善이라
　■　㊂ 일곱 게송은 그 선에 나아감을 맞아들임이다.

(e) (31개 게송은) 묘덕녀의 어머니가 대신하여 대답하다[女母代答] 6.
㊀ 11개 게송은 뛰어난 과보를 총합하여 밝히다[十一偈總顯勝報]
　　　　　　　　　　　　　　　　　　　(五女 23上3)

爾時에 女母가 爲其太子하여 而說頌言하되
그때 처녀의 어머니가 태자에게 게송으로 말하였다.

太子汝應聽하라　　　　　　　我今說此女의
初生及成長한　　　　　　　　一切諸因緣하리라
태자여, 들으소서.

---

30) 能無는 弘大昭本作無能, 普嘉淸合綱杭鼓纂續金本能無.

이 딸이 처음 나던 일과
자라던 모든 인연을
이제 말하오리다.

太子始生日에　　　　　　卽從蓮華生하니
其目淨修廣하며　　　　　肢節悉具足이러라
태자께서 처음 나던 날
이 애가 연꽃에서 났는데
눈은 깨끗하고 길고
사지가 모두 구족하였소.

我曾於春月에　　　　　　遊觀娑羅園할새
普見諸藥草하니　　　　　種種皆榮茂하며
나는 어느 봄철에
사라 나무 동산에 구경 갔더니
여러 가지 약풀은
갖가지로 무성하였고

奇樹發妙華하니　　　　　望之如慶雲하며
好鳥相和鳴하여　　　　　林間共歡喜러라
이상한 나무에 핀 꽃
바라보매 좋은 구름과 같고
아름다운 새 화답하는 노래
숲속에서 즐거워하고

同遊八百女가　　　　　端正奪人心하니
被服皆嚴麗하며　　　　歌詠悉殊美러라
함께 나갔던 8백 아가씨들
단정하기 사람 마음 빼앗으며
입은 의복 화려하고
노래도 아름다워.

彼園有浴池하니　　　　名曰蓮華幢이라
我於池岸坐하여　　　　婇女衆圍遶러니
그 동산에 못이 있어
이름은 연꽃 당기
나는 시녀들께 둘러싸여
연못가에 앉았소.

於彼蓮池內에　　　　　忽生千葉華하니
寶葉琉璃莖이며　　　　閻浮金爲臺라
그 연못 속에는
천 잎 연화가 났는데
보배 잎, 유리로 된 줄기
염부단금 꽃받침 되고

爾時夜分盡하고　　　　日光初出現에
其蓮正開剖하여　　　　放大淸淨光하니
그날 밤 지새고

햇볕이 처음 올라와
연꽃이 활짝 피어
청정한 광명 놓으니

其光極熾盛하여　　　　　譬如日初出이라
普照閻浮提하여　　　　　衆歎未曾有러라
그 광명 매우 찬란해
해가 처음 떠오르는 듯
염부제 두루 비추니
모두들 희한하다고

時見此玉女가　　　　　　從彼蓮華生하니
其身甚淸淨하고　　　　　肢分皆圓滿이러라
막 이때 옥 같은 딸
그 연꽃 속에 태어나는데
몸은 한없이 청정하고
팔다리 모두 원만해

此是人間寶라　　　　　　從於淨業生이니
宿因無失壞하여　　　　　今受此果報로다
이것은 인간의 보배
깨끗한 업으로 나는 것
전세의 인으로 고스란히
이 과보를 받았소.

[疏] 五, 女母代答호대 明有德無過며 亦不屬緣이나 故應納受라 三十一 頌을 分六이니 初, 十一偈는 總顯報勝이요

■ (e) 묘덕녀의 어머니가 대신 대답함이니, 덕이 있으면서 허물이 없으며 또한 인연에 속하지 않지만 짐짓 (배필로) 응당히 받아들일 것을 밝혔다. 31개 게송을 여섯으로 나누면 ㊀ 11개 게송은 뛰어난 과보를 총합하여 밝힘이요,

㊁ 세 게송은 단정한 용모를 개별로 찬탄하다[三偈別讚端嚴]

(次三 23上4)

紺髮青蓮眼이며　　　梵聲金色光이며
華鬘眾寶髻가　　　　清淨無諸垢러라
검은 머리칼, 청련화 같은 눈
범천의 음성, 금빛 광명
화만과 보배의 상투
깨끗하여 때가 없고

肢節悉具足하고　　　其身無缺減하니
譬如眞金像이　　　　安處寶華中이러라
팔다리 모두 완전하고
몸은 아무 흠도 없이
마치 순금으로 된 불상
보배 꽃 속에 의젓이 앉은 듯

毛孔栴檀香이　　　　　　　普熏於一切하며
口出靑蓮香하여　　　　　　常演梵音聲이러라
털구멍에서 나오는 전단 향기
모든 것에 풍기고
입에서 연꽃 향기 나며
범천의 음성을 내나니

[疏] 次, 三偈는 別讚端嚴이요
■ ㈡ 세 게송은 단정한 용모를 개별로 찬탄함이요,

㈢ 세 게송은 (묘덕녀가) 그 인륜 중에서 특출함을 밝히다
　[三偈明其絶倫] (三有 23上5)

此女所住處에　　　　　　　常有天音樂하니
不應下劣人이　　　　　　　而當如是偶로다
이 처녀 있는 곳에는
항상 하늘 풍류 잡히니
용렬한 인간으로는
이런 이를 짝할 수 없어

世間無有人이　　　　　　　堪與此爲夫요
唯汝相嚴身이니　　　　　　願垂見納受하라
이 세상에 어느 사람도
아가씨의 남편 될 이 없고

오직 당신만이 훌륭하오니
바라건대 받아지이다.

非長亦非短이며　　　　　　非麤亦非細라
種種悉端嚴하니　　　　　　願垂見納受하라
키가 크지도 짧지도 않고
뚱뚱하지도 홀쭉하지도 않고
모든 것이 모두 단정하오니
바라건대 받아지이다.

[疏] 三, 有三偈는 明其絶倫이요
■　㊂ 세 게송은 (묘덕녀가) 그 인륜 중에서 특출함을 밝힘이요,

㊃ 다섯 게송은 묘덕녀의 재주가 안으로 만족하다[五偈伎能內滿]
(四有 23上5)

文字算數法과　　　　　　工巧諸技藝를
一切皆通達하니　　　　　　願垂見納受하라
글이나 글씨나 셈하는 법이나
여러 가지 기술과 학문
통달하지 못한 것 없나니
바라건대 받아지이다.

善了諸兵法하며　　　　　　巧斷衆諍訟하며

能調難可調하니　　　　　願垂見納受하라
여러 가지 무예도 잘 알고
어려운 소송도 판결 잘하고
화해하기 어려운 일 화해하나니
바라건대 받아지이다.

其身甚淸淨하여　　　　　見者無厭足하며
功德自莊嚴하니　　　　　汝應垂納受니라
몸이 매우 청결하여
보는 이 싫어할 줄 모르며
공덕으로 꾸미었으니
당신이여, 받아 주소서.

衆生所有患을　　　　　　善達彼緣起하여
應病而與藥하여　　　　　一切能消滅이니라
중생들에게 있는 병환
그 원인 잘 알고
병에 알맞게 약을 주어
모든 병 능히 없애며

閻淨語言法의　　　　　　差別無量種과
乃至妓樂音을　　　　　　靡不皆通達하며
염부제 여러 가지 말
차별도 한량없으며

음악의 소리까지
통달하지 못하는 것 없고

[疏] 四, 有五偈는 伎能內滿이요
■ ㈣ 다섯 게송은 묘덕녀의 재주가 안으로 만족함이요.

㈤ 여덟 게송은 허물 여의고 덕행 갖추다[八偈離非具德] (五有 23上5)

婦人之所能을　　　　此女一切知하고
而無女人過하니　　　願垂速納受하라
여자들이 하는 일
이 애가 모두 다 알지만
여자로서 허물이 없으니
당신은 빨리 받아 주소서.

不嫉亦不慳하며　　　無貪亦無恚하며
質直性柔軟하여　　　離諸麁獷惡하며
질투도 모르고 간탐도 없고
욕심도 없고 성내지도 않아
성품이 곧고 부드러워
거칠고 나쁜 짓 모두 여의고

恭敬於尊者하여　　　奉事無違逆하고
樂修諸善行하니　　　此能隨順汝니라

어른을 공경할 줄 알아
받들어 섬기고 거역하지 않으며
착한 행실 잘 닦나니
당신의 뜻을 순종하리다.

若見於老病과 貧窮在苦難하여
無救無所依하면 常生大慈愍이니라
늙고 병든 이·가난한 이와
곤란에 빠져서 구원할 이 없고
의지할 데 없는 이 보면
항상 가엾은 마음을 내며

常觀第一義하여 不求自利樂하고
但願益衆生하여 以此莊嚴心이니라
제일가는 이치 늘 관찰하고
자기의 이익은 구하지 않으며
중생만 이익하려고
마음을 장엄했으며

行住與坐臥에 一切無放逸하며
言說及黙然에 見者咸欣樂이니라
가고 서고 앉고 눕고
모든 일에 방일하지 않아
말하거나 잠잠하거나

보는 이들 기뻐하며

雖於一切處에 皆無染着心이나
見有功德人에 樂觀無厭足이니라
어떠한 곳에나
물들고 집착하지 않지만
공덕 있는 사람을 보면
반가워서 싫은 줄 몰라

尊重善知識하고 樂見離惡人하며
其心不躁動하여 先思後作業이니라
선지식을 존경하고
악을 여읜 이 좋아하며
마음이 조급하지 않아
생각한 뒤에 일을 처리해

[疏] 五, 有八偈는 離非具德이요
■ ⑤ 여덟 게송은 허물 여의고 덕행 갖춤을 노래함이요.

⑥ 한 게송은 마땅함을 결론하여 찬탄하다[一偈結讚所宜]
(後一 23上6)

福智所莊嚴이라 一切無怨恨하여
女人中最上이니 宜應事太子니라

복과 지혜로 장엄하였고
모든 것에 원한이 없어
여인 중에는 최상이오니
태자님 섬기기 마땅합니다.

[疏] 末後, 一偈는 結讚所宜니라
- ㊅ 마지막 한 게송은 마땅함을 결론하여 찬탄함이다.

(f) 태자가 소중하게 맞아들이다[太子重邀] 2.
㈠ 장항으로 밝히다[長行] 2.
① 스스로 행실이 깊음을 진술하다[自述行深] (六太 24上1)
② 그 장애됨을 두려워하다[恐其爲障] (後當)

爾時에 太子가 入香牙園已에 告其妙德과 及善現言하되 善女여 我趣求阿耨多羅三藐三菩提하여 當於盡未來際 無量劫에 集一切智助道之法하며 修無邊菩薩行하며 淨 一切波羅蜜하며 供養一切諸如來하며 護持一切諸佛教 하며 嚴淨一切佛國土하며 當令一切如來種性不斷하며 當隨一切衆生種性하여 而普成熟하며 當滅一切衆生生 死苦하여 置於究竟安樂處하며 當淨治一切衆生智慧眼 하며 當修習一切菩薩所修行하며 當安住一切菩薩平等 心하며 當成就一切菩薩所行地하며 當令一切衆生으로 普歡喜하며 當捨一切物하여 盡未來際토록 行檀波羅蜜 하여 令一切衆生으로 普得滿足하여 衣服飮食과 妻妾男

女와 頭目手足의 如是一切內外所有를 悉當捨施하여 無所悋惜하리니 當於爾時하여 汝或於我에 而作障難하여 施財物時에 汝心悋惜하며 施男女時에 汝心痛惱하며 割肢體時에 汝心憂悶하며 捨汝出家에 汝心悔恨가

이때 태자는 향아원에 들어가서 묘한 덕 갖춘 아가씨와 선현 여인에게 말하였다. "착한 여인들이여, 나는 아늣다라삼약삼보디를 구하는 터이므로, (1) 오는 세월이 끝나도록 한량없는 겁 동안에 온갖 지혜를 돕는 법을 모으며, (2) 그지없는 보살의 행을 닦으며, (3) 모든 바라밀다를 깨끗이 하며, (4) 모든 여래에게 공양하며, (5) 모든 부처님의 가르침을 보호해 가지며, (6) 모든 부처님의 국토를 깨끗이 장엄하며, (7) 모든 여래의 성품을 끊어지지 않게 하며, (8) 모든 중생의 성품을 따라 성숙하게 하며, (9) 모든 중생의 나고 죽는 고통을 없애어 끝까지 안락한 곳에 두며, (10) 모든 중생의 지혜의 눈을 깨끗이 다스리며, (11) 모든 보살의 닦는 행을 익힐 것이며, (12) 모든 보살의 평등한 마음에 머무르며, (13) 모든 보살의 행할 지위를 성취하며, (14) 모든 중생을 두루 기쁘게 하며, (15) 모든 것을 모두 버려서 오는 세월이 끝나도록 보시바라밀다를 행하여 모든 중생을 만족하게 하며, (16) 의복・음식・처・첩・아들・딸・머리・눈・손・발 따위의 안과 밖에 있는 것을 모두 보시하고 아끼는 것이 없을 것입니다. 이러한 때에 그대가 나의 일을 장애하고 재물을 보시할 때 아까워하고, 아들・딸을 보시할 때에 가슴 아파하고, 온몸을 찢을 때에 마음으로 걱정하고,

그대를 버리고 출가할 때에 그대들은 뉘우칠 것입니다."

[疏] 六, 太子重邀라 謂若不障道하면 當隨汝意니라 於中에 先, 長行을 分
二니 初, 自述行深이요 後, 當於爾下는 恐其爲障이라
- (f) 태자가 소중하게 맞아들임이니 이른바 만일 도에 장애되지 않으면 당연히 네 뜻에 따름이다. 그중에 ㉠ 장항으로 밝힘을 둘로 나누어 ① 스스로 행실이 깊음을 진술함이요, ② 當於爾 아래는 그 장애됨을 두려워함이다.

㉡ (열 개 게송은) 게송으로 거듭 노래하다[偈頌] 3.
① 여섯 게송은 그 행실이 깊음을 노래하다[六偈頌其行深] (後偈 24下4)

爾時太子가 卽爲妙德하여 而說頌言하되
이때 태자는 묘한 덕 갖춘 아가씨에게 게송으로 말하였다.

哀愍衆生故로 我發菩提心하니
當於無量劫에 習行一切智니라
중생을 가엾이 여김으로써
나는 보리심을 내었으니
마땅히 한량없는 겁 동안에
온갖 지혜 닦아 익히리.

無量大劫中에 淨修諸願海하여
入地及治障을 悉經無量劫이니라

한량없는 많은 겁 동안
모든 원력 바다 깨끗이 닦고
지상에 들고 업장 다스림
또 한량없는 겁 지내고

三世諸佛所에　　　　　　學六波羅蜜하여
具足方便行하여　　　　　成就菩提道니라
세 세상 부처님들에게
여섯 가지 바라밀다 배우고
방편의 행 구족하여
보리의 도를 성취했으며

十方垢穢刹을　　　　　　我當悉嚴淨하며
一切惡道難을　　　　　　我當令永出이니라
시방의 더러운 세계
내가 다 깨끗이 장엄하며
모든 나쁜 길의 환난에서
영원히 뛰어나게 하오리.

我當以方便으로　　　　　廣度諸群生하여
令滅愚癡暗하고　　　　　住於佛智道니라
나는 장차 방편으로
많은 중생 다 제도하여
어리석은 어두움 없애고

부처님의 지혜에 머물게 하며

當供一切佛하며　　　　　　當淨一切地하여
起大慈悲心하여　　　　　　悉捨內外物이니라
모든 부처님께 공양하옵고
여러 지위를 깨끗이 하며
큰 자비심 일으키어
안팎의 물건 모두 버리리.

[疏] 後, 偈頌이라 十偈를 分三이니 初, 六偈는 頌其行深이요
- ㈢ 게송으로 거듭 노래함이다. 열 게송을 셋으로 나누리니 ① 여섯 게송은 그 행실이 깊음을 노래함이요,

② 두 개 반의 게송은 장애 아님을 맞아들이다[二偈半邀其莫障]

(次二 24下4)

汝見來乞者에　　　　　　　或生慳悋心가
我心常樂施하노니　　　　　 汝勿違於我어다
와서 달라는 이 네가 보거든
인색한 마음 행여 내리라.
나는 항상 보시하기 좋아하니
그대 내 뜻을 어기지 말라.

若見我施頭하면　　　　　　愼勿生憂惱하라

我今先語汝하여　　　　　令汝心堅固케하노니
내 머리를 보시하는 것 보고
삼가 걱정하지 말 것이며
내 지금 그대에게 말하여
그대의 마음 견고하게 하며

乃至截手足이라도　　　　汝勿嫌乞者니라
내가 손과 발을 끊더라도
그대는 구걸하는 이 미워하지 말라.

[疏] 次, 二頌半은 邀其莫障이요
　② 두 개 반의 게송은 장애 아님을 맞아들임이요,

③ 한 개 반의 게송은 살펴서 생각하게 함으로 결론하다
　[一偈半結令審思] (後一 24下5)

汝今聞我語하고　　　　應可諦思惟니
그대여, 내 말 듣고
마땅히 잘 생각하여라.

男女所愛物을　　　　　一切我皆捨하되
汝能順我心이면　　　　我當成汝意하리라
아들과 딸, 사랑하는 물건
모든 것 다 버릴 터이니

그대 내 마음 따른다면
나도 그대의 뜻 이루어 주리.

[疏] 後, 一偈半은 結令審思라
■ ③ 한 개 반의 게송은 살펴서 생각하게 함으로 결론함이다.

(g) (14개 게송은) 보녀가 공경히 순종하다[女敬順從] 3.
㈠ 세 게송은 고통을 잊고 덕을 돌아보다[三偈忘苦眷德] (七女 25下1)

爾時에 童女가 白太子言하되 敬奉來敎하리다하고 卽說頌言하되
그때 아가씨는 태자에게 '말씀한 대로 받자오리다'라고 여쭙고 게송을 말하였다.

無量劫海中에   地獄火焚身이라도
若能眷納我하면   甘心受此苦하며
한량없는 겁 바다에서
지옥 불이 몸을 태우더라도
나를 사랑하여 받아 주시면
그런 고통 달게 받겠소.

無量受生處에   碎身如微塵이라도
若能眷納我하면   甘心受此苦하며
한량없이 태어나는 곳

티끌같이 몸을 부수어도
나를 사랑하여 받아 주시면
그런 고통 달게 받겠소.

無量劫頂戴　　　　　　廣大金剛山이라도
若能眷納我하면　　　　甘心受此苦하리이다
한량없는 겁 동안에
크나큰 금강산 이고 다녀도
나를 사랑하여 받아 주시면
그런 고통 달게 받겠소.

[疏] 七, 女敬順從이라 有十四偈를 分三이니 初三은 忘苦眷德이요
■ (g) 보녀가 공경히 순종함에 14개 게송이 있는데 셋으로 나누리니 ㊀ 세 게송은 고통을 잊고 덕을 돌아봄이요,

㊁ 여섯 게송은 수승한 행법과 같기를 바라다[六偈希同勝行]

(次六 25下1)

無量生死海에　　　　　以我身肉施라도
汝得法王處에　　　　　願令我亦然이니
한량없는 생사 바다에
나의 몸과 살 보시하여도
당신이 법의 왕 되시는 곳
나도 그렇게 하여 주소서.

若能眷納我하여　　　　　與我爲主者면
生生行施處에　　　　　　願常以我施하소서
만일 나를 받아들여
나의 님 되어 주신다면
세세생생 보시하실 때
언제나 이 몸을 보시하시라.

爲愍衆生苦하여　　　　　而發菩提心이시니
旣已攝衆生인댄　　　　　亦當攝受我하소서
중생의 괴로움 딱하게 여겨
보리심 내었을진댄
이미 중생을 거두어 주시니
이 몸도 응당 거두어 주시리.

我不求豪富하며　　　　　不貪五欲樂하고
但爲共行法하여　　　　　願以仁爲主하노이다
나는 부귀도 바라지 않고
다섯 가지 욕락도 탐내지 않고
바른 법 함께 행하며
당신으로 나의 님 삼으오리.

紺淸修廣眼으로　　　　　慈愍觀世間하여
不起染着心하시니　　　　必成菩薩道로다
검푸르고 길고 넓은 눈

인자하게 세간 살피고
물드는 마음 내지 않으니
반드시 보리를 이루오리.

太子所行處에 　　　　地出衆寶華라
必作轉輪王하리니 　　願能眷納我하소서
태자의 가시는 곳엔
땅에서 연꽃이 솟아
반드시 전륜왕 되시리니
나를 사랑하여 받아 주소서.

[疏] 次六은 希同勝行이니 卽正是發菩提心이라
■ ㊂ 여섯 게송은 수승한 행법과 같기를 바람이니 바른 원인은 곧 보리심을 냄이요,

㊂ 다섯 게송은 여래를 뵈옵기를 권하다[五偈勸詣如來] (後五. 25下2)

我曾夢見此 　　　　妙法菩提場에
如來樹下坐하사 　　無量衆圍遶하이다
내가 언젠가 꿈을 꾸는데
이 묘한 법 보리도량에
나무 아래 앉으신 여래를
많은 대중이 둘러 모셨고

我夢彼如來가 　　　　　身如眞金山하사
以手摩我頂하고 　　　　寤已心歡喜러니
나는 또 금산과 같으신
부처님께서 나의 머리를
만져 주시는 꿈을 꾸다가
깨어나니 마음이 기뻤소.

往昔眷屬天이 　　　　　名曰喜光明이라
彼天爲我說 　　　　　　道場佛興世어늘
지난 옛적에 권속 하늘로
기쁜 광명이란 신이 있는데
그 하늘이 내게 말하되
'도량에 부처님 나셨다'고.

我曾生是念하여 　　　　願見太子身한대
彼天報我言하되 　　　　汝今當得見이라하더니
내가 일찍이 이런 생각하여
태자의 몸 보기를 원하였는데
저 하늘이 나에게 말하기를
'너는 지금 가서 뵈어라' 하더니

我昔所志願을 　　　　　於今悉成滿하니
唯願俱往詣하여 　　　　供養彼如來니이다
지난 옛적에 가졌던 소원

지금 모두 이루었으니.
바라건대 함께 가서
저 부처님 공양합시다.

[疏] 後五는 勸詣如來라
- ㈢ 다섯 게송은 여래를 뵈옵기를 권함이다.

(h) 태자가 보녀를 섭수하다[太子攝受] (八太 25下7)

爾時에 太子가 聞勝日身如來名하고 生大歡喜하여 願見彼佛하여 以五百摩尼寶로 散其女上하고 冠以妙藏光明寶冠하며 被以火焰摩尼寶衣한대 其女가 爾時에 心不動搖하며 亦無喜相하고 但合掌恭敬하여 瞻仰太子하여 目不暫捨하니라

그때 태자는 승일신여래의 이름을 듣고 매우 기뻐서 부처님 뵈오려고, 그 아가씨에게 5백 마니보배를 흩고, '묘하게 갈무리 광명관'을 씌우고, 불꽃 마니 옷을 입히었다. 그 아가씨는 그때에 마음이 흔들리지도 않고 기쁜 내색도 없이, 다만 합장하고 공경하여 태자를 우러러보면서 잠깐도 한눈팔지 않았다.

[疏] 八, 太子攝受니 由敬佛心歡故라
- (h) 태자가 보녀를 섭수함이니, 부처님을 공경함으로 말미암아 마음이 기쁘게 된 까닭이다.

(i) (열 게송은) 보녀 어머니가 기쁘게 따를 것을 말하다[母陳慶遂] 4.
㊀ 한 게송은 따를 의지를 표방하다[一偈標其遂志] (九母 26上9)

其母善現이 於太子前에 而說頌言하되
어머니 선현은 태자의 앞에서 게송을 말하였다.

此女極端正하여　　　　功德莊嚴身이라
昔願奉太子러니　　　　今意已滿足이로다
이 딸은 매우 단정해
공덕으로 몸을 장엄하고서
예전부터 태자를 섬기려 하더니
이제 소원을 이루었소.

㊁ 두 게송은 덕행이 태자와 뚜렷이 같다[二偈德行懸同] (次二 26上10)

持戒有智慧하며　　　　具足諸功德하니
普於一切世에　　　　　最勝無倫匹이로다
계행을 지니고 지혜 있어
모든 공덕 갖추었으며
넓고 넓은 이 세상에
가장 훌륭해 짝할 이 없네.

此女蓮華生하여　　　　種姓無譏醜어늘
太子同行業하여　　　　遠離一切過로다

이 아기 연꽃에서 나
가문이 나무랄 것 없고
태자와 행과 업 같아
모든 허물 멀리 여의고

[疏] 九, 母陳慶遂故로 重讚女德이라 十偈를 分四니 初一은 標其遂志요 次二는 德行懸同이요

■ (i) 보녀 어머니가 기쁘게 따르는 연고로 여자의 덕행을 거듭 칭찬함이다. 열 게송을 넷으로 나누니 ㊀ 한 게송은 따를 의지를 표방함이요, ㊁ 두 게송은 덕행이 태자와 뚜렷이 같음을 노래함이다.

㊂ 네 게송은 몸과 말이 인륜을 초월하다[四偈身語超倫] (次四 26上10)

此女身柔軟이   猶如天繒纊하여
其手所觸摩에   衆患悉除滅이로다
이 아기 살갗 보드랍기
하늘의 비단 솜 같으니
손으로 한번 만지면
모든 병 소멸합니다.

毛孔出妙香하여   芬馨最無比하니
衆生若聞者면   悉住於淨戒로다
털구멍에서 나오는 향기
아름답기 비길 데 없어

중생이 맡기만 하며
청정한 계율에 머물게 되고

身色如眞金하여　　　　　端坐華臺上하니
衆生若見者면　　　　　　離害具慈心이로다
몸은 금빛과 같아
연꽃 좌대에 앉은 모양
중생이 보기만 하면
해칠 뜻 없고 인자하여져

言音極柔軟하여　　　　　聽之無不喜하니
衆生若得聞이면　　　　　悉離諸惡業이로다
음성이 하도 부드러워
듣는 이 모두 기뻐하나니
중생이 듣기만 하면
여러 가지 나쁜 업 여의게 되네.

[疏] 次四는 身語超倫이요
■　㈢ 네 게송은 몸과 말이 인류를 초월함이요,

㈣ 세 게송은 내심으로 덕을 쌓다[三偈內心蘊德] (後三 26上10)

心淨無瑕垢하여　　　　　遠離諸諂曲하고
稱心而發言하니　　　　　聞者皆歡喜로다

마음은 깨끗하여 티가 없으며
아첨과 굽은 일 여의었나니
마음에 맞추어 내는 말이라
듣는 이 모두 즐거워하며

調柔具慚愧하여 恭敬於尊宿하며
無貪亦無詃하여 憐愍諸衆生이로다
화평하고 부드럽고 체면을 차려
높은 어른 공경하고
탐욕도 없고 속이지 않으며
모든 중생을 가엾이 여기네.

此女心不恃 色相及眷屬이요
但以淸淨心으로 恭敬一切佛이로다
이 아가씨 얼굴이나
권속을 의뢰하지 않고
다만 청정한 마음으로
모든 부처님을 공경합니다.

[疏] 後三은 內心蘊德이라
- ㉣ 세 게송은 내심으로 덕을 쌓음이다.

(j) 함께 수행함을 바로 말하다[正共修行] 10.
㈠ 부처님을 찾아 뵙고 공양 올리다[詣佛供養] (十正 29下2)

㈢ 경을 듣고 법을 깨닫다[聞經得法] (二時)

爾時에 太子가 與妙德女와 及十千婇女와 幷其眷屬으로 出香牙園하여 詣法雲光明道場하여 至已에 下車步進하여 詣如來所하여 見佛身相이 端嚴寂靜하며 諸根調順하여 內外淸淨이 如大龍池하여 無諸垢濁하고 皆生淨信하여 踊躍歡喜하여 頂禮佛足하며 遶無數帀하고 於時에 太子와 及妙德女가 各持五百妙寶蓮華하여 供散彼佛하며 太子가 爲佛하여 造五百精舍하니 一一皆以香木所成이며 衆寶莊嚴이며 五百摩尼로 以爲間錯이러라

時에 佛이 爲說普眼燈門修多羅하신대 聞是經已하고 於一切法中에 得三昧海하니 所謂得普照一切佛願海三昧와 普照三世藏三昧와 現見一切佛道場三昧와 普照一切衆生三昧와 普照一切世間智燈三昧와 普照一切衆生根智燈三昧와 救護一切衆生光明雲三昧와 普照一切衆生大明燈三昧와 演一切佛法輪三昧와 具足普賢淸淨行三昧며 時에 妙德女가 得三昧하니 名難勝海藏이니 於阿耨多羅三藐三菩提에 永不退轉하니라

㈠ 이때 태자는 묘한 덕 갖춘 아씨와 10천 시녀와 그 권속들과 함께 향아원에서 나와 법 구름 광명 도량으로 향하였다. 도량에 이르러서는 수레에서 내려 부처님 계신 데 나아가 부처님을 뵈오니, 몸매가 단정하고 고요하며 여러 기관이 화순하고 안과 밖이 청정하며, 큰 용의 못과 같아서 흐린 때가 없었다. 깨끗한 신심을 내어 기뻐 뛰놀며 부처님 발에

엎드려 절하고 여러 바퀴를 돌았다. 그때 태자와 묘한 덕 갖춘 아씨는 각각 5백의 보배 연꽃을 부처님께 흩어 공양하였고, 태자는 부처님을 위하여 5백 절을 지었으니, 모두 향나무로 지었고 여러 가지 보배로 장엄하였으며, 5백의 마니 보배로 사이사이 꾸미었다.

㈡ 이때 부처님은 그들을 위하여 보안등문경을 말씀하셨고, 이 법문을 듣고는 모든 법 가운데서 삼매 바다를 얻었으니, 이른바 모든 부처님의 서원 바다를 두루 비추는 삼매·세 세상 갈무리를 두루 비추는 삼매·모든 부처님 도량을 보는 삼매·모든 중생을 두루 비추는 삼매·모든 세간을 두루 비추는 지혜 등불 삼매·모든 중생의 근성을 두루 비추는 지혜 등불 삼매·모든 중생을 구호하는 광명 구름 삼매·모든 중생을 두루 비추는 크게 밝은 등 삼매·모든 부처님의 법륜을 연설하는 삼매·보현의 청정한 행을 구족한 삼매였다. 이때 묘한 덕 갖춘 아씨도 이기기 어려운 바다광 삼매를 얻고, 아눗다라삼먁삼보디에서 영원히 물러나지 않았다.

㈢ 하직하고 돌아가 아비에게 사뢰다[辭歸白父] (三時 29下3)
㈣ 왕이 찾아와 기쁘게 듣다[王審慶聞] (四爾)
㈤ 자리를 물려주고 가서 관찰하다[禪位往觀] (五作)

時彼太子가 與妙德女와 幷其眷屬으로 頂禮佛足하며 遶
無數帀하고 辭退還宮하여 詣父王所하여 拜跪畢已에 奉

白王言하되 大王이여 當知하소서 勝日身如來가 出興於
世하사 於此國內法雲光明菩提場中에 成等正覺이 于今
未久니이다

爾時大王이 語太子言하시되 是誰爲汝하여 說如是事오
天耶아 人耶아 太子白言하되 是此具足妙德女가 說이니
이다 時王이 聞已에 歡喜無量함이 譬如貧人이 得大伏藏
하여 作如是念하시되 佛無上寶를 難可値遇니 若得見佛
이면 永斷一切惡道怖畏며 佛如醫王하여 能治一切諸煩
惱病하고 能救一切生死大苦하며 佛如導師하여 能令衆
生으로 至於究竟安隱住處라하고 作是念已에 集諸小王
群臣眷屬과 及以刹利婆羅門等一切大衆하사 便捨王位
하여 授與太子하시다 灌頂訖已에 與萬人俱하여 往詣佛
所하사 到已禮足하며 遶無數帀하고 幷其眷屬으로 悉皆
退坐한대 爾時如來가 觀察彼王과 及諸大衆하고 白毫相
中에 放大光明하시니 名一切世間心燈이라 普照十方無
量世界하사 住於一切世主之前하며 示現如來不可思議
大神通力하사 普令一切應受化者로 心得淸淨하니라

㈢ 이때 태자는 묘한 덕 갖춘 아씨와 권속들과 함께 부처님
발에 엎드려 절하고 수없이 돌고 하직하고 궁중으로 돌아
가서 부왕께 나아가 절하고 여쭈었다. '대왕이시여, 승일신
여래께서 세상에 나셨는데, 이 나라 법 구름 광명 보리도량
에서 등정각을 이루신 지 오래지 않았나이다.'

㈣ 그때 대왕은 태자에게 말하였다. '그런 일은 누가 너에
게 말하더냐? 하늘이냐, 사람이냐?' 태자는 여쭈었다. '그

것은 묘한 덕 갖춘 여인이 말하더이다.'

왕은 이 말을 듣고 가난한 사람이 묻힌 보배를 얻은 듯 한량 없이 기뻐하면서 생각하였다. '부처님은 위가 없는 보배여서 만나기 어려우니, 만일 부처님을 뵈오면 모든 나쁜 길의 공포를 끊을 것이다. 부처님은 의사와 같아서 모든 번뇌의 병을 다스리고 모든 생사의 고통을 구원할 것이다. 부처님은 길잡이와 같아서 중생들을 끝까지 편안한 곳에 이르게 할 것이다.' ㊄ 이렇게 생각하고는 작은 왕과 대신들과 권속들과 찰제리와 바라문들 모든 대중을 모아 놓고, 왕의 지위를 선위하여 태자에게 주면서 정수리에 물 붓는 예식을 마치었다. 그러고는 일만 사람과 함께 부처님 계신 데 가서 발에 엎드려 절하고 수없이 돌고, 권속들과 함께 물러가서 앉았다.

[疏] 十, 正共修行이라 亦分十段이니 一, 詣佛供養이요 二, 時佛下는 聞經得法이요 三, 時彼太子下는 辭歸白父요 四, 爾時大王下는 王審慶聞이요 五, 作是念下는 禪位往觀이요

- (j) 함께 수행함을 바로 말함도 또한 열 문단으로 나누었다. ㊀ 부처님을 찾아 뵙고 공양 올림이요, ㊁ 時佛 아래는 경을 듣고 법을 깨달음이요, ㊂ 時彼太子 아래는 하직하고 돌아가 아비에게 사룀이요, ㊃ 爾時大王 아래는 왕이 찾아와 기쁘게 들음이요, ㊄ 作是念 아래는 자리를 물려주고 가서 관찰함이요,

㊅ 경을 듣고 법을 깨닫다[聞經得法] (六爾 29下4)

㈐ 때와 모임에 이익 주다[兼益時會] (七其)
㈑ 부처님이 거듭 신통을 나투다[佛重現通] (八時)

爾時에 如來가 以不思議自在神力으로 現身超出一切世間하사 以圓滿音으로 普爲大衆하사 說陀羅尼하시니 名一切法義離暗燈이니 佛刹微塵數陀羅尼로 而爲眷屬이라 彼王이 聞已하고 卽時獲得大智光明하며 其衆會中에 有閻浮提微塵數菩薩이 俱時證得此陀羅尼하며 六十萬那由他人이 盡諸有漏하여 心得解脫하며 十千衆生이 遠塵離垢하고 得法眼淨하며 無量衆生이 發菩提心하니라 時에 佛이 又以不思議力으로 廣現神變하사 普於十方無量世界에 演三乘法하사 化度衆生이러시니

㈎ 그때 여래는 그 왕과 대중을 살펴보고, 미간의 흰 털로 큰 광명을 놓으니 이름이 모든 세간의 마음 등불이라. 시방의 한량없는 세계에 두루 비추며 모든 세간 주인의 앞에 머물러 여래의 부사의한 큰 신통을 나타내어 교화를 받을 여러 중생의 마음을 청정케 하였다. 이때 여래께서 부사의하고 자재한 신통의 힘으로 몸을 나타내어 모든 세간에서 뛰어나고, 원만한 음성으로 대중을 위하여 다라니를 말하니 이름이 모든 법과 뜻이 어둠을 여읜 등불이며, 세계의 티끌 수 다라니로 권속을 삼았다. 그 왕은 이것을 듣고 즉시에 큰 지혜 광명을 얻었고, ㈐ 모인 가운데 있는 염부제 티끌 수 보살은 이 다라니를 함께 증득하고, 60만 나유타 사람은 모든 번뇌가 다하여 마음에 해탈을 얻었고, 10천 중생은 티끌

과 때를 여의고 법 눈이 깨끗하게 되었으며, 한량없는 중생은 보리심을 내었다. ⑧ 부처님이 또 부사의한 힘으로 신통변화를 널리 나투고 시방의 한량없는 세계에서 삼승의 법을 말하여 중생을 제도하시었다.

[疏] 六, 爾時下는 聞經得法이요 七, 其衆會人下는 兼益時會요 八, 時佛下는 佛重現通이요

- ⑥ 爾時 아래는 경을 듣고 법을 깨달음이요, ⑦ 其衆會人 아래는 때와 모임에 겸하여 이익 줌이요, ⑧ 時佛 아래는 부처님이 거듭 신통을 나툼이요,

⑨ 부왕이 출가하다[父王出家] (九時 29下6)
⑩ 태자가 왕위에 올라 교화하다[太子紹位] (十爾)

時彼父王이 作如是念하시되 我若在家면 不能證得如是妙法이어니와 若於佛所에 出家學道면 卽當成就라하고 作是念已에 前白佛言하시되 願得從佛하여 出家修學하노이다 佛言하시되 隨意로니 宜自知時니라
時에 財主王이 與十千人으로 皆於佛所에 同時出家하여 未久之間에 悉得成就一切法義離暗燈陀羅尼하며 亦得如上諸三昧門하며 又得菩薩十神通門하며 又得菩薩無邊辯才하며 又得菩薩無礙淨身하여 往詣十方諸如來所하여 聽受其法하고 爲大法師하여 演說妙法하며 復以神力으로 徧十方刹하여 隨衆生心하여 而爲現身하여 讚佛

出現하며 說佛本行하며 示佛本緣하며 稱揚如來自在神力하며 護持於佛所說敎法하나라

爾時에 太子가 於十五日에 在正殿上하니 婇女圍遶하며 七寶自至하니 一者는 輪寶니 名無礙行이요 二者는 象寶니 名金剛身이요 三者는 馬寶니 名迅疾風이요 四者는 珠寶니 名日光藏이요 五者는 女寶니 名具妙德이요 六은 藏臣寶니 名爲大財요 七은 主兵寶니 名離垢眼이라 七寶具足하여 爲轉輪王하여 王閻浮提하여 正法治世하니 人民快樂이러라

王有千子하니 端正勇健하여 能伏怨敵하며 其閻浮提中에 有八十王城하여 一一城中에 有五百僧坊하고 一一僧坊에 立佛支提하니 皆悉高廣하여 以衆妙寶로 而爲挍飾이라 一一王城에 皆請如來하여 以不思議衆妙供具로 而爲供養이러니 佛이 入城時에 現大神力하사 令無量衆生으로 種諸善根하며 無量衆生으로 心得淸淨하여 見佛歡喜하여 發菩提意하며 起大悲心하여 利益衆生하며 勤修佛法하여 入眞實義하며 住於法性하야 了法平等하며 獲三世智하여 等觀三世하며 知一切佛의 出興次第하며 說種種法하며 攝取衆生하며 發菩薩願하여 入菩薩道하며 知如來法하여 成就法海하며 能普現身하여 徧一切刹하며 知衆生根과 及其性欲하여 令其發起一切智願케하시니라

㈨ 이때 그 부왕은 이렇게 생각하였다. '내가 만일 집에 있었으면 이렇게 묘한 법을 증득하지 못하려니와, 만일 부처님께 출가하여 도를 배우면 성취하게 되리라.' 그리고 부처

님께 여쭙기를 '부처님을 따라 출가하여 도를 배워지이다' 하였다. 부처님은 '마음대로 하되 시기를 알아야 하느니라' 하였다.

이때 재물 주인 왕은 10천 사람과 함께 그 부처님에게 한꺼번에 출가하였고, 오래지 않아서 모든 법과 뜻이 어둠을 여읜 등불 다라니를 성취하였으며, 또 위에 말한 삼매문들을 얻고, 또 보살의 열 가지 신통문을 얻고, 또 보살의 그지없는 변재를 얻고, 또 보살의 걸림 없이 깨끗한 몸을 얻었으며, 시방의 부처님 계신 데 가서 법문을 듣고 큰 법사가 되어 묘한 법을 연설하며, 또 신통한 힘으로 시방세계에 두루하여 중생의 마음을 따라 몸을 나타내고, 부처님의 나타나심을 찬탄하며, 부처님의 본래 행하시던 일을 말하며, 부처님의 본래 인연을 보이며, 여래의 자재하신 신통의 힘을 칭찬하며, 부처님의 말씀하신 교법을 보호하여 유지하였다.

⑩ 그때 태자는 보름 동안 궁전에 있는데, 시녀들이 둘러 호위하고 일곱 가지 보배가 저절로 이르니, 하나는 바퀴 보배니 이름이 걸림 없는 행이요, 둘은 코끼리 보배니 이름이 금강 몸이요, 셋은 말 보배니 이름이 빠른 바람이요, 넷은 구슬 보배니 이름이 햇빛 광이요, 다섯은 여자 보배니 이름이 묘한 덕 갖춘 이요, 여섯은 재정 맡은 대신 보배니 이름이 큰 재물이요, 일곱은 군대 맡은 대신 보배니 이름이 때 여읜 눈이라. 일곱 보배가 구족하고 전륜왕이 되어 염부제의 왕으로서 바른 법으로 세상을 다스리니 백성이 쾌락하였다. 왕은 1천 아들이 있어 단정하고 용맹하여 원수를 항복받았

으며, 염부제에 80개의 서울이 있고, 서울마다 5백 절이 있으며, 절마다 탑을 세웠는데 높고 크고 여러 가지 보배로 장식하였고, 서울마다 여래를 청하여 부사의한 여러 가지 공양거리로 공양하려 하며, 부처님이 서울에 들어갈 적에 신통한 힘을 나투어 한량없는 중생으로 착한 뿌리를 심게 하였다. 한량없는 중생들이 마음이 청정하여서 부처님을 보고 환희하며 보리심을 내고, 가엾이 여기는 마음으로 중생을 이익하게 하며, 부처님 법을 부지런히 닦아 진실한 이치에 들어갔으며, 법의 성품에 머물러 법의 평등함을 알고 세 세상 지혜를 얻어 세 세상을 평등하게 관찰하며, 모든 부처님의 나시는 차례를 알고, 여러 가지 법을 말하여 중생을 거두어 주며, 보살의 서원을 내어 보살의 도에 들어가며, 여래의 법을 알아 법 바다를 성취하며, 몸을 널리 나타내어 모든 세계에 두루하며, 중생들의 근성과 욕망을 알고, 그들로 하여금 온갖 지혜의 원을 내게 하였느니라.

[疏] 九, 時彼父王下는 父王出家하여 修證法門이요 十, 爾時太子下는 太子紹位하여 弘通大化니라

- ㊈ 時彼父王 아래는 부왕이 출가하여 법문을 수행하고 증득함이요,
  ㊉ 爾時太子 아래는 태자가 왕위에 올라 널리 통틀어 큰 교화를 펼침이다.

b) 옛과 현재를 결론하여 회통하다[結會古今] (第二 30下7)

佛子여 於汝意云何오 彼時太子가 得輪王位하여 供養佛
者는 豈異人乎아 今釋迦牟尼佛이 是也며 財主王者는
寶華佛이 是니 其寶華佛은 現在東方하시니라 過世界海
微塵數佛刹하여 有世界海하니 名現法界虛空影像雲이
요 中有世界種하니 名普現三世影摩尼王이요 彼世界種
中에 有世界하니 名圓滿光이요 中有道場하니 名現一切
世主身이어든 寶華如來가 於此에 成阿耨多羅三藐三菩
提하사 不可說佛刹微塵數諸菩薩衆이 前後圍遶하여 而
爲說法하시니라

寶華如來가 往昔修行菩薩道時에 淨此世界海하시니 其
世界海中에 去來今佛이 出興世者는 皆是寶華如來가
爲菩薩時에 敎化令發阿耨多羅三藐三菩提心이니라 彼
時女母善現者는 今我母善目이 是며 其王眷屬은 今如
來所에 衆會가 是也니 皆具修行普賢諸行하여 成滿大願
하여 雖恒在此衆會道場이나 而能普現一切世間하며 住
諸菩薩平等三昧나 常得現見一切諸佛하며 一切如來가
以等虛空妙音聲雲으로 演正法輪을 悉能聽受하며 於一
切法에 悉得自在하며 名稱이 普聞諸佛國土하며 普詣一
切道場之所하며 普現一切衆生之前하여 隨其所應하여
敎化調伏하며 盡未來劫토록 修菩薩道하여 恒無間斷하
며 成滿普賢廣大誓願하니라 佛子여 其妙德女가 與威德
主轉輪聖王으로 以四事供養勝日身如來者는 我身이 是
也니라

불자여, 어떻게 생각하느냐? 그때 왕자로서 전륜왕이 되어 부처님께 공양한 이는 지금의 석가모니 부처님이요, 재물 주인 왕은 보화불이니라. 그 보화불은 지금에 동방으로 세계해의 티끌 수 세계를 지나가서 한 세계해가 있으니 이름이 법계 허공의 그림자를 나타내는 구름이요, 그 가운데 세계종이 있으니 이름이 세상 그림자를 나타내는 마니왕이요, 그 세계종 가운데 한 세계가 있으니 이름이 원만 광명이요, 그 가운데 한 도량이 있어서 이름이 모든 세간 임금의 몸을 나타냄이니, 보화여래가 거기서 아눗다라삼약삼보리를 이루었으며, 말할 수 없는 세계의 티끌 수 보살들이 앞뒤에 둘러 있으며 법을 말씀하느니라.

보화여래가 옛적에 보살의 도를 닦을 때에 이 세계해를 깨끗이 하였으니, 이 세계해에서 과거·현재·미래의 부처님이 나시는 이는 다 보화여래께서 보살이 되었을 적에 교화하여 아눗다라삼약삼보리심을 내게 한 이들이니라. 그때 아씨의 어머니 선현은 지금 나의 어머니 좋은 눈이시고, 그 왕의 권속들은 지금 여래에게 모인 대중이니, 모두 보현의 행을 닦아 큰 원을 성취하였으며, 비록 이 대중이 모인 도량에 있으나, 모든 세간에 두루 나타나서 항상 보살의 평등한 삼매에 머물러 있어 모든 부처님을 항상 뵈옵느니라. 모든 여래께서 허공과 평등한 묘한 음성 구름으로 법을 말씀하는 것을 다 들어 받으며, 모든 법에 자재함을 얻어 소문이 여러 부처님 국토에 퍼졌으며, 모든 도량에 나아가고 여러 중생의 앞에 나타나서 마땅한 대로 교화하고 조복하여, 오는 세월이 끝나도록 보살의 도를 닦아 사이가 끊어지지 아니하

고 보살의 광대한 서원을 성취하느니라. 불자여, 묘한 덕 갖
춘 아씨와 위덕님 전륜왕이 네 가지로 승일신여래에게 공양
한 이는 내 몸이었느니라.

[疏] 第二, 佛子於汝意下는 結會古今이라
- b) 佛子於汝意 아래는 옛과 현재를 결론하여 회통함이다.

b. 중간의 여러 부처님[中間多佛] (第二 31下6)

彼佛滅後其世界中에 六十億百千那由他佛이 出興於世
어시늘 我皆與王으로 承事供養하니 其第一佛은 名淸淨
身이요 次名一切智月光明身이요 次名閻浮檀金光明王
이요 次名諸相莊嚴身이요 次名妙月光이요 次名智觀幢
이요 次名大智光이요 次名金剛那羅延精進이요 次名智
力無能勝이요 次名普安詳智요 次名離垢勝智雲이요 次
名師子智光明이요 次名光明髻요 次名功德光明幢이요
次名智日幢이요 次名寶蓮華開敷身이요 次名福德嚴淨
光이요 次名智焰雲이요 次名普照月이요 次名莊嚴蓋妙
音聲이요 次名師子勇猛智光明이요 次名法界月이요 次
名現虛空影像開悟衆生心이요 次名恒䫩寂滅香이요 次
名普震寂靜音이요 次名甘露山이요 次名法海音이요 次
名堅固網이요 次名佛影髻요 次名月光毫요 次名辯才口
요 次名覺華智요 次名寶焰山이요 次名功德星이요 次名
寶月幢이요 次名三昧身이요 次名寶光王이요 次名普智

行이요 次名焰海燈이요 次名離垢法音王이요 次名無比德名稱幢이요 次名修臂요 次名本願淸淨月이요 次名照義燈이요 次名深遠音이요 次名毘盧遮那勝藏王이요 次名諸乘幢이요 次名法海妙蓮華니라 佛子여 彼劫中에 有如是等六十億百千那由他佛이 出興於世어시든 我皆親近承事供養하노라

그 부처님이 열반한 뒤에 그 세계에 60억 백천 나유타 부처님이 세상에 나시는 것을 내가 왕과 더불어 섬기고 공양하였노라. (1) 그 첫 부처님은 이름이 청정신이요, 다음 부처님은 일체지월광명신이요, 다음은 염부단금광명왕이요, 다음은 제상장엄신이요, 다음은 묘월광이요, 다음은 지관당이요, 다음은 대지광이요, 다음은 금강나라연정진이요, 다음은 지력무능승이요, 다음은 보안상지요, (11) 다음은 이구승지운이요, 다음은 사자지광명이요, 다음은 광명계요, 다음은 공덕광명당이요, 다음은 지일당이요, 다음은 보련화개부신이요, 다음은 복덕엄정광이요, 다음은 지염운이요, 다음은 보조월이요, 다음은 장엄개묘음성이니라.

(21) 다음은 이름이 사자용맹지광명이요, 다음은 법계월이요, 다음은 현허공영상개오중생심이요, 다음은 향후적멸향이요, 다음은 보진적정음이요, 다음은 감로산이요, 다음은 법해음이요, 다음은 견고망이요, 다음은 불영계요, 다음은 월광호요, (31) 다음은 변재구요, 다음은 각화지요, 다음은 보염산이요, 다음은 공덕성이요, 다음은 보월당이요, 다음은 삼매신이요, 다음은 보광왕이요, 다음은 보지행이요, 다

음은 염해등이요, 다음은 이구법음왕이요,
(41) 다음은 무비덕명칭당이요, 다음은 수비요, 다음은 본원청정월이요, 다음은 조의등이요, 다음은 십원음이요, 다음은 비로자나승장왕이요, 다음은 제승당이요, (48) 다음은 법해묘련화니라. 불자여, 저 겁 동안에 이러한 60억 백천 나유타 부처님이 세상에 나시는 이를 내가 다 친근하여 섬기고 공양하였노라.

[疏] 第二, 彼佛滅後下는 見中間多佛이니 略列四十八佛하여 以爲流例라 廣明은 如結中이니라

- b. 彼佛滅後 아래는 중간의 여러 부처님을 뵈옴이다. 간략히 48분의 부처님을 열거하여 사례를 흘려서 자세히 밝힘은 결론한 내용과 같다.

c. 법을 깨달은 시절[得法之時] (第三 32上1)

其最後佛은 名廣大解니 於彼佛所에 得淨智眼하니 爾時彼佛이 入城敎化어시늘 我爲王妃하여 與王禮覲하고 以衆妙物로 而爲供養하며 於其佛所에 聞說出生一切如來燈法門하고 卽時獲得觀察一切菩薩三昧海境界解脫하노라

(49) 그 마지막 부처님은 이름이 광대해니, 그 부처님께서 깨끗한 지혜의 눈을 얻었으니, 그때 그 부처님이 서울에 들어와서 교화하시는데, 나는 왕비가 되어 왕으로 더불어 절

하여 뵈옵고, 여러 가지 묘한 물건으로 공양하였으며, 그 부처님이 모든 여래의 등불을 내는 법문을 말씀하심을 듣고, 즉시에 모든 보살의 삼매 바다의 경계를 관찰하는 해탈을 얻었노라.

[疏] 第三, 其最後佛下는 正明得法之時라 最後者는 卽六十億那由他之後耳니라
- c. 其最後佛 아래는 법을 깨달은 시절을 바로 밝힘이다. 마지막이란 곧 60억 나유타의 뒤일 뿐이다.

d. 오랜 세월 수행이 빛나다[多劫修瑩] 2.

a) 한 찰진수 겁을 수행하다[於一刹塵劫修行] 2.
(a) 수행이 끝나지 않는다[修行未窮] (第四 32下1)
(b) 보살은 만나기 어려운 일[菩薩難遇] (後佛)

佛子여 我得此解脫已에 與菩薩로 於佛刹微塵數劫에 勤加修習하여 於佛刹微塵數劫中에 承事供養無量諸佛하니 或於一劫에 承事一佛하며 或二或三하며 或不可說하며 或値佛刹微塵數佛하여 悉皆親近承事供養하되 而未能知菩薩之身의 形量色貌와 及其身業心行智慧三昧境界하노라 佛子여 若有衆生이 得見菩薩의 修菩提行하고 若疑若信하면 菩薩이 皆以世出世間種種方便으로 而攝取之하여 以爲眷屬하여 令於阿耨多羅三藐三菩提에

得不退轉이니라

불자여, 나는 이 해탈을 얻고, 보살로 더불어 세계의 티끌 수 겁 동안에 부지런히 수행하여 세계의 티끌 수 겁에 한량 없는 부처님을 섬기고 공양하는데 한 겁에 한 부처님을 섬기기도 하고 혹은 두 부처님, 세 부처님, 가히 말할 수 없는 부처님 세계의 티끌 수 부처님을 만나서 친근하여 섬기고 공양하였으나, 보살의 몸과, 형상의 크기와, 모양과, 그의 몸으로 짓는 업과 마음으로 행함과 지혜와 삼매의 경계를 알지 못하였노라. 불자여, 만일 중생이 보살을 뵈옵고 보리의 행을 닦되 의심하거나 믿거나 간에 보살이 세간과 출세간의 갖가지 방편으로 거두어 주고 권속을 삼아 아눗다라삼약삼보디에서 물러나지 않게 하느니라.

[疏] 第四, 佛子我得此下는 明多劫修瑩이라 於中에 二니 一, 於一刹塵劫에 修行이라 於中에 亦二니 先, 多劫修行이나 未窮菩薩之境이요 後, 佛子若有下는 明菩薩難遇며 見者不空이라

■ d. 佛子我得此 아래는 오랜 세월 수행이 빛남을 밝힘이다. 그중에 둘이니 a) 한 찰진수 겁을 수행함이다. 그중에 또한 둘이니 (a) 오랜 겁 수행으로 보살의 경계가 끝나지 않음이다. (b) 佛子若有 아래는 보살은 만나기 어려움을 밝힘이니 보는 이가 헛되지 않음의 뜻이다.

b) 백 찰진수 겁을 수행하다[於百刹塵劫修行] 2.
(a) 수행해도 알지 못하다[修未知] (二佛 33上1)

佛子여 我見彼佛하고 得此解脫已에 與菩薩로 於百佛刹
微塵數劫에 而共修習할새 於其劫中에 所有諸佛이 出興
於世어시늘 我皆親近承事供養하여 聽所說法하고 讀誦
受持하며 於彼一切諸如來所에 得此解脫種種法門하여
知種種三世하며 入種種刹海하며 見種種成正覺하며 入
種種佛衆會하며 發菩薩種種大願하며 修菩薩種種妙行
하며 得菩薩種種解脫이나 然未能知菩薩所得普賢解脫
門하노라31)

불자여, 내가 저 부처님을 뵈어 이 해탈을 얻고는, 보살로
더불어 백 세계의 티끌 수 겁에 함께 닦아 익히면서 그 겁
동안에 세상에 나시는 부처님을 내가 다 친근하여 섬기며
공양하고, 말씀하는 법을 듣고 읽고 외고 받아 지니며, 그
모든 여래에게서 이 해탈과 갖가지 법문을 얻고 갖가지
세상을 알고, 갖가지 세계해에 들어가서 갖가지로 정각을
이룸을 보고, 갖가지 부처님의 대중이 모인 데 들어가서 보
살의 여러 가지 큰 서원을 내고, 보살의 여러 가지 묘한 행
을 닦아서 보살의 여러 가지 해탈을 얻었으나, 보살이 얻는
보현의 해탈문을 알지 못하였노라.

[疏] 二, 佛子我見下는 於百刹塵劫修行이라 於中에도 亦二니 初, 多劫修
證이나 未知菩薩解脫이요

- b) 佛子我見 아래는 백 찰진수 겁을 수행함이다. 그중에 또한 둘이

---

31) 種種佛衆會의 佛은 杭注云 第二十四紙第十行種種下에 藏本無佛字, 流通本有佛字 案經自法門至覺入種
凡二十字 杭本在第十行 此行有三種種 考貞元譯 刹上有佛字 今經合論本 成上有佛字 杭本不知何指, 佛學
書局本은 以此注指種種佛衆會以下一行 與杭本不合 未詳所本.

니 (a) 오랜 겁을 수행하여 증득했어도 보현보살의 해탈문을 알지 못함이다.

(b) 그 이유를 해석하다[釋所由] 2.
㈠ 깊고 광대함을 총합하여 밝히다[總顯深廣] (後何 34上3)

何以故오 菩薩普賢解脫門이 如太虛空하며 如衆生名하며 如三世海하며 如十方海하며 如法界海하여 無量無邊하니 佛子여 菩薩普賢解脫門이 與如來境界等이니라 佛子여 我於佛刹微塵數劫에 觀菩薩身하되 無有厭足이 如多欲人이 男女集會에 遞相愛染하여 起於無量妄想思覺인달하여 我亦如是하여 觀菩薩身의 一一毛孔에 念念見無量無邊廣大世界의 種種安住와 種種莊嚴과 種種形狀과 有種種山과 種種地와 種種雲과 種種名과 種種佛興과 種種道場과 種種衆會와 演種種修多羅와 說種種灌頂과 種種諸乘과 種種方便과 種種淸淨하며
又於菩薩一一毛孔에 念念常見無邊佛海가 坐種種道場하며 現種種神變하며 轉種種法輪하며 說種種修多羅하여 恒不斷絶하며 又於菩薩一一毛孔에 見無邊衆生海의 種種住處와 種種形貌와 種種作業과 種種諸根하며 又於菩薩一一毛孔에 見三世諸菩薩의 無邊行門하노니 所謂無邊廣大願과 無邊差別地와 無邊波羅蜜과 無邊往昔事와 無邊大慈門과 無邊大悲雲과 無邊大喜心과 無邊攝取衆生方便이니라

왜냐하면 보살의 보현 해탈문은 큰 허공과 같고 중생의 이름과 같고 세 세상 바다와 같고 시방 바다와 같고 법계 바다와 같아서 한량없고 그지없나니, 불자여, 보살의 보현 해탈문은 여래의 경계와 같으니라. 불자여, 나는 세계의 티끌 수 겁 동안에 보살의 몸을 보아도 만족함이 없었으니, 마치 탐욕이 많은 남녀가 한데 모이면 서로 사랑하느라고 한량없는 허망한 생각과 감각을 일으키나니, 나도 그와 같아서 보살의 몸을 살펴보니 낱낱 털구멍에서 잠깐잠깐마다 한량없고 그지없는 광대한 세계가 가지가지로 머물고 가지가지 장엄과 가지가지 현상을 보며, 가지가지 산과 가지가지 땅과 가지가지 구름과 가지가지 이름과 가지가지 부처님이 나심과 가지가지 도량과 가지가지 대중의 모임과 가지가지 경을 연설함과 가지가지 정수리에 물 붓는 일을 말함과 가지가지 승과 가지가지 방편과 가지가지로 청정함을 보았노라. 또 보살의 낱낱 털구멍에서 잠깐잠깐마다 그지없는 부처님들이 여러 가지 도량에 앉아서 여러 가지 신통변화를 나투고 여러 가지 법륜을 굴리고 여러 가지 경을 말하여 항상 끊이지 않음을 보노라. 또 보살의 낱낱 털구멍에서 그지없는 중생들의 여러 가지 머무는 곳과 여러 가지 형상과 여러 가지 짓는 업과 여러 가지 근성을 항상 보노라. 또 보살의 낱낱 털구멍에서 세 세상 보살들의 그지없이 수행하는 문을 보았으니, 이른바 그지없이 광대한 서원과 그지없이 차별한 지위와 그지없는 바라밀다와 그지없는 옛날 일과 그지없이 인자한 문과 그지없이 가엾이 여기는 구름과 그지없이 기뻐하는 마음과 그지없이 중생을 거두어 주는 방편이니라.

[疏] 後, 何以下는 釋不知所由라 釋中에도 亦二니 先, 總顯深廣이라 謂所以不知者는 以稱事理之無邊이 等諸佛之境界故니 斯則等覺菩薩의 解脫을 十地不知일새 故名普賢解脫이니라

- (b) 何以 아래는 그 이유를 알지 못함을 해석함이다. 해석함 중에 또한 둘이니 ㊀ 깊고 광대함을 총합하여 밝힘이다. 이른바 알지 못하는 이유는 현상과 이치가 끝없음이 모든 부처님의 경계와 같다고 칭한 까닭이다. 이렇다면 등각(等覺)보살의 해탈문이니 십지를 알지 못한 연고로 보현(普賢)의 해탈문이라 이름하였다.

㊁ 깊고 광대함을 개별로 밝히다[別顯深廣] 5.
① 기세간을 보다[見器世間] (後佛 34上6)
② 지정각세간을 보다[見智正覺世間] (二見)
③ 중생세간을 보다[見衆生世間] (三見)
④ 보살의 수행을 보다[見菩薩修行] (四見)
⑤ 깊고 광대함이 끝나지 않음을 총합 결론하다[總結不窮] (五佛)

佛子여 我於佛刹微塵數劫에 念念如是觀於菩薩一一毛孔하여 已所至處에 而不重至하며 已所見處를 而不重見하고 求其邊際하여도 竟不可得이며 乃至見彼悉達太子가 住於宮中에 婇女圍遶로니 我以解脫力으로 觀於菩薩一一毛孔하여 悉見三世法界中事하노라

불자여, 나는 세계의 티끌 수 겁에서 잠깐잠깐마다 이렇게 보살의 낱낱 털구멍을 보는데, 한 번 간 데는 다시 가지 않고 한 번 본 데는 다시 보지 않지마는, 그 끝닿은 데를 얻을 수 없으며, 내지 실달태자가 궁중에 계실 적에 시녀들이 둘러 호위함을 보나니, 나는 해탈의 힘으로 보살의 낱낱 털구멍을 관찰하여 세 세상 법계의 일을 모두 보노라.

[疏] 後, 佛子我於佛刹下는 別顯深廣難知之相이라 謂一毛도 卽不可窮이온 況多毛와 多身의 廣大之用인가 以是無盡無邊之法門故라 於中에 五니 一, 毛中에 見器世間이요 二, 見智正覺世間이요 三, 見衆生世間이요 四, 見菩薩修行이요 五, 佛子我於下는 總結不窮深廣이니라

㈢ 佛子我於佛刹 아래는 깊고 광대하여 알기 어려운 모양을 개별로 밝힘이다. 이른바 한 터럭이 곧 다할 수 없나니 하물며 많은 털구멍과 많은 몸이 광대한 모양인데 그지없고 다함없는 법문인 까닭이다. 그중에 다섯 과목이니, ① 터럭 속에서 기세간을 봄이요, ② 지정각세간을 봄이요, ③ 중생세간을 봄이요, ④ 보살이 수행함을 봄이요, ⑤ 佛子我於 아래는 깊고 광대함이 끝나지 않음을 총합 결론함이다.

ㄹ. 자신은 겸양하고 뛰어난 분을 추천하다[謙己推勝] (四謙 34下8)

佛子여 我唯得此觀察菩薩三昧海解脫이어니와 如諸菩薩摩訶薩은 究竟無量諸方便海하여 爲一切衆生하여 現隨類身하며 爲一切衆生하여 說隨樂行하며 於一一毛孔에 現無邊色相海하며 知諸法性이 無性爲性하며 知衆生

性이 同虛空相하여 無有分別하며 知佛神力이 同於如如
하여 徧一切處하며 示現無邊解脫境界하며 於一念中에
能自在入廣大法界하며 遊戲一切諸地法門하나니 而我
云何能知能說彼功德行이리오

불자여, 나는 다만 이 보살의 삼매 바다를 관찰하는 해탈만을 얻었거니와, 보살마하살들이 필경에 한량이 없는 방편 바다로 모든 중생을 위하여 종류를 따르는 몸을 나타내며, 모든 중생을 위하여 좋아함을 따르는 행을 말하며, 낱낱 털구멍에 그지없는 형상 바다를 나타내며, 모든 법의 성품이 없는 성품으로 성품을 삼을 줄을 알며, 중생의 성품이 허공과 같아서 분별이 없음을 알며, 부처님의 신통한 힘이 진여와 같음을 알며, 모든 곳에 두루하여 그지없는 해탈의 경계를 나타내며, 잠깐 동안에 자재하게 광대한 법계에 들어가서 여러 지위의 법문에 유희하는 일이야 내가 어떻게 알며 그 공덕의 행을 말하겠는가?

[疏] 四, 謙己推勝은 可知니라
■ ㄹ. 자신은 겸양하고 뛰어난 분을 추천함은 알 수 있으리라.

ㅁ. 다음 선지식을 지시하다[指示後友] 2.

ㄱ) 다음 선지식을 가리키다[指後友] (第五 36下8)

善男子여 此世界中에 有佛母摩耶하시니 汝詣彼問하되

菩薩이 云何修菩薩行하여 於諸世間에 無所染着이며 供養諸佛하여 恒無休息이며 作菩薩業하여 永不退轉이며 離一切障礙하여 入菩薩解脫이며 不由於他하고 住一切菩薩道며 詣一切如來所며 攝一切衆生界며 盡未來劫토록 修菩薩行이며 發大乘願이며 增長一切衆生善根하여 常無休息이릿고하라

착한 남자여, 이 세계 안에 부처님 어머니이신 마야가 있으니, 그대는 그에게 가서 '보살이 어떻게 보살의 행을 닦으며, 모든 세간에 물들지 아니하며, 부처님들께 공양하기를 쉬지 아니하며, 보살의 업을 짓고 영원히 물러나지 않으며, 온갖 장애를 떠나서 보살의 해탈에 들어가되 다른 이를 말미암지 않으며, 모든 보살의 도에 머무르고 모든 여래의 계신 데 나아가서 모든 중생들을 거두어 주며, 오는 세월이 끝나도록 보살의 행을 닦으며, 대승의 원을 내어 모든 중생의 착한 뿌리를 증장케 하기를 쉬지 아니하느냐?'고 물으라."

[疏] 第五, 指示後友라 分二니 先, 指後位니 如後當釋이요 後, 頌前法이니 臨行再述故라 三十一偈를 分三이니

- ㅁ. 다음 선지식을 지시함이다. 둘로 나누리니 ㄱ) 다음 선지식을 가리킴이니 뒤에 곧 해석한 내용과 같음이요, ㄴ) 앞 선지식의 법을 노래함이니 행법에 다달아서 다시 말한 까닭이다. 31개 게송을 셋으로 나누리니,

ㄴ) (31개 게송은) 앞 선지식의 법을 노래하다[頌前法] 3.

(ㄱ) 한 게송은 보살이 중생 이익함을 밝히다[顯菩薩益] (初一 36下9)

爾詩에 釋迦瞿波女가 欲重明此解脫義하사 承佛神力하여 卽說頌言하시되
그때 석가 구파녀가 이 해탈의 뜻을 거듭 밝히려고 부처님의 신통한 힘을 받들어 게송으로 말하였다.

若有見菩薩의 　　　　　修行種種行하고
起善不善心이면 　　　　菩薩皆攝取니라
어떤 사람이나 보살이
여러 가지 행 닦음을 보고
착한 마음 · 착하지 못한 마음을 내면
보살이 다 거두어 주느니라.

[疏] 初一, 總顯菩薩益生이니 超頌하여 前見者가 不空하여 生下女人染心之益이라
■ (ㄱ) 한 게송은 보살이 중생 이익함을 총합하여 밝힘이다. 게송을 건너뛰어 a. 보는 이가 헛되지 않아서 아래 여인의 물든 마음의 이익이 생겨난다는 뜻이다.

(ㄴ) 15개 게송은 오랜 겁 전의 일을 밝히다[明遠劫前事] (次十 36下10)

乃往久遠世에 　　　　　過百刹塵劫하여
有劫名淸淨이요 　　　　世界名光明이어든

멀고 먼 옛적
백 세계 티끌 수 겁 전에
겁이 있으니 이름이 청정이며
세계 이름은 광명이었소.

此劫佛興世하시되 六十千萬億이니
最後天人主가 號曰法幢燈이니라
그 겁에 나신 부처님
60천만 억인데
마지막에 나신 부처님 이름
법당등이었고

彼佛涅槃後에 有王名智山이니
統領閻浮提하여 一切無怨敵이니라
그 부처님 열반하신 뒤
지혜산이란 임금이 있어
남염부제를 통솔했는데
원수나 대적이 없었고

王有五百子하니 端正能勇健하며
其身悉淸淨하여 見者皆歡喜로다
왕의 아들이 5백 명
단정하고 날쌔고 건장하며
몸매가 매우 청정해

보는 이 기뻐하였네.

彼王及王子가　　　　　　信心供養佛하여
護持其法藏하며　　　　　亦樂勤修法이로다
그 왕과 왕의 아들들
신심 있어 부처님 공양하고
그 법장을 보호해 가지며
불법 닦기에 부지런했으며

太子名善光이니　　　　　離垢多方便하며
諸相皆圓滿하여　　　　　見者無厭足이로다
태자의 이름은 착한 광명
때가 없고 방편 많으며
거룩한 모습 원만하여
보는 이 싫은 줄 모르고

五百億人俱하여　　　　　出家行學道할새
勇猛堅精進하여　　　　　護持其佛法하니
5백억 사람 한꺼번에
출가하여 도를 배우며
용맹하고 억세게 정진하여
부처님 법 보호해 가지고

王都名智樹라　　　　　　千億城圍遶요

有林名靜德이라　　　　　衆寶所莊嚴이어든
서울 이름은 지혜의 나무
천억 도시가 둘러 있었고
고요한 덕이란 수풀은
모든 보배로 장엄했는데

善光住彼林하여　　　　 廣宣佛正法하여
辯才智慧力으로　　　　 令衆悉淸淨이로다
착한 광명 태자 숲속에 있어
부처님 바른 법 널리 펴시며
말 잘하고 지혜의 힘
대중을 기쁘게 하였소.

有時因乞食하여　　　　 入彼王都城에
行止極安詳하며　　　　 正知心不亂이러니
어느 때 밥을 빌려고
그 서울로 들어가는데
행동과 거지 가장 점잖고
바른 지혜에 산란치 않아

城中有居士하니　　　　 號曰善名稱이요
我時爲彼女하니　　　　 名爲淨日光이라
그 성중에 거사 있으니
착한 명예는 그의 이름

나는 그때 거사의 딸로
이름을 일러 맑은 햇빛

時我於城中에　　　　　　遇見善光明의
諸相極端嚴하고　　　　　其心生染着하며
그때 나는 성중에 있어서
착한 광명 만나니
그 모습 매우 아름다워
애착하는 마음 내었고

次乞至我門에　　　　　　我心增愛染하여
卽解身瓔珞과　　　　　　幷珠置鉢中하니
다음 내 집에 걸식할 적엔
내 마음 애정을 참을 수 없어
영락을 내어 진주와 함께
바릿대 속에 넣어 드렸소.

雖以愛染心으로　　　　　供養彼佛子나
二百五十劫을　　　　　　不墮三惡趣하노라
사랑하는 물든 마음으로
그 불자에게 공양했지만
2백50겁 동안
세 가지 나쁜 길에 안 떨어지고

或生天王家하며　　　或作人王女하여
恒見善光明의　　　　妙相莊嚴身하노라
천왕의 집에나
인간 왕 집에 태어나
착한 광명 태자의 몸
거룩하게 장엄함 보았네.

[疏] 次, 十五偈는 明遠劫前事니 長行의 所無라 長行은 語眞淨發心일새 但論德女어니와 今則收其雜善일새 故敍遠緣하여 以麤況妙라

- (ㄴ) 15개 게송은 오랜 겁 전의 일을 밝힘이다. 장항에 없는 부분이지만 장항에는 진실하고 청정한 발심을 말하였는데, 단지 묘덕녀만 논하였고, 지금은 그 잡된 착함을 거둔 연고로 먼 인연을 밝혀서 거친 것으로 미묘함에 견주었다.

(ㄷ) 15개 게송은 묘덕녀의 인연을 노래하다[德女因緣] (後十 37上2)

此後所經劫이　　　　二百有五十에
生於善現家하니　　　名爲具妙德이라
그 뒤부터 지내 오면서
2백50겁 동안
잘 나타나는 어머니 집에
묘한 덕 갖춘 딸로 태어났는데

時我見太子하고　　　而生尊重心하여

願得備瞻侍리니　　　幸蒙哀納受하노라
그때부터 태자를 보고
존중하는 마음을 내어
그를 우러러 모시려 하는데
행여나 나를 받아 주시면

我時與太子로　　　觀佛勝日身하여
恭敬供養畢하고　　即發菩提意하노라
나는 어느 때 태자와 함께
승일신 부처님 뵈옵고
공양하고 공경하며
인하여 보리심 내었소.

於彼一劫中에　　　六十億如來니
最後佛世尊이　　　名爲廣大解라
그 한 겁 동안에
60억 여래 나시었는데
마지막 나신 부처님 세존
이름은 광대해

於彼得淨眼하여　　了知諸法相하고
普見受生處하여　　永除顚倒心하노라
그 부처님께 깨끗한 눈 얻어
법의 모양을 분명히 알고

태어날 곳을 모두 알면서
뒤바뀐 마음 아주 없어져

我得觀菩薩의　　　　　　三昧境解脫하고
一念入十方　　　　　　　不思議刹海하노라
나는 보살의 삼매와
해탈한 경계 관찰하고
잠깐 동안에 시방에 있는
부사의한 세계해에 들어가

我見諸世界의　　　　　　淨穢種種別하되
於淨不貪樂하고　　　　　於穢不憎惡하노라
깨끗한 세계와 더러운 세계
갖가지 다른 것 모두 봤으나
깨끗한 것도 탐내지 않고
더러운 것도 싫어하지 않았으며

普見諸世界에　　　　　　如來坐道場하사
皆於一念中에　　　　　　悉放無量光하노라
나는 세계의 모든 도량에
앉으신 여래를 뵈오니
모두 잠깐 동안에
한량없는 광명 놓으며

一念能普入 不可說衆會하며
亦知彼一切 所得三昧門하노라
말할 수 없는 대중의 모인 곳
한 생각 동안에 들어가시고
그들이 얻은
삼매문도 아시며

一念能悉知 彼諸廣大行과
無量地方便과 及以諸願海하노라
그들의 광대한 행과
한량없는 지위와 방편
모든 서원의 바다를
잠깐 동안에 모두 아시네.

我觀菩薩身의 無邊劫修行하여
一一毛孔量도 求之不可得하노라
내가 보니 보살의 몸은
그지없는 겁 동안 수행하사
낱낱 털구멍의 수효
찾아보아도 얻지 못하며

一一毛孔刹이 無數不可說이라
地水火風輪이 靡不在其中이니
털구멍마다 있는 세계들

수가 없고 말할 수 없어
땅·물·불·바람의 바퀴
그 가운데는 없는 것 없어

種種諸建立과　　　　　種種諸形狀과
種種體名號와　　　　　無邊種莊嚴이로다
가지가지 세워진 것과
가지가지의 모든 형상과
가지가지 자체와 이름
그지없는 갖가지 장엄

我見諸刹海의　　　　　不可說世界하며
及見其中佛의　　　　　說法化衆生하되
많은 세계해에 있는
말할 수 없는 세계와
그 안에 계신 부처님 법문
말하여 교화함을 보지만

不了菩薩身과　　　　　及彼身諸業하며
亦不知心智와　　　　　諸劫所行道하노라
보살의 몸과
몸으로 지은 업 알지 못하며
그의 마음도 지혜도
여러 겁에 행함도 모두 모르오.

[疏] 後, 十五偈는 正頌長行의 德女因緣이니라
- (ㄷ) 15개 게송은 장항에서 묘덕녀의 옛 인연을 바로 노래함이다.

ㅂ. 덕을 사모하여 예배하고 물러가다[戀德禮辭] (經/爾時 36下7)

爾時에 善財童子가 頂禮其足하며 遶無數帀하고 辭退而去하니라
그때 선재동자는 그의 발에 엎드려 절하고 수없이 돌고 하직하고 떠났다.

[帝字卷下 終]

大方廣佛華嚴經 제76권
大方廣佛華嚴經疏鈔 제76권 烏字卷上
제39 入法界品 ⑰

제39. 법계에 증득해 들어가는 품[入法界品] ⑰

제2절. 인연을 모아서 진실법에 들어가는 모양[會緣入實相]이니 제42. 마야부인 선지식은 등각위(等覺位)에 해당하는데, 신중신과 법당 나찰이 선지식을 친근하게 되는 정직한 마음과 대비심 등 열 가지 법을 가르쳐 주었고, 마야부인은 대원지환(大願智幻) 해탈문을 얻어서 항상 세존의 어머니가 되려고 발원하심을 소개하였다. 또한 과거 정광겁(淨光劫)에도 도량신이 되어 불모(佛母)가 되기를 서원하였으니,

"그때 선재동자는 마야부인에게 여쭈었다. '크게 거룩하신 이께서 이 해탈을 얻은 지는 얼마나 오래되었나이까?' 마야부인이 대답하였다. '착한 남자여, 지나간 옛적, 맨 나중 몸을 받은 보살의 신통한 도의 눈으로 알 것이 아닌 헤아릴 수 없는 겁 전에 그때에 겁이 있었으니 이름이 깨끗한 빛이요, 세계의 이름은 수미덕이라. … 불자여, 나는 이미 '보살의 큰 원과 지혜가 환술과 같은 해탈문[菩薩大願智幻解脫門]'을 성취하였으므로, 항상 여러 보살의 어머니가 되노라.'

> 大方廣佛華嚴經 제76권
> 大方廣佛華嚴經疏鈔 제76권 鳥字卷上

제39. 법계에 증득해 들어가는 품[入法界品] ⑰

제2절. 인연을 모아서 진실법에 들어가는 모양[會緣入實相] 2.
- 등각위(等覺位)

제1. 경문 앞에 뜻을 말하다[文前敍義] 5.
1. 총합하여 과목 나누다[總科] (自下 1上5)
2. 구분하다[料揀] (然人)

[疏] 自下大文의 第二, 從摩耶下에 有十一人은 明會緣入實相이니 謂會前諸位差別之緣하여 令歸一實法界하여 生於佛果가 如摩耶生佛일새 故次明之니라 然이나 人雖十一이나 約法에 唯九요 約會에 爲十이라 初一은 爲總이요 餘九는 爲別이라 故로 摩耶가 得智幻法門하시고 末後에 亦得幻住하시니 始終相會하여 該於中間이라 總別圓融하여 歸實無二故니라

■ 아래로부터 제2절. 摩耶부터 아래 11분은 인연을 모아서 실법에 들어가는 모양을 밝힘이다. 이른바 앞은 모든 지위가 차별한 인연을 앎이요, 하나의 진실한 법계[一眞法界]에 돌아가 부처님 과덕을 생겨나게 함은 마치 마야부인이 부처님을 낳은 연고로 다음에 밝혔다. 그러나 사람은 비록 11분이지만 법을 잡으면 오직 아홉 분뿐이요, 모임

을 잡으면 열 분이니 처음 한 분[摩耶]은 총상이요, 나머지 아홉 분은 별상이 되는 연고니, 마야부인은 지혜가 환술 같은 법문을 얻음이요, 마지막[德生·有德]도 또한 '환술처럼 머무름'을 얻음이다. 처음과 마지막이 서로 회통하여 중간을 포섭하나니 총상과 별상이 원융하고 진실법은 둘이 없음으로 돌아가는 까닭이다.

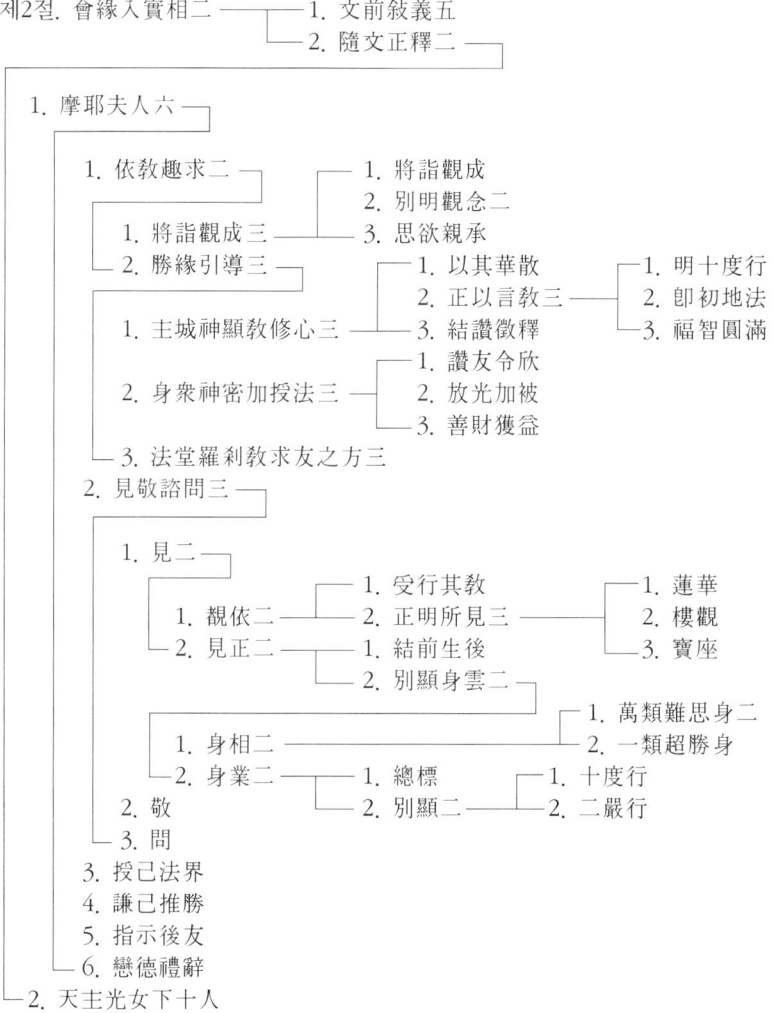

3. 비방을 해명하다[解妨] 2.
1) 질문하다[問] (摩耶 1上10)
2) 대답하다[答] (豈不)

[疏] 摩耶는 旣會緣入實이러니 何得更須十人이리요 豈不向言總別相會아 非別이면 無以成總故니라 又顯是所會之緣하사대 語十은 表其無盡이니 無盡之緣이 皆成摩耶之實德故니라
- 마야부인은 이미 인연을 모아서 하나의 진실법에 들어가는 모양인데 어찌하여 다시 열 분을 구하였는가? 어째서 앞에서 총상과 별상이 서로 회통함을 말하지 않았는가? 별상이 없으면 총상을 이룰 수 없는 까닭이다. 또한 알 대상인 인연을 밝히면서 열 분을 말함은 그 끝없음을 표하기 위함이니, 끝없는 인연이 모두 마야부인의 진실한 덕을 완성한 까닭이다.

4. 이치의 문을 밝히다[義門] (又此 1下3)
5. 여러 모임을 총합하여 해석하다[總釋] (初天)

[疏] 又此一相은 義當等覺이니 等覺이라야 方能親生佛故라 等覺이 却入 重玄門中일새 故有十人이 多明入俗이라 初, 天主光은 且須正念無失이요 次可爲世師오 徧窮衆藝字智之門이오 無依無盡이오 無着淸淨이오 淸淨則淨智發光이요 發光則智相無盡이요 無盡則誠願不違오 方能還歸幻住라 故雖十一이나 不失入實之言하여 始末皆幻이니 方知諸緣이 體虛卽實이니라
- 또한 이런 한 가지 모양은 이치가 등각(等覺)에 해당하나니, 등각의

지위라야 비로소 몸소 부처를 탄생할 수 있는 연고며, 등각은 거듭 현묘한 문 속에 도리어 들어가는 연고로 열 사람은 대부분 속제에 들어감을 밝혔다. (1) 천주광녀(天主光女)는 우선 바른 생각은 허물이 없음을 구함이요, (2) 동자의 스승 변우(徧友)는 세간의 스승이 될만함이요, (3) 지중예(知衆藝)동자는 글자의 지혜를 두루 궁구하는 문이요, (4) 현승(賢勝)우바이는 의지함 없음이 다함없음이요, (5) 견고한 해탈(解脫)장자는 집착 없는 청정함이다. (6) 묘월(妙月)장자는 (지혜 광명이) 청정하면 청정한 지혜가 광명을 발함이요, (7) 무승군(無勝軍)장자는 광명을 발휘하면 지혜로운 모양이 다함없음이요, (8) 최적정(最寂靜)바라문은 다함없으면 진실한 원에 위배되지 않음이요 (9) 덕생(德生)동자와 (10) 유덕(有德)동녀는 비로소 능히 환술처럼 머무름에 돌아간다. 그러므로 비록 11가지라도 진실한 모양에 들어간다는 말을 잃지 않는다. 처음과 마지막이 모두 환술이니 모든 인연이 자체를 비우면 실법과 합치하는 줄 비로소 안다는 뜻이다.

[鈔] 大文第二는 會緣入實相이라 疏中有五[32]하니 一, 總科釋이요 二, 然人雖下는 料揀이요 三, 摩耶旣會下는 解妨難이니 先, 問이요 後, 豈不下는 釋이라 四, 又此一下는 別示義門이요 五, 初天主下는 總釋諸會라 而有二意하니 一, 卽等覺이 入俗之意요 二, 卽是前은 別明會緣이요 後歸此實이라 今初下는 釋文이라 前五中이 皆牒彼所得이라 初, 天主光且須正念無失者는 彼得菩薩解脫하니 名無礙念清淨莊嚴故니라 二, 可爲世師는 卽徧友의 不得法門이라 三, 徧窮下는 卽善知衆藝童子가 得解脫名善知衆藝니 而廣說字母니라 四, 無依無盡

---

32) 上四字는 甲績本作文前分二. 初文前敍義 二今初下 隨文正釋 前中有五.

은 則賢勝優婆夷가 得無依處道場이라 又得三昧가 名爲無盡故니라 五, 無着淸淨은 卽堅固解脫長者가 得解脫이 名無着念淸淨莊嚴故니라 六, 淸淨은 卽淨智發光者는 卽妙月長者가 得解脫이 名淨智光明故니라 七, 發光則智相無盡者는 卽無勝軍長者가 得無盡相解脫故니라 八, 無盡則誠願不違者는 卽最寂靜婆羅門이 得解脫이 名誠願語故니라 九, 方能還歸幻住者는 卽德生有德이 得幻住法門故니라 故雖下는 總結이니라

● 큰 문단으로 제2절. 인연을 모아서 하나의 진실법에 들어가는 모양이다. 소문 중에 다섯 과목이 있으니 1. 총합하여 과목 나눈 해석이요, 2. 然人雖 아래는 구분함이요, 3. 摩耶旣會 아래는 비방과 힐난을 해명함이다. (그중에) 1) 질문함이요, 2) 豈不 아래는 해석함이다. 4. 又此一 아래는 이치의 문을 밝힘이요, 5. 初天主 아래는 여러 모임을 총합하여 해석함이다. 그러나 두 가지 의미가 있으니 하나는 곧 등각은 속제에 들어간 의미요, 둘은 곧 앞은 인연을 모음에 대해 개별로 밝힘이요, 뒤는 이런 진실법의 모양에 돌아간다는 뜻이다. 今初 아래는 제2. 경문을 해석함이다. 앞의 다섯 과목 중에 모두 저기서 얻은 것을 따왔다. (1) 제43. 천주광녀(天主光女)이다. '바른 생각은 허물이 없음을 우선 구한다'는 것은 저기서 보살의 해탈을 얻은 것을 '걸림 없는 생각이 청정한 해탈'이라 이름한 연고요, (2) 세간의 스승이 될 만함은 곧 제44. 변우(徧友)동자가 법문을 얻지 못함을 말한다. (3) 徧窮 아래는 곧 제45. 지중예(知衆藝)동자이다. 해탈문을 얻었으니, 여러 기예(技藝)를 잘 알면서 글자와 모음(母音)에 대해 자세히 말함이요, (4) 의지함 없고 다함없으면 제46. 현승(賢勝)우바이가 '의지할 곳 없는 도량의 해탈'을 얻음이요, 또한 삼매를 얻었으니 '다함없

음'이라 이름한 연고요, (5) 집착 없는 청정함은 제47. 견고(堅固)해탈장자가 해탈을 얻었으니 '집착 없는 생각이 청정하게 장엄한 해탈'인 연고요, (6) 청정함은 곧 청정한 지혜에서 광명을 놓은 것이니 곧 제48. 묘월(妙月)장자가 얻은 해탈이니, '청정한 지혜 광명 해탈'인 연고요, (7) 광명을 발하면 지혜로운 모양이 끝없는 것은 곧 제49. 무승군(無勝軍)장자이니 '다함없는 모양으로 해탈함'인 연고요, (8) 다함없으면 진실한 원에 위배되지 않음은 곧 제50. 최적정(最寂靜)바라문이 얻은 해탈문이니, '진실하게 원하는 말의 해탈'인 연고다. (9) 비로소 능히 환술처럼 머무름에 돌아가는 것은, 곧 제51. 덕생(德生)동자와 유덕(有德)동녀가 얻은 '환술처럼 머무는 해탈문'인 까닭이다. 故雖 아래는 총합하여 결론함이다.

❖ 마야부인 선지식이 과거 전생에 보안(寶眼)주성신, 연화법덕(蓮華法德)신중신, 선안(善眼) 법당나찰의 도움을 받는 뛰어난 인연을 선재동자에게 설법하는 변상도(제76권)

제2. 경문을 따라 바로 해석하다[隨文正釋] 2.

1. 제42. 마야부인 선지식[摩耶夫人一人爲總] 6.

1) 가르침에 의지해 나아가 구하다[依敎趣求] 2.
(1) 장차 찾아가서 관법을 이루다[將詣觀成] 3.
가. 선지식을 참예하여 관찰하다[將詣觀成] (今初 2下5)

爾時에 善財童子가 一心欲詣摩耶夫人所러니 卽時獲得觀佛境界智하여
그때 선재동자는 한결같은 마음으로 마야부인 계신 데 나아가서 부처님의 경계를 관찰하는 지혜를 얻으려 하면서

[疏] 今初總中에 文亦具六하니 第一, 依敎趣求라 中에 二니 初, 將詣觀成이요 後, 勝緣引導라 前中에 三이니 初, 標將詣觀成이요 次, 作如是下는 別明觀念이요 後, 如是之人下는 思欲親承이라 今初에 摩耶는 昔云天后하니 天后가 能生佛故라 權敎中에 說호대 生佛七日에 命終生天이라하고 而晋經에는 指在迦毘羅城이라하니 則顯常不滅矣니라 又上에 云, 此世界者는 亦表卽佛境界니 故得觀佛境智라 然이나 說호대 摩耶는 或云, 是實非化라하며 或云, 是化非實이라하며 或云, 亦化亦實이라하며 或云, 非化非實이라하니 皆帶方便이요 約此宗說하면 卽法界實德이라 人法圓融이니라

■ 지금은 1. 마야부인이니 총상 중에 경문에도 또한 1) 선지식 가르침에 의지해 나아가 구함을 갖추었다. 그중에 둘이니 (1) 장차 참예하여 관법을 이룸이요, (2) 뛰어난 인연으로 인도함이다. (1) 중에 셋이

니 가. 선지식을 참예하여 관법을 이룸이요, 나. 作如是 아래는 생각을 관함에 대해 개별로 밝힘이다. 다. 如是之人 아래는 생각하고 욕구하여 친근하고 받듦이요, 지금은 가.에 마야(摩耶)는 예전에는 '하늘 왕후[天后]'라 하였다. 하늘 왕후가 능히 부처님을 낳은 연고로 권교(權敎) 중에 말하되, "부처님이 태어난 뒤 7일 만에 목숨이 다해 하늘에 태어났다"라고 했고, 진경에는 '가비라성'이라 지적하였으니 (가비라성은) 항상하여 멸도하지 않는다는 뜻이다. 또한 위에 말하되, "이 세계에도 또한 부처님과 합치한 경계를 표한 연고로 부처님의 경계를 관찰한 지혜를 얻은 것이다"라고 하였다. 그러나 (1) 마야(摩耶)라 말하고, 혹은 (2) '실법이요 변화가 아니다'라고 하였고, 혹은 (3) '변화요 실법이 아니다'라 말하고, 혹은 (4) '변화이기도 하고 실법이기도 하다'고 말하고, 혹은 (5) '변화는 아니고 실법도 아니다'라고 하였으니, 모두 방편을 동반하였고, 이런 종지(宗旨)를 잡아 말하면 곧 법계의 진실한 덕이므로 사람과 법이 원융함의 뜻이다.

[鈔] 今初摩耶를 昔云天后者는 新譯에 爲幻術일새 故云昔也라 亦云幻生은 得幻智門故니라

- '지금은 가.에 마야는 예전에 하늘 왕후'라 한 것은 신역(新譯)으로 환술이 된 연고로 예전이라 하였다. 또한 환술로 태어나 환술과 같은 지혜의 문을 얻은 까닭이다.

나. 생각을 관찰함에 대해 개별로 밝히다[別明觀念] 2.
가) 총상으로 밝히다[總] (二別 3下3)
나) 17가지 몸을 개별로 생각하다[別] (後隨)

作如是念하되 是善知識이 遠離世間하여 住無所住하여 超過六處하여 離一切着하며 知無礙道하여 具淨法身하며 以如幻業으로 而現化身하며 以如幻智로 而觀世間하며 以如幻願으로 而持佛身하나니 隨意生身과 無生滅身과 無來去身과 非虛實身과 不變壞身과 無起盡身과 所有諸相皆一相身과 離二邊身과 無依處身과 無窮盡身과 離諸分別如影現身과 知如夢身과 了如像身과 如淨日身과 普於十方而化現身과 住於三世無變異身과 非身心身이 猶如虛空하여 所行無礙하사 超諸世眼하시니 唯是普賢淨目所見이니라

이렇게 생각하였다. '이 선지식은 세간을 멀리 여의고 머물 데 없는 데 머물며, 여섯 군데를 초월하여 모든 애착을 떠났으며, 걸림 없는 도를 알고 깨끗한 법의 몸을 갖추어 환술과 같은 업으로 나툰 몸을 나타내며, 환술과 같은 지혜로 세간을 관찰하며, 환술과 같은 소원으로 부처님 몸을 지니나니, (1) 뜻대로 나는 몸 · (2) 나고 없어짐이 없는 몸 · (3) 오고 감이 없는 몸 · (4) 헛되고 진실함이 없는 몸 · (5) 변하여 무너지지 않는 몸 · (6) 일어나고 다함이 없는 몸 · (7) 모든 모습이 다 한 가지 모습인 몸 · (8) 두 곳으로 치우침을 떠난 몸 · (9) 의지할 데 없는 몸 · (10) 끝나지 않는 몸 · (11) 분별을 떠나서 그림자처럼 나타나는 몸 · (12) 꿈 같은 줄 아는 몸 · (13) 영상 같음을 아는 몸 · (14) 맑은 해와 같은 몸 · (15) 시방에 널리 나타내는 몸 · (16) 세 세상에 머물되 변함이 없는 몸 · (17) 몸도 마음도 아닌 몸이니, 마치 허공

과 같아서 간 데마다 걸림이 없고 세간의 눈을 뛰어났으며, 오직 보현의 깨끗한 눈으로 보느니라.

[疏] 二, 別明觀念이라 中에 初, 總念勝德이니 已能暗合願智幻門이요 後, 隨意生下는 別念一十七身을 唯普眼見이라야 冥契下文의 天后所現이라

■ 나. 생각을 관찰함에 대해 개별로 밝힘이다. 그중에 가) 뛰어난 덕을 총합하여 생각함이니, 이미 능히 서원과 지혜가 환술인 문과 모르게 합함이요, 나) 隨意生 아래는 17가지 몸을 개별로 생각함이니, 오직 넓은 눈으로 보아야만 아래 경문의 하늘 왕후로 나타낸 바와 그윽하게 계합한다.

[鈔] 已能暗合願智幻門者는 以今文에 云, 具淨法身하사 以如幻業으로 而現化身이라하며 以如幻智로 而觀世間等故니라 冥契下文天后所現者下는 見正報에 現無量身雲이어늘 今此未見이요 已知現身일새 故云冥契니라 疏但總意어니와 若別配之인대 此十七身이 攝下經中의 四十身33)이라 四十身에 各有二句34)하니 上은 標요 下는 釋이라 一, 隨意生身은 卽總顯隨願이요 二, 無生滅身은 卽下二色身이니 謂不生色身은 無生起故오 不滅色身은 常寂滅故니라 三, 無來去身은 卽下二身이니 謂無去色身은 於一切趣에 無所滅故오 無來色身은 於諸世間에 無所出故니라 四, 非虛實身은 亦攝二身이니 卽下經에 云, 非實色身은 得如實故요 非虛色身은 隨世現故니라 五, 不變壞身은 卽下不壞色身이니 法性은 無壞故라 六, 無起盡身은 卽不生色身이니 隨衆生身하여 隨衆生業하여 而出現故며 恒示現色身하여 盡衆生界로대

---

33) 身은 甲南續金本作種身.
34) 上七字는 甲南續金本作身各有二.

而無盡故라 上二句는 皆標之以性하고 釋之以相하니 異上一向에 無生滅也니라 七, 所有諸相이 皆一相身은 下에 云, 一相色身은 無相으로 爲相故라하니라 八, 離二邊身은 卽是通意니 皆事理無滯故니라 若別配者인대 如下에 云, 法性色身은 性淨如空故며 大悲色身은 常護衆生故라하니 上句는 離有邊이요 下句는 離空邊이니라 又上句는 有智하여 不住生死요 下句는 有悲하여 不住涅槃等이니라 九, 無依處身은 卽下의 無處色身이니 恒化衆生하여 不斷絶故니라 十, 無窮盡身은 卽無盡色身이니 盡諸衆生의 生死際故니라

- '이미 능히 서원과 지혜가 환술인 문과 모르게 합함'이란 본 경문에 이르되, "깨끗한 법의 몸을 갖추어 환술과 같은 업으로 나툰 몸을 나타내며, 환술과 같은 지혜로 세간을 관찰하며"라고 하였다. '아래 경문의 하늘 왕후로 나타낸 바와 그윽하게 계합함'이라 한 것은 아래에 정보를 볼 적에 한량없는 몸 구름을 나타냄이다. 지금 여기서 보지 못하고 이미 몸을 나타냄을 아는 연고로 '그윽이 계합한다'고 말하였고, 소에서는 단지 총합한 의미이니 만일 개별로 배대하면 여기의 17가지 몸은 아래 경문 중에 40가지 몸을 포섭한 것이다. 40가지 몸이 각기 두 구절이 있으니 위는 표방함이요, 아래는 해석함이다. (1) 생각한 대로 태어난 몸은 곧 따르는 원을 총합하여 밝힘이요, (2) 나고 멸함 없는 몸은 곧 아래 두 가지 육신이다. 이른바 육신은 낳지 않고 태어남 없는 연고로 멸함 없는 육신이 항상 적멸한 까닭이다. (3) 오고 감이 없는 몸은 곧 아래 두 가지 육신이다. 이른바 감이 없는 육신이니 온갖 갈래에 멸한 바가 없는 연고며, 옴이 없는 육신이니 모든 세간에서 나온 바가 없는 까닭이요, (4) 허망하지 않은 실다운 몸도 두 가지 몸을 포섭한다. 곧 아

래 경문에 이르되, "참되지 않은 육신이니, 실제와 같음을 얻은 연고라. 헛되지 않은 육신이니, 세상을 따라 나타나는 연고"라고 하였고, (5) 변하고 무너지지 않는 몸은 곧 아래 무너지지 않는 육신이니 법성으로 무너뜨림이 없는 까닭이다. (6) 시작과 끝 없는 몸은 곧 남이 없는 육신이니 중생의 몸을 따르고 중생의 업을 따라서 출현하는 연고로 항상 육신을 나타내 보이고 중생계를 다하여도 끝이 없는 까닭이다. 위의 두 구절은 모두 성품으로 표방하고 모양으로 해석한다. 위의 한결같이 나고 멸함이 없음과 다르다. (7) 가지고 있는 여러 모양이 모두 한 모양인 몸이다. 아래에 이르되, "한 모양인 육신이니, 모양 없음으로 모양을 삼는 연고"라 하였고, (8) 두 변두리 여읜 몸은 곧 전체의 의미이니 모두 현상과 이치가 지체함 없는 연고요, 만일 개별로 배대한다면 아래에 이르되, "법계의 성품인 육신이니, 성품이 깨끗하기 허공과 같은 연고요, 크게 가엾이 여기는 육신이니, 중생을 항상 구호하는 연고"라 하였다. 위 구절은 유의 경계를 여읨이요, 아래 구절은 공의 경계를 여읨이다. 또한 위 구절은 지혜가 있으므로 나고 죽음에 머물지 않고, 아래 구절은 자비가 있으므로 열반에 머물지 않는다는 등이다. (9) 의지처 없는 몸은 곧 아래 "처소가 없는 육신이니, 중생을 항상 교화하여 끊이지 않는 연고"라 하였고, (10) 다함 없는 몸은 곧 "다함이 없는 육신이니, 모든 중생의 생사의 경계를 다하는 연고"라 하였다.

十一, 離諸分別如影現身은 卽下의 無分別色身이니 但隨衆生分別起故오 又卽如影色身이니 隨願現生故니라 十二, 知如夢身은 卽如夢色身이니 隨心而現故니라 十三, 了如像身은 卽下普對現色身이니

以大自在로 而示現故가 猶如明鏡이 質對衆生이니라 十四, 如淨日身은 卽淸淨色身이니 同於如如하여 無分別故며 皎日無私故니라 十五, 普於十方에 而現化身은 卽下의 化一切色身이니 隨衆生心하여 而現前故니라 十六, 住於三世無變異身은 卽下無動色身이니 生滅永離故니라 十七, 非身心身은 卽下의 總顯其體云호대 如是身者는 非色이니 所有色相이 猶如影故며 乃至離識하여 菩薩願[35]智가 空無性故며 以一切衆生의 言語斷故며 已得成就寂滅身故라하니라 故로 今에 結云, 猶如虛空하여 所行無礙하사 超諸世眼이어니 唯是普賢淨目으로 所見이라하니라 略爲此配나 餘縱不盡이니 可以類收니라

- (11) 모든 분별을 여읨은 영상처럼 몸을 나타냄이니 곧 아래 "분별이 없는 육신이니, 중생들의 분별을 따라 일어나는 연고"라 하였고, 또한 곧 "영상과 같은 육신이니, 서원을 따라 나타나고 태어나는 연고"라 하였고, (12) 꿈 같은 줄 아는 몸은 곧 "꿈과 같은 육신이니 마음을 따라 나타난 연고"라 하였고, (13) 영상 같음을 아는 몸은 아래의 "널리 상대하여 나타내는 육신이니, 크게 자재하게 나타내어 보이는 연고"라 하였으니, 밝은 거울과 같아서 물질로 중생을 상대한 것이다. (14) 맑은 해와 같은 몸은 곧 청정한 육신이 여여하여 분별이 없는 연고로 밝은 해는 사사로움이 없는 까닭이다. (15) 시방에 널리 나타내는 몸은 곧 아래의 "온갖 육신을 교화하여 중생의 마음을 따라서 앞에 나타나는 까닭"이라 하였다. (16) 세 세상에 머물되 변함이 없는 몸은 곧 아래 "흔들림이 없는 육신이니, 나고 없어짐을 길이 여읜 연고"라 하였고, (17) 몸도 마음도 아닌 몸은 곧 아래에 그 체성을 총합하여 밝혀서 이르되, "이러한 몸은 물질이 아니니 있는 빛

---

35) 願은 原南金本作顯誤, 甲續本作願 如下經合.

깔이 영상과 같은 연고며," 나아가 "의식을 여의었으니 보살의 원과 지혜가 공하여 성품이 없는 연고며, 모든 중생의 말이 끊어진 연고며, 적멸한 몸을 이미 성취한 연고"라 하였다. 그러므로 지금에 결론하여 말하되, "마치 허공과 같아서 간 데마다 걸림이 없고 세간의 눈을 뛰어났으며, 오직 보현의 깨끗한 눈으로 본다"라고 하였다. 간략히 이렇게 배대하면 나머지는 다하지 않음을 따랐으니 유례하여 거둘 수 있으리라.

다. 생각하고 욕구하여 친근하게 받들다[思欲親承] (三思 5下1)

如是之人을 我今云何而得親近承事供養하여 與其同住하며 觀其狀貌하며 聽其音聲하며 思其語言하며 受其敎誨리오

이런 이를 내가 어떻게 친근하여 섬기고 공양하며, 그와 함께 있으면서 그 형상을 보고 그 음성을 듣고 그 말을 생각하고 그 가르침을 받으리오.'

[疏] 三, 思欲親承을 可知니라
- 다. 생각하고 욕구하여 친근하게 받듦이니 알 수 있으리라.

(2) 뛰어난 인연으로 인도하다[勝緣引導] 3.

가. 보안(寶眼)주성신(主城神)이 마음 닦음에 대해 가르쳐 주다
[主城神顯敎修心] 3.

가) 꽃을 선재에게 흩다[以其華散] (二作 5下5)

作是念已에 有主城神하니 名曰寶眼이니 眷屬圍遶하여 於虛空中에 而現其身하여 種種妙物로 以爲嚴飾하며 手持無量衆色寶華하여 以散善財하고
이렇게 생각하였을 적에 한 성 맡은 신이 있으니 이름이 보배 눈이라, 권속에게 들러싸여 허공에 몸을 나타내고 갖가지 묘한 물건으로 단장하였으며, 한량없는 여러 가지 빛깔 꽃을 들어 선재에게 흩고

[疏] 二, 作是念已下는 勝緣引導라 中에 三이니 初, 城神이 顯敎修心이요 次, 身衆神은 密加受法이요 三, 法堂羅刹은 敎求友之方이라 初中에 有三하니 一, 以散華요

■ (2) 作是念已 아래는 뛰어난 인연으로 인도함이다. 그중에 셋이니 가. 보안(寶眼)주성신이 마음 닦음에 대해 가르쳐 줌이요, 나. 연화법덕(蓮華法德)신중신이 은밀히 가피하여 법문을 설해 줌이요, 다. 선안(善眼)법당나찰이 선지식 구하는 방법을 가르쳐 줌이다. 가. 중에 셋이니 가) 꽃을 선재에게 흩음이요,

나) 바로 언설과 가르침으로 주성신이 마음 성을 수호하게 하다
[正以言敎] 3.
(가) 십바라밀 수행을 밝히다[明十度行] (二作 6上8)

作如是言하되 善男子여 應守護心城이니 謂不貪一切生

死境界며 應莊嚴心城이니 謂專意趣求如來十力이며 應淨治心城이니 謂畢竟斷除慳嫉諂誑이며 應淸凉心城이니 謂思惟一切諸法實性이며 應增長心城이니 謂成辦一切助道之法이며 應嚴飾心城이니 謂造立諸禪解脫宮殿이며 應照耀心城이니 謂普入一切諸佛道場하여 聽受般若波羅蜜法이며 應增益心城이니 謂普攝一切佛方便道며 應堅固心城이니 謂恒勤修習普賢行願이며 應防護心城이니 謂常專禦扞惡友魔軍이며 應廓徹心城이니 謂開引一切佛智光明이며 應善補心城이니 謂聽受一切佛所說法이니라

말하였다. "착한 남자여, 마땅히 (1) 마음의 성을 수호할지니, 모든 나고 죽는 경계를 탐하지 않음이니라. (2) 마음의 성을 장엄할지니, 일심으로 여래의 열 가지 힘을 구할지니라. (3) 마음의 성을 깨끗이 다스릴지니, 간탐하고 질투하고 아첨하고 속이는 일을 끝까지 끊음이니라. (4) 마음의 성을 서늘하게 할지니, 모든 법의 참된 성품을 생각함이니라. (5) 마음의 성을 증장케 할지니, 도를 돕는 모든 법을 마련함이니라. (6) 마음의 성을 잘 단정할지니, 선정과 해탈의 궁전을 지음이니라. (7) 마음의 성을 밝게 비출지니, 모든 부처님의 도량에 두루 들어가서 반야바라밀다 법을 들음이니라. (8) 마음의 성을 더 쌓을지니, 모든 부처님의 방편인 도를 널리 거두어 가짐이니라. (9) 마음의 성을 견고하게 할지니, 보현의 행과 원을 부지런히 닦음이니라. (10) 마음의 성을 방비하여 보호할지니, 나쁜 동무와 마군을 항상 방어함이

니라. (11) 마음 성을 훤칠하게 통달할지니, 모든 부처님의 지혜 광명을 열어 들임이니라. (12) 마음 성을 잘 보충할지니, 모든 부처님의 말씀하신 법을 들음이니라.

[疏] 二, 作如是下는 正以言敎라 城神[36])이 令護心城하니 是知無有一事[37])도 非法門矣니라 心名城者[38])는 中有正覺法王하여 萬德所聚故라 有三十門을 分三이니 初에 有十二門은 明十度行[39])하니 初施와 後智에 各有二句하고 中八은 各一[40])이라

■ 나) 作如是 아래는 바로 언설과 가르침으로 주성신으로 하여금 마음 성을 보호하게 하여야만 비로소 한 가지 일도 법문 아님이 없음을 알게 된다. 마음을 성(城)이라 이름한 것은 중간에 정각(正覺)의 법왕이 있어서 만덕(萬德)이 모인 결과인 연고며, 30가지 문을 셋으로 나눈다. (가) 십바라밀 행에 12가지 문이 있어서 십바라밀 행을 밝힘이니, ㄱ. 보시바라밀이요, ㄴ. 지혜바라밀이다. 각기 두 구절이 있고, 중간의 여덟 바라밀은 각기 한 구절이다.

(나) 초지의 법과 합치하다[卽初地法] (二應 7上2)

應扶助心城이니 謂深信一切佛功德海며 應廣大心城이니 謂大慈普及一切世間이며 應善覆心城이니 謂集衆善法하여 以覆其上이며 應寬廣心城이니 謂大悲哀愍一切

---

36) 神下에 源甲南續金本有旣爾.
37) 事下에 源南續金本有一塵, 甲本有一盡.
38) 者下에 源甲南續金本有蓋其.
39) 上八字는 源甲續金本作明十度行有十二門.
40) 上二十七字는 源南續金本在城神前.

衆生이며 應開心城門이니 謂悉捨所有하여 隨應給施며 應密護心城이니 謂防諸惡欲하여 不令得入이며 應嚴肅心城이니 謂逐諸惡法하여 不令其住며 應決定心城이니 謂集一切智助道之法하여 恒無退轉이며 應安立心城이니 謂正念三世一切如來所有境界며 應瑩徹心城이니 謂明達一切佛正法輪과 修多羅中所有法門의 種種緣起며 應部分心城이니 謂普曉示一切衆生하여 皆令得見薩婆若道니라

(13) 마음 성을 붙들어 도울지니, 모든 부처님의 공덕 바다를 깊이 믿음이니라. (14) 마음 성을 넓고 크게 할지니, 크게 인자함이 모든 세간에 널리 미침이니라. (15) 마음 성을 잘 덮어 보호할지니, 여러 가지 착한 법을 모아 그 위에 덮음이니라. (16) 마음 성을 넓힐지니, 크게 가엾이 여김으로 모든 중생을 불쌍히 여김이니라. (17) 마음 성의 문을 열어 놓을지니, 가진 것을 모두 버려서 알맞게 보시함이니라. (18) 마음 성을 세밀하게 보호할지니, 모든 나쁜 욕망을 막아서 들어오지 못하게 함이니라. (19) 마음 성을 엄숙하게 할지니, 나쁜 법을 쫓아버리어 머무르지 못하게 함이니라. (20) 마음 성을 결정케 할지니, 온갖 지혜와 도를 돕는 여러 가지 법을 모으고 항상 물러나지 아니함이니라. (21) 마음 성을 편안하게 세울지니, 세 세상 여러 부처님의 가지신 경계를 바르게 생각함이니라. (22) 마음 성을 사무치어 맑게 할지니, 모든 부처님의 바른 법륜인 경에 있는 법문과 갖가지 인연을 밝게 통달함이니라. (23) 마음 성을 여러 부분으

로 분별할지니, 모든 중생에게 널리 알려서 다 살바야의 길
을 얻어 보게 함이니라.

[疏] 二, 應扶下에 有十一句는 卽初地淨治地法의 十種勝行이라 文少不
次나 而數全足이라 上一, 信이요 二, 慈요 三, 堅固요 四, 悲요 五, 捨
요 六七, 皆慚愧니 謂不容惡故라 八, 無疲厭이요 九, 如說修行이요
十, 知諸經論이요 十一, 卽成就世智니 故能普曉衆生이니라

■ (나) 應扶 아래는 11구절이 있다. 곧 초지에 십지의 법을 청정하게
다스리는 열 종류의 뛰어난 행법이지만 경문이 조금 순서대로는 아니
지만 숫자가 완전하고 충분한 모양이다. (1) 믿음 (2) 인자함 (3) 견
고함 (4) 어여삐 여김 (5) 버림 (6)과 (7)은 모두 참괴함이니 이른바
나쁜 것을 용납하지 않는 까닭이다. (8) 고달파하지 않음 (9) 말한
대로 수행함 (10) 모든 경과 논을 앎 (11) 세간의 지혜를 성취한 연
고로 능히 널리 중생을 깨닫게 함이다.

[鈔] 卽初地淨治地法의 十種勝行이로대 文少不次者는 彼次에 云, 佛子여
菩薩이 如是成就十種淨治地法하시니 所謂信과 悲慈와 捨와 無有疲
厭과 知諸經論과 善解世法과 慚愧와 堅固力과 供養諸佛과 依敎修
行이라하니라 釋曰, 其供養諸佛과 依敎修行은 卽如說行之一行耳니라

● '곧 초지에 십지의 법을 청정하게 다스리는 열 종류의 뛰어난 행법이
지만 경문이 조금 순서대로는 아님'이란 저기에 다음으로 말하되, "불
자여, 보살이 이와 같이 여러 지(地)를 깨끗이 하는 열 가지 법을 성취
하나니, 이른바 믿음, 불쌍히 여김, 인자함, 버리는 것, 고달파하지
않음, 경론을 아는 일, 세간법을 아는 것, 부끄러워함, 견고한 힘, 부

처님께 공양하고 가르친 대로 수행하는 것이니라"라고 하였다. 해석하자면 그 '부처님께 공양하고 가르친 대로 수행하는 것'은 곧 '말한 대로 행함' 중의 한 가지 행법일 뿐이다.

(다) 복과 지혜가 원만하다[福智圓滿] (三應 7下7)

應住持心城이니 謂發一切三世如來諸大願海며 應富實心城이니 謂集一切周徧法界大福德聚며 應令心城明了니 謂普知衆生根欲等法이며 應令心城自在니 謂普攝一切十方法界며 應令心城淸淨이니 謂正念一切諸佛如來며 應知心城自性이니 謂知一切法이 皆無有性이며 應知心城如幻이니 謂以一切智로 了諸法性이니라

(24) 마음 성에 머물러 유지할지니, 모든 세 세상 여래의 큰 서원 바다를 냄이니라. (25) 마음 성을 풍부하게 할지니, 법계에 가득한 큰 복덕 더미를 모음이니라. (26) 마음 성을 밝게 할지니, 중생의 근성과 욕망 등 법을 널리 앎이니라. (27) 마음 성을 자유자재하게 할지니, 모든 시방의 법계를 두루 거둠이니라. (28) 마음 성을 청정하게 할지니, 모든 부처님 여래를 바르게 생각함이니라. (29) 마음 성의 성품을 알지니, 모든 법이 다 제 성품이 없는 줄을 앎이니라. (30) 마음 성이 환술과 같음을 알지니, 온갖 지혜로 법의 성품을 앎이니라.

[疏] 三, 應住持下에 有七句는 福智圓滿이니 初[41]二는 是福이요 後[42]五는

是智라 智中에 前三은 權⁴³⁾이요 後二는 實⁴⁴⁾이니라

- (다) 應住持 아래 일곱 구절은 복과 지혜가 원만함이다. ㄱ. 두 구절은 복덕이요, ㄴ. 다섯 구절은 지혜이다. ㄴ. 지혜 중에 앞의 세 구절은 방편이요, 뒤의 두 구절은 실법이다.

다) 결론하여 찬탄하고 묻고 해석하다[結讚徵釋] (三佛 8上4)

佛子여 菩薩摩訶薩이 若能如是淨修心城하면 則能積集一切善法이니 何以故오 蠲除一切諸障難故니 所謂見佛障과 聞法障과 供養如來障과 攝諸衆生障과 淨佛國土障이니라 善男子야 菩薩摩訶薩이 以離如是諸障難故로 若發希求善知識心이면 不用功力하고 則便得見하며 乃至究竟에 必當成佛이니라

불자여, 보살마하살이 이렇게 마음 성을 깨끗이 닦으면 모든 착한 법을 능히 모을 것이니라. 왜냐하면 여러 가지 장애되는 일을 없애는 까닭이니, 이른바 부처님 보는 데 장애되고 법을 듣는 데 장애되고 여래께 공양하는 데 장애되고 중생을 거두어 주는 데 장애되고 국토를 깨끗이 하는 데 장애되는 것이니라.

착한 남자여, 보살마하살이 이런 장애를 여읜 연고로, 만일 선지식을 구하려는 마음을 내면 공력을 쓰지 않더라도 만나게 되며, 필경에는 부처를 이루게 되느니라.

---

41) 初는 源甲南續金本作上.
42) 後는 源甲南續金本作下.
43) 權은 甲南續金本作權智.
44) 實은 甲南續金本作實智.

[疏] 三, 佛子菩薩下는 結讚徵釋과 及成勝益이라

■ 다) 佛子菩薩 아래는 결론하여 찬탄하고 묻고 해석함과 뛰어난 이익을 성취함이다.

나. 연화법덕신중신(身衆神)이 은밀히 가피하여 법을 설해 주다
[身衆神密加授法] 3.
가) 선지식을 찬탄하여 기쁘게 하다[讚友令欣] (二爾 8下8)
나) 광명을 내뿜어 가피 내리다[放光加被] (次從)
다) 선재동자가 이익을 얻다[善財獲益] (後善)

爾時에 有身衆神하니 名蓮華法德과 及妙華光明이라 無量諸神이 前後圍遶하여 從道場出하여 住虛空中하여 於善財前에 以妙音聲으로 種種稱歎摩耶夫人한대 從其耳璫으로 放無量色相光明網하사 普照無邊諸佛世界하여 令善財로 見十方國土의 一切諸佛하고 其光明網이 右遶世間하여 經一帀已한 然後還來하여 入善財頂하며 乃至徧入身諸毛孔이어늘 善財가 即得淨光明眼하니 永離一切愚癡闇故며 得離翳眼하니 能了一切衆生性故며 得離垢眼하니 能觀一切法性門故며 得淨慧眼하니 能觀一切佛國性故며 得毘盧遮那眼하니 見佛法身故며 得普光明眼하니 見佛平等不思議身故며 得無礙光眼하니 觀察一切刹海成壞故며 得普照眼하니 見十方佛이 起大方便하사 轉正法輪故며 得普境界眼하니 見無量佛이 以自在力으로 調伏衆生故며 得普見眼하니 覩一切刹諸佛出興故

니라

그때에 몸 많은 신이 있으니, 이름이 '연꽃 법의 공덕과 묘한 꽃 광명'인데, 한량없는 신들이 앞뒤로 둘러 모시고 도량에서 나와 공중에 머물러 있으면서 선재동자 앞에서 묘한 음성으로 마야부인을 갖가지로 칭찬하였으며, 귀고리에서 한량없는 가지각색 광명 그물을 놓으니, 그지없는 부처님의 세계에 널리 비추어, 선재동자로 하여금 시방의 국토와 모든 부처님을 보게 하였다. 광명 그물이 한 겁이 지나도록 세간을 오른쪽으로 돌고는, 돌아와서 선재의 정수리에 들어갔으며, 내지 몸에 있는 모든 털구멍에 두루 들어갔다. 선재동자는 곧 (1) 깨끗하고 광명한 눈을 얻었으니, 모든 어리석은 어두움을 영원히 여읜 연고라. (2) 가리지 않는 눈을 얻었으니, 모든 중생의 성품을 능히 아는 연고라. (3) 때를 여읜 눈을 얻었으니, 모든 법의 성품 문을 관찰하는 연고라. (4) 깨끗한 지혜의 눈을 얻었으니, 모든 부처님 국토의 성품을 관찰하는 연고라. (5) 비로자나 눈을 얻었으니, 부처님의 법 몸을 보는 연고라. (6) 넓고 광명한 눈을 얻었으니, 부처님의 평등하고 부사의한 몸을 보는 연고라. (7) 걸림 없고 빛난 눈을 얻었으니, 모든 세계해의 이룩하고 무너짐을 관찰하는 연고라. (8) 널리 비추는 눈을 얻었으니, 시방 부처님이 큰 방편을 일으키어 바른 법륜을 굴리는 연고라. (9) 넓은 경계의 눈을 얻었으니, 한량없는 부처님이 자유자재한 힘으로 중생 조복함을 보는 연고라. (10) 두루 보는 눈을 얻었으니, 모든 세계에 부처님들이 나타나심을 보는 연고라.

[疏] 第二,[45] 身衆神이 密加授法이라 中[46]에 三이니 初, 讚友令欣이요 次, 從其耳下는 放光加被요 後,[47] 善財卽得下는 善財獲益이라 所謂十眼을 言不思議身者는 十身無礙故요 佛平等者는 佛佛同故라 故異於前하여 但明法身이라 餘可準思니라

■ 나. 신중신이 은밀히 가피하여 법을 설해 줌이다. 그중에 셋이니 가) 선지식을 찬탄하여 기쁘게 함이요, 나) 從其耳 아래는 광명을 내뿜어 가피 내림이요, 다) 善財卽得 아래는 선재동자가 이익을 얻음이니 이른바 열 가지 눈이다. '불가사의하다'고 말한 것은 열 가지 몸이 무애한 연고며, 부처님과 평등함은 부처와 부처가 동등한 까닭이다. 그러므로 앞과 다르니 단지 법신만 밝혔고, 나머지는 준하여 생각할 수 있다.

다. 선안(善眼)법당나찰이 선지식 구하는 방법을 가르쳐 주다
[法堂羅刹敎求友之方] 3.
가) 선지식의 가르침[敎] 2.

(가) 열 가지 법을 가르치다[敎十法] 3.
ㄱ. 표방하다[標] (三時 9上10)
ㄴ. 해석하다[釋] (何等)
ㄷ. 결론하다[結] (後示)

時에 有守護菩薩法堂羅刹鬼王하니 名曰善眼이라 與其

---
45) 第二는 甲南續金本作二爾時下.
46) 中은 甲南續金本作文.
47) 後는 甲南續金本作皆可知.

眷屬萬羅刹로 俱하여 於虛空中에 以衆妙華로 散善財上하고 作如是言하되 善男子여 菩薩이 成就十法하면 則得親近諸善知識하나니 何等爲十고 所謂其心淸淨하여 離諸諂誑하며 大悲平等하여 普攝衆生하며 知諸衆生이 無有眞實하며 趣一切智하여 心不退轉하며 以信解力으로 普入一切諸佛道場하며 得淨慧眼하여 了諸法性하며 大慈平等하여 普覆衆生하며 以智光明으로 廓諸妄境하며 以甘露雨로 滌生死熱하며 以廣大眼으로 徹鑒諸法하여 心常隨順諸善知識이 是爲十이니라

이때에 보살의 법당을 수호하는 나찰귀왕이 있으니, 이름은 '좋은 눈'인데 1만 나찰 권속들과 함께 허공에서 여러 가지 묘한 꽃을 선재의 위에 흩고 이렇게 말하였다. "착한 남자여, 보살이 열 가지 법을 성취하면 선지식을 친근하게 되나니, 무엇이 열인가? 이른바 마음이 청정하여 아첨하고 속임을 여의며, 가엾이 여김이 평등하여 중생을 널리 포섭하며, 모든 중생은 진실함이 없음을 알며, 온갖 지혜에 나아가는 마음이 물러나지 않으며, 믿고 이해하는 힘으로 모든 부처님의 도량에 들어가며, 깨끗한 지혜의 눈을 얻어 법의 성품을 알며, 크게 인자함이 평등하여 중생을 두루 덮어 주며, 지혜의 광명으로 허망한 경계를 훤칠하게 하며, 단 이슬비로 생사의 뜨거움을 씻으며, 광대한 눈으로 모든 법을 철저하게 살피며 마음이 항상 선지식을 따르나니, 이것이 열이니라.

[疏] 第三, 時有守護下[48]는 敎求友之方이라 於中에 三이니 初, 敎요 次, 問이요 後, 答이라 初中에 二니 先,[49] 敎十法하여 增其智오 後, 示三昧하여 息其亂이라 各有標와 釋과 結이니라 今初의 釋中[50]에 有十一心하니 一, 直이요 二, 悲[51]요 三, 智요 四, 進이요 五, 信이요 六, 深이요 七, 慈요 八, 淨이요 九, 益이요 十, 巧요 十一, 常이라 後, 是爲下는 結이니라

■ 다. 時有守護 아래는 (선안법당나찰이) 선지식 구하는 방법을 가르쳐 줌이다. 그중에 셋이니 가) 선지식의 가르침이요, 나) 질문함이요, 다) 대답함이다. 가) 중에 둘이니 (가) 열 가지 법을 가르쳐서 그 지혜가 늘어남이다. (나) 열 가지 삼매를 보여서 그 산란함을 쉼이다. 각기 ㄱ. 표방함과 ㄴ. 해석함과 ㄷ. 결론함이 있다. 지금은 ㄱ.이니 ㄴ. 해석함 중에 11가지 마음이 있으니 (1) 정직한 마음 (2) 어여삐 여기는 마음 (3) 지혜의 마음 (4) 정진하는 마음 (5) 믿는 마음 (6) 깊은 마음 (7) 인자한 마음 (8) 깨끗한 마음 (9) 이익된 마음 (10) 가르치는 마음 (11) 항상한 마음이다. ㄷ. 是爲 아래는 결론함이다.

(나) 열 가지 삼매를 보이다[示三昧] 3.
ㄱ. 표방하다[標] (二復 10上3)

復次佛子여 菩薩이 成就十種三昧門하면 則常現見諸善知識하나니
또 불자여, 보살이 열 가지 삼매의 문을 성취하면 항상 선지

---

48) 上七字는 甲南續金本作三時有下 法堂羅刹.
49) 上十三字는 甲南續金本作三初敎二初.
50) 上十六字는 甲南續本作何等下 先標大徵釋, 金本作何等下 徵釋.
51) 위의 直과 悲는 源甲南續金本作直心, 悲心.

식을 보게 되나니,

[疏] 後,[52] 示三昧[53]라 釋中[54]에 於境에 不捨離等者는 凡夫는 染境하고 二乘은 捨境하고 權敎는 縱觀空有互陳이 並爲缺減이라 若圓修者인댄 觸目對境에 窮盡法源하여 不取不捨라 故로 央掘經에 云, 摩訶衍者는 所謂彼眼根이 於諸如來常에 了了分明見하여 具足無減修等이라하며 又云, 所謂眼入處가 於諸如來常에 明見來入門하여 具足無減修等이라하나라 餘는 可知나라

- (나) 열 가지 삼매를 보임이다. ㄴ. 해석함 중에 모든 경계에 버리지도 않는 등은 범부는 경계에 물들고, 이승은 경계를 버리고, 권교(權敎)보살은 관법을 따라 〈공〉과 〈유〉를 번갈아 진술함이니 아울러 모자라거나 감소함이 된다. 만일 원교(圓敎)로 수행한다면 눈을 마주치고 경계를 상대하여도 법의 근원을 다 궁구하고 취하지도 버리지도 않는 연고로『앙굴마라경』에 이르되, "마하연(摩訶衍)은 이른바 저 안근(眼根)이 모든 여래가 항상할 적에 분명하게 요달하여 보고 구족하여 수행을 감소함이 없다"는 등이라 하였다. 또 이르되 "이른바 눈이 들어간 장소[(1)法空淸淨輪三昧]는 모든 여래가 항상하므로 분명히 보고 와서 문에 들어가나니 구족하여 수행을 감소함이 없다"라고 하였으니 나머지는 알 수 있으리라.

[鈔] 故央掘經等者는 央掘之緣은 玄中에 已引하니 今에 直釋所引之義하리라 然이나 第二經後에 世尊이 令其受三歸依케하시되 答云, 我唯一

---

52) 後는 甲南續金本作二復次下.
53) 昧下에 南續本有息其亂三今五字, 金本有息其亂三四字.
54) 釋中은 南續金本作初標 二何等下 徵釋.

依니 佛卽是法이요 法卽僧故라하니 意明一學이니라 至第三卷하여 佛이 問하시되 云何爲一學고 偈에 云, 一切衆生命은 皆由飮食住니 是則聲聞乘이요 斯非摩訶衍이라 所謂摩訶衍은 離食常堅固니라 云何名爲一고 謂一切衆生이 皆以如來藏으로 畢竟常安住오 次二는 謂名色이요 三은 謂三種受요 四는 謂四諦等이라 然이나 此卽云何名爲五오 所謂彼五根이니 是則聲聞乘이요 斯非摩訶衍이니라 所謂彼眼根이 於諸如來常에 決定分明見하여 具足無減修니라 耳聞과 鼻嗅와 舌嘗과 身觸이 一同於眼이니라 然有二本하니 一本에 云, 了了分明이라하고 一本에 云, 決定分明也라하니라 次云, 云何名爲六고 所謂六入處라 是則聲聞乘이요 斯非摩訶衍이라 所謂眼入處가 於諸如來常에 明見六入門하여 具足無減修라 聞嗅嘗觸이 皆同眼也니라

意入處에 云, 所謂意入處가 明說如來常하여 不聞違逆心하여 淨信來入門이라하니라 義如疏釋이라 徧歷七覺과 八正과 九定과 十力하면 皆擧大折小하여 說如來藏과 如來의 常樂我淨이 爲無缺減也니라 故로 疏云, 餘는 可知라 可知有二하니 一, 則例央掘이요 二, 例此中이면 餘三昧等이니라

● 그러므로 『앙굴마라경』 등이란 앙굴마라(央掘摩羅)의 인연으로 현담(玄談) 중에 이미 인용하였다. 지금 인용한 뜻을 바로 해석함이다. 그러나 경문 제2권 뒷부분에 세존이 그로 하여금 세 가지 귀의를 받게 하고 대답하여 말하되, "나는 오직 한 가지 의지뿐이니 부처는 곧 법이요, 법은 곧 승가인 연고로 의미로는 한 가지 배움을 밝혔다"라고 하였다. 제3권에 이르러 부처님이 물어 말씀하시되, "어떤 것을 한 가지 배움이라 하는가?" 게송으로 이르되, "일체중생의 목숨은 모두 음식으로 인해 유지한다고 하나니, 이런 것은 성문의 법이요, 대승의 법

이 아니니 이른바 마하연(摩訶衍)이란 음식을 떠나서 늘 견고함이다. 어떤 것이 하나인가 하면 이른바 모든 중생들이 모두 여래의 곳집[如來藏]으로써 끝까지 항상 편히 머문다"라고 말하였고, 다음의 둘은 이름과 물질이요, 셋은 세 가지 느낌[三受]이요, 넷은 사성제(四聖諦)를 말하는 등이다. 그러나 이것은 어떤 것을 다섯이라 이름하는가? 이른바 저 다섯 감관[五根]이니 성문의 법이요, 마하연이 아님이다. 말하자면 저 안근(眼根)에서 모든 여래가 항상하게 결정코 분명하게 봄이요, 모두 갖추어 줄어듦 없이 닦는다. 귀로 듣고 코로 향기 맡고 혀로 맛보고 몸으로 감촉함이 모두 한결같이 눈과 같다. 그런데 두 가지 책[本]이 있으니 한 본에 이르되, '깨닫고 깨달음이 분명하다'라 하였고, 한 본에 이르되, '결정코 분명하다'고 하였다. 다음에 이르되, "어떤 것이 여섯이라 이름하는가? 이른바 육처(六處)이니 이것은 성문의 법이요, 마하연이 아니다. 이른바 눈으로 받아들이는 감관은 모든 여래가 항상함에 육처(六處)를 분명히 보고 모두 받아들이는 것이 구족하여 아무 모자람 없다"라 하였고, 듣고 향기 맡고 맛보고 감촉한 것이 모두 눈과 같다는 뜻이다.

'생각으로 받아들이는 감관'은 이르되, "이른바 생각으로 받아들이는 감관은 분명히 여래장을 말하며, 위배하고 거스르는 마음으로 듣지 않았고 와서 받아들이는 것 깨끗이 믿는다"라 하였으니 뜻은 소가의 해석과 같다. 칠각지(七覺支), 팔정도(八正道), 구차제정(九次第定)과 열 가지 힘[十力]이 모두 대승을 거론하고 소승은 부정하면서 여래의 곳집[如來藏]이라 설하였으니, 여래는 항상하고 즐겁고 〈나〉이고 청정함으로 모자라거나 감소함이 없음이 된다. 그러므로 소에 이르되, '나머지는 알 수 있으리라'고 말한 것이다. 알 수 있음에 둘이 있으니

하나는 『앙굴마라경』과 유례함이요, 둘은 이것과 유례하면 나머지 삼매 등이다.

ㄴ. 해석하다[釋] (二何 10上3)
ㄷ. 결론하다[結] (三佛)

何等爲十고 所謂法空淸淨輪三昧와 觀察十方海三昧와 於一切境界에 不捨離不缺減三昧와 普見一切佛出興三昧와 集一切功德藏三昧와 心恒不捨善知識三昧와 常見一切善知識하여 生諸佛功德三昧와 常不離一切善知識三昧와 常供養一切善知識三昧와 常於一切善知識所에 無過失三昧니라 佛子여 菩薩이 成就此十三昧門하면 常得親近諸善知識하며 又得善知識의 轉一切佛法輪三昧하나니 得此三昧已하여는 悉知諸佛體性平等하여 處處值遇諸善知識이니라

무엇이 열인가? 이른바 법이 공한 청정한 바퀴 삼매·시방 바다를 관찰하는 삼매·모든 경계에 버리지도 않고 모자라지도 않은 삼매·모든 부처님의 나심을 두루 보는 삼매·모든 공덕장을 모으는 삼매·마음으로 항상 선지식을 버리지 않는 삼매·모든 선지식이 부처님의 공덕을 내는 것을 항상 보는 삼매·모든 선지식을 항상 여의지 않는 삼매·모든 선지식을 항상 공양하는 삼매·모든 선지식 계신 데서 항상 과실이 없는 삼매니라. 불자여, 보살이 이 열 가지 삼매의 문을 성취하면 모든 선지식을 항상 친근하게 되고,

또 선지식이 여러 부처님의 법륜을 굴리는 삼매를 얻을 것
이며, 이 삼매를 얻고는 모든 부처님의 성품이 평등함을 알
고, 가는 곳마다 선지식을 만나게 되느니라."

[疏] 結中[55])에 處處遇友者는 旣定慧雙遊에 無境不契하여 並爲道品이니 則眞友懸通이라 能如是行이 爲護正法堂也니라
- ㄷ. 결론함 중에 '가는 곳마다 선지식을 만난다'는 것은 이미 선정과 지혜에 함께 노닐고 계합하지 않은 경계가 없음을 함께 도품(道品)이라 하면 진실한 선지식은 매달아 통하여 능히 이렇게 행함은 정법(正法)의 집을 보호함이 된다.

나) 질문하다[問] (二說 11下5)
다) 대답하다[答] (三羅)

說是語時에 善財童子가 仰視空中하고 而答之言하되 善哉善哉라 汝爲哀愍攝受我故로 方便敎我見善知識하니 願爲我說하라 云何往詣善知識所며 於何方處城邑聚落에 求善知識고 羅刹이 答言하되 善男子여 汝應普禮十方하여 求善知識하며 正念思惟一切境界하여 求善知識하며 勇猛自在徧遊十方하여 求善知識하며 觀身觀心이 如夢如影하여 求善知識이어다

이런 말을 하였을 때에 선재동자는 공중을 우러러보면서 대답하였다. "좋고 좋다. 그대는 나를 딱하게 여기고 거두어

---

55) 結中은 甲南續金本作三佛子下結.

주기 위하여 방편으로 나에게 선지식을 보도록 가르치나니, 바라건대 나에게 말하라. 어떻게 선지식 계신 곳에 가며, 어느 지방의 성시나 마을에서 선지식을 구하리까?" 나찰이 말하였다. "착한 남자여, (1) 당신은 마땅히 시방에 두루 예배하여 선지식을 구하며, (2) 모든 경계를 정당한 생각으로 생각하여 선지식을 구하며, (3) 용맹하고 자재하게 시방에 두루 노닐면서 선지식을 구하며, (4) 몸과 마음이 꿈 같고 그림자 같은 줄을 관찰하여 선지식을 구하라."

[疏] 二, 說是語時下는 問이라 三, 羅刹下는 答有四法하니 一, 以友無不在故요 二, 以法爲體故요 三, 身同友徧故요 四, 智與境合일새 故如夢如影이니라 又前三은 卽離境界相이요 四則離心緣相이라 求善友者는 幸思此言이니라

- 나) 說是語時 아래는 질문함이요, 다) 羅刹 아래는 대답함이다. 경문에 네 가지 법이 있으니 (1) 선지식이 없는 곳이 없는 까닭이요, (2) 법으로 체성을 삼은 까닭이요, (3) 몸이 선지식과 함께 두루한 까닭이요, (4) 지혜가 경계와 합하는 연고로 꿈과 같고 그림자와 같은 것이다. 또한 앞의 세 구절[(1) 汝應普禮十方 求善知識 ~ (3) 勇猛自在徧遊十方-]은 경계의 모양을 여읜 것이요, 넷째 구절[(4) 觀身觀心 如夢如影-]은 마음으로 반연하는 모양을 여읜 것이다. 선지식을 구하는 이는 이런 말을 다행하게 생각하는 것이다.

2) 만나서 공경을 표하고 법문을 묻다[見敬諮問] 3.

(1) 선지식을 뵙다[見] 2.
가. 선지식의 의보를 보다[覩依] 2.
가) 그의 가르침을 받아 행하다[受行其教] (二爾 11下10)

爾時에 善財가 受行其教하여
그때 선재동자는 그의 가르침을 받아 행하면서,

[疏] 第二, 爾時善財受行下는 見敬咨問이니 先,[56] 見이요 次, 敬이요 後, 問이라 初中에 先,[57] 覩依요 後, 見正이라 今初에 先,[58] 受行其教는 躡前起後니 近躡羅刹之言하고 遠通前三勝友니 以前二神에 並未有 答故라 即由前三位調練故로 得覩斯勝報라

■ 2) 爾時善財受行 아래는 만나서 공경을 표하고 법문을 물음이니 (1) 선지식을 뵈옴이요, (2) 공경을 표함이요, (3) 법문을 물음이다. (1) 중에 가. 의보를 봄이요, 나. 정보를 뵈옴이다. 지금은 가.이니 가) 그의 가르침을 받아 행하고 앞을 토대로 뒤를 시작함이다. 가까이는 나찰의 말을 토대로 삼음이요, 멀게는 앞의 세 분 뛰어난 선지식과 통함이다. 앞의 두 분 신[제41. 람비니주림신, 제42. 구파녀주야신]과 아울러 아직 대답이 없는 까닭이다. 곧 앞의 세 지위에서 조련함을 말미암은 연고로 이런 뛰어난 과보를 보게 된다.

나) 본 내용을 바로 밝히다[正明所見] 3.
(가) 연꽃이 피어나다[蓮華] (後即 13上1)

---

56) 先은 源甲南續金本作三初.
57) 上七字는 源甲南續本作初.
58) 上六字는 源甲南續金本作二初.

(나) 누각 안의 연꽃 자리[樓觀] (二於)

(다) 보배 자리를 펴다[寶座] (三其)

卽時觀見大寶蓮華가 從地涌出하니 金剛爲莖하고 妙寶爲藏하고 摩尼爲葉하고 光明寶王으로 以爲其臺하고 衆寶色香으로 以爲其鬚하고 無數寶網으로 彌覆其上이러라 於其臺上에 有一樓觀하니 名普納十方法界藏이니 奇妙嚴飾하여 金剛爲地하고 千柱行列하며 一切皆以摩尼寶成이요 閻浮檀金으로 以爲其壁하며 衆寶瓔珞이 四面垂下하고 階陛欄楯이 周帀莊嚴이러라 其樓觀中에 有如意寶蓮華之座하니 種種衆寶로 以爲嚴飾하며 妙寶欄楯에 寶衣間列하며 寶帳寶網으로 以覆其上하며 衆寶繒幡을 周帀垂下하며 微風徐動에 光流響發하며 寶華幢中에 雨衆妙華하며 寶鈴鐸中에 出美音聲하며 寶戶牖間에 垂諸瓔珞하며 摩尼身中에 流出香水하며 寶象口中에 出蓮華網하며 寶師子口에 吐妙香雲하며 梵形寶輪이 出隨樂音하며 金剛寶鈴이 出諸菩薩大願之音하며 寶月幢中에 出佛化形하며

淨藏寶王이 現三世佛受生次第하며 日藏摩尼가 放大光明하여 徧照十方一切佛剎하며 摩尼寶王이 放一切佛圓滿光明하며 毘盧遮那摩尼寶王이 興供養雲하여 供養一切諸佛如來하며 如意珠王이 念念示現普賢神變하여 充滿法界하며 須彌寶王이 出天宮殿天諸婇女의 種種妙音하여 歌讚如來不可思議微妙功德이러라

(가) 큰 보배 연꽃이 땅에서 솟아나는 것을 보았는데, 금강으로 줄기가 되고 묘한 보배로 연밥 송이가 되고 마니로 잎이 되고 빛나는 보배 왕으로 꽃판이 되고 여러 가지 보배 빛 향으로 꽃술이 되었으며, 무수한 보배 그물이 위에 가득히 덮이었다. (나) 그 꽃판 위에는 누각이 있으니 이름은 시방 법계를 널리 용납하는 광이라. 기묘하게 장식하였는데, 금강으로 땅이 되고 1천 기둥이 열을 지었으며, 모든 것이 마니보배로 이루어졌고 염부단금으로 벽이 되고 보배 영락이 사방에 드리웠으며, 층대와 섬돌과 난간들이 두루 장엄하였다. (다) 그 누각 안에는 여의주로 된 연꽃 자리가 있으니, 갖가지 보배로 훌륭하게 꾸미고, 보배 난간과 보배 옷이 사이사이 벌여 있으며, 보배 휘장·보배 그물이 위에 덮이고 보배 깃발이 두루 드리워서 실바람만 불어도 빛이 흐르고 소리가 나며, 보배 꽃 당기에서는 여러 가지 기묘한 꽃을 비내리고, 보배 풍경에서는 아름다운 음성을 내고, 보배 창호에는 영락을 드리우고, 마니 속에서는 향수가 흘러나오고, 보배 코끼리 입에서는 연꽃 그물이 나오고, 보배 사자 입에서는 향기 구름을 토하고, 범천 형상의 보배 바퀴에서는 여럿이 좋아하는 음성을 내고, 금강으로 된 방울에서는 여러 보살의 큰 서원의 소리를 내며, 보배 달 당기에서는 부처님의 나툰 몸 형상을 내었다. 정장보왕은 세 세상 부처님의 태어나는 차례를 나타내고, 일장마니는 큰 광명을 놓아 시방의 부처님 세계에 두루 비추며, 마니보배왕은 모든 부처님의 원만한 광명을 놓고, 비로자나 마니보배는 공양 구름을

일으키어 모든 부처님 여래에게 공양하며, 여의주에서는 잠깐잠깐에 보현보살의 신통변화를 나타내어 법계에 가득하고, 수미 보배에서는 하늘 궁전을 나타내었으며, 하늘 아가씨들은 갖가지 묘한 음성으로 여래의 부사의하고 미묘한 공덕을 노래하였다.

[疏] 後, 卽時下는 正明所見이라 於中에 三이니 初, 明蓮華라 所證法界自性이 無染일새 故曰蓮華라 無明旣開에 不離心內가 如從地涌이요 亦表性淨萬行之因이 從法性地하여 而出現故라 此卽十定中의 普賢之華也니라 二, 於其臺下는 明臺上樓觀이니 謂能證權實二智가 依於所證하여 而重現故라 智包無外일새 云普納十方이요 總攝五位의 自分勝進일새 故로 云, 千柱行列이라 其一一事가 皆有所表어니와 恐厭繁文하노라 三, 其樓觀下는 明樓中寶座니 卽智體自空일새 故云, 樓中에 有座요 空具性德일새 故廣顯莊嚴이니라

■ 나) 卽時 아래는 본 내용을 바로 밝힘이다. 그중에 셋이니 (가) 연꽃이 피어남이니, 증득할 대상인 법계의 자체 성품이 오염되지 않는 연고로 연꽃이라 하였고, 무명이 이미 열려서 마음속이 땅에서 솟아나는 것과 같음을 여의지 않은 것도 또한 성품이 청정한 만 가지 행법의 근원임을 표하였으니 법성의 땅에서 출현한 까닭이다. 이것은 곧 십정품 중에서 보현의 꽃이라 하였다. (나) 於其臺 아래는 누각 안의 연꽃 자리를 밝힘이니, 이른바 증득하는 주체인 권교의 지혜와 실법의 지혜인 두 가지이고, 증득할 대상에 의지하여 거듭 나타난 까닭이다. 지혜가 바깥 없이 포괄한 것을 '널리 시방을 받아들인다'고 말하고, 다섯 지위의 자분행과 승진행을 총합하여 포섭한 연고로 이르되,

"1천 기둥이 열을 지었다"고 하였고, 그 하나하나 일에는 표하는 바가 있지만 문장이 번거로울까 두려워서 생략함이요, (다) 其樓觀 아래는 누각 안에 보배 자리 폄을 밝힘이니 곧 지혜의 체성이 자연히 공한 연고로 이르되, "누각 안에 자리가 있고 청정한 성품의 덕을 갖추었다"고 말한 연고로 장엄에 대해 자세히 밝힌 것이다.

[鈔] 普賢之華者는 此中에 雖不擧華量이나 十定에 云, 無有邊際也라하니라
- '보현의 꽃'이란 이 가운데 비록 꽃의 분량은 거론하지 않았지만 제27. 십정품에 이르되, '끝닿은 데가 없다'고 하였다.

나. 선지식의 정보를 뵙다[見正] 2.
가) 앞을 결론하고 뒤를 표방하다[結前標後] (二爾 13下3)

爾時에 善財가 見如是座에 復有無量衆座가 圍遶어든 摩耶夫人이 在彼座上하사 於一切衆生前에 現淨色身하니라
이때 선재동자는 이런 자리를 보는데, 다시 한량없는 자리들이 둘러쌌으며, 마야부인은 그 자리에 앉아 여러 중생의 앞에서 청정한 육신을 나투었다.

[疏] 二, 爾時善財下는 見友正報라 於中에 二니 先, 結前標後니 前에는 但明主座요 今雙結主伴이니라
- 나. 爾時善財 아래는 선지식의 정보를 뵘이다. 그중에 둘이니 가) 앞을 결론하고 뒤를 표방함이다. 앞에서 단지 선지식 자리에 대해 밝힘이요, 지금은 주인과 반려를 함께 결론함이다.

나) 몸 구름을 개별로 밝히다[別顯身雲] 2.
(가) 몸의 형상[身相] 2.

ㄱ. 만 가지 불가사의한 몸[萬類難思身] 2.
ㄱ) 별상으로 밝히다[別相] (後所 15上4)
ㄴ) 몸에 대해 해명하다[通體] (後如)

所謂超三界色身이니 已出一切諸有趣故며 隨心樂色身이니 於一切世間에 無所着故며 普周徧色身이니 等於一切衆生數故며 無等比色身이니 令一切衆生으로 滅倒見故며 無量種色身이니 隨衆生心하여 種種現故며 無邊相色身이니 普現種種諸形相故며 普對現色身이니 以大自在로 而示現故며 化一切色身이니 隨其所應하여 而現前故며 恒示現色身이니 盡衆生界하되 而無盡故며 無去色身이니 於一切趣에 無所滅故며 無來色身이니 於諸世間에 無所出故며 不生色身이니 無生起故며 不滅色身이니 離語言故며 非實色身이니 得如實故며 非虛色身이니 隨世現故며 無動色身이니 生滅永離故며 不壞色身이니 法性不壞故며 無相色身이니 言語道斷故며 一相色身이니 無相爲相故며 如像色身이니 隨心應現故며 如幻色身이니 幻智所生故며 如焰色身이니 但想所持故며 如影色身이니 隨願現生故며 如夢色身이니 隨心而現故며 法界色身이니 性淨如空故며 大悲色身이니 常護衆生故며 無礙色身이니 念念周徧法界故며 無邊色身이니 普淨一切衆

生故며 無量色身이니 超出一切語言故며 無住色身이니 願度一切世間故며 無處色身이니 恒化衆生不斷故며 無生色身이니 幻願所成故며 無勝色身이니 超諸世間故며 如實色身이니 定心所現故며 不生色身이니 隨衆生業하여 而出現故며 如意珠色身이니 普滿一切衆生願故며 無分別色身이니 但隨衆生分別起故며 離分別色身이니 一切衆生이 不能知故며 無盡色身이니 盡諸衆生의 生死際故며 淸淨色身이니 同於如來하여 無分別故니라

如是身者는 非色이니 所有色相이 如影像故며 非受니 世間苦受가 究竟滅故며 非想이니 但隨衆生의 想所現故며 非行이니 依如幻業하여 而成就故며 離識이니 菩薩願智가 空無性故며 一切衆生의 語言斷故며 已得成就寂滅身故니라

이른바 (1) 삼계를 초월한 육신이니, 모든 존재의 길에서 뛰어난 연고라. (2) 좋아함을 따르는 육신이니, 모든 세간에 집착이 없는 연고라. (3) 널리 두루하는 육신이니, 모든 중생의 수효와 같은 연고라. (4) 견줄 데 없는 육신이니, 모든 중생의 뒤바뀐 소견을 없애는 연고라. (5) 종류가 한량없는 육신이니, 중생의 마음을 따라 갖가지로 나타내는 연고라. (6) 그지없는 모습의 육신이니, 갖가지 형상을 두루 나타내는 연고라. (7) 널리 상대하여 나타내는 육신이니, 크게 자재하게 나타내어 보이는 연고라. (8) 온갖 것을 교화하는 육신이니, 마땅함을 따라 앞에 나타나는 연고라. (9) 항상 나타내어 보이는 육신이니, 중생계를 다하면서도 다함이 없

는 연고라. (10) 감이 없는 육신이니, 모든 길에서 멸함이 없는 연고라. (11) 옴이 없는 육신이니, 모든 세간에서 나는 일이 없는 연고라. (12) 나지 않는 육신이니, 생기는 일이 없는 연고라. (13) 멸하지 않는 육신이니, 말을 여읜 연고라. (14) 참되지 않은 육신이니, 실체와 같음을 얻은 연고라. (15) 헛되지 않은 육신이니, 세상을 따라 나타나는 연고라. (16) 흔들림이 없는 육신이니, 나고 없어짐을 길이 여읜 연고라. (17) 파괴되지 않는 육신이니, 법의 성품은 무너지지 않는 연고라. (18) 형상이 없는 육신이니, 말할 길이 끊어진 연고라. (19) 한 모양인 육신이니, 모양 없음으로 모양을 삼는 연고라. (20) 영상과 같은 육신이니, 서원을 따라 나타나고 태어나는 연고라. (21) 환술과 같은 육신이니, 환술인 지혜에서 나는 연고라. (22) 아지랑이 같은 육신이니, 생각만으로 유지되는 연고라. (23) 그림자 같은 육신이니, 소원을 따라 생기는 연고라. (24) 꿈과 같은 육신이니, 마음을 따라서 나타나는 연고라. (25) 법계인 육신이니, 성품이 깨끗하기 허공과 같은 연고라. (26) 크게 가엾이 여기는 육신이니, 중생을 항상 구호하는 연고라. (27) 걸림이 없는 육신이니, 잠깐잠깐에 법계에 두루하는 연고라. (28) 그지없는 육신이니, 모든 중생을 두루 깨끗이 하는 연고라. (29) 한량없는 육신이니, 모든 말에서 초출한 연고라. (30) 머무름이 없는 육신이니, 모든 세간을 제도하려는 연고라. (31) 처소가 없는 육신이니, 중생을 항상 교화하여 끊이지 않는 연고라. (32) 남이 없는 육신이니, 환술과 같은 원으로 이루는 연고라. (33) 이길 이 없는 육신이니, 모든 세간을 초월한 연고라. (34) 실체와 같은 육신이니, 선정의 마음으로 나타난 연고라. (35) 나지 않는 육신이니, 중생의 업을 따라 나타나는 연고라. (36) 여의주 같은 육신이니, 모든 중생의 소원을 만족하게 하는 연고라. (37) 분별이 없는 육신이니, 중생들의 분별을 따라 일어나는 연고라. (38) 분별을 여읜 육신이니, 중생들이 알지 못하는 연고라. (39) 다함이 없는 육신이니, 모든 중생의 생사의 경계를 다하는 연고라. (40) 청정한 육신이니, 여래와 같아서 분별이 없는 연고라.

이러한 몸은 ① 물질이 아니니 있는 빛깔이 영상과 같은 연고며, ② 느낌이 아니니 세간의 괴로운 느낌이 필경에 없어지는 연고며, ③ 생각함이 아니니 중생의 생각을 따라 나타난 연고며, ④ 지어 감이 아니니 환술과 같은 업으로 성취한 연고며, ⑤ 의식을 여의었으니 보살의 원과 지혜가 공하여 성품이 없는 연고며, ⑥ 모든 중생의 말이 끊어진 연고며, ⑦ 적멸한 몸을 이미 성취한 연고이니라.

[疏] 後, 所謂下는 別顯身雲이라 於中에 亦二니 先, 明身相이요 後, 顯身業이라 前中에 亦二니 先, 明萬類難思身이요 後, 明一類超勝[59]身이라 前中에 亦二니 先, 顯別相이요 後, 明通體라 今初에 有四十身하니 於中에 或唯約事는 如普徧色身이요 或唯約理는 如十二와 十三의 不生不滅身이니 以本無生起며 滅亦不爲滅故라 或事理[60]交徹이니 如第三十二와 三十五의 無生不生色身이니 以事顯理故라 於中에 無生

---

59) 勝은 甲南續金本作色誤, 原本及行願品疏作勝.
60) 事理는 甲續金本作理事.

則約自願所成코 無別有生이요 不生則隨他而現이나 生卽不生이라 餘可思準이니라

後, 如是身者下는 明其通體니 謂離有取蘊故요 二, 爾時善財下는 明一類超勝身이니 約唯女故니라

■ 나) 所謂 아래는 몸 구름을 개별로 밝힘이다. 그중에 또한 둘이니, (가) 몸의 형상을 밝힘이요, (나) 몸의 업을 밝힘이다. (가) 중에도 또한 둘이니 ㄱ. 만 가지 불가사의한 몸을 밝힘이요, ㄴ. 한 부류의 훌륭한 몸을 밝힘이다. ㄱ. 중에도 또한 둘이니 ㄱ) 별상을 밝힘이요, ㄴ) 전체의 체성을 밝힘이다. 지금은 ㄱ) 별상으로 40가지 몸이 있으니 그중에 혹은 오직 현상만 잡으면 마치 (3) 널리 두루하는 육신과 같고, 혹은 오로지 이치만 잡으면 (12) 남이 아닌 육신과 (13) 멸하지 않는 육신과 같고, 나지 않고 멸하지 않는 육신은 본래 생기는 일이 없으며, 멸함도 또한 멸함이 아니기 때문이다. 혹은 현상과 이치가 번갈아 사무침이 마치 (32) 남이 없는 육신 (35) 나지 않는 육신과 같고, 남이 없고 나지 않는 육신은 현상으로 이치를 밝히는 까닭이다. 그중에 남이 없으면 자기 소원으로 이룬 바를 잡은 것이요, 따로이 태어남이 있지 않다는 뜻이다. (35) 나지 않는 육신은 저를 따라 나타남이요, 남이 곧 나지 않음이니 나머지는 생각하여 준할 수 있다.

ㄴ) 如是身者 아래는 전체 몸에 대해 해명함이다. 이른바 유(有)를 여읜 오취온(五取蘊)인 연고요, ㄴ. 爾時善財 아래는 한 부류의 훌륭한 몸이니 오직 여성만 잡은 까닭이다.

ㄴ. 한 부류의 훌륭한 몸[一類超勝身] (二爾 15下2)

爾時에 善財童子가 又見摩耶夫人이 隨諸衆生心之所樂
하사 現超過一切世間色身하니 所謂或現超過他化自在
天女身과 乃至超過四大天王天女身하며 或現超過龍女
身과 乃至超過人女身이라

그때 선재동자가 또 보니, 마야부인이 중생들의 마음에 즐
김을 따라 모든 세간에서 뛰어나는 육신을 나타내었는데,
이른바 타화자재천보다 뛰어나는 하늘 여자의 몸을 나타내
기도 하고, 내지 사천왕천보다 뛰어나는 하늘 여자의 몸을
나타내기도 하며, 용녀보다 뛰어나는 여자의 몸과 사람의
여자보다 뛰어나는 여자의 몸을 나타내기도 하였다.

(나) 몸의 업[身業] 2.
ㄱ. 총합하여 표방하다[總標] (二現 16下5)
ㄴ. 개별로 밝히다[別顯] 2.
ㄱ) 십바라밀 행[十度行] (後行)

現如是等無量色身하사 饒益衆生하여 集一切智助道之
法하며 行於平等檀波羅蜜하여 大悲普覆一切世間하며
出生如來無量功德하며 修習增長一切智心하며 觀察思
惟諸法實性하여 獲深忍海하며 具衆定門하여 住於平等
三昧境界하며 得如來定圓滿光明하여 消竭衆生煩惱巨
海하며 心常正定하여 未嘗動亂하며 恒轉淸淨不退法輪
하여 善能了知一切佛法하며 恒以智慧로 觀法實相하며
見諸如來하되 心無厭足하며 知三世佛出興次第하며 見

佛三昧가 常現在前하며 了達如來出現於世하는 無量無數諸淸淨道하며 行於諸佛虛空境界하며 普攝衆生하여 各隨其心하여 敎化成就하여 入佛無量淸淨法身하며 成就大願하여 淨諸佛刹하여 究竟調伏一切衆生하며 心恒徧入諸佛境界하되 出生菩薩自在神力하며 已得法身淸淨無染하되 而恒示現無量色身하며 摧一切魔力하여 成大善根力하며 出生正法力하여 具足諸佛力하며 得諸菩薩自在之力하여 速疾增長一切智力하며 得佛智光하여 普照一切하여 悉知無量衆生心海와 根性欲解의 種種差別하며 其身이 普徧十方刹海하여 悉知諸刹成壞之相하며 以廣大眼으로 見十方海하며 以周徧智로 知三世海하며 身普承事一切佛海하며 心恒納受一切法海하며

이러하게 한량없는 육신을 나타내어 중생들을 이익하게 하고 온갖 지혜와 도를 돕는 법을 모았으며, (1) 평등한 보시바라밀다를 행하여 크게 가엾이 여기는 마음으로 모든 세간을 두루 덮어 주고, (2) 여래의 한량없는 공덕을 내며, (3) 온갖 지혜의 마음을 닦아 증장케 하고, (4) 모든 법의 참된 성품을 살펴보고 생각하여 깊이 참는 바다를 얻으며, (5) 여러 선정의 문을 갖추고 평등한 삼매의 경계에 머물러 여래의 선정을 얻고, 원만한 광명으로 중생들의 번뇌 바다를 녹여 말리고 마음이 항상 바르게 정하여서 어지럽게 흔들리지 않으며, (6) 깨끗하고 물러나지 않는 법륜을 굴리어 모든 부처님의 법을 잘 알고 항상 지혜로 법의 진실한 모양을 관찰하느니라. (7) 여래를 뵈옵되 만족한 마음이 없고, 세 세

상 부처님의 나시는 차례를 알며, 부처님의 삼매가 항상 앞에 나타남을 보고, 여래께서 세상에 나타나시는데 한량없고 수가 없는 청정한 길을 통달하며, 부처님들의 허공 같은 경계를 행하여 중생들을 거두어 주되, 그 마음을 따라서 교화하고 성취하여 부처님의 한량없이 청정한 법 몸에 들어가게 하며, (8) 큰 서원을 성취하고 부처님의 세계를 깨끗이 하여 끝까지 모든 중생을 조복하느니라. (9) 마음은 부처님의 경계에 항상 들어가 보살의 자유자재한 신통의 힘을 내며, 깨끗하고 물들지 않는 법의 몸을 얻었으면서도 한량없는 육신을 항상 나타내며, 모든 마를 굴복하는 힘과 크게 착한 뿌리를 이루는 힘과 바른 법을 내는 힘과 부처님의 힘을 갖추고 보살의 자재한 힘을 얻어서 온갖 지혜의 힘을 빨리 증장케 하느니라. (10) 부처님의 지혜 광명을 얻어 모든 것을 널리 비추어 한량없는 중생의 마음 바다와 근성과 욕망과 지혜가 가지가지 차별함을 알며, 몸은 시방세계에 두루 널리어 여러 세계의 이룩하고 파괴되는 모양을 알며, 광대한 눈으로 시방 바다를 보고 두루한 지혜로 세 세상 바다를 알며 몸은 모든 부처님 바다를 두루 섬기고 마음은 항상 모든 법 바다를 받아들이느니라.

[疏] 二, 現如是等下는 明身業이라 中에 二니 初, 總標요 後, 行於平等下는 別顯이라 亦二니 先, 明十度行이니 唯精進이 在於忍前이요 餘皆如次라 謂初, 明檀이요 次, 出生下는 戒니 戒能生長故라 三, 修習下는 進이요 四, 觀察下는 忍이요 五, 具衆下는 定이요 六, 恒轉下는 般若

요 七, 見諸如來 下는 方便이요 八, 成就大願 下는 願이요 九, 心恒徧
入 下는 力이요 十, 得佛智光 下는 智니라
■ (나) 現如是等 아래는 몸의 업을 밝힘이다. 그중에 둘이니 ㄱ. 총합
하여 표방함이요, ㄴ. 行於平等 아래는 개별로 밝힘도 또한 둘이니
ㄱ) 십바라밀 행을 밝힘이다. 오직 정진바라밀만은 인욕바라밀 앞에
있으며, 나머지는 모두 순서대로이다. 이른바 (1) 단나바라밀을 밝
히고 (2) 出生 아래는 지계바라밀이니 계는 능히 자라게 하는 연고
요, (3) 修習 아래는 정진바라밀이요, (4) 觀察 아래는 인욕바라밀
이요, (5) 具衆 아래는 선정바라밀이요, (6) 恒轉 아래는 반야바라
밀이요, (7) 見諸如來 아래는 방편바라밀이요, (8) 成就大願 아래는
서원바라밀이요, (9) 心恒徧入 아래는 힘바라밀이요, (10) 得佛智
光 아래는 지혜바라밀이다.

ㄴ) 두 가지로 장엄한 행[二嚴行] (後修 16下10)

修習一切如來功德하며 出生一切菩薩智慧하며 常樂觀
察一切菩薩의 從初發心으로 乃至成就所行之道하며 常
勤守護一切衆生하며 常樂稱揚諸佛功德하며 願爲一切
菩薩之母러라
모든 여래의 공덕을 닦아 익히고 모든 보살의 지혜를 내며,
모든 보살이 처음 마음을 낸 적부터 내지 행하는 도를 이루
는 것을 관찰하며, 모든 중생을 부지런히 수호하고 부처님
의 공덕을 칭찬하기를 좋아하며, 모든 보살의 어머니가 되
기를 원하였다.

[疏] 後, 修習一切如來下는 明二嚴行이요 末爲佛母者는 是其本行故니라
■ ㄴ) 修習一切如來 아래는 두 가지로 장엄한 행을 밝힘이다. 마지막에 부처님 어머니가 된 것은 그 본래 행법인 까닭이다.

(2) 공경을 표하다[敬] (第二 17上7)

爾時에 善財童子가 見摩耶夫人의 現如是等閻浮提微塵數諸方便門하고 旣見是已에 如摩耶夫人의 所現身數하여 善財도 亦現作爾許身하여 於一切處摩耶之前에 恭敬禮拜하고 卽時證得無量無數諸三昧門하여 分別觀察하며 修行證入하고 從三昧起하여 右遶摩耶와 幷其眷屬하고 合掌而立하여61)

이때 선재동자는 마야부인이 이렇게 염부제의 티끌과 같은 여러 가지 방편의 문을 나타내는 것을 보았다. 그런 것을 보고는 마야부인이 나타내는 몸의 수효와 같이, 선재동자도 역시 그러한 몸을 나타내어 모든 곳 마야부인의 앞에서 공경하며 예배하고, 즉시에 한량없고 수없는 삼매의 문을 증득하여 분별하며 관찰하고 행을 닦아 증득하여 들어갔고, 삼매에서 일어나서는 마야부인과 그의 권속을 오른쪽으로 돌고 합장하고 서서

[疏] 第二, 爾時善財下는 設敬이라 自道已深일새 故現身等彼라 上二는 並是住體徧應이니라

---

61) 旣見是已의 見은 續金本作現誤, 麗宋元明淸合綱杭鼓纂本及貞元譯作見.

■ (2) 爾時善財 아래는 공경을 표함이다. 자신의 도가 이미 깊은 연고로 현재 몸이 저와 동등하나니, 위의 둘은 아울러 체성에 머물러 두루 응함의 뜻이다.

[鈔] 上二는 並是住體徧應者는 然此卽緣起相由門中의 三義니 一, 諸緣이 各異義요 二, 互徧相資義요 三, 體用無礙義라 今言住體는 卽諸緣各別이요 言徧應者는 卽互徧相資라 卽住體而徧應이 是第三, 體用無礙也니라 然이나 上에 摩耶가 萬類殊應은 卽異體中多요 今此에 善財一類之身이 徧對摩耶는 卽同體中多라 若約摩耶와 善財가 並不分而徧인대 同異雖殊나 住體徧應은 義無別也라 摩耶도 亦是同體一卽多니 以隨所應異[62]하여 無二體라 故下에 自言非一處住며 非多處住라하나라 善財도 亦是同體多卽一이니 諸處의 善財가 卽一身前之善財[63]故니라 又二聖을 互望컨대 並含同體異體니 以一摩耶가 應多善財故는 此卽摩耶가 爲同體요 以多善財가 對摩耶故는 卽善財異體니라

● '위의 둘은 아울러 체성에 머물러 두루 응함의 뜻'에서 그러나 이것은 곧 '연기가 서로 연유하는 문[緣起相由門]' 가운데 세 가지 뜻이다. ① 모든 인연이 각기 다른 뜻이요, ② 번갈아 두루하고 서로 돕는 뜻이요, ③ 체성과 작용이 걸림 없는 뜻이다. 지금 말한 십주의 체성은 곧 모든 인연이 각기 다르다는 뜻이요, '두루 응한다'고 말한 것은 곧 번갈아 두루하고 서로 도움이요, 곧 십주의 체성으로 두루 응함이니 바로 ③ 체성과 작용이 걸림 없다는 뜻이다. 그러나 위는 마야(摩耶)부인이 만 가지 부류가 다르게 응함이니, 곧 다른 체성 중의 여럿이요,

---

62) 異는 甲續金本作義, 原南本及行願品疏作異.
63) 上四字는 甲南續金本無, 原本及行願品疏有.

지금은 여기 선재 한 부류의 몸이 마야부인을 두루 상대함이니 곧 같은 몸 가운데 여럿이다. 만일 마야와 선재를 잡은 것도 아울러 구분하지 않고 두루함이요, 같고 다름이 비록 다르지만 체성에 머물러 두루 응함이니 뜻이 다름이 없다. 마야도 또한 같은 몸으로 하나가 여럿과 합치함이요, 곳을 따라 다르게 응하지만 두 가지 체성이 없는 까닭이다. 아래에 스스로 말하되, 한 곳에 머무름이 아니며 여러 곳에 머무름도 아니다. 선재도 또한 같은 몸으로 여럿이 곧 하나요, 여러 곳의 선재는 곧 한 몸 앞의 선재인 까닭이다. 또한 두 성인이 서로 바라보고 아울러 같은 몸 다른 몸을 포괄하므로 하나의 마야가 여러 선재에게 응하는 까닭이다. 이것은 곧 마야가 같은 몸이 되고, 많은 선재는 마야를 상대한 까닭이니, 곧 선재의 다른 몸인 것이다.

(3) 해탈법을 질문하다[問] (第三 18上4)

白言하되 大聖하 文殊師利菩薩이 教我發阿耨多羅三藐三菩提心하고 求善知識하여 親近供養이실새 我於一一善知識所에 皆往承事하여 無空過者하고 漸來至此로소니 願爲我說하소서 菩薩이 云何學菩薩行하여 而得成就리잇고

말하였다. "큰 성인이시여, 문수사리보살께서 저로 하여금 아눗다라삼약삼보디심을 내게 하고, 선지식을 찾아가서 친근하고 공양하라 하였나이다. 그래서 저는 날날 선지식 계신 곳에 가서 받자와 섬기고 그냥 지나지 아니하였사오며 점점 이곳까지 왔사오니, 바라건대 저를 위하여 보살이 어떻게 보

살의 행을 배워서 성취하는 것인지를 말씀하여 주소서."

[疏] 第三, 白言大聖下는 咨問이라 所以敍文殊等者는 若約等覺인대 則因位極故요 若約會緣컨대 從初發心과 一一善友가 皆是所會之緣이니 同入此故니라

- (3) 白言大聖 아래는 해탈법을 질문함이다. 그러므로 문수보살 등을 말한다는 것은 만일 등각(等覺)의 지위를 잡으면 인행의 지위가 다한 연고요, 만일 인연을 모아서 하나의 진실법에 들어가는 모양[會緣入實相]을 잡으면 처음 발심함으로부터 낱낱 선지식이 모두 모을 대상인 인연이니 함께 여기에 들어간 까닭이다.

3) 자신의 법계를 설해 주다[授己法界] 3.

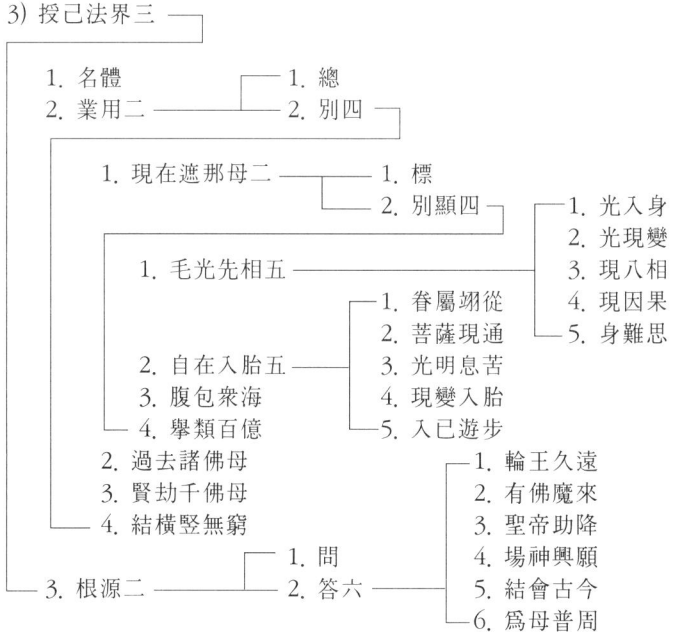

(1) 해탈문의 명칭과 체성[名體] (第三 18上8)

答言하시되 佛子여 我已成就菩薩大願智幻解脫門일새
마야부인이 대답하였다. "불자여, 나는 이미 <보살의 큰 원
과 지혜가 환술과 같은 해탈문>을 성취하였으므로,

[疏] 第三, 答言佛子下는 示己法界[64]라 於中[65]에 三이니 初, 名體요 二,
業用이요 三, 根源이라 今初에 大有二義하니 一, 願大니 願爲一切諸
佛母故요 二, 智大라 智亦二義니 一, 權智니 卽能起大願하여 能成
幻事요 二, 實智니 卽是般若니 生佛眞身이라 幻亦二義하니 一, 願智
體虛니 當相을 名幻이라 故로 上文에 云, 幻智는 卽是菩薩이요 菩薩
은 卽是幻智니 故能無不爲라하니라 二者는 卽智所作이 生佛之義니
謂於己身에는 不壞小而廣容이요 若於佛身에는 無生起而現起인대
又願收普賢이요 智收文殊하여 皆入大幻하여 同爲般若니 亦名佛母
니라

■ 3) 答言佛子 아래는 자신의 법계를 설해 줌이다. 그중에 셋이니 (1)
해탈문의 명칭과 체성이요, (2) 업과 작용이요, (3) 발심하던 근원이
다. 지금은 (1) 큰 것에 두 가지 뜻이 있으니 가. 원력이 큼이니 일체
모든 부처님의 어머니가 되기를 원한 연고요, 나. 지혜가 큼이니, 지
혜에도 또한 두 가지 뜻이다. 가) 방편 지혜이다. 곧 능히 큰 원을 일
으키고 능히 환술 같은 일을 성취함이요, 나) 실법의 지혜이다. 곧 반
야이니 부처님을 낳은 진신(眞身)이다. 환술도 두 가지 뜻이니 ① 원
력의 지혜는 체성이 비었으니 해당 모양을 환술이라 이름한 연고로

---

64) 示는 源甲南續金本作授, 原本及探玄記行願品疏作示.
65) 於中은 南續金本作分, 甲本作於分.

위의 경문에 이르되, "환술 같은 지혜는 바로 보살이요, 보살은 곧 환술 같은 지혜인 연고로 능히 하지 못함이 없다"고 하였다. ② 지혜로 지을 대상인 부처님을 낳은 뜻과 합치함이다. 이른바 자신의 몸에 작은 것도 무너뜨리지 않고 널리 포용함이다. 만일 부처님 몸은 태어남 없이 태어남을 나타내었다면 또한 원력은 보현을 거두고 지혜는 문수를 거두었으니, 모두 큰 환술 같은 지혜로 들어가서 함께 반야로 삼음도 또한 부처님의 어머니라 이름한다.

[鈔] 不壞小而廣容은 卽廣狹無礙門이요 無生起而生起는 卽事理無礙門이라 又願收普賢等者는 上約別願이요 今是通願이라 無願不收며 無智不攝等이라 願智相融이 皆是大幻이요 成不共般若일새 故로 生佛也니라

- '작은 것도 무너뜨리지 않고 널리 포용함'은 곧 넓고 좁음에 걸림 없는 문[廣狹無礙門]이요, '태어남이 없이 태어남을 나타냄'은 곧 현상과 이치에 걸림 없는 문[事理無礙門]이다. '또한 원력은 보현을 거두고 등'은 위는 개별 원력을 잡았고, 지금은 전체 원력이니 원력으로 거두지 못함이 없고, 지혜로 포괄하지 못함이 없는 등이다. 원력과 지혜로 서로 융섭함이 모두 큰 환술이다. 함께하지 않는 반야를 성취한 연고로 부처를 낳은 것이다.

(2) 해탈문의 업과 작용[業用] 2.
가. 총상으로 밝히다[總] (二是 19下7)
나. 별상으로 밝히다[別] 4.

가) 현재 비로자나의 어머니가 되다[現在遮那母] 2.
(가) 세계마다 비로자나의 어머니가 될 것을 표방하다[標] (後佛)

是故常爲諸菩薩母로라 佛子여 如我於此閻浮提中迦毘
羅城淨飯王家에 右脇而生悉達太子할새 現不思議自在
神變하여 如是乃至盡此世界海所有一切毘盧遮那如來
가 皆入我身하여 示現誕生自在神變이니라

항상 여러 보살의 어머니가 되노라. 불자여, 내가 이 염부제 가비라성의 정반왕궁에서 오른 옆구리로 싯달타 태자를 낳아 부사의하고 자재한 신통변화를 나타내듯이, 내지 이 세계해에 있는 모든 비로자나여래가 다 나의 몸에 들어왔다가 탄생하면서 자재한 신통변화를 나타내느니라.

[疏] 二, 是故常爲下는 業用이라 中에 二니 先,[66] 總이요 後, 佛子如我下는 別이라 於中에 有四하니 一, 爲現在遮那母요 二, 善男子如今下는 爲過去諸佛母요 三, 如此世界下는 爲賢劫千佛母니 義通三世오 四, 如於此三千下는 結通橫竪無窮이라 初中에 二니 先,[67] 標爲刹海遮那母오

■ (2) 是故常爲 아래는 (해탈문의) 업과 작용을 밝힘이다. 그중에 둘이니 가. 총상으로 밝힘이요, 나. 佛子如我 아래는 별상으로 밝힘이다. 그중에 넷이 있으니 가) 현재 비로자나의 어머니가 됨이요, 나) 善男子如今 아래는 과거 모든 부처의 어머니가 됨이요, 다) 如此世界 아래는 현겁 천 부처의 어머니가 됨이니 이치로는 삼세(三世)에 통

---

66) 先은 甲本作後誤, 南續金本作初 原本作先.
67) 上四十六字는 甲南續金本作二初.

한다. 라) 如於此三千 아래는 결론하여 가로와 세로가 끝없음을 해명함이다. 가) 중에 둘이니 (가) 세계마다 비로자나의 어머니를 표방함이요,

(나) 부처를 낳는 모양을 개별로 밝히다[別顯] 4.

ㄱ. 털구멍 광명 놓기 전의 모양[毛光先相] 5.
ㄱ) 광명이 몸에 들어가다[光入身] (二又 19下8)
ㄴ) 광명에서 신통변화를 나타내다[光現變] (二又)
ㄷ) 여덟 가지 모양을 나타내다[現八相] (三又見)

又善男子여 我於淨飯王宮에 菩薩이 將欲下生之時에 見菩薩身의 一一毛孔에 咸放光明하니 名一切如來受生功德輪이라 一一毛孔에 皆現不可說不可說佛刹微塵數菩薩受生莊嚴하여 彼諸光明이 皆悉普照一切世界하고 照世界已에 來入我頂과 乃至一切諸毛孔中하며 又彼光中에 普現一切菩薩名號受生神變과 宮殿眷屬五欲自娛하며 又見出家와 往詣道場과 成等正覺과 坐師子座와 菩薩圍遶와 諸王供養과 爲諸大衆하여 轉正法輪하며

또 착한 남자여, (1) 내가 정반왕궁에서 보살이 탄생하려 할 때에 보살의 몸을 보니, 낱낱 털구멍에서 모두 광명을 놓았는데, 이름이 모든 여래의 태어나는 공덕 바퀴라. 낱낱 털구멍에서 말할 수 없이 말할 수 없는 세계의 티끌 수 보살이 태어나는 장엄을 나타내었고, 저 광명들이 모두 세계를 두

루 비추었으며, 세계를 비추고는 돌아와서 나의 정수리와 모든 털구멍에까지 들어갔느니라. (2) 또 저 광명 속에서 모든 보살의 이름과 태어나는 신통변화와 궁전과 권속과 다섯 가지 욕락으로 즐기는 일을 나타냈으며, (3) 또 집을 떠나서 도량에 나아가 등정각을 이루고 사자좌에 앉았는데, 보살들이 둘러 모시고 임금들이 공양하며, 대중을 위하여 바른 법륜을 굴리는 것을 보았노라.

[疏] 後, 又善男子下는 別顯生佛之相이라 於[68]中에 四니 第一, 毛光爲先相[69]이라 復分爲五하니 一, 光入身이요 二, 又彼光中下는 光現變이요 三, 又見出家下는 現八相이오

- (나) 又善男子 아래는 부처를 낳는 모양을 개별로 밝힘이다. 그중에 넷이니 ㄱ. 털구멍 광명 놓기 전의 모양이다. 다시 다섯으로 나누리니 ㄱ) 광명이 몸에 들어감이요, ㄴ) 又彼光中 아래는 광명에서 신통변화를 나타냄이요, ㄷ) 又見出家 아래는 여덟 가지 모양을 나타냄이다.

ㄹ) 인행과 과덕을 나타내다[現因果] (四又 20上1)
ㅁ) 몸이 불가사의함을 밝히다[身難思] (五又)

又見如來往昔修行菩薩道時에 於諸佛所에 恭敬供養과 發菩提心과 淨佛國土와 念念示現無量化身하여 充徧十方一切世界와 乃至最後入般涅槃하여 如是等事를 靡不

---

68) 於는 南續金本作文, 甲本作之; 第一은 甲南續金本作初.
69) 先은 甲續本作光誤, 原南金本作先 行願品疏作生先.

皆見하라 又善男子여 彼妙光明이 入我身時에 我身形量이 雖不踰本이나 然이나 其實은 已超諸世間이니 所以者何오 我身이 爾時에 量同虛空하여 悉能容受十方菩薩의 受生莊嚴諸宮殿故니라

(4) 또 여래께서 지난 옛적 보살의 도를 수행할 때에 여러 부처님 계신 데서 공경하고 공양하며, 보리심을 내어 부처님 국토를 깨끗이 하고, 잠깐잠깐마다 한량없는 나툰 몸을 보이어 시방의 모든 세계에 가득함을 보았으며, 내지 최후에 반열반에 드시는 일들을 모두 보았노라. (5) 또 착한 남자여, 저 묘한 광명이 내 몸에 들어올 적에 내 몸의 형상과 크기는 본래보다 다르지 않았지마는, 실제로는 모든 세간을 초월하였으니, 왜냐하면 내 몸이 그때에 허공과 같아서 시방 보살의 태어나는 장엄과 모든 궁전을 용납할 수 있었던 연고이니라.

[疏] 四, 又見如來下는 現因果요 五, 又善男子下는 令身難思니 謂[70]不大而容十方故[71]라

- ㄹ) 又見如來 아래는 인행과 과덕을 나타냄이요, ㅁ) 又善男子 아래는 몸이 불가사의하게 됨이니, 말하자면 크지 않지만 시방을 용납하는 까닭이다.

ㄴ. 자재롭게 태중에 들다[自在入胎] 5.
ㄱ) 권속이 도와주고 따르다[眷屬翊從] (第二 20下8)

---

70) 謂下에 甲南續金本有身字.
71) 故는 甲本作斷, 南續金本作無盡法界.

ㄴ) 보살이 신통을 나타내다[菩薩現通] (二菩)
ㄷ) 광명을 놓아 고통을 쉬게 하다[光明息苦] (三又)
ㄹ) 신통변화로 태중에 들다[現變入胎] (四又)
ㅁ) 들어가서는 자재롭게 유희하다[入已遊步] (五彼)

爾時에 菩薩이 從兜率天將降神時에 有十佛刹微塵數諸菩薩이 皆與菩薩로 同願이며 同行이며 同善根이며 同莊嚴이며 同解脫이며 同智慧며 諸地諸力과 法身色身과 乃至普賢神通行願이 悉皆同等하니 如是菩薩이 前後圍遶하며 又有八萬諸龍王等一切世主가 乘其宮殿하고 俱來供養하나라

菩薩이 爾時에 以神通力으로 與諸菩薩로 普現一切兜率天宮하고 一一宮中에 悉現十方一切世界閻浮提內受生影像하여 方便敎化無量衆生하여 令諸菩薩로 離諸懈怠하고 無所執着하며 又以神力으로 放大光明하여 普照世間하여 破諸黑闇하고 滅諸苦惱하여 令諸衆生으로 皆識宿世所有業行하여 永出惡道하며 又爲救護一切衆生하여 普現其前하여 作諸神變하나니 現如是等諸奇特事하여 與眷屬俱하여 來入我身하며 彼諸菩薩이 於我腹中에 遊行自在하여 或以三千大千世界로 而爲一步하고 或以不可說不可說佛刹微塵數世界로 而爲一步하니라

(1) 그때 보살이 도솔천에서 내려오려 할 때에 열 세계 티끌 수 보살이 있었으니, 다 이 보살로 더불어 원이 같고 행이 같고 착한 뿌리가 같고 장엄이 같고 해탈이 같고 지혜가 같

으며, 모든 지위와 모든 힘과 법의 몸과 육신과 내지 보현의 신통과 행과 원이 모두 같았는데 이런 보살들이 앞뒤에 둘러 모셨으며, 또 8만의 용왕 등 모든 세간 맡은 이들이 그 궁전을 타고 와서 공양하였다.

(2) 보살이 그때에 신통한 힘으로 여러 보살과 함께 모든 도솔천궁에 나타났으며, 낱낱 천궁마다 시방 모든 세계의 염부제 안에서 태어나는 영상을 나타내며 한량없는 중생을 방편으로 교화하며, 여러 보살들로 하여금 게으름을 여의고 집착함이 없게 하였다. (3) 또 신통한 힘으로 큰 광명을 놓아 세간을 두루 비추어서 참참함을 깨뜨리고 모든 고통과 번뇌를 없애었으며, 중생들로 하여금 과거 세상에서 행한 업을 알고 나쁜 길에서 영원히 뛰어나게 하였고, (4) 또 모든 중생을 구호하기 위하여 그의 앞에 나타나서 신통변화를 부렸다. 이러한 여러 가지 기특한 일을 나타내며, 권속들과 함께 와서 내 몸에 들었다. (5) 그 보살들은 나의 배 속에서 자재하게 돌아다니는데, 삼천대천세계로 한 걸음을 삼기도 하고, 말할 수 없이 말할 수 없는 세계의 티끌 수 세계로 한 걸음을 삼기도 하였다.

[疏] 第二, 爾時菩薩下는 正明自在入胎라 於中에 亦五니 一,[72] 眷屬翼從이요 二, 菩薩爾時下는 菩薩現通이요 三, 又以神力下는 光明息苦요 四, 又爲救護下는 現變入胎요 五, 彼諸菩薩下는 入已遊步라

■ ㄴ. 爾時菩薩 아래는 자재롭게 태중에 듦을 밝힘이다. 그중에 또한

---

[72] 上五字는 南續金本作五初爾時菩薩下.

다섯이니, ㄱ) 권속이 도와주고 따름이요, ㄴ) 菩薩爾時 아래는 보살이 신통을 나툼이요, ㄷ) 又以神力 아래는 광명을 놓아 고통을 쉬게 함이요, ㄹ) 又爲救護 아래는 신통변화로 태중에 들어감이요, ㅁ) 彼諸菩薩 아래는 들어가서는 자재롭게 유희함이다.

ㄷ. 복중에 포섭한 대중 바다가 불가사의하다[腹包衆海] (三又 21上7)

又念念中에 十方不可說不可說一切世界諸如來所菩薩衆會와 及四天王天三十三天과 乃至色界諸梵天王이 欲見菩薩의 處胎神變하고 恭敬供養하며 聽受正法하여 皆入我身하니 雖我腹中에 悉能容受如是衆會나 而身不廣大하며 亦不迫窄하여 其諸菩薩이 各見自處衆會道場하여 淸淨嚴飾하니라

또 잠깐잠깐 동안에 시방으로 말할 수 없이 말할 수 없는 모든 세계에 계시는 여래의 도량에 모인 보살 대중과, 사천왕천과 삼십삼천과 내지 형상 세계의 범천왕들로서, 보살의 태에 드신 신통변화를 보고, 공경하고 공양하며, 바른 법을 듣고자 하는 이들이 모두 내 몸에 들어왔으며 나의 배 속에 이렇게 많은 대중들을 용납하지마는, 몸이 더 커지지도 않고 비좁지도 않았으며, 그 보살들은 제각기 자기가 대중이 모인 도량에 있어서 청정하게 장엄함을 보았느니라.

[疏] 第三, 又念念中下는 腹包衆海難思[73])요

---

73) 難思는 甲南續金本無, 原及行願品疏有.

■　ㄷ. 又念念中 아래는 복중에 포섭한 대중들이 불가사의함이요,

ㄹ. 백억 사천하를 거론하며 유례하다[舉類百億] (四善 21下2)

善男子여 如此四天下閻浮提中菩薩受生에 我爲其母하여 三千大千世界百億四天下閻浮提中에도 悉亦如是나 然我此身은 本來無二하여 非一處住며 非多處住니 何以故오 以修菩薩大願智幻莊嚴解脫門故니라
착한 남자여, 이 사천하의 염부제에서 보살이 태어나실 적에 내가 어머니가 되듯이, 삼천대천세계 백억 사천하의 염부제에서도 모두 그러하지마는, 나의 이 몸은 본래부터 둘이 아니며, 한 곳에 있는 것도 아니요 여러 곳에 있는 것도 아니니, 왜냐하면 보살의 큰 원과 지혜가 환술같이 장엄한 해탈문을 닦은 연고이니라.

[疏] 四, 善男子如此下는 舉此하여 類於百億이라 本來無二者[74]는 稱一性故요 非一處住[75]者는 體周徧故요 非多處住者는 不如事故니라 又 上句는 不壞多故오 下句는 不壞一故니라 又上句는 理如事故오 下句는 事如理故니라 又一與多가 相卽入故니 此並釋中의 智幻之義라

■　ㄹ. 善男子 아래는 백억 사천하를 거론하여 유례함이다. '본래부터 둘이 아님'은 한 가지 성품과 칭합한 연고요, '한 곳에 머무름이 아님'이란 체성이 두루한 연고요, '여러 곳에 머무름도 아님'은 현상과 같지 않은 까닭이다. 또한 위 구절은 여럿을 무너뜨리지 않은 까닭이

---

74) 上五字는 南金本作世界.
75) 上三字는 甲本作處住, 續本作處往.

며, 아래 구절은 하나를 무너뜨리지 않은 까닭이다. 또한 위 구절은 이치가 현상과 같은 연고며, 아래 구절은 현상이 이치와 같은 까닭이다. 또한 하나와 여럿이 서로 합치하고 (서로) 들어간 까닭이며, 이것은 아울러 해석함 중의 지혜가 환술과 같다는 뜻이다.

[鈔] 本來無二者와 稱一性故者는 疏以躡上하여 即此多身하여 便云, 本來無二라하니 多皆稱性故라 若約事說인대 亦可本唯一耳니라 下非一處住와 非多處住에 總有四釋하니 第一, 唯就體上하여 以辨雙非故[76]라 非多에 云不如事故者는 謂理唯一味요 不如事之多也니라 第二對는 約不壞性相說이니 上句는 不壞相이요 下句는 不壞性이라 亦是不壞一多說이니 此一은 即是對別約事之一이니라 第三對는 約事理相如說이니 相如는 即無礙之義耳요 亦是事理相徧이니라 第四對는 唯約於事가 互相融說이니 即事事無礙義라 然具即入二門하여 通緣起相由와 法性融通과 及同體異體니라 言並是釋中智幻之義者는 以名中에 云, 大願智幻이라하시고 上에 廣引願하여 爲諸佛之母竟일새 故로 此結中에 是釋上名中의 智幻之義也니라

● '본래로 둘이 없음은 한 성품과 칭합하는 까닭'이란 소에서 위는 곧 이런 많은 몸을 토대로 하기 때문이다. 문득 말하되, "본래로 둘이 없음은 대부분 모두 성품과 칭합한 연고며, 만일 현상을 잡아 설한 것은 또한 본래 하나뿐일 수도 있다"라 하였다. 아래에 한 곳에 머무름이 아니며 여러 곳에 머무름도 아니어서 총합하면 네 가지 해석이 있다. (1) 첫째 대구는 오로지 체성 위를 입각하여 함께 부정함을 밝힌 연고며, '대부분 일과 같지 않다고 말하지 않은 것'은 이른바 이치가

---

76) 雙非故는 甲南續金本作非一處.

한 맛일 뿐이니 일과 같지 않음이 많다. (2) 둘째 대구는 성품과 양상을 무너뜨리지 않음을 잡아 설명한다. 위 구절은 모양을 무너뜨리지 않음이요, 아래 구절은 성품을 무너뜨리지 않음이니, 또한 하나와 여럿을 무너뜨리지 않고 설명함이다. 이런 하나는 곧 별상을 상대하여 현상의 하나를 잡은 해석이다. (3) 셋째 대구는 현상과 이치의 모양이 진여임을 잡아 설명한 내용이다. 모양이 진여임은 곧 걸림 없는 뜻일 뿐이며, 또한 현상과 이치가 서로 두루함이다. (4) 넷째 대구는 오직 현상이 번갈아 서로 융섭함을 잡아 설명함이니, 곧 현상과 현상이 걸림 없는 뜻이다. 그러나 (서로) 합치하고 (서로) 들어가는 문을 갖추면 연기가 서로 연유하는 문과 통한다. 법의 성품이 융통함과 같은 몸 다른 몸이다. '아울러 이런 해석함 중에서 지혜가 환술과 같은 뜻'이라 말한 것은 명칭 중에서 이르되, "큰 원력과 지혜가 환술과 같다"라 하였으니, 위에서 모든 부처님의 어머니가 되려 원함을 널리 인용한 끝이요, 그러므로 여기의 결론함 중에 위의 명칭 가운데 지혜가 환술과 같다는 뜻이다.

나) 과거 모든 부처님의 어머니[過去諸佛母] (二善 25上1)

善男子여 如今世尊에 我爲其母하여 往昔所有無量諸佛에도 悉亦如是하여 而爲其母하라 善男子여 我昔曾作蓮華池神이러니 時有菩薩이 於蓮華藏에 忽然化生이어늘 我卽捧持하여 瞻侍養育하니 一切世間이 皆共號我하여 爲菩薩母러라 又我昔爲菩提場神이러니 時有菩薩이 於我懷中에 忽然化生하니 世亦號我하여 爲菩薩母러라 善

男子여 有無量最後身菩薩이 於此世界에 種種方便으로
示現受生에 我皆爲母하라

착한 남자여, 내가 지금 세존에게 어머니가 되듯이, 지난 옛적에 계시던 한량없는 부처님들에게도 그와 같이 어머니가 되었느니라. 착한 남자여, 나는 옛적에 연꽃 못 맡은 신이 되었을 때에, 보살이 연꽃 송이에서 화하여 나는 것을 내가 받들고 나와서 보호하여 양육하였는데, 모든 세간 사람들이 나를 보살의 어머니라 하였고, 또 옛적에 내가 보리도량 신이 되었을 때에 보살이 나의 품에서 홀연히 화하여 나셨는데, 세상에서는 나를 보살의 어머니라고 하였느니라.

착한 남자여, 마지막 몸을 받은 한량없는 보살들이 이 세계에서 가지가지 방편으로 태어남을 보일 적에 나는 그들의 어머니가 되었느니라.

[疏] 二, 善男子下는 爲過去諸佛母요
■ 나) 善男子 아래는 과거 모든 부처님의 어머니 됨이요,

다) 현겁 천 부처님의 어머니[賢劫千佛母] (三善 25上1)

善男子여 如此世界賢劫之中過去世時에 拘留孫佛과 拘那含牟尼佛과 迦葉佛과 及今世尊釋迦牟尼佛이 現受生時에 我爲其母하며 未來世中에 彌勒菩薩이 從兜率天將降神時에 放大光明하여 普照法界하여 示現一切諸菩薩衆受生神變하고 乃於人間에 生大族家하여 調伏衆生이

어든 我於彼時에 亦爲其母하며 如是次第로 有師子佛과 法幢佛과 善眼佛과 淨華佛과 華德佛과 提舍佛과 弗沙佛과 善意佛과 金剛佛과 離垢佛과 月光佛과 持炬佛과 名稱佛과 金剛楯佛과 淸淨義佛과 紺身佛과 到彼岸佛과 寶焰山佛과 持明佛과 蓮華德佛과 名稱佛과 無量功德佛과 最勝燈佛과 莊嚴身佛과 善威儀佛과 慈德佛과 無住佛과 大威光佛과 無邊音佛과 勝怨敵佛과 離疑惑佛과 淸淨佛과 大光佛과 淨心佛과 雲德佛과 莊嚴頂髻佛과 樹王佛과 寶璫佛과 海慧佛과 妙寶佛과 華冠佛과 滿願佛과 大自在佛과 妙德王佛과 最尊勝佛과 栴檀雲佛과 紺眼佛과 勝慧佛과 觀察慧佛과 熾盛王佛과 堅固慧佛과 自在名佛과 師子王佛과 自在佛과 最勝頂佛과 金剛智山佛과 妙德藏佛과 寶網嚴身佛과 善慧佛과 自在天佛과 大天王佛과 無依德佛과 善施佛과 焰慧佛과 水天佛과 得上味佛과 出生無上功德佛과 仙人侍衛佛과 隨世語言佛과 功德自在幢佛과 光幢佛과 觀身佛과 妙身佛과 香焰佛과 金剛寶嚴佛과 喜眼佛과 離欲佛과 高大身佛과 財天佛과 無上天佛과 順寂滅佛과 智覺佛과 滅貪佛과 大焰王佛과 寂諸有佛과 毘舍佉天佛과 金剛山佛과 智焰德佛과 安隱佛과 師子出現佛과 圓滿淸淨佛과 淸淨賢佛과 第一義佛과 百光明佛과 最增上佛과 深自在佛과 大地王佛과 莊嚴王佛과 解脫佛과 妙音佛과 殊勝佛과 自在佛과 無上醫王佛과 功德月佛과 無礙光佛과 功德聚佛과 月現佛과 日天佛과 出諸有佛과 勇猛名稱佛과 光

明門佛과 娑羅王佛과 最勝佛과 藥王佛과 寶勝佛과 金剛慧佛과 無能勝佛과 無能暎蔽佛과 衆會王佛과 大名稱佛과 敏持佛과 無量光佛과 大願光佛과 法自在不虛佛과 不退地佛과 淨天佛과 善天佛과 堅固苦行佛과 一切善友佛과 解脫音佛과 遊戲王佛과 滅邪曲佛과 蘆葍淨光佛과 具衆德佛과 最勝月佛과 執明炬佛과 殊妙身佛과 不可說佛과 最淸淨佛과 友安衆生佛과 無量光佛과 無畏音佛과 水天德佛과 不動慧光佛과 華勝佛과 月焰佛과 不退慧佛과 離愛佛과 無着慧佛과 集功德蘊佛과 滅惡趣佛과 普散華佛과 師子吼佛과 第一義佛과 無礙見佛과 破他軍佛과 不着相佛과 離分別海佛과 端嚴海佛과 須彌山佛과 無着智佛과 無邊座佛과 淸淨住佛과 隨師行佛과 最上施佛과 常月佛과 饒益王佛과 不動聚佛과 普攝受佛과 饒益慧佛과 持壽佛과 無滅佛과 具足名稱佛과 大威力佛과 種種色相佛과 無相慧佛과 不動天佛과 妙德難思佛과 滿月佛과 解脫月佛과 無上王佛과 希有身佛과 梵供養佛과 不瞬佛과 順先古佛과 最上業佛과 順法智佛과 無勝天佛과 不思議功德光佛과 隨法行佛과 無量賢佛과 普隨順自在佛과 最尊天佛과 如是乃至樓至如來가 在賢劫中하여 於此三千大千世界當成佛者에 悉爲其母하니라77)

착한 남자여, 이 세계의 현겁에서와 같이 지나간 세상의 1. 구류손 부처님 · 구나함모니 부처님 · 가섭 부처님과, 지금

---

77) 寶焰山佛下持明佛의 明은 麗普合纂續金本作炬, 明淸綱杭鼓本作明 宋元本準弘昭作明 準大正作炬, 案持明 晉譯作執燈 貞元譯作持大炬.

세상의 4. 석가모니 부처님이 강탄하실 적에도 내가 그들의 어머니가 되었고, 오는 세상에 5.미륵보살이 도솔천에서 내려오실 적에 큰 광명을 놓아 법계에 두루 비추며, 모든 보살이 태어나는 신통변화를 나타내어 인간에서 훌륭한 가문에 탄생하여 중생을 조복하는 때에도 나는 그의 어머니가 되느니라. 이와 같이 차례차례로 사자불・법당불・선안불・정화불・10. 화덕불・제사불・불사불・선의불・금강불・이구불・월광불・지거불・명칭불・금강순불・20. 청정의불・감신불・도피안불・보염산불・지거불・연화덕불・명칭불・무량공덕불・최승등불・장엄신불・30. 선위의불・자덕불・무주불・대위광불・무변음불・승원적불・이의혹불・청정불・대광불・정심불・40. 운덕불・장엄정계불이며, 수왕불・보당불・해혜불・묘보불・화관불・만원불・대자재불・묘덕왕불・50. 최존승불・전단운불・감안불・승혜불・관찰혜불・치성왕불・견고혜불・자재명불・사자왕불・자재불・60. 최승정불・금강지산불・묘덕장불・보망엄신불・선혜불・자재천불・대천왕불・무의덕불・선시불・염혜불・70. 수천불・득상미불이며, 출생무상공덕불・선인시위불・수세어언불・공덕자재당불・광당불・관신불・묘신불・향염불・80. 금강보염불・희안불・이욕불・고대신불・재천불・무상천불・순적멸불・지각불・멸탐불・대염왕불・90. 적체유불・비사구천불・금강산불・지염덕불・안은불・사자출현불・원만청정불・청정현・제일의불이며, 백광명불 · 100. 최증상불 · 심자재불 · 대지왕불 · 장엄왕불 · 해탈불 · 묘음불 · 수승불 · 자재불 · 무상의왕불 · 공덕월불 · 110. 무애광불 · 공덕취불 · 월현불 · 일천불 · 출제유불 · 용맹명칭불 · 광명문불 · 사라왕불 · 최승불 · 약왕불 · 120. 보승불 · 금강혜불 · 무능승불 · 무능영폐불 · 중회왕불 · 대명칭불 · 민지불 · 무량광불이며, 대원광불 · 법자재불허불 · 130. 불퇴지불 · 정천불 · 선천불 · 견고고행불 · 일체선우불 · 해탈음불 · 유희왕불 · 멸사곡불 · 담복정광불 · 구중덕불 · 140. 최승월불 · 집명거불 · 수묘신불 · 불가설불 · 최청정불 · 우안중생불 · 무량광불 · 무외음불 · 수천덕불 · 부동혜광불 · 150. 화승불 · 월염불 · 불퇴혜불 · 이애불이며, 무착혜불 · 집공덕온불 · 멸악취불 · 보산화불 · 사자후불 · 제일의불 · 160. 무애견불 · 파타군불 · 불착상불 · 이분별해불 · 단엄해불 · 수미산불 · 무착지불 · 무변좌불 · 청정주불 · 수사행불 · 170. 최상시불 · 상월불 · 요익왕불 · 부동취불 · 보섭수불 · 요익혜불 · 지수불 · 무멸불 · 구족명칭불이며, 대위력불 · 180. 종종색상불 · 무상혜불 · 부동천불 · 묘덕난사불 · 만월불 · 해탈월불 · 무상왕불 · 희유신불 · 범공양불 · 불순불 · 190. 순선고불 · 최상업불 · 순법지불 · 무승천불 · 부사의공덕광불 · 수법행불 · 무량현불 · 보수순자재불 · 최존천불이며, 199. 이렇게 누지여래까지 현겁 동안에 이 삼천대천세계에서 부처님 되실 이의 어머니가 되느니라.

[疏] 三, 善男子下는 爲賢劫千佛母니 義通三世[78]니라
- 다) 善男子 아래는 현겁 천 분 부처님의 어머니가 됨이니, 뜻은 삼세(三世)에 통한다.

라) 가로 세로로 끝없음을 결론하다[結橫竪無窮] (四如 25上2)

如於此三千大千世界하여 如是於此世界海十方無量諸世界一切劫中에 諸有修行普賢行願하여 爲化一切諸衆生者에 我自見身하여 悉爲其母하노라
이 삼천대천세계에서와 같이, 이 세계해에 있는 시방의 한량없는 세계와 모든 겁에서 보현의 행과 원을 닦아서 모든 중생들을 교화하려는 이에게도 나의 몸이 그들의 어머니가 되는 것을 내가 보노라."

[疏] 四, 如於此下는 結通橫竪無窮이라
- 라) 如於此 아래는 가로와 세로로 끝없음을 결론함이다.

(3) 해탈법의 근원[根源] 2.
가. 질문하다[問] (三爾 26上6)

爾時에 善財童子가 白摩耶夫人言하되 大聖하 得此解脫이 經今幾時니잇고
그때 선재동자는 마야부인에게 여쭈었다. "크게 거룩하신

---

78) 二, 善에서 無窮까지 三十七字는 麗本作下二三四段 文並可知라하고 南續金本作二, 善男子下 爲過去諸佛母 三, 善男子下 爲賢劫千佛母 義通三世 四, 如於此下 結通橫竪無窮이라 하다.

이께서 이 해탈을 얻은 지는 얼마나 오래되었나이까?"

[疏] 第三, 爾時善財下는 辨法根源79)이니 先, 問이요 後,80) 答이라
- (3) 爾時善財 아래는 해탈법을 얻은 근원을 밝힘이다. 가. 질문함이요, 나. 대답함이다.

나. 대답하다[答] 6.
가) 오랜 세월 전에 전륜왕이었다[輪王久遠] (答中 26上7)
나) 부처님 계시고 마군이 오다[有佛魔來] (二彼)
다) 전륜왕이 탄생을 도와주다[聖帝助降] (三彼)

答言하시되 善男子여 乃往古世에 過不可思議非最後身菩薩神通道眼所知劫數하여 爾時有劫하니 名淨光이요 世界는 名須彌德이니 雖有諸山과 五趣雜居나 然其國土가 衆寶所成이라 淸淨莊嚴하여 無諸穢惡이요 有千億四天下어든 有一四天下하니 名師子幢이라 於中에 有八十億王城이어든 有一王城하니 名自在幢이요 有轉輪王하니 名大威德이요 彼王城北에 有一道場하니 名滿月光明이요 其道場神은 名曰慈德이요 時有菩薩하니 名離垢幢이라 坐於道場하여 將成正覺이러니 有一惡魔하니 名金色光이라 與其眷屬無量衆俱하여 至菩薩所어늘 彼大威德轉輪聖王이 已得菩薩神通自在라 化作兵衆에 其數倍多하여 圍遶道場한대 諸魔惶怖하여 悉自奔散이라 故彼菩

---
79) 根源은 甲本作眼根深, 南續金本作眼根源二.
80) 先은 甲南續金本作初, 後는 甲本無 南續金本作二.

薩이 得成阿耨多羅三藐三菩提하니라

마야부인이 대답하였다. "착한 남자여, (1) 지나간 옛적, 맨 나중 몸을 받은 보살의 신통한 도의 눈으로 알 것이 아닌 헤아릴 수 없는 겁 전에 그때에 겁이 있었으니 이름이 깨끗한 빛이요, 세계의 이름은 수미덕이라. 비록 여러 산이 있어 다섯 길 중생들이 섞여 살지마는, 그 국토가 여러 가지 보배로 되었고 청정하게 장엄하여 더럽고 나쁜 것이 없었느니라. 천억 사천하가 있는 가운데 한 사천하의 이름이 사자당이요, 그 가운데 80억 서울이 있었는데, 한 서울은 이름은 자재한 당기라 하고, 그 서울에 전륜왕이 있으니, 이름이 대위덕이었느니라. (2) 그 서울 북쪽에 한 도량이 있으니, 이름이 보름달 광명이요, 그 도량을 맡은 신의 이름은 인자한 덕이었다. 그때에 때 여읜 당기보살이 도량에 앉아서 장차 정각을 이루려 하는데 한 악마가 있으니 이름이 금빛 광명이라. 한량없는 권속들을 데리고 보살이 있는 데에 왔으나 (3) 그 대위덕 전륜왕은 이미 보살의 신통과 자재함을 얻었으므로 갑절이나 더 많은 군병을 변화하여 만들어 도량을 에워쌌으매, 악마들이 황공하여 물러가고, 그 보살은 아눗다라삼약삼보디를 이루었느니라.

[疏] 答中에 六이니 一, 輪王久遠이라 言非後身菩薩所知者는 顯唯佛知니 非但久遠이라 亦顯時無時相을 佛智契故니라 二, 彼王城下는 有佛魔來요 三, 彼大威德下는 聖帝助降이니 表智王助體하여 本覺現故라 此時에 已得菩薩神通하니 明今始成이 非實始也니라

■ 나. 대답함 중에 여섯 과목이니 가) 오랜 세월 전에 전륜왕이었음이다. '맨 나중 몸을 받은 보살의 (신통한 도의) 눈으로 알 것이 아니라고 말한 것'은 오직 부처님만이 앎을 밝힘일 것인데도 단지 오랜 세월 전이 아닌 것도 또한 때와 때 아닌 모양을 밝힌 것이 아님이니, 부처님 지혜라야 계합하는 까닭이다. 나) 彼王城 아래는 부처님 계시고 마군이 옴이요, 다) 彼大威德 아래는 전륜왕이 탄생을 도와줌이니, 지혜 왕이 돕는 주체라서 본래 깨달음으로 나타냄을 표한 까닭이다. 이런 즈음에 이미 보살의 신통을 얻고 지금 비로소 성취함을 밝혔으니 실제로 처음인 것은 아니다.

라) 도량신이 발원하다[場神興願] (四時 26下1)
마) 옛과 지금을 회통하다[結會古今] (五善)
바) 어머니가 됨이 넓고 두루하다[爲母普周] (六我)

時에 道場神이 見是事已하고 歡喜無量하여 便於彼王에 而生子想하여 頂禮佛足하고 作是願言하되 此轉輪王의 在在生處와 乃至成佛에 願我常得與其爲母하야지이다 作是願已하고 於此道場에 復曾供養十那由他佛하니라 善男子여 於汝意云何오 彼道場神이 豈異人乎아 我身이 是也요 轉輪王者는 今世尊毘盧遮那가 是니 我從於彼 發願已來로 此佛世尊이 於十方刹一切諸趣에 處處受生하여 種諸善根하고 修菩薩行하여 敎化成就一切衆生하며 乃至示現住最後身하여 念念普於一切世界에 示現菩薩受生神變에 常爲我子하고 我常爲母하라 善男子여 過

去現在十方世界無量諸佛이 將成佛時에 皆於臍中에 放大光明하여 來照我身과 及我所住宮殿屋宅하나니 彼最後生에 我悉爲母하라

(4) 이때 도량 맡은 신이 이런 일을 보고 한량없이 기뻐하면서 전륜왕에게 아들이란 생각을 내고, 부처님 발에 엎드려 절하고 이렇게 발원하였다. '이 전륜왕이 여러 곳에 태어날 적마다, 또는 필경에 부처를 이룰 때에 내가 항상 그의 어머니가 되어지이다.' 이렇게 원을 세우고, 이 도량에서 다시 열 나유타 부처님께 공양하였느니라.

(5) 착한 남자여, 어떻게 생각하는가? 그때의 도량 맡은 신은 다른 사람이 아니라, 곧 이내 몸이며 전륜왕은 지금의 세존이신 비로자나 부처님이시니라. (6) 나는 그때 원을 세운 이후로 이 부처님 세존이 시방세계의 여러 가지 길에서 곳곳마다 태어나시며 착한 뿌리를 심고 보살의 행을 닦아 모든 중생을 교화하여 성취케 하며, 내지 일부러 맨 나중 몸에 있으면서 잠깐잠깐 동안에 모든 세계에서 보살로 태어나는 신통변화를 나타낼 적마다 항상 나의 아들이 되었고 나는 항상 어머니가 되었느니라. 착한 남자여, 지난 세상이나 지금 세상에서 시방세계의 한량없는 부처님이 부처를 이루려 할 적에, 배꼽으로 큰 광명을 놓아 내 몸과 내가 있는 궁전에 비추었으며 그의 마지막으로 태어날 때까지 나는 그의 어머니가 되었느니라.

[疏] 四, 時道場下는 場神興願이니 智假慈興일새 故로 神이 生[81])子想이

라 五, 善男子下는 結會古今이요 六, 我從於彼下는 爲母普周라 前來에 爲[82)]生時之母는 卽是願母오 此明爲*成道時母는 卽智母矣[83)]라 臍中放光者는 生長同氣之所니 表佛佛이 皆從無二理生故니라

- 라) 時道場 아래는 도량신이 발원함이요, 지혜는 자비를 빌려서 일어나는 연고로 도량신이 (왕에게) 아들이란 생각을 내게 함이다. 마) 善男子 아래는 옛과 지금을 회통함이요, 바) 我從於彼 아래는 어머니가 됨이 넓고 두루함이다. 앞에서부터 부처님이 태어날 때마다 어머니가 됨은 곧 어머니 되기를 원함의 뜻이다. 이것은 성도할 때의 어머니가 됨이니 곧 지혜의 어머니인 것이 분명하다. '배꼽에서 큰 광명을 놓는 것'은 같은 기운이 생기고 자라난 처소이며, 부처와 부처가 모두 둘이 없는 이치로부터 생겨났다는 뜻이다.

4) 자신은 겸양하고 뛰어난 분을 추천하다[謙己推勝] (經/善男 26下6)

善男子여 我唯知此菩薩大願智幻解脫門이어니와 如諸菩薩摩訶薩은 具大悲藏하여 敎化衆生하되 常無厭足하며 以自在力으로 一一毛孔에 示現無量諸佛神變하나니 我今云何能知能說彼功德行이리오
착한 남자여, 나는 다만 이 <보살의 큰 원과 지혜가 환술과 같은 해탈문>을 알거니와 저 보살마하살들이 크게 가엾이 여기는 광을 갖추고 중생을 교화하기에 만족한 줄을 모르

---

81) 生은 甲本無, 南續金本作於王生如一.
82) 爲는 甲南續金本作爲佛 下同.*
83) 上三字는 甲南續金本作是智母.

는 일과 자재한 힘으로 털구멍마다 한량없는 부처님의 신
통변화를 나타내는 일이야 내가 어떻게 알며, 그의 공덕의
행을 말하겠는가!

5) 다음 선지식을 지시하다[指示後友] (經/善男 26下9)
6) 덕을 사모하여 예배하고 물러가다[戀德禮辭] (經/時善)

善男子여 於此世界三十三天에 有王하니 名正念이요 其
王이 有女하니 名天主光이니 汝詣彼問하되 菩薩이 云何
學菩薩行이며 修菩薩道리잇고하라
時에 善財童子가 敬受其敎하여 頭面作禮하며 遶無數帀
하며 戀慕瞻仰하고 却行而退하니라
착한 남자여, 이 세계의 삼십삼천에 정념이란 왕이 있고, 그
왕에게 딸이 있으니 이름이 천주광이니라. 그대는 그에게
가서 보살이 어떻게 보살의 행을 배우며, 보살의 도를 닦느
냐고 물으라."
그때 선재동자는 가르침을 공경하여 받잡고 엎드려 절하고
수없이 돌면서 우러러 사모하고 물러갔다.

[疏] 後, 三段은 可知니라
- 뒤의 세 문단인 4) 자신은 겸양하고 뛰어난 분을 추천함과 5) 다음
  선지식을 지시함과 6) 덕을 사모하여 예배하고 물러감은 알 수 있으
  리라.

2. 천주광녀 아래 열 분 선지식은 별상이다[天主光女下十人爲別] 9.

```
2. 天主光女下十人爲別九 ┐
   ├ 1. 天主光女六 ┐
   │   ├ 1. 依敎趣求
   │   ├ 2. 見敬諮問
   │   ├ 3. 示己法門二 ┬ 1. 標名      ┬ 1. 最初一劫
   │   ├ 4. 謙己推勝   └ 2. 業用三 ─┼ 2. 中間諸劫
   │   ├ 5. 指示後友                  └ 3. 總結多劫
   │   └ 6. 戀德禮辭
   ├ 2. 童子師徧友
   ├ 3. 知衆藝童子
   ├ 4. 賢勝優婆夷
   ├ 5. 堅固長者
   ├ 6. 妙月長者
   ├ 7. 無勝軍長者
   ├ 8. 寂靜婆羅門
   └ 9. 德生童子有德童女
```

1) 제43. 천주광녀 선지식[天主光女] 6.

(1) 가르침에 의지해 나아가 구하다[依敎趣求] (第二 27上8)
(2) 만나서 공경을 표하고 법문을 묻다[見敬諮問] (第二)

遂[84]往天宮하여 見彼天女하고 禮足圍遶하며 合掌前住하여 白言하되 聖者여 我已先發阿耨多羅三藐三菩提心하니 而未知菩薩이 云何學菩薩行이며 云何修菩薩道리잇고 我聞聖者는 善能誘誨라하니 願爲我說하소서

---

84) 遂는 合本作爾時善財遂, 寧合注云 首句一本無爾時善財四字.

선재동자가 천궁에 가서 그 천녀를 보고는 발에 절하며 돌고 합장하고 서서 말하였다. "거룩하신 이여, 저는 이미 아뇩다라삼먁삼보리심을 내었사오나, 보살이 어떻게 보살의 행을 배우며 어떻게 보살의 도를 닦는지를 알지 못하나이다. 듣자온즉 거룩하신 이께서 잘 가르치신다 하오니 바라옵건대 저에게 말씀하소서."

[疏] 第二, 遂往天宮下의 十友는 別明會緣이라 然位德이 已極이로되 託迹凡流하여 深悲接生일새 不標神異하고 但以法利人이니라 又顯求者道深일새 或但示法門之名이나 則懸領旨趣라 第一, 天主光은 卽幻智念力善友니 言天主光者는 謂悲智勝用이 光淨自在하여 破暗義故라 父名正念者는 此由定發故니 故로 法門名이 無礙淸淨念이라 初一句는 卽依敎趣求요 第二, 見彼下는 見敬咨問이라

2. 遂往天宮 아래의 열 분 선지식[제43. 천주광녀부터 제51. 덕생동자, 유덕동녀까지]은 개별로 '인연을 모아서 하나의 진실법에 들어가는 모양[會緣入實相]'을 설명하였다. 그러나 지위의 덕이 이미 다했고, 범부의 무리를 자취에 의탁하여 깊은 자비로 중생을 제접함이 신과 다름을 표방하지 않았으니 단지 법으로만 사람을 이롭게 함이다. 또한 구하는 이의 도가 깊고 혹은 단지 법문의 명칭만 보여서 밝히면 종지와 가르침을 뚜렷하게 받게 된다. 1) 제43. 천주광녀이니 곧 환술 같은 지혜로 생각하는 힘의 (해탈문을 얻은) 선지식이다. 천주광(天主光)이라 말한 것은 이른바 자비와 지혜의 뛰어난 작용으로 광명이 청정하고 자재함으로 어둠을 깨뜨린다는 뜻인 까닭이다. 아버지의 이름이 정념(正念)인 것은 이 해탈문이 선정으로 말미암아 나온 까닭이다. 그러므로 법문의 명칭이 걸림 없

고 청정한 생각이니 (1) 처음 한 구절은 곧 가르침에 의지하여 나아가 구함이요, (2) 見彼 아래는 만나서 공경을 표하고 법문을 물음이다.

[鈔] 天主光女의 父名正念者는 卽第三會에 問梵行之王也라 又云, 往三十三天者는 是摩耶가 捨化所生天也니 則知摩耶가 非獨在天이로다 故로 晋經에 云, 在迦毘羅城耳라하니라

● 천주광녀의 아버지 이름이 정념(正念)천자는 곧 제3. 수미산정법회에서 범행(梵行)에 대해 질문한 왕이다. 또 이르되, " '삼십삼천에 간다'는 것은 마야부인이 태어난 하늘을 버리고 교화하면 마야가 홀로 하늘에 계시는 것이 아닌 연고로 진경에 이르되, '가비라성에 계신다'고 말했을 뿐이다"라고 하였다.

(3) 자신의 법계를 보여 주다[示己法門] 2.

가. 명칭을 표방하다[標名] (第三 29上1)
나. 해탈문의 업과 작용[業用] 3.
가) 최초 1겁 이야기[最初一劫] (後善)

天女가 答言하시되 善男子여 我得菩薩解脫하니 名無礙念淸淨莊嚴이니라 善男子여 我以此解脫力으로 憶念過去에 有最勝劫하니 名靑蓮華라 我於彼劫中에 供養恒河沙數諸佛如來하되 彼諸如來의 從初出家로 我皆瞻奉守護供養하여 造僧伽藍하고 營辦什物하며
又彼諸佛의 從爲菩薩로 住母胎時와 誕生之時와 行七

步時와 大師子吼時와 住童子位하여 在宮中時와 向菩提樹하여 成正覺時와 轉正法輪하고 現佛神變하여 敎化調伏衆生之時에 如是一切諸所作事를 從初發心으로 乃至法盡히 我皆明憶하여 無有遺餘하여 常現在前하여 念持不忘하라

하늘아씨가 대답하였다. "착한 남자여, 나는 보살의 해탈을 얻었으니, 이름이 걸림 없는 생각의 깨끗한 장엄이니라. 착한 남자여, 나는 이 해탈의 힘으로 지나간 세상을 기억하노라. (1) 과거에 가장 훌륭한 겁이 있었으니 이름이 푸른 연화라. 나는 그 겁에서 항하의 모래처럼 많은 부처님 여래께 공양하였노라. 그 여래들이 처음 출가할 때부터 내가 받들어 수호하고 공양하는데 절을 짓고 모든 도구를 마련하였노라. 또 저 부처님들이 보살로서 어머니의 태에 계실 때와, 탄생할 때와 일곱 걸음을 걸을 때와 크게 사자후할 때와 동자의 지위에 있으면서 궁중에 계실 때와 보리수를 향하여 정각을 이룰 때와, 바른 법륜을 굴리며 부처님의 신통변화를 나투어 중생들을 교화하고 조복할 때에 여러 가지 하시던 일을, 처음 발심한 적부터 법이 다할 때까지를 내가 다 밝게 기억하여 잊은 것이 없으며, 항상 앞에 나타나서 생각하고 잊지 않노라.

[疏] 第三, 天女答下는 示己法門이라 於中에 二니 先, 標名이니 謂以一念無礙智로 普觀三世하여 無不明現하여 而無去來今이 爲無礙念이요 不雜異念이 爲淸淨念이요 念佛功德이 有益悲智일새 故曰莊嚴이라 後, 善男子下는 明業用이라 於中에 三이니 一, 念最初一劫이요

■ (3) 天女答 아래는 자신의 법계를 보여 줌이다. 그중에 둘이니 가. 명칭을 표방함이니 이른바 일념의 걸림 없는 지혜로 널리 삼세를 관하여 밝게 나타나지 않음이 없지만 과거 미래 현재가 없이 걸림 없는 생각을 하고 섞이고 달라진 생각을 하지 않음으로 청정한 생각을 삼고 부처님을 생각하는 공덕은 자비와 지혜가 더욱 늘어나게 하는 연고로 '장엄한다'고 말하였다. 나. 善男子 아래는 해탈문의 업과 작용을 밝힘이다. 그중에 셋이니 가) 최초 1겁을 기억한 이야기요,

나) 중간의 여러 겁 이야기[中間諸劫] (二又 29上5)

又憶過去에 劫名善地니 我於彼에 供養十恒河沙數諸佛如來하여 又過去劫이 名爲妙德이니 我於彼에 供養一佛世界微塵數諸佛如來하며 又劫名無所得이니 我於彼에 供養八十四億百千那由他諸佛如來하며 又劫名善光이니 我於彼에 供養閻浮提微塵數諸佛如來하며 又劫名無量光이니 我於彼에 供養二十恒河沙數諸佛如來하며 又劫名最勝德이니 我於彼에 供養一恒河沙數諸佛如來하며 又劫名善悲니 我於彼에 供養八十恒河沙數諸佛如來하며 又劫名勝遊니 我於彼에 供養六十恒河沙數諸佛如來하며 又劫名妙月이니 我於彼에 供養七十恒河沙數諸佛如來하라

또 기억하는 것은 (2) 과거에 선지라는 겁이 있었는데, 나는 그 겁에서 열 항하의 모래 수의 부처님 여래께 공양하였노라. (3) 또 과거에 묘덕이란 겁이 있었는데, 나는 그때에 한

세계의 티끌 수 부처님 여래께 공양하였노라. (4) 또 무소득 겁이 있었는데, 나는 그때에 84억 백천 나유타 부처님 여래께 공양하였노라. (5) 또 좋은 빛 겁이 있었는데, 나는 그때에 염부제 티끌 수 부처님 여래께 공양하였노라. (6) 또 한량없는 광명 겁이 있었는데, 나는 그때에 20항하의 모래 수 부처님 여래께 공양하였노라. (7) 또 가장 훌륭한 덕 겁이 있었는데, 나는 그때에 한 항하의 모래 수 부처님 여래께 공양하였노라. (8) 또 좋게 가엾이 여기는 겁이 있었는데, 나는 그때에 80항하의 모래 수 부처님 여래께 공양하였노라. (9) 또 잘 노는 겁이 있었는데, 나는 그때에 60항하의 모래 수 부처님 여래께 공양하였노라. (10) 또 묘한 달 겁이 있었는데, 나는 그때에 70항하의 모래 수 부처님 여래께 공양하였노라.

[疏] 二, 又憶下는 中間諸劫이요
■ 나) 又憶 아래는 중간의 여러 겁을 기억한 이야기이며,

다) 여러 겁을 총합 결론하다[總結多劫] (三善 29上5)

善男子여 如是憶念恒河沙劫에 我常不捨諸佛如來應正等覺하여 從彼一切諸如來所로 聞此無礙念淸淨莊嚴菩薩解脫하고 受持修行하여 恒不忘失하며 如是先劫所有如來의 從初菩薩로 乃至法盡히 一切所作을 我以淨嚴解脫之力으로 皆隨憶念하여 明了現前하여 持而順行하여 曾無懈廢하라⁸⁵⁾

착한 남자여, 이렇게 항하의 모래 수 겁에 내가 부처님 여
래·응공·정등각을 항상 버리지 않았음을 기억하며, 저 모
든 여래에게서 이 걸림 없는 생각의 깨끗한 장엄인 보살의
해탈을 듣고, 받아 지니고 닦아 행하여 항상 잊지 아니하였
노라. 이렇게 지난 겁에 나시었던 여러 여래께서 처음 보살
로부터 법이 다할 때까지 하시던 모든 일을 내가 깨끗한 장
엄 해탈의 힘으로 모두 기억하여 분명히 앞에 나타나며, 지
니고 따라 행하여 잠깐도 게으르거나 폐하지 아니하였노라.

[疏] 三, 善男子如是憶下는 總結多劫이니라 非唯憶念이라 亦於彼多劫
多佛에 聞持此門이니라

- 다) 善男子如是憶 아래는 여러 겁을 총합 결론함이다. 오직 기억함
일 뿐 아니라 또한 저 여러 겁에 많은 부처님이 이 법문을 듣고 지닌
다는 것이다.

(4) 자신은 겸양하고 뛰어난 분을 추천하다[謙己推勝] (經/善男 29上7)

善男子여 我唯知此無礙念淸淨解脫이어니와 如諸菩薩
摩訶薩은 出生死夜하여 朗然明徹하며 永離癡冥하여 未
嘗惛寐하며 心無諸蓋하여 身行輕安하며 於諸法性에 淸
淨覺了하며 成就十力하여 開悟群生하나니 而我云何能
知能說彼功德行이리오
착한 남자여, 나는 다만 <걸림 없는 생각의 깨끗한 해탈>

---

85) 我以此解脫力의 以는 普嘉淸杭鼓纂弘本作於, 合綱續金大昭本作以 昭注云 以는 宋元明本俱作於.

을 알 뿐이니, 저 보살마하살들이 생사의 밤중에 나서도 분명하게 통달하며, 어리석음을 아주 여의고 잠깐도 혼미하지 않으며, 마음에는 여러 가지 덮임이 없고 몸은 개운하여져서, 법의 성품을 깨끗하게 깨닫고, 열 가지 힘을 성취하여 중생들을 깨우치는 일이야, 내가 어떻게 알며, 그 공덕의 행을 어떻게 말하겠는가?

(5) 다음 선지식을 지시하다[指示後友] (經/善男 29上10)
(6) 덕을 사모하여 예배하고 물러가다[戀德禮辭] (經/時善)

善男子여 迦毘羅城에 有童子師하니 名曰徧友니 汝詣彼問하되 菩薩이 云何學菩薩行이며 修菩薩道리잇고하라
時에 善財童子가 以聞法故로 歡喜踊躍하여 不思議善根이 自然增廣하여 頂禮其足하며 遶無數帀하고 辭退而去하니라

착한 남자여, 가비라성에 한 동자 스승이 있으니 이름이 변우이니라. 그대는 그에게 가서 '보살이 어떻게 보살의 행을 배우며, 보살의 도를 닦느냐?'고 물으라."
이때 선재동자는 법을 들었으므로 기뻐 뛰놀면서 부사의한 착한 뿌리가 저절로 증장하여 그의 발에 엎드려 절하고 수없이 돌고 하직하고 물러갔다.

[疏] 後, 三段은 並可知라 下諸善友의 六段之文이 多有不具나 皆可思準이니라
■ 뒤의 세 문단인 (4) 자신은 겸양하고 뛰어난 분을 추천함과 (5) 다음

선지식을 지시함과 (6) 덕을 사모하여 예배하고 물러감은 (경문과) 함께하면 알 수 있으리라. 아래 모든 선지식의 여섯 문단의 경문은 대부분 갖추지 못함도 있지만 모두 생각으로 준할 수 있으리라.

2) 제44. 동자들의 스승 변우 선지식[童子師徧友] (第二 30上1)

從天宮下하여 漸向彼城하여 至徧友所하여 禮足圍遶하며 合掌恭敬하고 於一面立하여 白言하되 聖者여 我已先發阿耨多羅三藐三菩提心하니 而未知菩薩이 云何學菩薩行이며 云何修菩薩道리잇고 我聞聖者는 善能誘誨라하니 願爲我說하소서 徧友가 答言하시되 善男子여 此有童子하니 名善知衆藝라 學菩薩字智하나니 汝可問之하라 當爲汝說하리라

천궁에서 내려와 가비라성을 찾아갔다. 변우가 있는 데 나아가 발에 절하고 두루 돌고 합장하고 공경하며 한 곁에 서서 말하였다. "거룩하신 이여, 저는 이미 아눗다라삼먁삼보디심을 내었사오나, 보살이 어떻게 보살의 행을 배우며, 어떻게 보살의 도를 닦는지를 알지 못하나이다. 듣자온즉 거룩한 이께서 잘 가르치신다 하오니, 바라옵건대 말씀하여 주소서." 변우가 대답하였다. "착한 남자여, 여기 한 동자가 있으니, 이름이 선지중예라, 보살의 글자 지혜를 배웠으니 그대는 가서 물으라. 그대에게 말하여 주리라."

[疏] 第二, 童子師徧友는 幻智師範善知識이니 謂爲童蒙師하여 徧與衆生

으로 爲善友故라 居迦毘羅黃色城者는 中道軌物故라 不得法者는 略
有四義하니 一, 與衆藝로 法門이 同故요 二, 法有所付라 顯流通故요
三, 表一切法門이 體無二故요 四, 表無所得이라야 方爲得故니라

- 2) 동자들의 스승인 변우 선지식은 환술 같은 지혜의 스승인 선지식이다. 이른바 동자의 스승이 되어 두루 중생과 함께 선지식이 되었기 때문이다. '가비라(迦毘羅)의 황색성에 산다'는 것은 중도(中道)로 중생의 모범이 되기 때문이다. '법을 얻지 못한 것'에는 간략히 네 가지 뜻이 있으니 (1) 여러 공예 법문과 같은 까닭이요, (2) 법에 부촉할 것이 있음이니 유통을 밝히는 까닭이요, (3) 온갖 법문이 체성으로는 둘이 없음을 표하기 때문이요, (4) 얻은 바가 없음을 표해야 비로소 얻음이 되는 까닭이다.

[鈔] 第二徧友는 可知니라

- 2) 동자들의 스승인 변우 선지식은 알 수 있으리라.

3) 제45. 선지중예 동자 선지식[善知衆藝童子] 6.

(1) 가르침에 의지해 나아가 구하다[依敎趣求] (第三 30上10)
(2) 만나서 공경을 표하고 법문을 묻다[見敬諮問] (初二)

爾時에 善財가 卽至其所하여 頭頂禮敬하고 於一面立하여 白言하되 聖者여 我已先發阿耨多羅三藐三菩提心하니 而未知菩薩이 云何學菩薩行이며 云何修菩薩道리잇고 我聞聖者는 善能誘誨라하니 願爲我說하소서

이때 선재동자는 곧 그이에게 가서 엎드려 절하고 한 곁에
서서 말하였다. "거룩하신 이여, 저는 이미 아뇩다라삼먁삼
보리심을 내었사오나, 보살이 어떻게 보살의 행을 배우며,
어떻게 보살의 도를 닦는지를 알지 못하나이다. 듣자온즉
거룩한 이께서 잘 가르치신다 하오니 바라옵건대 저에게 말
씀하여 주소서."

[疏] 第三, 善知衆藝幻智字母善知識이라 中에 六이니 初二는 可知니라
- 3) 여러 공예술을 잘 알고 환술과 같은 지혜의 자모(字母)를 잘 아는 선지식이다. 그중에 여섯이니, (1) 가르침에 의지하여 나아가 구함과 (2) 만나서 공경을 표하고 법문을 물음은 알 수 있으리라.

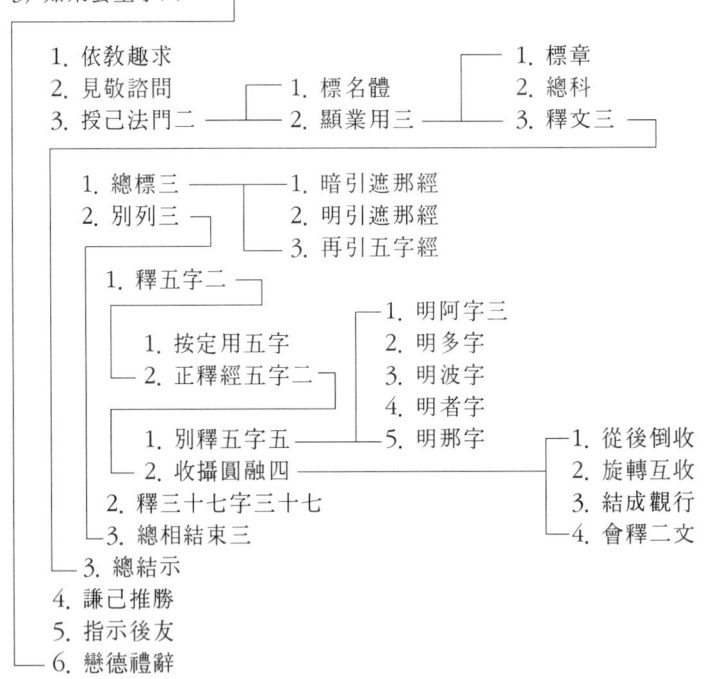

(3) 자신의 해탈법을 설해 주다[授己法門] 2.

가. 법문의 명칭과 체성을 표방하다[標名體] (第三 30下3)
나. 해탈법의 업과 작용을 밝히다[顯業用] 3.
가) 가름을 표방하다[標章] (二我)
나) 총합하여 나열하다[總列] (有標)

時彼童子가 告善財言하시되 善男子여 我得菩薩解脫하니 名善知眾藝라 我恒唱持此之字母하노니
그 동자는 선재에게 말하였다. "착한 남자여, 나는 보살의 해탈을 얻었으니, 이름이 모든 예술 잘 앎이라. 나는 항상 이 자모를 부르노라.

[疏] 第三, 時彼童子下는 授己法門이라 中에 二니 初, 標名體니 謂以無礙智로 窮世間之伎藝故라 二, 我恒下는 顯其業用이라 字母가 爲衆藝之勝이며 書說之本일새 故로 偏明之니라 有標列結하니 列有四十二門이라

■ (3) 時彼童子 아래는 자신의 해탈법을 설해 줌 중에 둘이니 가. 법문의 명칭과 체성을 표방함이니 이른바 걸림 없는 지혜로 세간의 기술과 공예를 궁구하는 까닭이다. 나. 我恒 아래는 해탈법의 업과 작용을 밝힘이다. 자모(字母)는 여러 공예술의 뛰어나면서 글과 말의 근본이므로 치우쳐 밝힌 것이다. 표방하고 나열함과 결론함이 있으니 나열하면 42가지 문이 있다.

[鈔] 二我恒下顯其業用者는 疏文有三하니 一, 標章立意[86]요 二, 總科요 三, 釋文이라 今初에 言字母爲衆藝之勝이며 書說之本者는 出偏示所以也니 以標知衆藝而偏釋故라 故로 智論에 云, 諸陀羅尼는 皆從分別語生하니 四十二字는 是一切字根本이라 因字有語하고 因語有名하고 因名有義하니 菩薩이 若聞其字하면 乃至能了其義하나니 是字가 初阿요 後茶[87]며 中有四十하니 得是字陀羅尼하면 多所成益이라하야 乃至廣說하니라 又如本行集에 云, 爾時에 菩薩이 爲諸童子하여 一一分別字之本末하며 乃至訓化三萬二千童子하여 勸發無上眞正道意라하시니 是知字가 爲衆藝之本이라 故로 十地中에 以喩十地가 爲諸法本이라하니라 二, 有標下는 總列이라

● 나. 我恒 아래는 (해탈법의) 업과 작용을 밝힘이란 소문이 셋이 있으니 가) 가름을 표방하고 의미를 세움이요, 나) 총합하여 과목 나눔이요, 다) 경문 해석이다. 지금은 가)에서 자모로써 여러 기예가 뛰어남을 말하였으며, 글을 쓰고 말하는 근본을 치우쳐 보여 준 이유를 내 보였다. 지중예(知衆藝)로 표방하여 치우쳐 해석한 까닭이다. 그러므로 『대지도론』에 이르되, "모든 다라니는 모두 분별하는 말에서 생긴 것이요, 42글자는 모든 글자의 근본이다. 글자로 인하여 말함이 있고, 말로 인하여 이름이 있으며, 이름으로 인하여 뜻이 있나니 보살이 만일 그 글자를 듣고 나아가 능히 그 뜻을 요달하면 글자의 첫째는 아 자(阿字)요, 뒤는 다 자(茶字)이니 중간에 40글자가 있다." 글자의 다라니를 얻음으로 대부분 이익을 성취한 바요, 나아가 자세하게 설명하였다. 또한 저 『본행집(本行集)』[88]에 이르되, "그때 보살이 모든

---

86) 立은 南金本作正誤.
87) 茶는 南金本作茶, 論原續本作茶.
88) 본행집은 불본행집경(佛那崛多역, 전60권)의 약칭인 듯하나 관련 내용은 보이지 않는다.

동자를 위하여 하나하나 글자의 근본과 지말을 분별하고 나아가 3만 2천 동자를 가르쳐 교화하고 권유하여 위없이 진정한 도에 생각을 발하였다"라고 말함은 글자가 여러 기예(技藝)의 근본임을 알게 한 것이므로 십지품 중에서 십지가 모든 법의 근본이 됨을 비유한 것이다. 나) 有標 아래는 총합하여 나열함이다.

다) 경문 해석[釋文] 3.
(가) 총합하여 표방하다[總標] 3.

ㄱ. 모르게 비로자나경을 인용하다[暗引遮那經] (皆言 31上7)
ㄴ. 드러나게 비로자나경을 인용하다[明引遮那經] (故毘)
ㄷ. 다시 문수오자경을 인용하다[再引五字經] (又文)

[疏] 皆言般若波羅密門者는 從字로 入於無相智니 故로 字義爲門이라 故로 毘盧遮那經中에 皆言不可得智라하니 無所得이 卽般若故니라 又文殊五字經에 云, 受持此陀羅尼하면 卽入一切法平等하여 速得成就摩訶般若니 纔誦一遍하야도 如持一切八萬四千修多羅藏이라하니라

■ 모두에 반야바라밀문이라 말한 것은 글자로부터 모양 없는 지혜에 들어가는 연고로 글자와 뜻으로 문을 삼았다. 그러므로 『비로자나경』 중에서 모두에 '지혜를 얻을 수 없다'고 말하였으니 얻은 바가 없음이 곧 반야를 얻은 것이기 때문이다. 또한 『문수오자경(文殊五字經)』에 이르되, "이런 다라니를 수지하면 곧 일체법이 평등함에 들어가고 속히 마하반야를 성취함을 얻게 되나니 겨우 한 편을 독송하면 마치

온갖 8만4천 수다라장(修多羅藏)을 지님과 같다"고 하였다.

[鈔] 三皆言般若下는 釋文이니 先, 釋總標라 於中에 三이니 一, 暗引毘盧遮那經이요 二, 明引遮那요 三, 引五字經이라 今初니 彼有偈云호대 甚深相無相은 劣慧所不堪이니 爲化是等故로 兼存有無說이라하니라 釋曰, 因字는 是有요 無相智는 是無라 故로 念誦瑜伽之者가 先, 觀字相하고 後, 入字義也라 阿字相觀에 云, 八葉白蓮一時開[89]하여 炳現阿字素光色이라하니 斯卽字相也오 而智表菩提心이니 悟本不生하여 圓滿具足함이 猶如月輪은 卽是字義니 相有義無일새 故云兼也라 是以로 今經에 唱阿字時가 卽是相也오 入般若波羅密門은 卽是無相智也라 智論에 云, 此字는 是實相門이라 則顯三種般若가 不相捨離니 字卽名字般若요 入般若波羅密門은 卽觀照般若요 悟不生等은 卽實相般若也라하니라

故毘盧下는 第二, 明引遮那라 又上은 義證이요 今卽文證이라 不可得言卽般若相이니 故로 般若中에 廣說無得이 爲般若故니라 又文殊下는 第三, 引五字하여 證爲般若門이니라

● 다) 皆言般若 아래는 경문 해석이다. (가) 총합하여 표방함을 해석함이니 그중에 셋이다. ㄱ. 모르게 비로자나경을 인용함이요, ㄴ. 드러나게 비로자나경을 인용함이요, ㄷ. 다시 문수오자경을 인용함이다. 지금은 ㄱ.이니 저기에 게송으로 말하되, "매우 깊은 모양과 모양 없음은 하열한 지혜로 감당하지 못할 바요, 이런 등을 교화하기 위한 연고로 〈유〉와 〈무〉를 겸하여 두고 설한다"라고 하였다. 해석하자면 글자로 인함은 〈유〉이고 모양 없는 지혜는 〈무〉이므로

---

89) 時開는 菩提心論作肘間.

요오가[瑜伽]를 기억하고 외우는 자는 먼저 글자와 모양을 관찰하고, 뒤에 글자의 뜻에 들어간다. 아(A 阿) 자 모양을 관찰하면서 이르되, "여덟 잎사귀 흰 연꽃이 한꺼번에 피고 아(A 阿) 자의 흰색 광명이 밝게 나타난다"라고 하였으니 이것은 곧 글자의 모양이다. 그러나 지혜는 보리심을 표하였고, 본래 나지 않음을 깨달은 것이요, 원만하고 구족함이 마치 보름달과 같나니 곧 글자의 뜻이다. 모양은 〈유〉이고 뜻은 〈무〉인 연고로 '겸한다'고 하였다. 이런 연고로 지금 본경에 '아(A 阿) 자를 부르는 때에'는 곧 모양이요, 반야바라밀문에 들어감은 곧 모양 없는 지혜라는 뜻이다.『대지도론』에 이르되, "이 글자는 실상의 문이면 세 가지 반야가 서로 여의지 않음을 밝힘이다. 글자는 곧 명자(名字)반야요, 반야바라밀문에 들어감은 곧 관조(觀照)반야요, 나지 않음을 깨닫는 등은 곧 실상(實相)반야이다"라 하였다.

ㄴ. 故毘盧 아래는 드러나게 비로자나경을 인용함이다. 또한 위는 뜻으로 증명함이요, 지금은 곧 경문으로 증명함이요, 말로 할 수 있음은 곧 반야바라밀의 모양인 까닭이다. 반야 중에서 얻을 것 없음을 자세히 설함으로 반야로 삼은 까닭이다. ㄷ. 又文殊 아래는 다시『문수오자경』을 인용하여 반야바라밀의 문을 삼은 내용이다.

(나) 별도로 나열하다[別列] 3.
ㄱ. 근본 오자(五字)에 대해 해석하다[釋五字] 2.
ㄱ) 선정을 참고하여 다섯 글자를 사용하다[按定用五字] (然初 31下1)

[疏] 然이나 初五字는 若準阿目佉三藏인대 卽全是文殊眞言이요 若準今

本하면 而第二의 一字不同하니 今依彼經하여 釋之하노라
- 그러나 처음의 다섯 글자는 만일 아목가(阿目佉, 不空의 뜻) 삼장[90]에 준하면 전체는 문수보살의 진언이다. 만일 본경에 준하더라도 그러나 둘째, 한 글자도 같지 않나니, 지금은 저 경문을 의지하여 해석하였다.

[鈔] 然初五字下는 第二, 釋別列이라 中에 合爲四十二段이라 今疏에 有三하니 初, 別釋五字요 二, 釋所餘요 三, 總結示라 今初에 五字는 約五字陀羅尼經하고 而引不空하여 會通字音이라 然이나 古諸德이 於此經中에 不多解釋이요 靜法에 有章하니 名爲漩澓이라 六門分別하니 一, 釋名이요 二, 體性이요 三, 建立이요 四, 釋相이요 五, 利益이요 六, 問答이라 而其釋相은 亦廣引諸經호대 而不全具라 又諸經의 字音參雜하니 以梵音輕重이니라 三藏이 解釋에 不看下義하고 但取字同일새 故多乖舛이니 如涅槃에 以阿字로 爲噁하고 此中에 以囉字로 爲多라 此等이 不以義定이니 故多訛謬니라 今에 亦別有一章하니 總引十經一論이라 一, 興善의 譯華嚴四十二字門이요 二, 大般若第四百九十이요 三, 引大品般若第八이요 四, 放光般若第六이요 五, 光讚般若第十이요 六, 普耀經第三이요 七, 興善三藏의 別譯文殊問般若字母요 八, 別譯金剛頂瑜伽字母요 九, 涅槃第八이요 十, 卽今經이라 言

---

90) 불공삼장(不空, 705-774) : 범어 Amoghavajra의 번역. 阿目佉跋折羅라 음사하고 不空金剛이라 하기도 한다. 진언종의 부법 제6조. 인도 사자국 사람으로 북인도 바라문의 아들로 어려서 아버지를 여의고 숙부를 따라 남양의 여러 나라로 다니다가 쟈바에서 金剛智三藏의 제자가 되고, 720년(開元 8년) 16세 때 스승을 따라 중국에 오다. 724년 광복사 계단에서 有部律을 받고 그 뒤부터 금강지 삼장을 모시고 역경에 조력하였고, 밀교학을 닦아 양부의 대법과 밀교의 깊은 뜻을 이어『金剛頂經』을 구하기 위해 다시 인도의 사자국의 佛牙寺에 머물면서 普賢아사리에게 비밀교의 대법을 전수받다. 746년(천보 5년) 여러 논과 경을 가지고 다시 중국에 왔다. 현종이 그에게 귀의하여 궁중에 단을 만들고 관정을 받기도 하다. 765년(永泰 1년) 홍로경(鴻臚卿)이 되고 廣智三藏이라고 하였다. 771년(대력 1년) 번역한 경전 77부를 왕에게 바치고 入藏하게 하다. 대력 9년 70세로 입적하다.

一論者는 卽智度論이니라 其五字經에는 唯釋初之五字라 一一具引하여 對會異同이니라 今疏에 但用大般若와 及興善別譯四十二字하니 以二本이 多同故니라 初之五字를 用五字經하고 餘文全要를 鈔에 更引證이요 餘在別章이니라

- (나) 然初五字 아래는 개별로 나열함이다. 그중에 합하면 42문단이 되는데, 지금 소문에 셋이 있으니 ㄱ. 근본 오자(五字)에 대해 해석함[91]이요, ㄴ. 나머지 37자(字)에 대해 해석함이요, ㄷ. 결론하여 보여 줌이다. 지금은 ㄱ. 근본 오자는『오자다라니경(五字陀羅尼經)』을 의지하여 불공(不空)삼장이 회통한 글자와 소리를 인용하였다. 그러나 예전의 모든 대덕들이 이 경문 중에서 여러 번 해석하지 않았는데, 정법사(靜法師, 惠苑을 지칭)는 가름을 두어서 이름을 '소용돌아 흐름[漩澓]'이라 하면서 여섯 문으로 분별하였다. ㄱ) 명칭 해석, ㄴ) 체성을 내보임, ㄷ) 건립함, ㄹ) 모양을 해석함, ㅁ) 얻은 이익, ㅂ) 질문과 대답이다. 그 ㄹ) 모양을 해석함도 또한 여러 경문을 널리 인용하였지만 완전히 구비하지는 못하였다. 또한 여러 경문의 글자와 음성이 섞이고 범어 소리의 가볍고 무거움으로 인해 삼장이 해석하면서 아래 뜻을 보지 못하였다. 단지 글자가 같음만을 취한 연고로 대부분 어긋난 것은 열반(涅槃)과 같이 아(阿) 자로 오(噁)를 삼고 이 가운데 라(囉) 자를 많음으로 해석하였다. 이런 따위는 뜻이 정해지지 않은 연고로 잘못됨이 많다. 지금은 또한 별도로 한 가름[章]이 있어서 총합하여 열 가지 경문과 한 가지 논서를 인용하였다. (ㄱ) 홍선사(興善寺) 불공(不空)삼장이『화엄경』의 42글자를 번역한 문이요,

---

91) 여기서 아(阿) 자는 생겨나는 것이 없다는 무생(無生)의 뜻이며, 다(茶) 자는 번뇌에 오염됨이 없다는 뜻이다. 파(破) 자는 모든 것의 본성이 같다는 것을 의미하며, 자(者) 자는 변화하는 것이 없다는 뜻이고, 나(那) 자는 본래 절대적인 실체가 존재하지 않음을 의미한다.

(ㄴ)『대반야경』제490권을 인용한 문이요, (ㄷ)『대품반야경』제8권을 인용한 문이요, (ㄹ)『방광(放光)반야경』제6권을 인용한 문이요, (ㅁ)『광찬(光讚)반야경』제10권을 인용한 문이요, (ㅂ)『보요경(普曜經)』제3권을 인용한 문이요, (ㅅ) 홍선사 삼장이 따로 번역한 『문수문반야자모경(文殊問般若字母經)』을 인용한 문이요, (ㅇ) 따로 번역한『금강정유가자모경(金剛頂瑜伽字母經)』을 인용한 문이요, (ㅈ)『열반경』제8권을 인용한 문이요, (ㅊ) 본『화엄경』을 인용한 문이다.
'한 가지 논서'라 말한 것은 곧『대지도론』이니 그『문수오자경』에 오로지 처음의 오자(五字) 진언만 해석한 것을 하나하나 갖추어 인용하고 다른 것을 상대하여 모은 것이다. 지금 소문에는 단지『대반야경』과 홍선사(興善寺) 불공삼장이 화엄경의 42글자를 따로 번역한 부분을 사용하면 두 책이 대부분 같은 까닭이다. 처음의 오자 진언은『문수오자경』의 나머지 경문과 완전히 중요 부분을 사용하였고, 초문에 다시 인용하여 증명하였고, 나머지는 별도의 가름에 있다.

然上十經에 前五는 釋四十二字母하고 次四는 卽釋五十二字母하니 次第不同이나 義卽多同하니라 五字經中에는 唯釋五字하고 大品과 放光과 光讚에는 但大般若의 廣略之異니 字義相同이요 智論은 又釋大品일새 義亦同也라 故로 疏에 但用二經하여 具釋三十七字니라 故로 今에 按定用五字니라 疏文이 分二니 先, 別釋五字요 後, 收攝圓融이라 今初五字를 鈔卻廣引이라 五字를 分爲五段이나 文皆有三하니 一, 牒本經字母요 二, 以彼經義로 釋之요 三, 會今經之意니라

● 그러나 위의 열 가지 경문은 앞의 다섯 과목에서 42가지 자모를 해석하고, 다음의 네 과목에 52가지 자모를 해석하였으니 순서가 같지는

않지만 뜻은 대부분 같다.『문수오자경』중에는 오직 다섯 글자만 해석하였고,『대품반야경』『방광반야경』『광찬반야경』에는 단지『대반야경』의 자세하고 간략한 차이는 있지만 글자와 뜻은 서로 같다.『대지도론』에도 또한『대품반야경』을 해석하였으니 뜻도 또한 같다. 그러므로 소문에는 단지 두 경문만 사용하고 37글자를 갖추어 해석한 연고로 지금에는 선정을 참고하여 오자진언을 사용하였다. 소문을 둘로 나누면 (ㄱ) 다섯 글자를 개별로 해석함이요, (ㄴ) 원융문으로 거두어 포섭함이다. 지금은 (ㄱ)에서 다섯 글자는 초문에 도리어 자세하게 인용하였다. 다섯 글자는 다섯 문단으로 나누는데 경문은 모두 셋이 있다. (1) 본경의 자모를 따옴이요, (2) 저 경문의 뜻으로 해석함이요, (3) 본경의 의미를 회통함이다.

ㄴ) 경문의 다섯 글자를 바로 해석하다[正釋經五字] 2.
(ㄱ) 다섯 글자를 개별로 해석하다[別釋五字] 5.

a. 아(A 阿) 자에 대해 설명하다[明阿字] 3.
a) 본경의 자모를 따오다[牒本經字母] (一阿 33上10)
b) 문수오자경에 의지하여 해석하다[依五字經釋] (是無)
c) 본경의 의미를 회통하다[會今經之意] (以無)

唱阿字時에 入般若波羅蜜門하니 名以菩薩威力으로 入無差別境界요
아(A 阿) 자를 부를 때는 반야바라밀다문에 들어가나니, 이름이 보살의 위력으로 차별이 없는 경계에 들어감이니라.

[疏] 一, 阿字는 是無生義니 以無生之理가 統該萬法이니 故로 經에 云, 無差別境이라 而菩薩이 得此無生에 則能達諸法空하여 斷一切障일새 故云威力이니라

- a. 아(A 阿) 자는 남이 없는 이치이다. 무생(無生)의 이치로 만법을 거느려 포괄하므로 경문에 이르되, "차별 없는 경계이지만 보살이 이런 무생(無生)을 얻으면 능히 모든 법이 공함을 통달할 것이요, 온갖 장애를 끊는 연고로 위신력이라 말한다"라고 하였다.

[鈔] 今初一阿者는 卽第一, 牒經字母라 卽今經에 云, 唱阿字時라하시니 今에 但略取所牒之字라 下의 四十一字도 皆然이라 二, 是無生義는 卽五字經釋義요 三, 以無生之理下는 會釋今經이니 意云, 諸法이 皆悉無生일새 故無差別이라 故로 上經에 云, 一切法이 無生이요 一切法이 無滅이니 若能如是解하면 斯人은 見如來라하며 而大般若金剛頂에도 全同上釋이요 大品에 云, 阿字門은 一切法이 初不生故라하야늘 智論에 釋云호대 若菩薩이 一切語法中에 聞阿字時에 卽時隨義[92]니 所謂一切法이 從初來로 不生相이라 阿提는 此言初요 阿耨波陀는 此[93]言不生故라하니라 釋曰, 論文이 二節이니 一, 隨經釋義요 二, 阿提此言初下는 會釋方言이라 下四十一字도 皆然이니라 見此論文하면 則知四十二字가 皆是所依之相이요 從此하여 入於無得般若일새 故名爲般若之門이라

- 지금은 a. 아(A 阿) 자는 곧 (1) 본경의 자모를 따옴이다. 본경에 말한 "아 자를 부를 때에"는 지금은 단지 따온 글자만 간략히 취하였

---

92) 義는 甲續本作意 論原南本作義.
93) 上二此字는 論甲南續金本作秦 案智論四十二字中 皆作秦 今鈔原皆作此, 甲南續金本除第六八十十五二十二二十三, 甲本又除第三二十六 作此外餘皆作秦, 而第十沙字中 唯南藏本作秦.

고, 아래 41글자도 모두 마찬가지이다. (2) 이 무생(無生)의 이치는 『문수오자경』의 뜻이요, (3) 以無生之理 아래는 본경과 회통하여 해석함이다. 의미를 말하되, 모든 법이 모두 남이 없으므로 차별이 없다. 그러므로 위의 경문(제14. 수미정상게찬품)에 이르되, "온갖 법이 나지도 않고 온갖 법이 없어지지도 않나니 만일 능히 이렇게 안다면 부처님께서 항상 그 앞에 계시리"라 하였고, 그러나 『대반야경』과 『금강정경(金剛頂經)』은 위의 해석과 완전히 같다. 『대품반야경』에 이르되, "아자문(阿字門)은 온갖 법이 처음부터 나지 않는 까닭이다"라 하였고, 『대지도론』에 해석하여 말하되, "만일 보살의 온갖 말한 법 가운데 아(阿) 자를 들는 때 바로 그때 뜻을 따른다. 이른바 온갖 법이 처음부터 나는 모양이 아니요, 아제(阿提)는 '처음'이라 번역하고, 아뇩파타(阿耨波陀)는 '나지 않음'이라 번역하는 까닭이다"라고 하였다. 해석하자면 논문의 두 과목이니 (1) 경문을 따라 뜻을 해석함이요, (2) 阿提此言初 아래는 사투리를 모아 해석함이다. 아래 41글자도 모두 마찬가지이다. 이런 논문을 보면 42글자가 모두 의지할 대상의 모양임을 알겠다. 이로부터 '얻을 것 없는 반야[無得般若]'로 들어가는 연고로 반야바라밀다의 문이라 이름한 것이다.

放光에 云, 阿者는 謂諸法이 來入이라도 不見有起라하고 光讚에 云, 阿者는 因緣之門이니 一切法已過去者도 亦無所起라하니라 釋日, 上二經에 起卽生義요 因緣之門은 從緣生也라 文殊問經에 云, 阿者는 是無常聲이라하고 普曜에 云, 然此言云無者는 是宣無常과 苦와 空과 無我之音이라하니 上二經은 似同小乘之無오 若取無彼常等하면 卽與無生으로 義同이라 此[94]阿字는 上聲短呼일새 故로 譯涅槃噁字當

初하니 雖呼小異나 義亦同也라 故云噁者는 不破壞故오 不破壞者를 名曰三寶니 喩如金剛이라하니 亦同無生義耳니라

- 『방광반야경』에 이르되, "아(阿)는 이른바 모든 법이 와서 들어갈 적에 일어남 있음을 보지 않는다"라 하였고, 『광찬반야경』에 이르되, "아(阿)는 인연법의 문이니 온갖 법이 이미 지나감도 또한 일어날 대상이 없다"라 하였다. 해석하자면 위의 두 경전은 일어남은 곧 '태어남'의 뜻이요, 인연의 문은 '인연으로부터 생겨난다'는 뜻이다. 『문수문반야경』에 이르되, "아(阿)는 항상함 없다는 소리이다"라 하였고, 『보요경』에 이르되, "그러나 없다고 말한 이것은 무상함과 괴로움, 공함, 내가 없다[無常, 苦, 空, 無我]는 소리이다"라 하였으니, 위의 두 경전은 소승의 없음과 비슷하다. 만일 저 무상함 등은 곧 '남이 없다'는 뜻과 같다. 이런 아(阿) 자는 상성(上聲)으로 짧게 부르는 연고로 열반의 오(噁) 자라 번역한다. 당초에 비록 조금 다르게 부르지만 뜻은 또한 같다. 그러므로 오(噁)라 말한 것은 파괴되지 않는 까닭이다. 파괴되지 않음을 이름하여 삼보(三寶)라 하나니, 저 금강(金剛)과 같다고 비유함도 또한 '남이 없는 뜻[無生義]'과 같을 뿐이다.

b. 타(Ta 多) 자에 대해 설명하다[明多字] (二多 34下7)

> 唱多字時에 入般若波羅蜜門하니 名無邊差別門이요
> 타(Ta 多) 자를 부를 때는 반야바라밀다문에 들어가나니, 이름이 그지없는 차별한 문이니라.

---

94) 此는 甲南續金本作此初.

[疏] 二, 多者는 彼經第二에 當囉字니 是淸淨無染하여 離塵垢義라 今云 多者는 毘盧遮那經에 釋多云, 如如解脫이라하고 金剛頂에 云, 如如 不可得故라하시니 謂如卽無邊差別이라 故로 如不可得이니 此順多字 義라 應是譯人之誤니 囉多二字가 字形相近하여 聲相濫故라 若順 無塵垢釋인대 以無邊之門이라야 方淨塵垢니라

■ b. 타(Ta 多) 자에 대해 설명함이다. 저『문수오자경』의 둘째 라(囉) 자에 해당하나니, 청정하고 더러움이 없어서 티끌에 더러워짐이 없다는 뜻이다. 본경에 타(Ta 多)라 한 것은『비로자나경(毘盧遮那經)』에 타(多) 자를 해석하여 이르되, "진여와 같이 해탈한다"라 하였고,『금강정경』에 이르되 "진여와 같아서 얻을 수 없기 때문이다"라 하였고, 말하자면 여(如)는 곧 그지없이 차별한 연고로 진여는 얻을 수 없나니, 여기서는 타(多) 자의 뜻에 따른 것이다. 응당히 번역자의 잘못일 것이며, 라(囉) 자와 타(多) 자 두 글자는 글자의 형상이 서로 근접하여 소리와 모양이 잘못되는 까닭이다. 만일 티끌에 더러워짐이 없다는 해석을 따른다면 그지없는 문이라야 비로소 티끌에 더러워진 것을 청정케 한다는 뜻이 된다.

[鈔] 二多者는 此牒經也라 彼經第二下는 疏釋有五하니 一, 依五字釋이 요 二, 今云多下는 按今多釋이요 三, 如卽無邊差別者는 會經也요 四, 應是譯人下는 會釋偏正이라 言字形相近者는 今示二梵之形하면 ○多字와 ○囉字[95]가 此二는 小近이라 聲相濫者는 同疊韻故라 五, 若順無塵下는 正以囉字로 會釋經文이라 以諸經字義가 第二多 同하니 故로 大品에 云, 囉字는 悟一切法이 離塵垢故라하고 放光에

---

95) 多字囉字는 南金本係注, 原本作多囉在梵字上; 兹從續藏.

云, 二囉者는 垢貌니 於諸法에 無有塵이라하며 光讚에 云, 是囉之門
은 法離塵垢라하며 金剛頂에 云, 囉者는 一切法離故라하고 涅槃에
云, 囉者는 能壞貪瞋癡하여 說眞實法하며 亦壞塵垢義라하며 智論에
云, 若聞囉字하면 卽隨義하여 知一切法이 離垢相이니 以囉闍을 此言
垢故라하니라 以上諸經은 皆第二囉字가 同離垢義니 故로 無惑矣니라

● b. 타(多) 자는 여기서 경문을 따옴이다. 彼經第二 아래는 소가의 해
석이 다섯 과목이 있다. a)『문수오자경』에 의지하여 해석함이요, b)
今云多 아래는 본경의 타(多) 자에 의지해 해석함이요, c) 여(如)는 곧
그지없는 차별이라 함은 경문과 회통함이요, d) 應是譯人 아래는 치
우치고 바름을 모아서 해석함이다. '글자의 형상이 서로 근접하다'고
말한 것은 지금에 두 가지 범어의 형상을 보여 줌이요, 타(多) 자와 라
(囉) 자의 두 가지는 조금 가깝다. '소리와 모양이 잘못됨'이란 운율
이 함께 겹친 까닭이다. e) 若順無塵 아래는 바로 라(囉) 자로 경문
과 회통하여 해석함이다. 모든 경문의 글자와 뜻이 두 번째로 대부분
같은 연고로『대품반야경』에 이르되, "라(囉) 자는 온갖 법이 티끌에
더러워짐을 여읜 것을 깨닫는 까닭이다"라 하였고,『방광반야경』에
이르되, "두 가지 라(囉) 자는 때 묻은 모양이니 모든 법에 티끌이 없
다"라 하였고,『광찬반야경』에 이르되, "이 라(囉) 자 문은 법이 티끌
로 더러워짐을 여읜다"라 하였고,『금강정경』에 이르되, "라(囉) 자는
온갖 법에서 여읜 까닭이다"라 하였고,『열반경』에 이르되, "라(囉) 자
는 탐욕과 성냄과 어리석음을 능히 무너뜨려서 진실법을 설하며, 또
한 더러움을 무너뜨린다는 뜻이다"라 하였고,『대지도론』에 이르되,
"만일 라(囉) 자를 들으면 곧 뜻을 따라서 온갖 법이 때를 여읜 모습
인 줄 아는 것이요, 라(囉)와 사(闍)는 더러움이라 번역하는 까닭이다"

라 하였다. 위의 모든 경전은 모두 둘째 라(囉) 자는 함께 더러움을 여읜다는 뜻이므로 미혹이 없음을 뜻한다.

c. 파(Pa 波) 자에 대해 설명하다[明波字] (三波 35下5)

唱波字時에 入般若波羅蜜門하니 名普照法界요
파(Pa 波) 자를 부를 때는 반야바라밀다문에 들어가나니,
이름이 법계에 두루 비침이니라.

[疏] 三, 波者는 五字經에 云, 亦無第一義諦하여 諸法平等이라하니 謂眞俗雙亡이 是眞法界요 諸法皆等이 卽是普照니라

■ c. 파(Pa 波) 자는 『문수오자경』에 이르되, "또한 첫째가는 이치의 진리도 없음이 모든 법에 평등하다"고 하였으니 말하자면 진제와 속제가 함께 없음이 곧 진여법계이며, 모든 법이 다 평등함이 곧 '널리 비춤[普照]'의 뜻이다.

[鈔] 三波者는 別譯이라 及餘經에 多是跛字니 今依五字하여 跛字로 釋義라 大般若에 言, 跛者는 一切法勝義敎라하고 大品에 云, 跛者는 第一義故라하며 放光에 云, 跛者는 諸法泥洹이 最第一義라하며 文殊問經에 云, 出勝義聲이라하니라 釋曰, 上諸經에 皆獨明第一義가 但是所遣이요 唯金剛頂에 云, 跛者는 第一義不可得이라하니 則具般若相矣라 故로 疏에 云, 謂眞俗雙亡下는 會經前二字니 以第一義로 遣俗하고 今亦無第一義에 則復遣眞일새 爲雙亡眞俗이니 是眞法界라 上卽所照요 從諸法皆等下는 含普照義라 智論에 云, 若聞跛字하면

卽知一切法이 入第一義라 以波囉末陀를 此言第一義故라하니라 釋
曰, 此亦但入第一義耳니라

- c. 파(Pa 波) 자에 대해 개별로 해석함이다. 나머지 경문에 대부분 파
(跛) 자라 하였으니 지금은 『문수오자경』에 의지하여 파(跛) 자로 뜻
을 해석하였다. 『대반야경』에 이르되, "파(跛) 자는 온갖 법이 뛰어난
이치의 교법이다"라 하였고, 『대품반야경』에 이르되, "파(跛) 자는 제
일가는 이치인 까닭이다"라 하였고, 『방광반야경』에 이르되, "파(跛)
자는 모든 법이 열반인 것이 가장 제일가는 이치이다"라 하였고, 『문
수문반야경』에 이르되, "(파 자는) 뛰어난 이치에서 나온 소리이다"라
고 하였다. 해석하자면 위의 모든 경문은 제일가는 이치는 단지 보낼
대상일 뿐이라고 유독 그것만 밝혔다. 오직 『금강정경』에만 이르되,
"파(跛) 자는 제일가는 이치를 얻을 수 없음의 뜻이다"고 하였으니 반
야를 갖춘 모양인 까닭이다. 그러므로 소가가 말하되, 謂眞俗雙亡
아래는 앞의 두 글자를 경문과 회통함이니, 제일가는 이치는 속제를
배제[遣]한다는 뜻이다. 지금에도 또한 제일가는 이치가 없으면 다시
진제를 보냄이요, 진제와 속제가 함께 없음이 곧 진실한 법계이다. 위
는 곧 비출 대상이요, 諸法皆等부터 아래는 널리 비춤을 포함한 뜻
이다. 『대지도론』에 이르되, "만일 파(跛) 자를 들으면 곧 온갖 법을
알고서 제일가는 이치에 들어간다. 바라말다(波囉末陀)는 '제일가는
이치'라 번역한다"라 하였다. 해석하자면 이것도 역시 단지 제일가는
이치에 들어갈 뿐이다.

d. 차(Ca 者) 자에 대한 설명[明者字] (四者 36上8)

唱者字時에 入般若波羅蜜門하니 名普輪斷差別이요
차(Ca 者) 자를 부를 때는 반야바라밀다문에 들어가나니,
이름이 넓은 바퀴로 차별을 끊음이니라.

[疏] 四, 者者는 諸法이 無有諸行이라 謂諸行旣空일새 故徧摧差別이니라
■ d. 차(Ca 者) 자는 모든 법에는 여러 행이 없나니 이른바 모든 행이 이미 공(空)한 연고로 차별을 두루 없앤다는 뜻이다.

[鈔] 四者는 興善에 譯爲左字오 義則全同五字經也라 文中에 先, 釋義요 後, 諸行旣空下는 會經이라 大般若에 云, 入者字門에 悟一切法이 遠離生死니 若生若死를 皆無所得이라하니라 釋曰, 諸行은 卽生死體也라 然이나 諸經에 多明生死之行하니 大品과 涅槃에 義當遮字니 俱明出世之門이라 大品에 云, 遮字는 修不可得이라하고 涅槃에 云, 遮者는 卽是修義니 調伏一切諸衆生故라하니라 然이나 出世行도 亦不可得이라야 方爲般若之門耳니라 智論에 云, 若聞遮字하면 卽時에 知一切法諸行이 皆悉非行이니 以遮利夜를 此言行故라하니라
● d. 홍선사(興善寺) 삼장[不空삼장]은 좌(左) 자라 번역하였다. 뜻은 『문수오자경』과 완전히 같다. 소문 중에 a) 뜻을 해석함이요, b) 諸行旣空 아래는 경문과 회통함이다. 『대반야경』에 이르되, "차(Ca 者) 자 문에 들어가면 온갖 법을 깨달아 나고 죽음을 멀리 여의나니, 태어남과 죽음은 모두 얻은 바가 없다"라고 하였다. 해석하자면 모든 행은 곧 나고 죽음의 체성이다. 그러나 모든 경문에서 대부분 나고 죽음의 행을 밝혔다. 대품반야경과 열반경의 뜻은 차(遮) 자에 해당하여 세간을 벗어나는 문을 함께 밝혔다. 『대품반야경』에 이르되, "차(遮) 자

는 닦아서 얻을 수 없다"라 하였고, 『열반경』에 이르되, "차(遮)는 곧 닦음의 뜻이니 일체의 모든 중생을 조복하려는 까닭이다. 그러나 출세간의 행도 또한 얻을 수 없어야만 비로소 반야의 문이 될 뿐이다"라고 하였다. 『대지도론』에 이르되, "만일 차(遮) 자를 들으면 곧바로 온갖 법의 모든 행이 모두 다 행이 아님을 안다. 차리야(遮利夜)를 지어 감[行]이라 번역하는 까닭이다"라고 하였다.

e. 나(Na 那) 자에 대한 설명[明那字] (五那 36下9)

唱那字時에 **入般若波羅蜜門**하니 **名得無依無上**이요
나(Na 那) 자를 부를 때는 반야바라밀다문에 들어가나니, 이름이 의지한 데 없고 위가 없음을 얻음이니라.

[疏] 五, 那者는 諸法無有性相이라 言說과 文字를 皆不可得이니 謂性相雙亡일새 故無所依요 能所詮亡을 是謂無上이니라

■ e. 나(Na 那) 자는 모든 법이 성품과 모양이 없어서 언설과 문자로 모두 얻을 수 없음을 뜻한다. 이른바 성품과 모양이 함께 없는 연고로 의지할 대상이 없으며, 말하는 주체와 말할 대상이 없음을 일러서 '위없다[無上]'고 말한다.

[鈔] 五那者는 別譯爲曩하고 字義는 亦全同이라 文中에 先, 依五字釋義요 後, 謂性相雙亡下는 會釋經文이라 諸經에는 多是那字니 大般若에 云, 聞那字門에 入一切法하여 遠離名相하시니 若名과 若相을 皆以無所得으로 而爲方便故라하며 大品에 云, 那字門은 諸法離名이라

性相不同不失故라하며 放光에 云, 那字는 謂於諸法字에 本性을 亦 不得이며 亦不失이라하고 光讚에 云, 是那之門은 一切諸法이 離諸名 字니 計其本淨이라도 而不可得이라하며 普曜에 云, 其言不者는 出不 隨衆生하여 離名色之音故라하며 文殊問經에 云, 曩字는 是徧知名色 之聲이라하며 金剛頂에 云,[96] 名色도 亦不可得이라하니라 上三經에 皆 云名色[97]하니 名卽名字라 總取二字하여 爲生死自性일새 涅槃에 云, 那者는 三寶安住하여 無有傾動이 喩如門閫이라하니라 釋曰, 眞實三 寶가 永離名相이니라 智論에 云, 若聞那字하면 卽知一切法이 不得 不失이며 不來不去니 以那素를 此言不故라하니라

- e. 나(Na 那) 자는 낭(曩)이라 별도로 번역하고, 글자의 뜻도 또한 완전히 같다. 경문 중에 a) 문수오자경에 의지하여 해석함이요, b) 謂性相雙亡 아래는 경문을 모아서 해석함이다. 모든 경문에 대부분 나(Na 那) 자라 하였는데, 『대반야경』에 이르되, "나(那) 자 문을 듣고서 온갖 법에 들어가나니 이름과 모양을 멀리 여읜다"고 하였으니 이름과 모양은 모두 얻을 수 없음으로 방편을 삼는 까닭이다. 『대품반야경』에 이르되, "나(那) 자 문은 모든 법이 이름을 여읨이요, 성품과 모양은 같은 것도 잃는 것도 아니기 때문이다"라 하였고, 『방광반야경』에 이르되, "나(那) 자는 이른바 제법(諸法)이란 글자의 본래 성품을 얻은 것도 아니요, 또한 잃은 것도 아니다"라 하였고, 『광찬반야경』에 이르되, "나(那) 자 문은 일체의 모든 법은 명자(名字)를 여의었고, 그 본래 청정함을 얻을 수 없다고 계탁한다"고 하였고 『보요경』에 이르되, "그 아니라고 말한 것은 중생이 명색(名色)을 떠난 음성을 따르지 않음을 내보인 것이다"라 하였고, 『문수문반야경』에 이르되, "낭(曩)

---

96) 云은 南續金本作亦云.
97) 名色은 南續金本作色名.

자는 '이름과 물질'의 소리를 두루 안다"라 하였고,『금강정경』에 이르되, "이름과 물질도 또한 얻을 수 없다"라 하였다. 위의 세 가지 경문에 모두 이름과 물질이라고 말하였다. 이름은 곧 명자로되 두 글자[名色]를 총합하여 취해서 나고 죽음의 자체 성품을 삼은 것이다. 『열반경』에 이르되, "나(那)는 삼보에 편안히 머물러서 기울거나 동요하지 않음을 문이나 문지방[圖]에 비유한다"라고 하였다. 해석하자면 진실한 삼보는 이름과 모양을 영원히 여읜 것을 뜻한다. 『대지도론』에 이르되, "만일 나(那) 자를 들으면 곧 온갖 법이 얻지 못하고 잃지도 않고 오지도 않고 가지도 않음을 아나니, 나소(那素)는 아님[不]을 말하기 때문이다"라 하였다.

(ㄴ) 원융문으로 거두어 섭수하다[收攝圓融] 4.
a. 뒤로부터 뒤바꾸어 섭수하다[從後倒收] (又云 37下4)
b. 돌려서 바꾸고 번갈아 섭수하다[旋轉互收] (阿字)

[疏] 又云, 以那字가 無性相故로 者字는 無有諸行이요 者字가 無有諸行故로 跛字가 無第一義요 跛字가 無第一義故로 囉字가 無塵垢義요 以囉字는 無塵垢義故로 阿字가 法本不生이요 以阿字가 法本不生故로 那字가 無有性相이라

■ 또한 말하되, "나(那) 자는 성품과 모양이 없는 연고로 자(者) 자는 모든 행법이 없음이요, 자(者) 자는 모든 행법이 없는 연고로 파(跛) 자는 제일가는 이치가 없음이요, 파(跛) 자는 제일가는 이치가 없는 연고로 라(囉) 자는 때 묻고 더러움이 없음이요, 라(囉) 자는 때 묻고 더러움이 없는 뜻인 연고로 아(阿) 자는 법이 본래 나지 않음이요, 아

(阿) 자는 법이 본래 나지 않는 연고로 나(那) 자는 성품과 모양이 없다"라고 하였다.

c. 관행을 성취함으로 결론하다[結成觀行] (汝知 38上7)
d. 두 경문을 모아 해석하다[會釋二文] (遮那)

[疏] 汝知是要하여 當觀是心이 本來淸淨하여 無染無着이며 離我我所分別之相이라하니라 遮那經中의 字義코 與此無殊라 下에는 多依彼經과 及阿目佉所譯하노니 而梵音의 輕重有殊나 釋義無別이니라

■ "너희들이 중요한 것을 알려면 마땅히 이런 마음을 관찰함이요, 본래로 청정하여 물들거나 집착함이 없나니 〈나〉와 〈내 것〉이라고 분별하는 모양을 여읜다"라고 하였다. 『비로자나경』중에서 글자와 뜻은 이것과 함께 다름이 없다. 아래에 대부분 저 경문과 아목가(阿目佉 : 不空) 삼장이 번역한 바에 의지하지만 범어 음성에 가볍고 무거움이 다름이 있더라도 뜻을 해석함에는 다름이 없다.

[鈔] 又云以那字下는 第二, 收攝圓融이라 於中에 四니 一, 從後倒收라 謂由第五의 雙無性相이어니 何有第四諸行이리요 諸行이 卽相故로 有相則有第三의 第一義諦어니와 旣無有行이어니 何有第一義諦리요 由第一義空일새 故有第二의 本來淸淨이라 旣無第三이어니 何有第二리요 由第二本淨故로 方說不生이라 旣無第二어니 何有不生이리요 以阿字가 法本不生故로 那字가 無有性相者는 旋轉互收니 以初阿字가 生第五那字하니 則周匝如環이라 謂不生之中에 何有[98]性相이리

---

98) 何有는 南續金本作有何.

요 故令五字로 互相生起하여 旋轉無礙니라

- (ㄴ) 又云以那字 아래는 원융문으로 거두어 섭수함이다. 그중에 넷이니 a. 뒤로부터 뒤바꾸어 섭수함이니 이른바 e. (나(那) 자에 대한 설명)에서 성품과 모양이 함께 없는데 d. (차(者) 자에 대한 설명)에서 어떻게 모든 법에는 모든 행법이 모양과 합치하겠는가? 모양이 있으면 c. (파(波) 자에 대해 설명함)에서 제일가는 이치의 진리가 있을 것이니 이미 행법이 없다면 어떻게 제일가는 이치의 진리가 있겠는가? 제일가는 이치가 공한 연고로 b. (타(多) 자에 대해 설명함)에서 본래로 청정함이니 이미 c. 제일가는 이치의 진리가 없다면 어떻게 b. 본래로 청정함이 있겠는가? b. 본래 청정함으로 말미암은 연고로 비로소 나지 않음을 말하나니, 이미 b. 본래 청정함이 없는데 어떻게 나지 않음이 있겠는가? 아(阿) 자는 법이 본래로 나지 않는 연고며 나(那) 자는 성품과 모양이 없는 것은 돌려서 바꾸고 번갈아 섭수한다. a. 아(阿) 자가 e. 나(那) 자를 낳으면 두루 돌아감이 반지와 같나니, 이른바 나지 않은 중에 어떻게 성품과 모양이 있겠는가? 그러므로 다섯 글자로 하여금 번갈아 서로 생겨나게 해서 돌려서 바꿈에 걸림이 없다.

汝知是要下는 結成觀行이니 悟本淸淨하여 成三空觀일새 云離我我所라 我所가 卽法故니라 上三段이 皆五字經文이니라 遮那經下는 會釋二文이오 亦是結前生後니 結前五字하고 生後餘三十七字라 言多依彼經은 卽毘盧遮那經과 及阿目佉所譯이니 卽別譯華嚴四十二字門이라 此則別譯義가 旣與大般若로 同하니 則是依大般若로되 而有二三의 字音이 小異일새 故不言依耳니라 然이나 阿目佉別譯에 皆先牒經般若之名하니 而別名爲先이오 後方釋義하니 次下에 當見이니라

● c. 汝知是要 아래는 관행을 성취함으로 결론함이다. 본래로 청정함을 깨달아서 세 가지가 공한 관법을 이룸을 말하되, "〈나〉와 〈내 것〉을 여읜다"고 말하였고, 〈내 것〉은 법과 합치한 까닭이며 위의 세 문단은 모두 『문수오자경』의 경문이다. d. 遮那經 아래는 두 경문을 모아 해석함이다. 또한 앞을 결론하고 뒤를 시작함이니 앞의 다섯 글자를 결론하고, 뒤의 나머지 37글자를 시작함이다. '대부분 저 경문을 의지하면 곧 비로자나경과 아목가 삼장이 번역한 것'이라 말하나니 곧 『화엄경』의 42자 문을 개별로 번역함이다. 이것은 이치를 개별로 번역한 것이며, 이미 대반야경과 같다면 『대반야경』에 의지하여 둘과 셋이 있음이요, 글자와 음성이 조금 다른 연고로 의지한다고 말하지 않을 뿐이다. 그러나 아목가(불공삼장)의 다른 번역에서 모두 앞은 경문의 반야(般若)란 이름을 따왔지만 개별로는 앞이라 이름하고 뒤에 비로소 뜻을 해석함이니, 다음 아래에 마땅히 보게 되리라.

ㄴ. 나머지 37글자를 해석하다[釋三十七字] 37.
(1) 라(La 邏) 자를 해석하다 (六邏 38下10)

唱邏字時에 入般若波羅蜜門하니 名離依止無垢요
라(La 邏) 자를 부를 때는 반야바라밀다문에 들어가나니,
이름이 의지함을 여의고 때가 없음이니라.

[疏] 六, 邏字는 悟一切法이 離世間故며 愛支因緣은 永不現故라 離世故로 無依요 愛不現故로 無垢니라
■ (1) 여섯째 라(La 邏) 자는 온갖 법이 세간을 여읨을 깨달은 연고며,

사랑의 갈래 인연은 영원히 나타나지 않는 연고며, 세간을 여읜 연고로 의지함이 없으며, 사랑이 나타나지 않는 연고로 더러움이 없다.

[鈔] 六邏字는 彼爲欏字하니 云稱欏字時에 入無垢般若波羅密門하야 悟一切法이 出世間故며 愛支因緣이 永不現故라하니라 釋曰, 今疏에 但引釋義하고 更不引經이라 彼與今經으로 全同이요 但此別名이 在下하고 彼別名이 在上耳라 然이나 準五字와 及彼譯四十二字하면 初十二字에 唯第五에 有不可得言하니 餘十一字는 卽以不生과 淸淨과 亦無無有等으로 爲般若相이요 餘三十字에 皆有不可得言하니 不可得言이 卽般若相이요 其不生等도 亦般若相이라 故有不生하면 更不要於不可得言이니라 若諸字中에 無不可得과 及不生等은 則但是所依之法이라 如前遮字에는 無有諸行하니 若無無有하고 但言於遮하면 遮卽行故로 但是所依라 如色卽是空이 是般若相이니 若但云色하면 但是所空耳라 諸字例然이니라 亦如下의 第十五迦字에 云, 作者不可得이요 若無不可得99)하면 但是作者耳니 迦卽作者故라 餘皆準之니라 此下諸字에 文亦多三하니 初, 牒字母요 次, 引彼釋이요 後, 會經文이라 牒字之文에는 下鈔에 不科하고 後二에는 皆科나 而經이 若易하면 兼無會經하고 但引義耳라 今此에 具二니 先, 引彼釋이요 後, 離世間下는 會釋今經이니 可知니라 然이나 大品과 放光等에는 多爲邏字耳니라 智論에 云, 聞邏字하면 卽知一切法이 離輕重相이라하니 以邏를 此云輕故라 意明有惑이 爲重이요 斷卽爲輕이라 今不可得은 亦無輕矣니 卽無無明도 亦盡也니라

- (1) 여섯째 라(La 邏) 자는 저기서 라(欏) 자로 칭한 것을 라(欏) 자로

---

99) 不可는 南本作不, 甲續金本作可.

부를 때에 때 없는 반야바라밀문에 들어가서 온갖 법이 세간을 벗어남을 깨달은 까닭이다. 사랑의 갈래[愛支] 인연은 영원히 나타나지 않는 까닭이다. 해석하자면 지금 소문에 단지 뜻을 해석함을 인용하고 다시 경문을 인용하지 않고 저것은 본경과 완전히 같으며, 단지 이런 개별 명칭이 아래에 있을 뿐이며, 저기는 개별 명칭이 위에 있을 뿐이다. 그러나 『문수오자경』과 저기서 42글자를 번역함이니 (1) 12글자는 오직 e. 얻을 수 없음이 있다는 말일 뿐이다. (2) 11글자는 청정함이 생기지 않음도 또한 없음이 없는 따위로 반야의 모양으로 삼았다. (3) 30글자는 모두 '얻을 수 없다'는 말이 있으며, '얻을 수 없다'는 말은 곧 반야의 모양이니 그 나지 않은 등도 또한 반야의 모양이므로 나지 않음이 있으니 다시 얻을 수 없다는 말이 필요 없는 것이다. 만일 모든 글자 가운데 얻을 수 없음과 나지 않음 따위가 없으면 단지 의지할 법이 앞의 차(遮) 자에 제행(諸行)이 없고 만일 없음이 없으면 단지 차(遮) 자일 뿐이며, 차(遮) 자는 곧 행일 뿐이다. 단지 의지할 대상은 마치 물질이 곧 공과 같음이 바로 반야의 모양이다. 만일 단지 물질이라 말함은 다만 공할 대상일 뿐이다. 모든 글자가 그렇게 유례하여 또한 아래의 (10) 카(Ka 迦) 자와 같나니 이르되, "짓는 이를 얻을 수 없음이 얻을 수 없음도 없음과 같다"라 하였고, 단지 짓는 이일 뿐이다. 카(迦)는 곧 짓는 이이므로 나머지는 모두 여기에 준한다. 이 아래의 모든 글자는 경문도 역시 대부분 셋이다. (1) 자모를 따옴이요, (2) 저를 인용하여 해석함이요, (3) 경문을 회통함이다. 글자를 따온 경문은 초문도 아니고 과목도 아니며, 뒤의 둘은 모두 과목이지만 경문이 함께 쉬우며, 겸하여 경문과 회통함이 없으면 다만 뜻만 인용했을 뿐이다. 지금은 여기서 둘을 갖추었으니 (1)

저 경문을 인용하여 해석함이요, (2) 離世間 아래는 본경과 회통하여 해석함이니 알 수 있으리라. 그러나 『대품반야경』과 『방광반야경』 등에는 대부분 라(邏) 자라 했을 뿐이다. 『대지도론』에 이르되, "라(邏) 자를 들으면 곧 온갖 법이 가볍고 무거운 모양을 여읨을 안다"고 하였으니 라(邏) 자는 곧 가벼움이라 번역하는 까닭이다. 의미로는 미혹 있음이 무거움이 되고 끊음은 가벼움이 된다. 본경의 얻을 수 없음은 또한 가벼움도 아니니 곧 무명이 없음도 또한 다한다는 뜻이다.

(2) 다(Da 拖) 자를 해석하다 (七拖 40上2)

唱拖輕呼100)字時에 入般若波羅蜜門하니 名不退轉方便이요101)

다(Da 拖) 자를 부를 때는 반야바라밀다문에 들어가나니, 이름이 물러나지 않는 방편이니라.

[疏] 七, 拖字는 悟一切法이 調伏寂靜이니 眞如平等하여 無分別故로 方爲不退轉方便이니라

■ (2) 일곱째 다(Da 拖) 자는 온갖 법이 조복되어 고요함을 깨달음이니 진여가 평등하고 분별이 없어야만 비로소 물러나지 않는 방편이 된다는 뜻이다.

[鈔] 七拖字는 別譯에 爲娜字하고 大品에 爲陀字하고 放光에 爲拖하니 義皆同也라 文中에 先, 釋義요 後, 方爲不退轉下는 會經也라 智論에

---

100) 輕呼는 金本無, 卍綱續本作音輕呼 大注云 輕上에 宋元宮聖本有音字.
101) 拖는 宮本作施誤, 普淸徑合鼓纂續弘昭本作拖, 卍合本作挓; 案挓拖同.

云, 若聞陀字하면 知一切法善相이니 以陀摩를 此言善故라하니라 釋曰, 調伏寂靜과 眞如平等이 善之極也니라

- (2) 일곱째 다(Da 拖) 자는 나(娜) 자라고 별도로 번역한다. 『대품반야경』에는 다(陀) 자라 하였고, 『방광반야경』에 다(拖) 자라 하지만 뜻은 모두 같다. 경문 중에 a) 뜻을 해석함이요, b) 方爲不退轉 아래는 경문을 회통함이다. 『대지도론』에 이르되, "만일 다(陀) 자를 들으면 온갖 법의 좋은 모양을 안다. 다(陀) 자와 마(摩) 자는 '좋음'이라 번역하는 까닭이다"라 하였다. 해석하자면 조복되어 고요하며 진여가 평등함이 좋음의 극치임을 뜻한다.

(3) 바(Va 婆) 자를 해석하다 (八婆 40上9)

唱婆字時에 入般若波羅蜜門하니 名金剛場이요
바(Va 婆) 자를 부를 때는 반야바라밀다문에 들어가나니,
이름이 금강 마당이니라.

[疏] 八, 婆字는 悟一切法이 離縛解故로 方入金剛場이니라
- (3) 여덟째 바(Va 婆) 자는 온갖 법이 속박을 여의고 해탈해야만 비로소 금강도량에 들어간다는 뜻이다.

[鈔] 八婆上聲字라 別譯과 及般若에 皆爲麼字오 與蒲我切[102])이니 大同이니라 文中에 先, 釋義요 後, 方入金剛場者는 會經이라 如佛入金剛三昧에 斷如金剛이요 惑[103])在金剛場에 則無縛解가 爲眞斷也라 智論에

---

102) 切은 甲南續金本作反이라 하다.
103) 惑은 南續纂金本作或이라 하다.

云,若聞婆字하면 卽知一切法이 無縛脫이니 以婆他를 此言轉故라하나니

● 여덟째 바(Va 婆:상성) 자는 별도 번역과 『반야경』에는 모두 마(麼) 자라 하나니 포(蒲)와 내가 함께 반대로 하면 크게는 같다. 경문 중에 a) 뜻을 해석함이요, b) '비로소 금강도량에 들어감'이란 경문과 회통함이다. 마치 부처님은 금강삼매에 들어감과 같고 끊음은 금강석과 같다. 혹은 금강도량에 있으면 속박에서 해탈할 것 없음이 '참된 끊음[眞斷]'이 된다. 『대지도론』에 이르되, "만일 바(婆) 자를 들으면 곧 온갖 법이 속박에서 해탈할 것이 없음을 안다. 바(婆) 자와 타(他) 자는 여기 말로 '뒤바꾼다'고 번역하는 까닭이다"라 하였다.

(4) 다(Da 茶) 자를 해석하다 (九茶 40下6)

唱茶字時에 **入般若波羅蜜門**하니 **名曰普輪**이요
다(Da 茶) 자를 부를 때는 반야바라밀다문에 들어가나니, 이름이 넓은 바퀴이니라.

[疏] 九, 茶字는 悟一切法이 離熱矯穢하고 得淸凉故니 是普摧義니라
■ (4) 아홉째 다(Da 茶) 자는 온갖 법이 뜨거움을 여의고 더러움을 바로잡아서 시원함을 얻는 까닭이니, 곧 '널리 꺾는다'는 뜻이다.

[鈔] 九茶字는 別譯에 爲拏字하니 二俱上聲이라 大品과 放光에 亦爲茶字하니라 文中에 先, 釋義요 後, 是普摧義니 卽會經也라 智論에 云, 若聞茶字하면 卽知諸法不熱이라 天竺에 茶闍陀를 秦言不熱故라하니라

釋曰, 若茶는 是不熱이니 則前離熱이 已[104]是所遣이니 得清凉故로 方爲般若之相이니라

- (4) 아홉째 다(Da 茶) 자는 별도 번역에는 나(拏) 자라 하였으니 둘이 모두 상성(上聲)이다. 『대품반야경』과 『방광반야경』에도 또한 다(茶) 자라 하였다. 경문 중에 a) 뜻을 해석함이요, b) 이런 '널리 꺾는다'는 뜻은 경문과 회통함이다. 『대지도론』에 이르되, "만일 다(茶) 자를 들으면 모든 법이 뜨겁지 않음을 알고, 서역에서는 다사타(茶闍陀)라 하는 것을 중국말로는 '뜨겁지 않음'이라 번역한 까닭이다"라고 하였다. 해석하자면 만일 다(茶) 자가 뜨겁지 않음의 뜻이면 앞은 뜨거움을 여읠 것이니 보낼 대상이 시원함을 얻어야만 비로소 반야의 모양이 된다는 뜻이다.

(5) 샤(Ṣa 沙) 자를 해석하다 (十沙 41上3)

唱沙史我切字時에 入般若波羅蜜門하니 名爲海藏이요
샤(Ṣa 沙) 자를 부를 때는 반야바라밀다문에 들어가나니, 이름이 바다 광이니라.

[疏] 十, 沙字는 悟一切法이 無罣礙故니 如海含像이니라
- (5) 열째, 샤(Ṣa 沙) 자는 온갖 법이 걸리고 장애함이 없는 까닭이니, 바다처럼 물상을 포섭한다는 뜻이다.

[鈔] 十沙史我切字는 別譯에 爲灑字하고 大品과 放光等에 皆爲沙字라 文

---

104) 已는 甲南續金本作以라 하다.

中에 先, 釋義요 後, 如海含像者는 會經이니 像之與水가 不相碍故라 智論에 云, 若聞沙字하면 即知人身의 六種之相이니 以沙를 此言六 故라하니라 釋曰, 以大品에 云, 沙字門은 諸法이 六自在王이니 性清淨故라하시니 即內六處가 爲六自在王이요 心海湛然하여 不礙見聞覺知가 猶如湛海가 不礙像故니라

● 열째 샤(Ṣa 沙) 자는 별도 번역에는 쇄(灑) 자라 하였다.『대품반야경』과『방광반야경』등에 모두 샤(沙) 자라 하였다. 경문 중에 a) 뜻을 해석함이요, b) '바다처럼 물상을 포섭함'은 경문과 회통함이다. 물상과 물은 서로 장애하지 않기 때문이다.『대지도론』에 이르되, "만일 샤(沙) 자를 들으면 곧 사람 몸의 여섯 가지 모양을 안다"라고 하였다. 샤(沙)는 여기 말로 여섯이라 번역한 까닭이다. 해석하자면 『대품반야경』에 이르되, "샤(沙) 자 문은 모든 법이 여섯 가지로 자재한 왕이니 성품이 청정한 까닭이다"라 하였으니, 곧 내부의 육처(六處)로서 여섯 가지에 자재한 왕이 되나니, 마음 바다가 담담하고 보고 듣고 깨달아 앎을 장애하지 않음이 마치 담담한 바다와 같아서 물상을 장애하지 않는 까닭이다.

(6) 바(Ba 縛) 자를 해석하다 (十一 41下1)

唱縛房可切字時에 入般若波羅蜜門하니 名普生安住요[105]
바(Ba 縛) 자를 부를 때는 반야바라밀다문에 들어가나니, 이름이 두루 내어 편안히 머무름이니라.

---

105) 縛은 綱本作嚩, 麗宋元明清合源杭鼓纂續金本及音義作縛.

[疏] 十一106)縛字는 悟一切法이 言語道斷故로 能徧安住니라

■ (6) 열한째 바(Ba 縛) 자는 온갖 법이 말로 표현할 길이 끊어진 연고로 능히 두루 안주한다는 뜻이다.

[鈔] 十一縛房可切107)字는 此下에 疏文恐繁일새 不擧次第나 今鈔에 牒疏는 欲令不亂하여 皆如次第라 若有會經하면 卽科出之요 其釋義文은 或略不指라 文中에 能徧安住는 卽是會經이니 此乃仍上釋義하여 便會經文이니라 智論에 云, 若聞和108)字하면 知一切法이 離言語相이라 以和波109)他를 此云語言故라하니라

● (6) 열한째 바(Ba 縛) 자는 이 아래에 소문은 번거로움을 두려워하여 순서는 거론하지 않았지만 지금은 처음에 소문을 따온 것은 산란하지 않으려고 모두 순서와 같다. 어떤 이가 경문과 회통하면 과목과 합치하여 내보임이요, 그 뜻을 해석한 소문은 혹은 생략하여 지적하지 않았다. 소문 중에 '능히 두루 안주함'은 곧 경문과 회통함이니, 이것은 비로소 위의 뜻을 해석함으로 인한 것이요, 문득 경문과 회통한 결과이다. 『대지도론』에 이르되, "만일 화(和) 자를 들으면 온갖 법이 말로 하는 모양을 여읨을 안다. 화파타(和波他)는 번역하면 '말로 표현함'이라 한 까닭이다"라 하였다.

(7) 타(Ta 哆) 자를 해석하다 (哆字 41下8)

---

106) 十一은 原南本無 ; 案下自哆至陀各字之首 源本依次第 增入十二乃至四十二 準鈔應無. 源纂續金本有十一兩字.
107) 房可切은 甲續本無, 金本係正文 在後字字之下.
108) 和는 原南本作嚩, 續金本作縛, 論作和.
109) 和波는 原南續金本作嚩口婆, 論作和波.

唱哆都我切字時에 入般若波羅密하니 名圓滿光이요
타(Ta 哆) 자를 부를 때는 반야바라밀다문에 들어가나니,
이름이 원만한 빛이니라.

[疏] 哆字는 悟一切法이 眞如[110]不動故니 不動則圓滿發光이니라
- (7) 타(Ta 哆) 자는 온갖 법이 진여처럼 동요하지 않음을 깨달은 연고니, 동요하지 않으면 원만하게 광명을 놓게 된다.

[鈔] 十二哆字는 從不動則圓滿發光은 會經也라 如密室燈定하며 如止水影圓하여 契於如如하여 知無動矣니라 智論에 云, 若聞多[111]字하면 即知諸法이 在如中不動이니 以多他를 此言如故니라
- (7) 열두째 타(Ta 哆) 자는 동요하지 않음으로부터 원만하게 광명을 내뿜는 것은 경문과 회통함이다. 마치 밀실(密室)의 등불을 정함과 같고, 고요한 물그림자가 둥글어서 여여(如如)와 계합하면 동요하지 않음을 안다. 『대지도론』에 이르되, "만일 다(哆) 자를 들으면 곧 모든 법이 진여 속에 동요하지 않음이 있음을 안다. 다타(多他)는 번역하면 진여라 말하는 까닭이다"라 하였다.

(8) 야(Ya 也) 자를 해석하다 (也字 42上3)

唱也以可折字時에 入般若波羅蜜門하니 名差別積聚요
야(Ya 也) 자를 부를 때는 반야바라밀다문에 들어가나니,
이름이 차별을 모아 쌓음이니라.

---
110) 如는 原南續金本無, 源本有 與大般若合.
111) 多는 原續金本作哆, 論南本作多 下同 *표시.

[疏] 也字는 悟如實不生故니 則諸乘의 差別積聚를 皆不可得이요
- (8) 야(Ya 也) 자는 여실하여 나지 않음을 깨달은 까닭이니, 모든 교법의 차별하게 쌓고 모은 것을 모두 얻을 수 없다는 뜻이다.

[鈔] 十三也以可折字는 悟如實不生은 是釋義요 則諸乘下는 會經이라 智論에 云, 若聞夜字하면 卽知諸法이 入[112]實相中하여 不生不滅이니 以夜他跋을 此言實故라하니라 釋曰, 得此論釋하면 知異第一阿字니 彼에 云, 初不生이라하고 今에 云, 如實不生이라하니 則不生所依法體가 異也니라

● 열셋째 야(也) 자는 여실하게 나지 않음을 깨달음은 a) 뜻을 해석함이요, b) 則諸乘 아래는 경문과 회통함이다. 『대지도론』에 이르되, "만일 야(夜) 자를 들으면 모든 법이 여실한 모양 중에서 나지 않고 멸하지 않음에 들어간 줄 안다"고 하였으니, 야타발(夜他跋)은 번역하면 '실다움'이라 말한 까닭이다. 해석하자면 이 대지도론의 해석을 얻으면 첫째 아(阿) 자와 다름을 안다. 저기에는 "처음은 나지 않음"이라 하였고, 본 경에는 "여실하여 나지 않는다"고 하였으니 의지할 대상인 법의 체성이 생겨나지 않는 것이 다름의 뜻이다.

(9) 슈타(Stha 瑟吒) 자를 해석하다 (瑟吒 42上10)

唱瑟吒字時에 入般若波羅蜜門하니 名普光明息煩惱요
슈타(Stha 瑟吒) 자를 부를 때는 반야바라밀다문에 들어가나니, 이름이 넓은 광명으로 번뇌를 쉬게 함이니라.

---

112) 入下에 甲南續金本有在字, 論原本無.

[疏] 瑟吒字는 悟一切法이 制伏任持相을 不可得故라 普光明은 卽能制伏任持요 煩惱는 卽所制伏이요 息은 卽伏義니라

- (9) 슈타(Stha 瑟吒) 자는 온갖 법이 마음대로 함을 제어하고 조복하여 서로 얻을 수 없는 까닭이다. 넓은 광명은 곧 마음대로 함이요, 번뇌는 곧 제어하고 조복할 대상이요, 쉼은 곧 '조복함'의 뜻이다.

[鈔] 十四瑟吒字오 後, 普光明下는 會經이라 智論에 單云吒字라 論에 云, 若聞吒字하면 卽知一切法이 無障礙相이니 以吒婆를 此言障礙故라 하니라 釋曰, 障礙는 卽制伏任持니라

- (9) 열넷째 슈타(Stha 瑟吒) 자에 b) 普光明 아래는 경문과 회통함이다. 『대지도론』에는 단수로 타(吒) 자라 하였고, 논에 이르되, "만일 타(吒) 자를 들으면 온갖 법이 장애되고 거리낌 없는 모양인 줄 안다. 여기 말로 '장애'라 번역하는 까닭이다"라 하였다. 해석하자면 장애(障碍)를 곧 마음대로 가짐을 제어하고 조복한다는 뜻이다.

(10) 카(Ka 迦) 자를 해석하다(迦字 42下6)

唱迦字時에 入般若波羅蜜門하니 名無差別雲이요
카(Ka 迦) 자를 부를 때는 반야바라밀다문에 들어가나니, 이름이 차별 없는 구름이니라.

[疏] 迦字는 悟作者를 不可得이니 則作業如雲하여 皆無差別이니라

- (10) 카(Ka 迦) 자는 짓는 이를 얻을 수 없음을 깨달았으니 지은 업이 구름과 같아서 모두 차별됨이 없다는 뜻이다.

[鈔] 十五迦字는 悟作者를 不可得이니 此字上에 略一切法하고 下에 猶有 不可得이라 此後諸字에 皆上有悟一切法하고 下有不可得이나 疏文 從簡하여 故並略之하고 下方總說耳니라 從則作業如雲下는 會經이라 智論에 云, 若聞迦字하면 卽知諸法中에 無有作者니 以迦를 謂迦羅 迦니 此云作者故라하니라 釋曰, 旣無作者어니 何有作業이리요 業旣 如雲하여 不可承攬이며 無我無造일새 故無差別이니라

● (10) 열다섯째 카(Ka 迦) 자는 짓는 이를 얻을 수 없음을 깨달음이니, 이 글자 위에 온갖 법을 생략하였고, 아래에는 아직도 얻을 수 없음 이 남아 있다. 이 뒤의 모든 글자에 모두 위에는 悟一切法이 있고, 아 래에는 不可得이 있다. 소문에는 간략함부터인 연고로 아울러 생략 하였고, 아래에 바야흐로 총합하여 설명했을 뿐이다. b) 則作業如 雲부터 아래는 경문과 회통함이니『대지도론』에 이르되, "만일 카(迦) 자를 들으면 모든 법 중에 짓는 이가 없음을 아는 것이요, 카(迦) 자 에 대해서는 이른바 카(迦)는 카라(迦羅)의 카이다. '짓는 이'라 번역하 는 까닭이다"라 하였다. 해석하자면 이미 짓는 이가 없다면 어찌 지 은 업이 있겠는가? 업이 이미 구름과 같으면 받아서 잡을 수 없나니, 나도 없고 지음도 없으므로 차별됨이 없다는 뜻이다.

(11) 사(Sa 娑) 자를 해석하다 (娑上 43上5)

唱娑蘇我切字時에 入般若波羅蜜門하니 名降霪大雨요
사(Sa 娑) 자를 부를 때는 반야바라밀다문에 들어가나니, 이 름이 큰 비를 퍼부음이니라.

[疏] 娑上¹¹³⁾字는 卽時平等性이니라

- (11) 사(Sa 娑:상성) 자는 곧 시간에 평등한 성품이란 뜻이다.

[鈔] 十六娑蘇我切字는 但有釋義하니 具云, 悟一切法時平等性하여 不可得故라하니라 故로 智論에 云, 若聞娑字하면 知一切法의 一切種을 不可得하시니 以薩婆를 此言一切故라하니라 釋曰, 論에 云, 一切種智故라하고 普曜에 云, 其言智者는 出智慧不壞音이라하고 金剛頂에 云, 一切法諦를 不可得이라하고 涅槃에 云, 娑者는 爲諸衆生하여 演說正法이라하니 意明種智로 應時而說이나 亦不可得故라하고 今經에는 名降注大雨也라하니라

- 열여섯째 사(Sa 娑) 자는 단지 뜻을 해석함만 있나니 갖추어 말하면, "온갖 법이 시간에 평등한 성품은 얻을 수 없기 때문이다"라고 말한 까닭이다. 『대지도론』에 이르되, "만일 사(娑) 자를 들으면 온갖 법이 온갖 종류를 얻을 수 없음을 안다"고 하였으니, 살바(薩婆)는 여기 말로 '모두'라고 번역하는 까닭이다. 해석하자면 논에 이르되, "온갖 종류의 지혜인 까닭이다"라고 하였고, 『보요경』에 이르되, "그 지혜라 말한 것은 지혜는 무너뜨리지 못하는 음성에서 나온다"라 하였고, 『금강정경(金剛頂經)』에 이르되, "온갖 법의 진리를 얻을 수 없다"라 하였고, 『열반경』에 이르되, "사(娑) 자는 모든 중생을 위하여 바른 법을 연설한다"고 하였으니, 의미로는 종지(種智)를 시간에 맞추어 설함도 또한 얻을 수 없기 때문임을 밝혔으니, 본경에는 '큰 비를 퍼부음'이라 하였다.

---

113) 上은 源本無, 原續本係正文 準別譯華嚴四十二字觀門 應從南金本作注.

(12) 마(Ma 麼) 자를 해석하다 (麼字 43下3)

唱麼字時에 入般若波羅蜜門하니 名大流湍激하고 衆峯齊峙요

마(Ma 麼) 자를 부를 때는 반야바라밀다문에 들어가나니, 이름이 큰 물이 부딪치어 흐르고 여러 봉우리가 가지런히 솟음이니라.

[疏] 麼字는 卽我所執性이니 我慢高擧가 若衆峯齊峙요 我慢則生死長流가 湍馳奔激이니라

- (12) 마(Ma 麼) 자는 곧 내가 집착할 대상의 성품이니 아만을 높이 드는 것이 마치 여러 봉우리가 함께 솟아남과 같다. 아만(我慢)을 일으키면 나고 죽음에 길이 흘러서 급류에 휩쓸린다는 뜻이다.

[鈔] 十七麼字者는 別譯에 爲莽이오 麼字는 卻爲第八이니라 大品에 云, 磨는 卽悟一切法의 我所執性을 不可得이라하니라 我慢高擧下는 會經이라 智論에 云, 若聞磨[114]字하면 知一切法이 離我所義니 以磨는 磨迦羅[115]를 此言我所故라하니라

- 열일곱째 마(Ma 麼) 자는 별도로 '우거짐'이라 번역하고, 마(麼) 자는 도리어 여덟째 바(Va 婆:상성) 자가 된다.『대품반야경』에 이르되, "마(麼)는 곧 온갖 법이 내가 고집할 성품을 얻을 수 없음을 깨닫는다"라 하였고, b) 我慢高擧 아래는 경문과 회통함이다.『대지도론』에

---

114) 磨는 原南續金本作麼, 論麗本作摩 石山寺本作魔, 宋元明宮本作磨.
115) 上四字는 原南續本作麼迦 金本作磨迦 論麗本作魔迦羅 準梵漢辭典 應從論宋元明宮聖本作磨磨迦羅.

이르되, "만일 마(磨) 자를 들으면 온갖 법이 내 것을 여읜다는 뜻을 안다. 마(磨)는 마가라(磨迦羅)이니 여기 말로 '내 것'이라 번역하는 까닭이다"라 하였다.

(13) 가(Ga 伽) 자를 해석하다 (伽字 43下9)

唱伽上聲116)輕呼字時에 入般若波羅蜜門하니 名普安立이요
가(Ga 伽) 자를 부를 때는 반야바라밀다문에 들어가나니, 이름이 두루 나란히 정돈함이니라.

[疏] 伽字는 卽一切法行取性이니라
- (13) 가(Ga 伽) 자는 곧 온갖 법의 지어 감으로 성품을 취한다는 뜻이다.

[鈔] 十八伽上聲輕呼字는 別譯에 爲言我字하니 義亦全同이요 易故로 不會經이라 若欲會者인대 以行取故로 而能安立이니라 智論에 云, 若聞伽字하면 卽知一切法底를 不可得이니 以伽陀를 此言底故라하니라 釋曰, 行取는 卽生死底가 甚深故니라
- 열여덟째 가(Ga 伽, 상성으로 가볍게 부른다) 자는 별도로 아(我) 자라 번역하나니, 뜻도 역시 완전히 같으며, 쉬운 연고로 경문과 회통하지는 않았다. 만일 회통하려 한다면 지어 감을 취한 연고로 '능히 안립한다'는 뜻이다. 『대지도론』에 이르되, "만일 가(伽) 자를 들으면 곧 온

---

116) 上聲은 宮聖本 及 大正藏宋元本作音上聲.

갖 법이 바탕을 얻을 수 없음을 안다. 가타(伽陀)는 여기 말로 밑바닥이라 번역하는 까닭이다"라 하였다. 해석하자면 지어 감을 취함은 곧 나고 죽음의 밑바닥이 매우 깊은 까닭이다.

(14) 타(Tha 他) 자를 해석하다 (他字 44上4)

唱他他可切字時에 入般若波羅蜜門하니 名眞如平等藏이요
타(Tha 他) 자를 부를 때는 반야바라밀다문에 들어가나니, 이름이 진여의 평등한 광이니라.

[疏] 他字는 卽是處所性이니라
- (14) 타(Tha 他) 자는 곧 육처(六處)의 대상인 성품의 뜻이다.

[鈔] 十九他他可切字는 疏但釋義하고 易不會經이라 會者인대 眞如平等이 是所依處니 出生一切하여 終歸此故라 智論에 云, 若聞他字하면 卽知四句如去하여 不可得이니 以多他阿伽度를 此言如去故라하니라 如去는 卽是處所니 如來時去故니라
- 열아홉째 타(Tha 他) 자는 소가가 단지 뜻만 해석하였고 쉬워서 경문과 회통하지는 않았다. 회통한다면 진여와 평등함이 의지할 대상인 육처(六處)이니 모두에 출생하여 마침내 여기로 돌아가는 까닭이다. 『대지도론』에 이르되, "만일 타(他) 자를 들으면 네 구절이 가는 것과 같이 얻을 수 없음을 아나니" 다타아가도(多他阿伽度)는 여기 말로 '가는 것과 같다'고 번역하는 까닭이다"라 하였다. '가는 것과 같음'은

바로 처소에서 올 때와 같이 가는 까닭이다.

(15) 사(Ja 社) 자를 해석하다 (社字 44上10)

唱社字時에 入般若波羅蜜門하니 名入世間海淸淨이요
사(Ja 社) 자를 부를 때는 반야바라밀다문에 들어가나니, 이름이 세상 바다에 들어가 깨끗함이니라.

[疏] 社字는 卽能所生起니라
- (15) 사(Ja 社) 자는 곧 생겨날 주체와 대상을 일으켰다는 뜻이다.

[鈔] 二十社字는 別譯에 爲惹字니 但擧其義라 若會經者인대 有能有所가 是世間海라 故로 賢首品에 能緣所緣力으로 一切法出生하여 速滅不暫停하니 念念悉如是[117]라하니라 今에는 不可得하여 成般若矣라 智論에 云, 若聞闍字하면 卽知諸法生死를 不可得이니 以闍提闍羅를 此言生死[118]故라하니라

● 스무째 사(Ja 社) 자는 별도로 야(惹) 자라 번역하나니, 단지 그 뜻만을 거론하였다. 만일 경문과 회통한다면 주체가 있고 대상도 있음이 바로 세간의 바다이다. 그러므로 제12. 현수품에 이르되, "반연과 반연할 바의 힘으로 갖가지 법이 출생하나니 빨리 소멸하고 잠깐도 머물지 아니해서 순간 순간 모두 그러하다"라 하였으니, 본경의 '얻을 수 없음'은 반야를 이룬다는 뜻이다. 『대지도론』에 이르되, "만일 사(闍) 자를 들으면 곧 모든 법이 나고 죽음을 얻을 수 없음을 안다. 사

---

117) 현수품이라 하나 찾아보니 제10. 菩薩問明品 게송이고 一切法은 種種法이라 하다.
118) 死는 論麗宋元明本作老, 宮本無.

제사라(闍提闍羅)는 여기 말로 '나고 죽음'이라 번역하는 까닭이다"라고 하였다.

(16) 스바(Sva 鎖) 자를 해석하다 (鎖字 44下6)

唱鎖字時에 入般若波羅蜜門하니 名念一切佛莊嚴이요
스바(Sva 鎖) 자를 부를 때는 반야바라밀다문에 들어가나니, 이름이 모든 부처님의 장엄을 생각함이니라.

[疏] 鎖字는 卽安隱性이니라
■ (16) 스바(Sva 鎖) 자는 곧 안온한 성품의 뜻이다.

[鈔] 二十一鎖字는 別譯에 是娑嚩字라 若會經者인대 念佛莊嚴이 最安隱故라 智論에 云, 若聞濕波字하면 卽知一切法을 不可得이 如濕波字를 不可得이라하니라 論에 云, 濕波字는 無別義오 而光讚中에 云, 無所起라하니 無所起는 卽安隱義니라
● 스물한째 스바(Sva 鎖) 자는 별도로 사바(娑嚩) 자라 번역하였다. 만일 경문과 회통한다면 부처님을 생각하는 장엄이 가장 안온한 까닭이다. 『대지도론』에 이르되, "만일 습파(濕波) 자를 들으면 곧 온갖 법이 얻을 수 없음을 아는 것이 마치 습파(濕波) 자는 얻을 수 없음과 같다"고 하였고, 논에 이르되, "습파(濕波) 자는 다른 뜻이 없다"라 하였고, 하지만 『광찬반야경』에 이르되, "일으킬 대상이 없나니 일으킬 것 없음은 곧 안온하다는 뜻이다"라고 하였다.

(17) 드하(Dha 柁) 자를 해석하다 (柁字 45上2)

唱柁字時에 入般若波羅蜜門하니 名觀察簡擇一切法聚요
드하(Dha 柁) 자를 부를 때는 반야바라밀다문에 들어가나니, 이름이 모든 법 더미를 관찰하여 가려냄이니라.

[疏] 柁字는 卽能持界性이니라
- (17) 드하(Dha 柁) 자는 곧 경계의 성품을 잘 가짐의 뜻이다.

[鈔] 二十二拖字는 別譯에 爲馱字라 義必然者는 以第七에 亦有拖字하고 注에 云, 爲上故라 然이나 經에 云, 揀擇法聚가 卽能持界性이요 法聚差別은 卽是界義니 各各持自性也라 智論에 云, 若聞馱字하면 知一切法을 性不可得이니 以馱摩를 此云法故라하니라
- 스물두째 드하(Dha 柁) 자는 별도로 타(馱) 자라 번역하였다. 뜻이 반드시 그렇다면 일곱째도 또한 다(Da 拖) 자가 있고 주(注)에 말하되, "위가 되기 때문이다"라 하였다. 그러나 경문에 이르되, "법 무더기를 간택함은 곧 능히 경계의 성품을 가짐이요, 법 무더기로 차별함은 곧 경계의 뜻이니, 각기 자체 성품을 가진다"라 하였고, 『대지도론』에 이르되, "만일 타(馱) 자를 들으면 온갖 법이 성품을 얻을 수 없음을 아나니, 타마(馱摩)를 법이라 번역하기 때문이다"라 하였다.

(18) 샤(śa 奢) 자를 해석하다 (奢字 45上9)

唱奢尸苛[119]切字時에 入般若波羅蜜門하니 名隨順一切

佛敎輪光明이요
샤(śa 奢) 자를 부를 때는 반야바라밀다문에 들어가나니, 이름이 모든 부처님의 교법 바퀴의 광명을 따름이니라.

[疏] 奢字는 卽寂靜性이라
- (18) 샤(śa 奢) 자는 곧 고요한 성품의 뜻이다.

[鈔] 二十三奢 尸苟切字는 別譯에 爲捨하고 大般若에 亦云, 捨하며 涅槃에 云, 奢라 若會經者인대 寂靜則順佛敎라 智論에 云, 若聞賖字하면 卽知諸佛寂滅相이니 以賖多都餓[120]切를 此云寂滅故라하니라
- 스물셋째, 샤(śa 奢) 자는 별도로 사(捨)라 번역한다. 『대반야경』에는 사(捨) 자라 하였고, 『열반경』에는 샤(奢) 자라 하였으니 만일 경문과 회통한다면 고요함은 '부처님 가르침을 따른다'는 뜻이다. 『대지도론』에 이르되, "만일 사(賖) 자를 들으면 곧 모든 부처님의 고요한 모양을 아나니, 사다(賖多)는 '고요함'이라 번역하는 까닭이다"라고 하였다.

(19) 크하(Kha 佉) 자를 해석하다 (佉字 45下4)

唱佉字時에 入般若波羅蜜門하니 名修因地智慧藏이요
크하(Kha 佉) 자를 부를 때는 반야바라밀다문에 들어가나니, 이름이 인행을 닦는 지혜광이니라.

---

119) 尸苟는 嘉杭皷纂本作口何, 淸本作尸何 續本作音尸奇 麗宋元宮聖合本作尸苟.
120) 都餓는 甲續金本係正文 玆從論原南本作注; 切은 甲南續金本無, 論麗宋元本作反.

[疏] 佉字는 卽如虛空性이니라
- (19) 크하(Kha 佉) 자는 곧 허공과 같은 성품이란 뜻이다.

[鈔] 二十四佉字는 若會經者인대 智慧等空일새 故로 能含藏이라 智論에 云, 若聞呿[121]字하면 知一切法이 等於虛空하여 不可得義니 以呿伽를 此言虛空故라하니라
- 스물넷째 크하(Kha 佉) 자는 만일 경문과 회통한다면 지혜가 공(空)과 같은 연고로 창고에 능히 포섭한다는 뜻이다.『대지도론』에 이르되, "만일 크하(呿) 자를 들으면 온갖 법이 허공과 평등하여 얻을 수 없다는 뜻을 아나니, 크가(呿伽)는 여기 말로 허공이라 번역하는 까닭이다"라 하였다.

(20) 크샤(Kṣa 叉) 자를 해석하다 (叉字 45下8)

唱叉楚我切字時에 入般若波羅蜜門하니 名息諸業海藏이요
크샤(Kṣa 叉) 자를 부를 때는 반야바라밀다문에 들어가나니, 이름이 모든 업 바다를 쉬는 광이니라.

[疏] 叉字는 卽盡性이니라
- (20) 크샤(Kṣa 叉) 자는 다하는 성품의 뜻이다.

[鈔] 二十五叉楚我切字는 別譯에 爲漩澓字[122]라 若會經者인대 業海深廣하여 無不包含이요 非是無爲로 終竟須盡이라 智論에 云, 若聞叉字하

---

121) 呿는 續金本作佉, 論原南本作呿.
122) 案叉하니 別譯四十二字門作訖灑; 貞元譯作乞叉 大般若作麤.

336 화엄경청량소 제33권 大方廣佛華嚴經 제76권

면 則知一切法을 盡不可得이니 以叉耶를 此言盡故니라
- 스물다섯째 크샤(Kṣa 叉) 자는 별도로 선복(漩澓) 글자로 번역한다. 만일 경문과 회통한다면 업의 바다가 깊고 넓어서 포함되지 않는 것이 없으므로 무위법이 아니며, 마침내 끝까지 모두 구한다는 뜻이다. 『대지도론』에 이르되, "만일 크샤(叉) 자를 들으면 온갖 법이 모두 얻을 수 없음을 아나니, 크샤야(叉耶)는 여기 말로 '모두'라고 번역하는 까닭이다"라 하였다.

(21) 스타(Sta 娑多) 자를 해석하다 (娑多 46上4)

唱娑蘇紇切多上聲呼[123]字時에 入般若波羅蜜門하니 名蠲諸惑障하고 開淨光明이요
스타(Sta 娑多) 자를 부를 때는 반야바라밀다문에 들어가나니, 이름이 번뇌의 막힘을 덜고 깨끗한 광명을 엶이니라.

[疏] 娑多字는 即任持處非處하여 令不動性이라 惑障은 爲非處요 開淨光明이 爲其處니라
- (21) 스타(Sta 娑多) 자는 곧 옳은 곳과 그른 곳을 마음대로 가져서 하여금 동요하는 성품이 되게 하나니, 미혹한 장애는 '그른 곳'이 되고, 깨끗한 광명을 여는 것은 '옳은 곳'이 된다.

[鈔] 二十六娑入聲多上聲字는 先, 釋義요 後, 惑障爲非處下는 會經이라 智論에 云, 若聞[124]哆字하면 即知諸法邊不可得이니 以阿利迦

---
123) 上聲呼는 宮本作音上聲 聖本作上聲.
124) 聞下에 原南續金本有娑字, 論無; 哆 續金本作多 論原南本作哆.

哆[125] 度求那를 此言是事邊不可得이라하니라 釋曰, 以大品에 云,
哆[126]字門은 諸法을 有不可得故라할새 論爲此釋이라 以有卽有邊이
니 必對無故오 有是妄惑이니 故爲非處라 以爲有邊에 無是眞空일새
故名爲處니 故爲無邊이라 惑智雙絶이 卽不可得이니라

● 스물여섯째 스타(Sta 娑多) 자는 a) 뜻을 해석함이요, b) 惑障爲非處 아래는 경문과 회통함이다. 『대지도론』에 이르되, "만일 타(哆) 자를 들으면 곧 모든 법의 끝을 얻을 수 없음을 안다"고 하였으니, 아리가치도구나(阿利迦哆度求那)는 여기 말로 "옳은 일의 끝을 얻을 수 없다"고 번역한다. 해석하자면『대품반야경』에 이르되, "타(哆)자문은 모든 법은 얻을 수 없음이 있다"고 말한 연고로 논에서 이렇게 해석하였다. 유(有)는 곧 유(有)의 끝이며, 반드시 무(無)를 상대한 연고로 유(有)는 망념의 미혹인 연고로 그른 곳이 되었다. '유(有)의 끝이 됨'은 참된 공이 없는 연고로 '처소'라 이름하며, 그러므로 끝이 없음이 되나니, 미혹과 지혜가 함께 끊어지면 곧 얻을 수 없다는 뜻이다.

(22) 즈냐(Jna 壤) 자를 해석하다 (壤字 46下3)

唱壤字時에 入般若波羅蜜門하니 名作世間智慧門이요
즈냐(Jna 壤) 자를 부를 때는 반야바라밀다문에 들어가나니, 이름이 세간의 지혜 문을 지음이니라.

[疏] 壤字는 卽能所知性이니라

---

125) 哆는 續金本作多, 論原南本作哆.
126) 哆는 原南續金本作多, 大品作哆.

■ (22) 즈냐(Jna 壤) 자는 곧 아는 주체와 대상의 성품의 뜻이다.

[鈔] 二十七壤輕呼[127]字는 別譯에 爲孃字라 若會經者인대 能所知性이 卽 智慧門이라 能知가 爲智慧니 智慧卽門이요 所知가 爲智慧니 智慧之 門이라 智論에 云, 若聞若[128]字하면 卽知一切法에 中無智相이니 以 若[129]那를 此言智故라하니라 釋曰, 但有能知에 必有所耳니라

● 스물일곱째 즈냐(Jna 壤) 자는 별도로 즈냐(壤) 자라 번역하였다. 만일 경문과 회통한다면 아는 주체와 대상의 성품은 곧 지혜의 문이다. 아는 주체로 지혜를 삼으면 지혜가 문과 합치함이요, 알 대상으로 지혜를 삼으면 지혜의 문이 된다. 『대지도론』에 이르되, "만일 야(若) 자를 들으면 온갖 법 중에는 지혜의 모양이 없음을 아나니 야나(若那)는 여기 말로 지혜라 번역하는 까닭이다"라 하였다. 해석하자면 단지 아는 주체만 있으면 반드시 알 대상도 있을 따름이다.

(23) 흐르다[三合·曷攞多] 자를 해석하다 (曷攞 46下10)

唱曷攞多上聲[130]字時에 入般若波羅蜜門하니 名生死境界智慧輪이요
흐르다(三合·曷攞多) 자를 부를 때는 반야바라밀다문에 들어가나니, 이름이 생사 경계의 지혜 바퀴이니라.

[疏] 曷攞多字는 卽執着義性이라 執着은 爲生死오 境義는 卽智慧輪이니라

---
127) 輕呼는 甲續本無, 金本在字字下.
128) 若은 原南續金本作惹, 論作若.
129) 若은 原南續金本作惹, 論作若.
130) 上聲은 宮本作音上聲, 普明清源杭鼓纂續本作上聲呼, 麗合本作上聲 宋元本 準昭和本作上聲.

■ (23) 흐르다(三合·曷欏多) 자는 곧 이치에 집착하는 성품이다. 집착은 나고 죽음이 되고, 경계의 뜻은 곧 지혜 바퀴가 된다.

[鈔] 二十八曷欏多上聲는 別譯에 爲欏他上聲라 後, 執着爲下는 會經이라 言境義者에 總有四義하니 一, 文義니 是所詮義요 二, 境義니 是所緣境이요 三, 道理義니 謂苦無常等이요 四, 性義니 卽第一義空이라 今是第二니라 生死是果요 執着是因이니 並是智慧의 所觀境義라 智論에 云, 若聞他[131]字하면 卽知一切法義不可得이니 以阿利他를 此言義故라하니라

● 스물여덟째 흐르다[三合·曷欏多:상성] 자는 별도로 라타(欏他, 상성)라 번역하며, b) 執着爲 아래는 경문과 회통함이다. 경계의 뜻이라 말한 것에는 총합하여 네 가지 뜻이 있으니 (1) 경문의 뜻은 말할 대상의 뜻이요, (2) 경계의 뜻은 반연할 대상인 경계요, (3) 도의 이치이니 이른바 괴로움과 무상함 등이다. (4) 성품의 뜻은 곧 제일가는 이치가 공함이니, 지금은 둘째이니 나고 죽음이 결과요, 집착함이 원인이니 아울러 지혜로 관찰할 대상인 경계의 뜻이다. 『대지도론』에 이르되, "만일 타(他) 자를 들으면 온갖 법의 뜻을 얻을 수 없음을 아나니, 아리타(阿利他)는 여기 말로 '뜻'이라 번역하는 까닭이다"라고 하였다.

(24) 바(Bha 婆) 자를 해석하다 (婆字 47上9)

唱婆蒲餓切字時에 入般若波羅蜜門하니 名一切智宮殿圓滿莊嚴이요

---

131) 他는 原本作曷欏哆, 甲南續金本作曷欏多, 論作他.

바(Bha 婆) 자를 부를 때는 반야바라밀다문에 들어가나니,
이름이 온갖 지혜 궁전의 원만한 장엄이니라.

[疏] 婆字는 卽可破壞性이요 圓滿之言은 不空譯에 爲道場이라 然이나 此婆字는 宜蒲餓切[132]이라 諸本에 多云蒲我切하니 則與第八로 不殊니라
- (24) 바(Bha 婆) 자는 곧 파괴할 수 있는 성품이다. 원만함이란 말은 불공(不空)삼장은 '도량'이라 번역하였고, 그러나 여기의 바(婆) 자는 마땅함의 뜻이니, 모든 경본에 대부분 말하되 "여덟째 바(Va 婆) 자와 다르지 않다"고 하였다.

[鈔] 二十九婆上聲呼引字라 圓滿之言下는 會經이라 興善에 譯爲道場者는 故로 彼에 云, 稱婆字時에 入一切宮殿道場하여 莊嚴般若波羅密門이라 以梵云, 曼陀羅가 通圓滿과 道場二義故라 智論에 云, 若聞婆字하면 了知一切法을 不可得破壞相이니 以婆伽를 此言破故라하니라 釋曰, 經中에 宮殿莊嚴은 以從緣故로 亦可破壞니 以不可得이 卽非莊嚴이라야 方爲圓滿하여 成般若矣니라 從然此婆下는 會其文이니 謂 順於諸經에 多是去聲故니라
- 스물아홉째 바(Bha 婆:상성, 이끄는 소리) 자이다. b) 圓滿之言 아래는 경문과 회통함이다. 흥선(興善)삼장이 '도량'이라고 번역하였으므로 저기에 이르되, "바(婆) 자를 부를 때에 온갖 궁전과 도량에 들어가서 반야바라밀문을 장엄하나니 범어로 '만다라(曼陀羅)'라 하나니, 원만함과 도량의 두 가지 뜻에 통하는 까닭이다"라고 하였다. 『대지도론』에 이르되, "만일 바(婆) 자를 들으면 온갖 법이 파괴하는 모양을

---

132) 切은 原南續金本作反, 源本作切.

얻을 수 없음을 요달해 아나니, 바가(婆伽)는 여기 말로 '파괴함'이라 번역하는 까닭이다"라고 하였다. 해석하자면 경문 중에 궁전으로 장엄함은 인연으로부터인 연고로 또한 파괴할 수 있다. 얻을 수 없음이 장엄함이 아니라야 비로소 원만함이 되고 반야바라밀을 이룬다. b) 然此婆부터 아래는 그 경문과 회통함이다. 이른바 모든 경문을 따르면 대부분 거성(去聲)인 까닭이다.

(25) 차(Cha 車) 자를 해석하다 (車字 47下10)

唱車上聲呼字時에 入般若波羅蜜門하니 名修行方便藏各別圓滿이요
차(Cha 車) 자를 부를 때는 반야바라밀다문에 들어가나니, 이름이 수행하는 방편 광이 제각기 원만함이니라.

[疏] 車字는 卽欲樂覆性이니라
- (25) 차(Cha 車) 자는 곧 욕구와 즐거움을 덮는 성품의 뜻이다.

[鈔] 三十車上聲字는 別譯에 爲縒라 若會經文인대 旣方便으로 隨喜樂故로 各別圓滿이라 智論에 云, 若聞車字하면 卽知一切法이 無所去니 以伽車를 此言去故라하니라 大品에 亦云, 聞車字時에 入諸法에 欲不可得이라하니라 而論에 云, 去者는 以放光에 云, 車者는 無可棄去라하니 卽是樂欲의 所去耳니라
- 서른째 차(Cha 車 上聲:상성) 자는 별도로 엉클어짐[縒]이라 번역하였다. 만일 경문과 회통하면 이미 방편으로 따라 기뻐하는 즐거움인 연

고로 각기 별상이 원만한 것이다.『대지도론』에 이르되, "만일 차(車) 자를 들으면 온갖 법이 간 곳이 없음을 아나니, 가차(伽車)는 여기 말로 '간다'고 번역한 까닭이다"라 하였다.『대품반야경』에 또한 이르되, "만일 차(車) 자를 들을 때에 모든 법이 얻을 수 없게 하려 함에 들어간다"라 하였는데, 그런데 논에는 '가는 이[去者]'라 하였고,『방광반야경』에 이르되, "차(車) 자는 버리고 갈 수 없다는 뜻이니 바로 즐거이 가려고 함이다"라고 했을 뿐이다.

(26) 스마(Sma 娑麼) 자를 해석하다 (娑麼 48上6)

唱娑蘇紇切麼字時에 入般若波羅蜜門하니 名隨十方現見諸佛이요
스마(Sma 娑麼) 자를 부를 때는 반야바라밀다문에 들어가나니, 이름이 시방을 따라 부처님들을 현재에 봄이니라.

[疏] 娑麼字는 卽可憶念性이니라
- (26) 스마(Sma 娑麼) 자는 곧 기억하여 명심할 만한 성품의 뜻이다.

[鈔] 三十一娑入聲麼는 會經은 可知니라 智論에 云, 若聞濕淼字하면 卽知諸法의 堅牢가 如金剛石義니 以阿濕淼를 此言石故라하니라 釋曰, 意明專念堅牢니 我心匪石이라 不可轉也며 亦不可得이니라
- 서른한째 스마(Sma 娑麼) 자는 경문과 회통함은 알 수 있으리라.『대지도론』에 이르되, "만일 습묘(濕淼) 자를 들으면 곧 모든 법이 견고함이 마치 금강석과 같은 뜻임을 아나니, 아습묘(阿濕淼)는 여기 말로

'돌'이라 말하는 까닭이다"라 하였다. 해석하자면 의미로는 전념함이 견고하면 내 마음이 돌상자와 같아서 뒤바꿀 수 없으며, 또한 찾을 수도 없음을 밝힌다.

(27) 흐바(Hva 訶婆) 자를 해석하다 (訶婆 48下2)

唱訶婆二字皆[133]上聲呼字時에 入般若波羅蜜門하니 名觀察一切無緣衆生하여 方便攝受하여 令出生無礙力이요
흐바(Hva 訶婆) 자를 부를 때는 반야바라밀다문에 들어가나니, 이름이 모든 인연 없는 중생을 관찰하고 방편으로 거두어 주어 걸림 없는 힘을 내게 함이니라.

[疏] 訶婆字는 卽可呼召性이니 無緣을 召令有緣故니라
■ (27) 흐바(Hva 訶婆) 자는 곧 부를 수 있고 호소하는 성품이니 인연 없음을 불러서 인연 있게 하려는 까닭이다.

[鈔] 三十二訶婆並上聲字는 別譯에 爲訶嚩라 文中에 釋義오 無緣召令有緣은 卽會經也라 智論에 云, 若聞火字하면 卽知一切法無音聲이니 以火夜를 此言喚來故라하니라
● 서른둘째 흐바(Hva 訶婆) 자는 별도로 하부(訶嚩)라 번역한다. a) 경문 중에 뜻을 해석함이요, '인연 없음을 불러서 인연 있게 함'은 곧 b) 경문과 회통함이다. 『대지도론』에 이르되, "만일 화(火) 자를 들으면 곧 온갖 법이 음성 없음을 아나니, 화야(火夜)는 여기 말로 '불러서 오

---

133) 二字皆는 宋元明淸杭鼓纂續本作訶婆二字皆, 聖本作訶婆字並 宮本作二字並; 玆從麗藏.

게 함[喚來]'이라 번역하는 까닭이다"라 하였다.

(28) 트사(Tsa 縒) 자를 해석하다 (縒字 48下8)

唱縒七可切字時에 入般若波羅蜜門하니 名修行趣入一切功德海요
트사(Tsa 縒) 자를 부를 때는 반야바라밀다문에 들어가나니, 이름이 행을 닦아 모든 공덕 바다에 나아가 들어감이니라.

[疏] 縒字는 卽勇健性이니라
- (28) 트사(Tsa 縒) 자는 곧 용맹하고 강건한 성품의 뜻이다.

[鈔] 三十三縒字는 別譯에 爲哆婆字라 若會經者인대 勇健이라야 方能修入功德이니라 智論에 云, 若聞蹉[134]字하면 卽知一切法無慳無施니 以末蹉羅를 此言慳故라하니라 釋曰, 無慳이 最勇健이요 施爲行首니 勇而能行故로 偏說耳니라
- 서른셋째 트사(Tsa 縒) 자는 별도로 타바(哆婆) 자라 번역한다. 만일 경문과 회통한다면 용맹하고 강건해야 비로소 능히 수행하여 공덕에 들어가는 것이다. 『대지도론』에 이르되, "만일 차(蹉) 자를 들으면 온갖 법이 인색함 없고 보시함도 없음을 아는 것을 말차라(末蹉羅)라 하기 때문이니, 여기 말로 인색함이라 번역하는 까닭이다"라고 하였다. 해석하자면 인색함 없이 가장 용맹하고 강건해서 보시함을 수행의 우두머리로 삼고 용맹하게 잘 수행하는 연고로 치우쳐 설명했을 뿐

---
134) 蹉는 原南續金本作縒, 論石山寺本作嗟, 麗宋元明本作蹉.

이다.

(29) 가(Gha 伽) 자를 해석하다 (伽字 49上4)

唱伽上聲呼字時에 入般若波羅蜜門하니 名持一切法雲堅固海藏이요
가(Gha 伽) 자를 부를 때는 반야바라밀다문에 들어가나니, 이름이 모든 법 구름을 가진 견고한 바다 광이니라.

[疏] 伽字는 卽厚平等性이니라
- (29) 가(Gha 伽) 자는 곧 두텁고도 평등한 성품의 뜻이다.

[鈔] 三十四伽上聲字는 若會經者인대 如地之厚하여 平等能持하며 亦能含藏이 如海平等하여 能持能包하여 雲雨說法이니라 智論에 云, 若聞伽字하면 卽知諸法이 不厚不薄하나니 以伽那를 此言厚故라하니라 釋曰, 厚薄之事는 事則已入般若矣니라
- 서른넷째 가(Gha 伽) 자는 만일 경문과 회통한다면 땅과 같이 두터워서, 평등하게 잘 지탱함도 또한 능히 포섭하여 저장함이 마치 바다가 평등하여 구름이나 비와 같은 설법을 능히 가지고 능히 포섭함과 같다. 『대지도론』에 이르되, "만일 가(伽) 자를 들으면 모든 법이 두텁지 않고 얇지도 않음을 아나니, 가나(伽那)는 여기 말로 '두터움'이라 번역하는 까닭이다"라고 하였다. 해석하자면 두텁고 얇은 일에서 일은 이미 반야바라밀에 들어갔다는 뜻이다.

(30) 타(Ta 吒) 자를 해석하다 (吒字 49上10)

唱吒字時에 入般若波羅蜜門하니 名隨願普見十方諸佛이요

타(Ta 吒) 자를 부를 때는 반야바라밀다문에 들어가나니, 이름이 원하는 대로 시방의 부처님들을 두루 봄이니라.

[疏] 吒字는 卽積集性이니라
- (30) 타(Ta 吒) 자는 곧 쌓고 모으는 성품의 뜻이다.

[鈔] 三十五吒字는 別譯에 爲姹上聲[135]字라 若會經者인대 積集念佛일새 故로 能普見이라 智論에 云, 若聞咃字하면 卽知一切法이 無住處라 南天竺의 咃那를 此言處故라하니라 釋曰, 念卽處也니라
- 서른다섯째 타(Ta 吒) 자는 별도로 차(姹, 상성) 자라 번역한다. 만일 경문과 회통한다면 부처님 생각함을 쌓고 모으는 연고로 능히 널리 보게 된다. 『대지도론』에 이르되, "만일 타(咃) 자를 들으면 온갖 법이 머무는 곳이 없음을 아나니, 남천축의 타나(咃那)는 여기 말로 '처소'라 번역하는 까닭이다"라고 하였다. 해석하자면 생각은 처소와 합치한다는 뜻이다.

(31) 나(Na 拏) 자를 해석하다 (拏字 49下6)

唱拏嬭可[136]切字時에 入般若波羅蜜門하니 名觀察字輪

---

135) 上聲은 甲續本係正文.
136) 嬭可는 普嘉淸杭鼓纂本作乃可, 弘昭本注云 夾注嬭可 明本作乃可.

이 有無盡諸億字요

나(Na 拏) 자를 부를 때는 반야바라밀다문에 들어가나니, 이름이 글자 바퀴에 다함이 없는 여러 억 글자가 있음을 관찰함이니라.

[疏] 拏字는 卽離諸誼諍하여 無往無來로되 行住坐臥니 謂以常觀字輪故니라
- (31) 나(Na 拏) 자는 곧 모든 시끄러운 다툼을 여의어서, 감도 없고 옴도 없으며 가고 머물고 앉고 눕나니, 이른바 항상 글자의 바퀴를 관찰하는 까닭이다.

[鈔] 三十六拏孋可切字는 別譯에 爲儜字라 先, 釋義요 後, 謂以常觀下는 會經이라 智論에 云, 若聞拏字하면 卽知一切法과 及衆生이 不去不來하며 不生不滅하며 不坐不臥하며 不立不起하여 衆生空하며 法空이라 以南天竺에 云拏를 此言不故라하니라 釋曰, 去等은 卽是誼諍이요 無卽是不이니 上二를 俱不可得이라야 方爲般若니라
- 서른여섯째 나(Na 拏) 자는 별도로 녕(儜) 자로 번역한다. a) 뜻을 해석함이요, b) 謂以常觀 아래는 경문과 회통함이다. 『대지도론』에 이르되, "만일 나(拏) 자를 들으면 온갖 법과 중생이 가지 않고 오지 않고 나지도 않고 멸하지도 않고 앉지도 않고 눕지도 않으며 서지 않고 일으키지 않아서 중생이 공하며 법이 공한 줄 아나니, 남천축에서 나(拏) 자라 한 것은 여기 말로 '아님[不]'이라 하는 까닭이다"라 하였다. 해석하자면 거(去) 따위는 곧 시끄럽게 다툼의 뜻이니, 없음이 곧 아님의 뜻이다. 위의 둘[온갖 법과 중생]은 모두 찾을 수 없어야 비로소

반야바라밀이 된다.

(32) 스파(Spha 娑頗) 자를 해석하다 (娑頗 50上3)

唱娑蘇紇切頗字時에 入般若波羅蜜門하니 名化衆生究竟處요
스파(Spha 娑頗) 자를 부를 때는 반야바라밀다문에 들어가나니, 이름이 중생을 교화하여 끝 가는 곳이니라.

[疏] 娑頗字는 卽徧滿果報니라
- (32) 스파(Spha 娑頗) 자는 곧 과보를 두루 가득 채움의 뜻이다.

[鈔] 三十七娑入聲頗字는 別譯에 但云頗字라 若會經者인대 化生究竟이라야 方爲徧滿果報니라 智論에 云, 若聞頗字하면 卽知一切法이 因果皆空이니 以頗羅를 此言空故라하니라 釋曰, 因果俱空이라야 方爲圓滿이요 亦不可得이니라
- 서른일곱째 스파(Spha 娑:입성 頗) 자는 별도로 단지 파(頗) 자라고만 번역한다. 만일 경문과 회통한다면 중생을 교화하는 궁극에 가서야 비로소 과보를 두루 만족한다는 뜻이다.『대지도론』에 이르되, "만일 파(頗) 자를 들으면 온갖 법이 인행과 과덕이 모두 공함을 아나니, 파라(頗羅)는 여기 말로 '공하다'고 번역한다"라고 하였다. 해석하자면 인행과 과덕을 함께 텅 비워야만 비로소 원만함이 됨도 또한 얻을 수 없다.

(33) 스카(Ska 娑迦) 자를 해석하다 (娑迦 50上9)

唱娑同前音迦字時에 入般若波羅蜜門하니 名廣大藏無
礙辯光明輪徧照요
스카(Ska 娑迦) 자를 부를 때는 반야바라밀다문에 들어가나
니, 이름이 광대한 광 걸림 없는 변재의 광명 바퀴가 두루
비침이니라.

[疏] 娑迦字는 卽積聚蘊性이니라
- (33) 스카(Ska 娑迦) 자는 곧 오취온을 쌓는 성품의 뜻이다.

[鈔] 三十八娑同上迦字는 別譯에 爲塞迦라 若會經者인대 蘊積이 爲廣大
藏이니 無碍光輪의 所積蘊也라 智論에 云, 若聞歌字하면 卽知一切
法의 五衆不可得이니 以歌大를 此言衆故라하니 釋曰, 五衆卽五蘊
也니 略擧一蘊耳니라
- 서른여덟째 스카(Ska 娑迦) 자는 별도로 색가(塞迦)라 번역한다. 만일 경문과 회통한다면 쌓고 모음이 광대한 창고가 되고, 걸림 없는 광명 바퀴로 쌓고 모은 것이다.『대지도론』에 이르되, "만일 가(歌) 자를 들으면 온갖 법이 다섯 무리를 얻을 수 없음을 아나니, 가대(歌大)는 여기 말로 여럿이라 번역하는 까닭이다"라고 하였다. 해석하자면 다섯 무리는 곧 오온(五蘊)을 뜻하나니, 간략히 한 온(蘊)을 거론했을 뿐이다.

(34) 이사(Ysa 也娑) 자를 해석하다 (也娑 50下6)

唱也夷舸切娑蘇舸切字時에 入般若波羅蜜門하니 名宣說
一切佛法境界요
이사(Ysa 也娑) 자를 부를 때는 반야바라밀다문에 들어가나
니, 이름이 모든 부처님 법의 경계를 선전하여 말함이니라.

[疏] 也娑字는 卽衰老性相이니라
- (34) 이사(Ysa 也娑) 자는 곧 쇠퇴하고 늙어 가는 성품의 모양을 뜻한다.

[鈔] 三十九也夷舸切娑蘇舸切字는 若會經者인대 衰老性이 卽佛法境界요 兼餘老死者는 菩薩勇猛으로 觀境也라 智論에 云, 若聞磋字하면 卽知磋字空이니 諸法亦爾라하니라 釋曰, 以是通相이니 更無別釋이나 然이나 衰老性은 卽是別義니라
- 서른아홉째 이사(Ysa 也娑) 자는 만일 경문과 회통한다면 쇠퇴하고 늙어가는 성품은 곧 부처님 법의 경계이며 나머지 늙고 죽음을 겸한 것은, 보살의 용맹으로 경계를 관찰함이다. 『대지도론』에 이르되, "만일 차(磋) 자를 들으면 곧 차(磋) 자는 공(ㅎ)이며, 모든 법도 마찬가지임을 안다"고 하였다. 해석하자면 전체 모양이요 다시 다른 해석은 없지만 그러나 쇠퇴하고 늙어 가는 성품은 곧 별다른 뜻이 된다.

(35) 스차(Sca 室者) 자를 해석하다 (室者 51上2)

唱室者字時에 入般若波羅蜜門하니 名於一切衆生界에
法雷徧吼요
스차(Sca 室者) 자를 부를 때는 반야바라밀다문에 들어가나

니, 이름이 모든 중생세계에 법 우레가 진동함이니라.

[疏] 室者字는 卽聚集足迹이니 謂聚集은 卽一切衆生이요 法雷는 卽是足迹이니라

- (35) 스차(Sca 室者) 자는 발자취를 모으고 쌓음의 뜻이다. 이른바 모으고 쌓음은 곧 모든 중생이요, 법 우레는 바로 발자취의 뜻이다.

[鈔] 四十室者字는 別譯에 云室左라 文中에 先, 釋義요 謂積集卽下는 會經이라 法雷[137]는 卽是足迹者는 佛所行迹故라 智論에 云, 若聞遮字하면 卽知一切法의 不動相義라 以遮羅地[138]를 此言動故라하니라 釋曰, 以大品에 云, 遮字門은 諸法行을 不可得이라하니 行은 卽動義요 足은 卽能行이니 卽因行有迹이요 迹爲所行이라 若依此義하면 法雷徧喉가 卽行法也니라

- 마흔째 스차(Sca 室者) 자는 별도로 스좌(室左)라 번역한다. 경문 중에 a) 뜻을 해석함이요, b) 謂積集卽 아래는 경문과 회통함이다. '법 우레는 바로 발자취'라는 것은 부처님의 행적인 까닭이다. 『대지도론』에 이르되, "만일 차(遮) 자를 들으면 온갖 법이 동요하지 않는 모양이란 뜻을 안다. 차라지(遮羅地)는 여기 말로 '동요함'이라 번역한다"라 하였다. 해석하자면 『대품반야경』에 이르되, "차(遮)자문은 모든 법은 수행으로 얻을 수 없다"고 하였으니, 행(行)은 곧 동요함의 뜻이요, 족(足)은 곧 능히 행함의 뜻이다. 곧 인행에 자취가 있다면 적(迹)은 행할 대상이 된다. 만일 이런 뜻에 의지하면 법 우레가 두루 부르짖음이 곧 '법을 행한다'는 뜻이다.

---

137) 法雷는 原南續金本作諸虞, 纂本作法雷 與疏合.
138) 羅地는 原南續金本作欏, 論作羅地.

(36) 타(Tha 佗) 자를 해석하다 (佗字 51上10)

唱佗恥加切字時에 入般若波羅蜜門하니 名以無我法으로 開曉衆生이요

타(Tha 佗) 자를 부를 때는 반야바라밀다문에 들어가나니, 이름이 <내>가 없는 법으로 중생을 깨우침이니라.

[疏] 佗字는 卽相驅迫性이니 謂無我曉之가 卽爲驅迫이니라

- (36) 타(Tha 佗) 자는 곧 서로 몰아서 핍박하는 성품이니 이른바 <내>가 없음을 깨달으면 곧 몰아서 핍박함이 된다.

[鈔] 四十一佗[139]恥加切字는 別譯에 爲吒라 文中에 先, 釋義요 後, 謂無我 下는 會經이라 智論에 云, 若聞吒字하면 卽知一切法의 此彼岸을 不可得이라 以吒[140]羅를 此言岸故라하니라 釋曰, 卽無我驅迫하여 令至彼岸도 亦不可得이라 若約表位인댄 此當等覺故니 法身欲滿이며 始本欲齊일새 故亡二岸이니라

- 마흔한째 타(Tha 佗) 자는 별도로 타(吒)라 번역한다. 경문 중에 a) 뜻을 해석함이요, b) 謂無我 아래는 경문과 회통함이다. 『대지도론』에 이르되, "만일 타(吒) 자를 들으면 온갖 법이 이 언덕과 저 언덕에서 얻을 수 없음을 안다. 타라(吒羅)는 여기 말로 '언덕'이라 번역하는 까닭이다"라 하였다. 해석하자면 내가 없음으로 몰고 핍박하여 저 언덕에 이르게 함도 또한 얻을 수 없다. 만일 표한 지위를 잡으면 이것은 등각(等覺) 지위에 해당하는 까닭이니, 법신을 만족하려 하고 시각과

---

139) 佗는 原本作咃, 甲南續金本作佗.
140) 吒는 論宋元明宮聖本作多, 原南續金本及論麗本作吒.

본각을 가지런하게 하려는 연고로 두 언덕이 없는 것이다.

(37) 라(La 陀) 자를 해석하다 (陀字 51下7)

唱陀字時에 入般若波羅蜜門하니 名一切法輪差別藏이니라
라(La 陀) 자를 부를 때는 반야바라밀다문에 들어가나니, 이름이 모든 법륜의 차별한 광이니라.

[疏] 陀字는 卽究竟處所니 謂此究竟處에 含藏一切法輪이라 然이나 新譯에는 乃是茶[141]字니 去聲引之니라

■ (37) 라(La 陀) 자는 궁극의 처소이니 이른바 이 궁극의 처소에 온갖 법 바퀴를 함유하여 저장한다는 뜻이다. 그러나 신역 경전에는 비로소 다(茶, 去聲:거성) 자를 인용하였다.

[鈔] 四十二陀引聲은 文中에 先, 釋義요 後, 謂此究竟下는 會經이라 從然新譯下는 會經字音이니 卽興善의 別譯也라 智論에 云, 若聞茶字하면 卽知一切法을 必不可得하나니 以波[142]茶를 此言必故라하니라 釋日, 唯至究竟이 爲必不可得이라 故로 般若中에 以無所得으로 則得菩提니라 又約表位인대 此四十二는 當妙覺故라 大品에 云, 茶字門은 入諸法邊竟處라하고 光讚에 云, 是吒之門이 一切法究竟邊際니 盡其處所하여 無生無死며 無有作者가 皆菩提意也라하니라 若約初發心時에 便成正覺하면 則初는 阿며 最後는 茶니라

---
141) 茶는 不空譯華嚴四十二字觀門及麗宋元本作茶.
142) 波는 原南續金本作彼, 論作波.

● 마흔둘째 라(La 陀, 이끄는 소리) 자는 경문 중에 a) 뜻을 해석함이요, b) 謂此究竟 아래는 경문과 회통함이다. c) 然新譯부터 아래는 경문의 글자와 음성을 회통함이니 곧 홍선사 삼장의 다른 번역이다. 『대지도론』에 이르되, "만일 다(荼) 자를 들으면 온갖 법이 반드시 얻을 수 없음을 안다. 파다(波荼)는 여기 말로 '반드시'라고 번역한다"라 하였다. 해석하자면 오직 구경까지 이르러서 반드시 얻을 수 없음이 되는 연고로 반야바라밀 중에 얻을 것 없으면 보리를 얻었을 것이요, 표한 지위를 잡으면 이 마흔둘째는 묘각(妙覺) 지위에 해당하는 까닭이다. 『대품반야경』에 이르되, "다(荼)자문은 모든 법의 마지막 처소에 들어간다"라 하였고, 『광찬반야경』에 이르되, "이 타(吒)자문은 온갖 법의 마지막 끝인 경계이니 그 처소를 다하여 남도 없고 죽음도 없고 짓는 이도 없는 것이 모두 보리의 의미이다"라고 하였다. 만일 처음 발심했을 때에 문득 바른 깨달음 이룸을 잡으면 첫째는 아(阿) 자요, 가장 뒤는 다(荼) 자이다.

ㄷ. 총상으로 결론하여 묶다[總相結束] 3.
ㄱ) 위의 경문과 회통하다[會上文] (上來 52上7)
ㄴ) 위의 뜻과 회통하다[會上義] (其中)
ㄷ) 나머지에 있음을 가리키다[指在餘] (更有)

[疏] 上來에 從婆上[143]字來로 皆上有悟一切法하고 下有不可得言이어늘 今並略之라 若具인대 皆如瑟吒字耳니라 其中에 難者는 已釋하니 餘는 以經疏로 相對하면 文並可知니라 更有對會와 及修觀儀와 所得功德

---

143) 上은 源甲纂續金本無, 原本係正文; 茲從南本作注.

은 並別章具也니라

■ 여기까지 (11) 사(Sa 娑 上聲:상성) 자로부터 모두 위에는 悟一切法이 있고, 아래에는 不可得이란 말이 있다. 지금은 아울러 생략하였으니 만일 갖춘다면 모두 슈타[瑟吒] 자와 같을 뿐이다. 그중에 힐난한 것은 이미 해석하였고, 나머지는 경문과 소문이 상대하였으니 경문과 함께하면 알 수 있으리라. 다시 상대하여 모은 것과 수행하고 관찰하는 광경과 얻은 공덕이 있음은 아울러 별도의 가름에 갖추어져 있다.

[鈔] 上來從娑字下는 第二, 總相結束이라 於中에 三이니 一, 會釋上文이니 以疏恐繁일새 故文略之라 若欲說時에는 應須一一具其上下一切等言이니 如云陀字는 悟一切法의 究竟處所를 不可得故라 而上引智論이 多具上下니라 二, 其中難者下는 會上之義요 三, 更有對會下는 指廣在餘라 於中에 有三하니 一, 對會同異니 前已會竟이요 二, 修觀儀式이요 三, 所得功德이라 後之二門은 皆興善의 別譯이니 今當敍之하리라 先, 明所得功德者는 彼文에 結云호대 又善男子여 如是字門은 是能悟入法界邊際니 除如是字하고 表諸法門을 更不可得이니 何以故오 如是字義는 不可宣說하며 不可顯示며 不可執取며 不可了知며 不可觀察이니 離諸相故니라 善男子여 譬如虛空이 是一切物의 所歸趣處하여 此諸字門도 亦復如是하여 諸法空義가 皆入此門이라야 方得顯了니라

● ㄷ. 上來從娑字 아래는 총상으로 결론하여 묶음이다. 그중에 셋이니 ㄱ) 위의 경문과 회통하여 해석함이니 소가가 번거로울까 저어하여 경문은 생략하였다. 만일 설하려 할 때에는 응당히 하나하나를

구하여 갖춘다. 그 위와 아래의 온갖 따위 말은 라(La 陀) 자라 한 것과 같나니, 온갖 법이 마지막 처소에서 얻을 수 없음을 깨달은 까닭이다. 그러나 위는 『대지도론』을 인용하였으니 대부분 위와 아래를 갖추게 된다. ㄴ) 其中難者 아래는 위의 뜻과 회통함이요, ㄷ) 更有對會 아래는 자세한 것은 나머지에 있다고 지적하였다. 그중에 셋이 있으니 (ㄱ) 같고 다른 점을 상대하여 회통함이니 앞에서 이미 모두 회통함이요, (ㄴ) 수행하고 관찰하는 의식이요, (ㄷ) 얻은 공덕이니 뒤의 두 문에 모두 홍선사 불공삼장이 별도로 번역한 것을 지금 마땅히 밝힌다. 먼저 (ㄷ) 얻은 공덕을 밝혔으니 저 경문에 결론하여 말하되, "또 선남자여, 이러한 글자의 문은 능히 법계의 경계를 깨달아 들어가게 한다. 이런 글자를 제외하고 모든 법문을 표하면 다시 얻을 수 없다. 왜냐하면 이러한 글자의 뜻은 가히 베풀어 설하지 못하고 드러내 보일 수 없고 가히 가져서 취할 수 없으며 가히 요달해 알지 못하고 가히 관찰하지 못하여 모든 모양을 여의는 까닭이다. 선남자여, 비유하건대 허공이 온갖 물상의 돌아가서 나아갈 곳과 같아서 이런 모든 글자의 문도 또한 그와 같아서 모든 법의 공한 이치로 모두 이 문에 들어가야만 비로소 밝게 요달함을 얻는다"라고 하였다.

若菩薩摩訶薩이 於如是에 入諸字門하여 得善巧智하면 於諸言音의 所詮所表에 皆無罣礙하며 於一切法平等空性을 盡能證持하며 於衆言音에 咸得善巧니라 若菩薩摩訶薩이 能聽如是入諸字門하여 卽顯[144]字印하고 聞已受持하며 讀誦通利하며 爲他解說하되 不貪名利하면 由此因緣하여 得二十種功德이니 何等二十고 謂得强憶念하며 得勝慚

---

144) 卽顯은 經麗本作印阿上 宋元明本作印列阿上

愧하며 得堅固力하며 得法之趣하며 得增上覺하며 得殊勝慧하며 得無
礙辯하며 得總持門하며 得無疑惑하며 得違順에 不生悲愛하며 得無
高下하여 平等而住하며 得於有情言音善巧하며 得蘊善巧와 處善巧
와 界善巧하며 得緣起善巧와 因善巧와 緣善巧하며 得法善巧하며 得
根勝劣善巧하며 得他心智善巧하며 得觀星曆善巧하며 得天耳智善
巧와 宿住隨念智善巧와 神境智善巧와 生死智善巧와 漏盡智善巧
하며 得說處非處智善巧하며 得往來威儀施設善巧라 是爲得二十種
殊勝功德이라하니라 大般若와 放光과 光讚에도 大同於此니라

● 만일 보살마하살이 이런 모든 글자의 문에 들어가서 선교한 지혜를 얻고 모든 말과 음성에서 말할 대상과 표할 대상이 모두 장애함이 없고, 온갖 법에 평등하고 공한 성품에서 모두 능히 증득하여 지니고 많은 언사와 음성에 다 선교함을 얻음과 같으며, 만일 보살마하살이 능히 이렇게 모든 글자의 문을 듣고서 들어가면 곧 글자와 인장을 밝혀서 듣고 나서 수지하고 독송하고 이익을 통하여 다른 이를 위하여 해설하되 명리를 탐내지 않으면, 이런 인연으로 인해 20가지 공덕을 얻나니 어떤 것이 20가지인가? 말하자면 (1) 강하게 기억함과 (2) 뛰어난 부끄러움을 얻음과 (3) 견고한 힘을 얻음과 (4) 법을 얻은 지취와 뛰어난 깨달음을 얻음과 (5) 수승한 지혜를 얻음과 (6) 장애 없는 변재를 얻음과 (7) 총지의 문을 얻음과 (8) 의혹 없음을 얻음과 (9) 성냄이 생겨나지 않는 사랑을 위배하고 따름을 얻음과 (10) 위와 아래가 없이 평등함을 얻어 머무름과 (11) 유정의 언사와 음성이 선교함을 얻음과 (12) 오온에 공교하고 처소에 선교한 경계에 선교함을 얻음과 (13) 연기법에 선교함으로 원인에 선교하고 반연에 선교함을 얻음과 (14) 법에 선교함을 얻음과 (15) 감관이 뛰어나고 하열함에

선교함을 얻음과 (16) 다른 이의 마음을 아는 지혜에 선교함을 얻음과 (17) 별의 달력을 관찰함에 선교함을 얻음과 (18) 천이통의 지혜에 선교함과 숙주수념지혜에 선교함과 신족통의 지혜에 선교함과 나고 죽음의 지혜에 선교함과 누진지혜에 선교함을 얻음과 (19) 처비처의 지혜에 선교하게 설함을 얻음과 (20) 가고 오는 위의와 시설함이 선교함을 얻음이다. 이것이 20가지 뛰어난 공덕을 얻은 것이니『대반야경』과『방광반야경』과『광찬반야경』에도 이것과 크게는 같다.

第三, 修觀意識者는 彼文에 標名大方廣佛華嚴經入法界品의 頓證毘盧遮那法身字輪이라하고 瑜伽儀軌에 釋云호대 夫欲頓入一乘하여 修習毘盧遮那如來法身觀者는 先應發起普賢菩薩의 微妙行願하며 復應以三密로 加持身心하여 則能悟入文殊師利大智慧海니라 然修行者가 最初於空閒處에 攝念安心하고 閉目端身하여 結跏趺坐하여 運心普緣無邊刹海하여 諦觀三世一切如來하고 徧於一一佛菩薩前에 殷勤恭敬하여 禮拜旋繞하며 又以種種供具雲海로 奉獻如是等一切聖衆하여 廣大供養已하고 復應觀自心호대 心本不生이요 自性에 成就光明徧照가 猶如虛空하며 復應深起悲念하여 哀愍衆生이 不悟自心하고 輪廻諸趣하여 我當普化拔濟하여 令其開悟하여 盡無有餘케하며 復應觀察自心과 諸衆生心과 及諸佛心이 本無有異하여 平等一相이요 成大菩提心하여 瑩澈淸淨하고 廓然周徧하여 圓明皎潔하여 成大月輪하되 量等虛空하여 無有邊際하며 復於月輪內에 右旋布列四十二梵字호대 悉皆金色이요 放大光明하여 照徹十方하여 分明顯現이어니와 一一光中에 具無量刹海하고 一一刹海에 有無量諸佛하고 一一諸佛에 有無量聖衆이 前後圍繞어든 坐菩提場하사 成等正覺하

여 智入三世하고 身徧十方하여 轉大法輪하사 度脫群品하여 悉令現證無住涅槃케하며 復應悟入般若波羅密四十二字門하여 了一切法이 皆無所得하며 能觀法界가 悉皆平等하여 無異無別이니라 修瑜伽者는 若能與是旋陀羅尼로 觀行相應하면 卽能現證毘盧遮那如來 智身하여 於諸法中에 得無障礙라하니라

● (ㄴ) 수행하고 관찰하는 의식이란 저 경문에 『대방광불화엄경』입법계품(入法界品)의 비로자나 법신의 글자바퀴를 몰록 증득함을 표방하여 부르고, 『유가의궤(瑜伽儀軌)』에 해석하여 말하되, "대저 일승법에 몰록 들어가려 하여 비로자나여래의 법신을 수행하여 익히고 관찰한다면 먼저 응당히 보현보살의 미묘한 행원을 발하여 일으키고 다시 응당히 세 가지 밀법(密法)으로 몸과 마음을 가피하여 가지면 능히 문수사리의 큰 지혜 바다에 깨달아 들어가게 되리라. 그러나 수행하는 이는 가장 먼저 (1) 비고 한가한 곳에서 생각을 거두어 마음을 편안히 하고 (2) 눈을 감고 몸을 단정하게 가부좌를 맺고, (3) 마음을 움직이면 널리 그지없는 국토해를 반연하고 (4) 삼세의 모든 여래를 자세히 관찰하고 두루 하나하나 불보살 앞에서 은근히 공경하고 예배하고 돌며, (5) 또한 갖가지 공양구 구름과 바다를 이러한 따위 온갖 성인 무리에게 받들어 바쳐서 광대하게 공양한 뒤에 (6) 다시 응당히 자기 마음은 본래 나지 않음을 관찰한다. (7) 자기 체성을 성취하고 광명을 두루 비춤이 허공과 같아서 (8) 다시 응당히 슬픈 생각을 깊이 일으키고 중생을 연민하여 자기 마음이 여러 갈래에 윤회함을 깨닫지 못하고, (9) 내가 마땅히 널리 교화하고 뽑아서 구제하여 그로 하여금 깨닫게 하여 모두 남긴 것이 없게 하고, (10) 다시 응당히 자기 마음을 관찰하되 중생의 마음과 모든 부처님 마음이 본래 다

름이 없고 평등하게 한 모양으로 큰 보리의 마음을 이루는 것이 밝고 맑게 청정하고 확연히 두루하여 두렷이 밝고 깨끗하고 큰 보름달을 이루며, (11) 분량이 허공과 같아서 끝이 없고 다시 보름달 안에 오른쪽으로 돌아서 42범어 글자를 나열하되 모두 다 금색의 큰 광명을 방출하여 시방을 사무치게 비추고 분명하게 나타났으니 (12) 하나하나 광명 중에 무량한 국토해를 구비하고, (13) 하나하나 국토해에 한량없는 부처님이 있고, (14) 낱낱 부처님을 한량없는 성인 무리가 앞뒤로 둘러싸 있어서 보리도량에 앉고 등정각을 이루어서 (15) 지혜로 삼세에 들어가고, (16) 몸이 시방에 두루하여 큰 법륜을 굴려서 여러 품류를 제도해서 해탈하고, (17) 모두 하여금 머무름 없는 열반을 현재에 증득하게 하여 다시 응당히 반야바라밀의 42자 문에 깨달아 들어가서 온갖 법이 모두 얻을 것 없음을 요달하고, (18) 능히 법계가 모두 평등하여 다르지도 차별도 없음을 관찰한다. (19) 요오가를 닦는 이는 만일 능히 이런 선(旋)다라니와 함께 관행(觀行)으로 서로 응하나니 (20) 곧 능히 비로자나여래의 지혜 몸을 현재에 증득하되 모든 법 가운데 장애가 없음을 얻는다"라고 하였다.

(다) 총합 결론하여 보이다[總結示] (結云 55上2)

善男子여 我唱如是字母時에 此四十二般若波羅蜜門으로 爲首하여 入無量無數般若波羅蜜門이로라
착한 남자여, 내가 이런 자모를 부를 때에 이 42반야바라밀 다문을 머리로 삼아 한량없고 수없는 반야바라밀다문에 들어가느니라.

[疏] 結云四十二門者는 謂表四十二位故라 故로 智論中에 諸[145]位圓融
이라하니 明初阿에 具後諸字니라

- (다) 결론하여 말하되, "42자 문은 이른바 42가지 지위를 표한 까닭"
이라 하였다. 그러므로 『대지도론』중에 "모든 지위가 원융하여 처음
아(阿) 자로부터 뒤의 여러 글자를 갖춤을 밝힌다"라고 하였다.

(4) 자신은 겸양하고 뛰어난 분을 추천하다[謙己推勝] (第四 55下8)

善男子여 我唯知此善知衆藝菩薩解脫이어니와 如諸菩
薩摩訶薩은 能於一切世出世間善巧之法에 以智通達하
여 到於彼岸하여 殊方異藝를 咸綜無遺하며 文字算數에
蘊其深解하며 醫方呪術로 善療衆病하되 有諸衆生이 鬼
魅所持와 怨憎呪詛와 惡星變怪와 死屍奔逐과 癲癇羸
瘦의 種種諸疾을 咸能救之하여 使得痊愈하며 又善別知
金玉珠貝와 珊瑚瑠璃와 摩尼硨磲와 雞薩羅等의 一切寶
藏出生之處와 品類不同과 價値多少하며 村營鄕邑과 大
小都城과 宮殿苑園과 巖泉藪澤의 凡是一切人衆所居를
菩薩이 咸能隨方攝護하며 又善觀察天文地理와 人相吉
凶과 鳥獸音聲과 雲霞氣候와 年穀豐儉과 國土安危하여
如是世間所有技藝를 莫不該練하여 盡其源本하며 又能
分別出世之法하여 正名辯義하며 觀察體相하여 隨順修
行하며 智入其中하여 無疑無礙하며 無愚暗無頑鈍하며
無憂惱無沈沒하며 無不現證하나니 而我云何能知能說

---

145) 諸는 甲續本作謂誤.

*彼功德行*이리오.[146]

착한 남자여, 나는 다만 모든 예술을 잘 아는 보살의 해탈을 알 뿐이니, 저 보살마하살들이 모든 세간과 출세간의 교묘한 법을 지혜로 통달하여 저 언덕에 이르며, 다른 지방의 이상한 예술을 모두 종합하여 알아 남음이 없으며, 글과 산수를 속속들이 이해하고 의학과 술법으로 여러 가지 병을 잘 치료하며, 어떤 중생들이 귀신에게 들리었거나 원수에게 저주되었거나 나쁜 별의 변괴를 입었거나 송장에게 쫓기거나, 간질·조갈 따위의 병에 걸린 것을 모두 구원하여 쾌차하게 하는 일과, 또 금·옥·진주·보패·산호·유리·마니·자거·계살라 등의 보배가 나는 처소와 종류가 같지 않음과 값이 얼마나 가는지를 잘 분별하여 알며, 마을이나 영문이나 시골이나 성시나, 크고 작은 도시들과, 궁전·공원·바위·샘물·숲·진펄 등의 사람들이 살 수 있는 데를 보살이 모두 다 지방을 따라 거두어 보호하는 일과, 또 천문·지리와, 사람의 상의 길흉과 새·짐승의 음성을 잘 관찰하며, 구름·안개의 기후로 시절의 흉년·풍년과 국토의 태평하고 나쁜 것을 짐작하는 일과, 이러한 세간의 모든 기술을 모두 잘 알아 근원까지 통달하는 일과, 또 세간에서 뛰어나는 법을 분별하며, 이름은 바로 알고 이치를 해석하며, 본체와 모양을 관찰하고 따라 수행하며, 지혜로 속속들이 들어가 의심도 없고 걸림도 없고 어리석지도 않고 완악하지도 않고 근심과 침울함도 없이 현재에 증득하지 못함이

---

146) 無頑鈍無憂惱는 弘昭本作無憂惱無頑鈍, 玆從普嘉淸合綱杭皷纂續金大本 與唐 永隆補晉譯及貞元譯合.

없는 일들이야, 내가 어떻게 알며 그 공덕의 행을 어떻게 말하겠는가?

[疏] 第四, 謙推라 中에 推勝을 即就其所知衆藝하여 寄勝推之하사대 不捨世俗하고 皆與實相으로 不相違背하여 會同般若之門이니라
- (4) 자신은 겸양하고 뛰어난 분을 추천함이다. 그중에 뛰어난 분을 추천함은 곧 그 아는 바 여러 기예(技藝)에 입각하여 승진함에 의탁하였으니, 세속을 버리지 않고 모두 실법의 양상과 서로 위배되지 않으므로 함께 반야바라밀다문으로 모은다는 뜻이다.

(5) 다음 선지식을 지시하다[指示後友] (五指 56上3)
(6) 덕을 사모하여 예배하고 물러가다[戀德禮辭] (經/時善)

善男子여 此摩竭提國에 有一聚落하고 彼中有城하니 名婆呾那며 有優婆夷하니 號曰賢勝이니 汝詣彼問하되 菩薩이 云何學菩薩行이며 修菩薩道리잇고하라
時에 善財童子가 頭面敬禮知藝之足하며 遶無數市하고 戀仰辭去하니라147)

착한 남자여, 이 마갈제국에 한 부락이 있고 거기 성이 있으니, 이름은 바다나요, 그 성에 우바이가 있으니 이름이 현승이니라. 그대는 그에게 가서 '보살이 어떻게 보살의 행을 배우며, 보살의 도를 닦느냐?'고 물으라."
이때 선재동자는 모든 예술 잘 아는 동자의 발에 엎드려 절

---

147) 婆呾那의 呾은 源弘大昭本作咀, 準唐永隆補晉譯本及貞元譯本 應從淸合綱杭鼓纂續金本作呾.

하고 수없이 돌고 우러러 사모하면서 하직하고 물러갔다.

[疏] 五, 指後라 中에 婆怛那者는 此云增益이니 以無盡三昧로 能出生故라 友名賢勝者는 賢猶直善이니 無依道場이 直善之最故니라
- (5) 다음 선지식을 지시함이다. 그중에 바다나(婆怛那)는 '더욱 이익됨'이라 번역하나니 그지없는 삼매로 능히 출생시키는 연고며, 선지식의 이름이 현승(賢勝)인 것에서 현(賢)은 정직하고 착함과 같으며, '의지함 없는 도량[無依道場]'은 정직하고 착한 중의 최고인 까닭이다.

4) 제46. 현승우바이 선지식[賢勝優婆夷] 6.

(1) 가르침에 의지해 나아가 구하다[依敎趣求] (第四 56下1)
(2) 만나서 공경을 표하고 법문을 묻다[見敬諮問] (第四)

向聚落城하여 至賢勝所하여 禮足圍遶하며 合掌恭敬하고 於一面立하여 白言하되 聖者여 我已先發阿耨多羅三藐三菩提心하니 而未知菩薩이 云何學菩薩行이며 云何修菩薩道리잇고 我聞聖者는 善能誘誨라하니 願爲我說하소서 148)

선재동자는 취락성을 향하여 가서 현승우바이에게 이르러 발에 절하고 두루 돌고 합장하고 공경하며 한 곁에 서서 여쭈었다. "거룩하신 이여, 저는 이미 아눗다라삼약삼보디심을 내었사오나, 보살이 어떻게 보살의 행을 배우며, 어떻게

---

148) 合注云, 向聚上에 宋論本有善財二字.

보살의 도를 닦는지를 알지 못하나이다. 듣자온즉 거룩하신 이께서 잘 가르치신다 하오니, 바라옵건대 말씀하여 주소서."

[疏] 第四, 賢勝優婆夷는 幻智無依善友라 初二는 可知니라
■ 4) 제46. 현승우바이 선지식은 환술 같은 지혜로 의지함 없는 해탈을 얻은 선지식이다. 처음 두 과목[(1) 가르침에 의지해 나아가 구함과 (2) 만나서 공경을 표하고 법문을 물음]은 알 수 있으리라.

(3) 자신의 해탈법을 설해 주다[授己法門] 2.

가. 해탈법을 얻다[得解脫] (三賢 56下10)

賢勝이 答言하시되 善男子여 我得菩薩解脫하니 名無依處道場이라 旣自開解하고 復爲人說하며
현승우바이가 대답하였다. "착한 남자여, 나는 보살의 해탈을 얻었으니, 이름은 의지할 곳 없는 도량이라. 이미 스스로 깨우쳐 알고 또 다른 이에게 말하느니라.

[疏] 三, 賢勝答下는 授己法門이라 中에 二니 初, 得解脫이요 後, 得三昧라 今初니 直就經文컨대 內外無依는 卽是道場이라 賢首가 云, 梵名 那阿賴耶曼陀羅라하니 那者는 此云無也며 不也오 阿賴耶는 云依處也며 依止也오 曼陀羅는 云道場也며 圓場也라 謂無阿賴耶染分依處하고 而有淨分圓場하여 出生勝德하되 不可窮盡이니 卽轉依究竟하

여 顯德無盡故也라 下二句는 卽二利之用이니라 後, 得三昧에 先, 名이요 後, 非彼下는 用이니 卽爲釋名이라 於中에 初, 揀濫이요 後, 以能下는 顯是라 謂體則雙超盡及無盡이나 但從用出生일새 說無盡耳라 然則二門相成이니라 無依道場은 卽空如來藏이요 無盡三昧는 卽是不空이라 要心無依하여 契於本空이라야 方見不空하여 具性功德일새 故云出生智性眼等이라 息妄顯出일새 故曰出生이요 出非本無일새 猶稱智性이니라

■ (3) 賢勝答 아래는 자신의 해탈법을 설해 줌이다. 그중에 둘이니 가. 해탈법을 얻음이요, 나. 삼매를 얻음이다. 지금은 가.이니 바로 경문에 입각하여 안과 밖으로 의지함 없음이 곧 도량이다. '의지할 곳 없는 도량'이란 현수대사가 이르되, "범어 명칭은 나아뢰야만다라(邢阿賴耶曼陀羅)이다"라 하였다. 나(邢)는 '없음'이나 '아님'이며, 아뢰야(阿賴耶)는 '의지할 곳'이나 '의지함'이라 하고, 만다라(曼陀羅)는 '도량'이나 '둥근 장소'라 번역한다. 이른바 아뢰야는 염오분의 의지처는 아니며 청정분의 둥근 도량이다. 뛰어난 공덕을 출생하여 끝까지 다하지 않음은 곧 전의(轉依)의 끝이니 공덕이 그지없음을 밝힌 까닭이다. 아래 두 구절은 곧 2리행의 작용이니 뒤에 삼매를 얻은 것이다. 가) 명칭이요, 나) 非彼 아래는 작용이니 곧 명칭 해석이 된다. 그중에 (가) 잘못을 가려냄이요, (나) 以能 아래는 옳은 것을 밝힘이다. 이른바 체성으로는 다하고 다하지 못함을 함께 뛰어넘었지만 단지 작용에서부터 나와서 그지없이 설했을 뿐이니, 그렇다면 두 문이 서로 성립한다. 의지함 없는 도량은 곧 〈공〉여래장이요, 그지없는 삼매는 곧 〈불공〉여래장이니 중요한 것은 마음에 의지함이 없어서 본래 공함에 계합해야만 비로소 〈불공〉을 보고 (항하사 같은) 성품의 공덕

을 갖추는 연고로 이르되, "지혜 성품을 출생하는 눈 등이 망념을 쉬고 밝게 나오는 연고로 출생(出生)이라 한다"고 하였으니, 본래 없지도 않음에서 나온 것이 오히려 지혜 성품과 칭합한다는 뜻이다.

나. 삼매를 얻다[得三昧] (經/又得 56下3)

又得無盡三昧하니 非彼三昧法이 有盡無盡이니 以能出生一切智性眼無盡故며 又能出生一切智性耳無盡故며 又能出生一切智性鼻無盡故며 又能出生一切智性舌無盡故며 又能出生一切智性身無盡故며 又能出生一切智性意無盡故며 又能出生一切智性功德波濤無盡故며 又能出生一切智性智慧光明無盡故며 又能出生一切智性速疾神通無盡故니라

(1) 또 다함이 없는 삼매를 얻었으니, 저 삼매의 법이 다함이 있고 다함이 없는 것이 아니라, 능히 온갖 지혜의 성품인 눈을 냄이 다함없는 연고며, (2) 또 능히 온갖 지혜의 성품인 귀를 냄이 다함없는 연고며, (3) 또 능히 온갖 지혜의 성품인 코를 냄이 다함없는 연고며, (4) 또 능히 온갖 지혜의 성품인 혀를 냄이 다함없는 연고며, (5) 또 능히 온갖 지혜의 성품인 몸을 냄이 다함없는 연고며, (6) 또 능히 온갖 지혜의 성품인 뜻을 냄이 다함없는 연고며, (7) 또 능히 온갖 지혜의 성품인 공덕 파도를 냄이 다함없는 연고며, (8) 또 능히 온갖 지혜의 성품인 지혜 광명을 냄이 다함없는 연고며, (9) 또 능히 온갖 지혜의 성품인 빠른 신통을 냄이 다함

없는 연고이니라.

(4) 자신은 겸양하고 뛰어난 분을 추천하다[謙己推勝] (經/善男 57下2)

善男子여 我唯知此無依處道場解脫이어니와 如諸菩薩摩訶薩의 一切無着功德行은 而我云何盡能知說이리오
착한 남자여, 나는 다만 이 의지할 곳 없는 도량 해탈을 알 뿐이니, 저 보살마하살의 모든 것에 집착이 없는 공덕의 행이야, 내가 어떻게 다 알고 말하겠는가?

(5) 다음 선지식을 지시하다[指示後友] (指後 57下7)
(6) 덕을 사모하여 예배하고 물러가다[戀德禮辭] (經/爾時)

善男子여 南方에 有城하니 名爲沃田이요 彼有長者하니 名堅固解脫이니 汝可往問하되 菩薩이 云何學菩薩行이며 修菩薩道리잇고하라 爾時에 善財가 禮賢勝足하며 遶無數市하며 戀慕瞻仰하고 辭退南行하니라
착한 남자여, 남쪽에 한 성이 있으니 이름이 살찐 밭이요, 거기 장자가 있으니 이름이 견고한 해탈이니라. 그대는 그에게 가서 보살이 어떻게 보살의 행을 배우며, 보살의 도를 닦느냐고 물으라."
이때 선재동자는 현승의 발에 절하고 수없이 돌고 우러러 사모하면서 하직하고 남쪽으로 떠났다.

[疏] 指後라 云, 沃田者는 是南天竺의 近水沃潤故니 顯無念定水가 能滋長故라 長者의 名堅固解脫者는 無着淸淨하여 惑不能壞가 卽解脫故니라

- (5) 다음 선지식을 가리켜 말하되, '기름진 논'이라 말한 것은 남천축의 물이 가까워서 비옥하고 윤택한 곳인 연고며, 망념이 없는 선정의 물로 잘 자라게 함을 밝힌 까닭이다. 장자(長者)의 이름이 견고한 해탈인 것은 집착 없이 청정하고 미혹으로 능히 무너뜨릴 수 없음이 곧 해탈의 뜻이기 때문이다.

5) 제47. 견고장자 선지식[堅固長者] 4.

(1) 총합하여 표방하다[總標] (第五 58下1)

到於彼城하여 詣長者所하여 禮足圍遶하며 合掌恭敬하고 於一面立하여 白言하되 聖者여 我已先發阿耨多羅三藐三菩提心하니 而未知菩薩이 云何學菩薩行이며 云何修菩薩道리잇고 我聞聖者는 善能誘誨라하니 願爲我說하소서

그 성에 이르러서 장자의 처소에 나아가 발에 절하고 두루 돌고 합장하고 공경하여 한 곁에 서서 여쭈었다. "거룩하신 이여, 저는 이미 아눗다라삼약삼보디심을 내었사오나, 보살이 어떻게 보살의 행을 배우며, 어떻게 보살의 도를 닦는지를 알지 못하나이다. 듣자온즉 거룩하신 이께서 잘 가르친다 하오니, 바라옵건대 말씀하여 주소서."

[疏] 第五, 堅固長者는 幻智無着善友라 示法門中에 先, 顯名이라 無着은 約境이니 離所知故오 無念은 約心이니 心體離念일새 故無煩惱오 二障永盡이 是曰淸淨이니 淨則能嚴法身이라 後, 我自得下는 彰用이라 旣二障不生하여 則無愛見故로 無求求法하여 無厭無休니라

- 5) 제47. 견고장자 선지식은 환술 같은 지혜로 집착이 없는 선우이니, 법문을 보인 중에 (1) 명칭을 밝힘이다. 집착 없음은 경계를 잡았으니 아는 바를 여의는 까닭이다. 생각 없음은 마음을 잡았으니 마음의 체성이 생각을 여읜 연고로 '번뇌가 없음'이요, 두 가지 장애를 영원히 다함을 '청정함'이라 말한다. 청정함은 능히 법신을 장엄함이요, (2) 我自得 아래는 작용을 밝힘이니, 이미 두 가지 장애가 생겨나지 않으면 애견(愛見)이 없는 연고로 구함 없이 법을 구하여 싫어함도 휴식함도 없다는 뜻이다.

[鈔] 第五堅固長者라 無念約心者는 卽以無字兩用이나 若無着念三字를 連釋하면 則無着은 約止요 而不礙念念明記니 卽止觀雙行也라 亦離二障에 則以智斷으로 而嚴法身하여 三德備矣니라

- 5) 제47. 견고장자 선지식은 '생각 없음은 마음을 잡은 것'이란 곧 글자 없이 두 가지로 작용한 까닭이다. 만일 무착념(無着念) 세 글자를 연결하여 해석하면 집착 없음은 사마타를 잡아서 생각 생각에 분명하게 기억함을 장애하지 않음은 사마타와 위빠사나를 함께 행함이다. 또한 두 가지 장애를 여의면 지혜와 단절함으로 법신을 장엄하여서 세 가지 덕을 갖춘 것이 된다.

(2) 자신의 해탈법을 보이다[示己法界] (經/長者 58上3)

長者가 答言하시되 善男子여 我得菩薩解脫하니 名無着
念淸淨莊嚴이니 我自得是解脫已來로 於十方佛所에 勤
求正法하여 無有休息하라
장자가 대답하였다. "착한 남자여, 나는 보살의 해탈을 얻
었으니, 이름이 집착한 생각이 없이 청정한 장엄이니라. 나
는 이 해탈을 얻고부터는 시방의 부처님 계신 데 와서 바른
법을 부지런히 구하여 쉬지 아니하였노라.

(3) 자신은 겸양하고 뛰어난 분을 추천하다[謙己推勝] (經/善男 58上5)
(4) 다음 선지식을 지시하다[指示後友] (經/善男)
(5) 덕을 사모하여 예배하고 물러가다[戀德禮辭] (經/時善)

善男子여 我唯知此無着念淸淨莊嚴解脫이어니와 如諸
菩薩摩訶薩은 獲無所畏大師子吼하여 安住廣大福智之
聚하나니 而我云何能知能說彼功德行이리오 善男子여
卽此城中에 有一長者하니 名爲妙月이요 其長者宅에 常
有光明하니 汝詣彼問하되 菩薩이 云何學菩薩行이며 修
菩薩道리잇고하라 時에 善財童子가 禮堅固足하며 遶無
數帀하고 辭退而行하니라149)
착한 남자여, 나는 다만 이 집착한 생각이 없이 청정한 장엄
해탈을 알 뿐이니, 저 보살마하살들이 두려울 것 없음을 얻어
크게 사자후하며, 넓고 큰 복과 지혜의 무더기에 편안히 머무
는 일이야, 내가 어떻게 알며, 그 공덕의 행을 말하겠는가?

---

149) 辭退而行의 行은 合本作去 合注云 去는 宋南北藏作行.

착한 남자여, 이 성중에 한 장자가 있으니, 이름은 묘한 달
이라. 그 장자의 집에는 항상 광명이 있으니, 그대는 그에게
가서 '보살이 어떻게 보살의 행을 배우며, 보살의 도를 닦느
냐?'고 물으라."
이때 선재동자는 견고한 장자의 발에 절하고 수없이 돌고
하직하고 물러갔다.

6) 제48. 묘월장자 선지식[妙月長者] 4.

(1) 총합하여 표방하다[總標] (第六 59上8)
(2) 자신의 해탈법을 보여 주다[示己法界] (經/妙月)

向妙月所하여 禮足圍遶하며 合掌恭敬하고 於一面立하여
白言하되 聖者여 我已先發阿耨多羅三藐三菩提心하니
而未知菩薩이 云何學菩薩行이며 云何修菩薩道리잇고
我聞聖者는 善能誘誨라하니 願爲我說하소서
妙月이 答言하시되 善男子여 我得菩薩解脫하니 名淨智
光明이니라

묘한 달 장자의 처소에 가서 발에 절하고 두루 돌고 합장하
고 공경하면서 한 곁에 서서 여쭈었다. "거룩하신 이여, 저
는 이미 아뇩다라삼약삼보디심을 내었사오나, 보살이 어떻
게 보살의 행을 배우며, 어떻게 보살의 도를 닦는지를 알지
못하나이다. 듣자온즉 거룩하신 이께서 잘 가르치신다 하
오니, 바라옵건대 말씀하여 주소서."

묘한 달이 대답하였다. "착한 남자여, 나는 보살의 해탈을 얻었으니, 이름은 깨끗한 지혜 광명이니라.

[疏] 第六, 妙月長者는 幻智智光善友라 眞智廓妄을 名爲淨智요 後智照法을 名爲智光이라 能淨能光이 若秋空滿月일새 故名妙月이니라
- 6) 제48. 묘월장자는 환술 같은 지혜와 지혜 광명으로 해탈한 선지식이다. 진실한 지혜가 망심을 둘러쌈을 이름하여 '청정한 지혜'라 하고, 후득지로 법을 비춤을 '지혜의 광명'이라 이름하나니, 능히 청정케 하고 빛나게 함이 가을 하늘에 뜬 보름달과 같은 연고로 '묘한 달'이라 이름한 것이다.

[鈔] 第六, 妙月長者[150]는 可知니라
- 6) 제48. 묘월장자는 알 수 있으리라.

(3) 만나서 공경을 표하고 법문을 묻다[見敬諮問] (經/善男 59上3)
(4) 다음 선지식을 지시하다[指示後友] (經/善男)
(5) 덕을 사모하여 예배하고 물러가다[戀德禮辭] (經/是時)

善男子여 我唯知此智光解脫이어니와 如諸菩薩摩訶薩은 證得無量解脫法門하나니 而我云何能知能說彼功德行이리오
善男子여 於此南方에 有城하니 名出生이요 彼有長者하니 名無勝軍이니 汝詣彼問하되 菩薩이 云何學菩薩行이

---

150) 上六字는 金本無 月은 甲本作光 誤.

며 修菩薩道리잇고하라 是時에 善財가 禮妙月足하며 遶無數帀하고 戀仰辭去하니라

착한 남자여, 나는 다만 이 지혜 광명 해탈을 알 뿐이니, 저 보살마하살들이 한량없는 해탈의 법문을 증득한 것이야 내가 어떻게 알며, 그 공덕의 행을 말하겠는가? 착한 남자여, 이 남쪽에 성이 있으니, 이름이 '출생'이요, 거기 장자가 있으니 이름은 '이길 이 없는 군대'니라. 그대는 그에게 가서 '보살이 어떻게 보살의 행을 배우며, 보살의 도를 닦느냐?'고 물으라."

이때 선재동자는 묘한 달 장자의 발에 절하고 수없이 돌고 우러러 사모하면서 하직하고 떠났다.

7) 제49. 무승군장자 선지식[無勝軍長者] 4.

(1) 총합하여 표방하다[總標] (第七 60上1)

漸向彼城하여 至長者所하여 禮足圍遶하며 合掌恭敬하고 於一面立하여 白言하되 聖者여 我已先發阿耨多羅三藐三菩提心하니 而未知菩薩이 云何學菩薩行이며 云何修菩薩道리잇고 我聞聖者는 善能誘誨라하니 願爲我說하소서

점점 그 성에 나아가 장자의 처소에 이르러서는 발에 절하고 두루 돌고 합장하고 공경하면서 한 곁에 서서 여쭈었다. "거룩하신 이여, 저는 이미 아뇩다라삼약삼보디심을 내었사오나, 보살이 어떻게 보살의 행을 배우며, 보살의 도를 닦

는지를 알지 못하나이다. 듣자온즉 거룩하신 이께서 잘 가르치신다 하오니, 바라옵건대 말씀하여 주소서."

[疏] 第七, 無勝軍長者는 幻智無盡相善友라 法門之名은 卽所成德相이 無窮盡故라 我以證下는 以用釋名이라 得無盡藏은 謂聞諸妙法이라 又諸心境이 無非佛法故로 若佛若法이 皆無有盡이라 旣見佛과 得法無盡일새 故無能勝이요 衆德所聚가 從喩如軍이요 亦能普勝諸魔軍故라 皆從體出일새 故로 城名出生이니라

- 7) 제49. 무승군(無勝軍)장자는 환술 같은 지혜로 다함없는 형상(의 해탈문을 얻은) 선지식이다. 법문의 명칭은 곧 성취할 대상의 덕스러운 형상이 다함이 없는 까닭이다. 我以證 아래는 작용으로 명칭을 해석함이다. '그지없는 광[無盡藏]'을 얻음은 이른바 모든 묘한 법을 들음이요, 또한 모든 마음 경계가 불법 아님이 없는 까닭이다. 부처님과 법이 모두 다함이 없음이니, 이미 부처님을 뵙고 얻은 법이 다함없으므로 능히 이길 수 없고 여러 덕으로 모은 것이다. '군인과 같다'고 비유하면서부터 또한 능히 모든 마군을 널리 이길 수 있는 연고며, 모두 체성에서부터 나온 연고로 성의 이름을 출생(出生)이라 말한 것이다.

[鈔] 第七無勝軍이라 解脫에 有二釋하니 一, 約用無盡이요 二, 又諸心境下는 約體無盡이라 從旣見佛下는 以法釋名이니라

- 7) 제49. 이길 이 없는 군대 장자이다. 해탈함에 두 가지 해석이 있으니 (1) 작용이 그지없음을 잡은 해석이요, (2) 又諸心境 아래는 체성

이 그지없음을 잡은 해석이요, (3) 旣見佛 아래는 법으로 명칭을 해석함이다.

(2) 자신의 해탈법을 보여 주다[示己法界] (經/長者 59下4)

長者가 答言하시되 善男子여 我得菩薩解脫하니 名無盡相이니 我以證此菩薩解脫하여 見無量佛하고 得無盡藏하노라

장자가 대답하였다. "착한 남자여, 나는 보살의 해탈을 얻으니, 이름이 <다함없는 형상 해탈문>이니라. 나는 이 보살의 해탈을 증득하였으므로 한량없는 부처님을 뵈옵고 무진장을 얻었노라.

(3) 자신은 겸양하고 뛰어난 분을 추천하다[謙己推勝] (經/善男 59下6)
(4) 다음 선지식을 지시하다[指示後友] (經/善男)
(5) 덕을 사모하여 예배하고 물러가다[戀德禮辭] (經/時善)

善男子여 我唯知此無盡相解脫이어니와 如諸菩薩摩訶薩은 得無限智와 無礙辯才하나니 而我云何能知能說彼功德行이리오
善男子여 於此城南에 有一聚落하니 名之爲法이요 彼聚落中에 有婆羅門하니 名最寂靜이니 汝詣彼問하되 菩薩이 云何學菩薩行이며 修菩薩道리잇고하라 時에 善財童子가 禮無勝軍足하며 遶無數帀하고 戀仰辭去하니라

착한 남자여, 나는 다만 이 다함없는 형상 해탈을 알 뿐이니, 저 보살마하살들이 한정없는 지혜와 걸림 없는 변재를 얻은 것이야, 내가 어떻게 알며, 그 공덕의 행을 말하겠는가? 착한 남자여, 이 성 남쪽에 한 촌락이 있으니 이름은 법촌이요, 그 촌락에 바라문이 있으니 이름이 가장 고요함이니라. 그대는 그에게 가서 '보살이 어떻게 보살의 행을 배우며, 보살의 도를 닦느냐?'고 물으라."

이때 선재동자는 이길 이 없는 군대 장자의 발에 절하고 수없이 돌고 우러러 사모하면서 하직하고 떠났다.

8) 제50. 최적정바라문 선지식[最寂靜婆羅門] 6.

(1) 가르침에 의지해 나아가 구하다[依敎趣求] (第八 60下6)
(2) 선지식을 만나서 공경을 표하고 법문을 묻다[見敬諮問] (經/見最)

漸次南行하여 詣彼聚落이라가 見最寂靜하고 禮足圍遶하며 合掌恭敬하고 於一面立하여 白言하되 聖者여 我已先發阿耨多羅三藐三菩提心하니 而未知菩薩이 云何學菩薩行이며 云何修菩薩道리잇고 我聞聖者는 善能誘誨라 하니 願爲我說하소서

점점 남쪽으로 가다가 그 촌락에 이르러 가장 고요한 바라문을 보고 발에 절하고 두루 돌고 합장하고 공경하여 한 결에 서서 여쭈었다. "거룩하신 이여, 저는 이미 아뇩다라삼약삼보디심을 내었사오나, 보살이 어떻게 보살의 행을 배

우며, 보살의 도를 닦는지를 알지 못하나이다. 들자온즉 거룩하신 이께서 잘 가르치신다 하오니, 바라건대 말씀하여 주소서."

[疏] 第八, 最寂靜婆羅門은 幻智誠願語善友니라
- 8) 제50. 최적정바라문은 환술 같은 지혜가 진실하게 원하는 말의 해탈문을 얻은 선지식이다.

(3) 자신의 해탈법을 설해 주다[授己法門] 2.

가. 명칭을 표방하다[標名] 2.
가) 처음부터 끝까지 잘못이 없다[始終無妄](授法 60下6)
나) 따라 행함이 헛되지 않다[隨行不虛] (二者)

婆羅門이 答言하시되 善男子여 我得菩薩解脫하니 名誠願語니
바라문이 대답하였다. "착한 남자여, 나는 보살의 해탈을 얻었으니, 이름이 <진실하게 원하는 말 해탈문>이라.

[疏] 授法이라 中에 先, 標名이니 有二義故라 一, 始終無妄故니 如從初發心으로 立弘誓言하여 必如言行하여 不乖先語故오 二者, 隨行不虛故니 如忍辱仙人이 言我不瞋하여 令身還復니라
- (3) 자신의 해탈법을 설해 줌이다. 그중에 가. 명칭을 표방함은 두 가지 뜻이 있기 때문이다. (1) 처음부터 끝까지 잘못이 없는 연고이

니, 마치 처음 발심함으로부터 서원을 세워 말하되, "반드시 말함과 같이 행하여 앞의 말과 어그러지지 않다"고 함과 같기 때문이다. (2) 행함을 따라 헛되지 않은 연고이니, 마치 인욕선인이 '내가 성내지 않는다' 말하여 몸으로 하여금 다시 회복하게 함과 같다는 뜻이다.

나. 작용으로 명칭을 해석하다[以用釋名] (後過 60下9)

過去現在未來菩薩이 以是語故로 乃至於阿耨多羅三藐三菩提에 無有退轉하여 無已退하며 無現退하며 無當退니라 善男子여 我以住於誠願語故로 隨意所作하여 莫不成滿하라

과거·현재·미래 보살들이 이 말을 인하여, 내지 아눗다라삼약삼보디에서 물러나지 않나니 이미 물러난 이도 없고 지금 물러나는 이도 없고, 장차 물러날 이도 없느니라. 착한 남자여, 나는 진실하게 원하는 말에 머물렀으므로 뜻대로 짓는 일이 만족하지 않는 일이 없느니라.

[疏] 後, 過去下는 以用釋名이니 卽如次釋前二義라 虛誑言息일새 故云寂靜이니 寂靜은 卽爲淨行이라 言行은 君子之樞機니 苟能誠實하면 斯則可法故로 城名이 爲法이라

■ 나. 過去 아래는 작용으로 명칭을 해석함이다. 곧 순서대로 앞의 두 가지 뜻을 해석함이니, '헛되고 속이는 말[虛誑言]'을 쉰 연고로 '고요하다'고 말하나니, 고요함은 곧 청정한 행법이 된다. 말과 행동은 군자(君子)의 가장 중요한 기계[樞機]이니 (말과 행동을) 진실로 능히 성실

하게 한다면 이것은 법으로 삼을 만한 연고로 성의 명칭을 법촌(法村)이라 하였다.

[鈔] 第八最寂靜은 即如次釋前二義者는 先, 釋始終無妄이요 後, 善男子여 我以住是下는 釋隨行不虛니 心行稱言故라 所作成滿은 通二利滿이라 從虛誑言息下는 以法釋名이라 於中에 初, 釋最寂靜이요 次, 寂靜이 即爲淨行으로 釋婆羅門이요 後, 言行은 君子之樞機下는 釋其城名[151]이라 然此一句는 即周易繫辭니 子曰, 君子居其室하여 出其言善하면 則千里之外가 應之하나니 況其邇者乎아 居其室에 出其言不善하면 則千里之外가 違之하나니 況其邇者乎아 言出乎身하여 加乎民하고 行發乎邇하여 見乎遠이라 言行은 君子之樞機니 樞機制動之主요 樞機之發에 榮辱之主라 言行은 君子之所以動天地也니 可不愼乎아하니 雖爲外典이나 意與斯合이요 但所言과 所行이 內外異耳니라

- 8) 제50. 최적정(最寂靜)바라문은 곧 순서대로 앞의 두 가지 뜻을 해석함은 가) 처음부터 끝까지 잘못이 없음을 해석함이요, 나) 善男子 我以住是 아래는 따라 행함이 헛되지 않음이니 마음으로 행함이 말과 칭합하는 까닭이다. 지은 것이 가득차서 2리행이 만족함과 통한다. 다) 虛誑言息부터 아래는 법으로 명칭을 해석함이다. 그중에 (가) 최적정을 해석함이요, (나) 고요함은 곧 청정한 행법으로 삼아 바라문을 해석함이요, (다) 言行君子之樞機 아래는 그 성의 명칭을 해석함이다. 그러나 여기의 한 구절이 곧 『주역(周易)』계사전(繫辭傳)이니 공자가 말하되, "군자가 집에 살면서 말을 함이 착하면 천리 밖

---

[151] 城은 甲南續本作城.

에서도 바르게 응하나니, 하물며 가까운 사람들에 있어서랴! 집에 살면서 말을 함이 착하지 않으면 천리 밖부터 위배하나니, 하물며 가까운 사람들에 있어서랴! 말은 입에서 나와 백성에게 다가가며, 사람의 행실은 가까운 곳에서 시작하여 먼 곳에서 나타나니, 말과 행실은 군자의 복을 여닫는 문고리인 지도리와 틀[樞機]이니, 추기의 움직임을 제어하는 주인이요, 추기가 움직이기 시작함은 영화롭고 욕됨의 주인이다. 말과 행실로 군자가 천지를 움직이게 하는 것이니, 어찌 삼가지 않을 수 있겠는가?"라고 하였다. 비록 외전(外典)이긴 하지만 의미가 이것과 합하나니, 단지 말한 바와 행하는 바가 안과 밖이 다를 뿐이다.

(4) 자신은 겸양하고 뛰어난 분을 추천하다[謙己推勝] (經/善男 61下4)

善男子여 我唯知此誠語解脫이어니와 如諸菩薩摩訶薩은 與誠願語로 行止無違하여 言必以誠하여 未曾虛妄하여 無量功德이 因之出生하나니 而我云何能知能說이리오
착한 남자여, 나는 다만 이 <진실하게 원하는 말의 해탈>을 알 뿐이니, 저 보살마하살들이 진실하게 원하는 말과 더불어 행함이 어기지 않으며, 말은 반드시 진실하여 허망하지 않아서 한량없는 공덕이 이로부터 나는 일이야, 내가 어떻게 알며 말하겠는가?

(5) 다음 선지식을 지시하다[指示後友] (指後 61下9)
(6) 덕을 사모하여 예배하고 물러가다[戀德禮辭] (經/時善)

善男子여 於此南方에 有城하니 名妙意華門이요 彼有童子하니 名曰德生이며 復有童女하니 名爲有德이니 汝詣彼問하되 菩薩이 云何學菩薩行이며 修菩薩道리잇고하라 時에 善財童子가 於法尊重하여 禮婆羅門足하며 遶無數帀하고 戀仰而去하니라

착한 남자여, 이 남쪽에 성이 있으니 이름이 '묘한 뜻 꽃 문'이요, 거기 동자가 있으니 이름이 '덕 나는 이'요, 아가씨가 있으니 이름이 '덕 있는 이'니라. 그대는 그들에게 가서 '보살이 어떻게 보살의 행을 배우며, 보살의 도를 닦느냐?'고 물으라."

이때 선재동자는 법을 존중히 여기므로 바라문의 발에 절하고 수없이 돌고, 우러러 사모하면서 떠났다.

[疏] 指後에 云, 妙意華門者는 妙意華者는 卽蘇滿那華니 其城門側에 有之故라 亦在南天하니 當受其訓하여 得求友之妙意가 勝因之華故라 童子는 表於淨智니 智則萬德由生이요 童女는 表於淨悲니 悲爲衆德之本이라 以悲智相導일새 故二人同會라 會緣之終에 此二滿故로 將見慈氏하여 紹佛位故니라

■ (5) 다음 선지식을 지시함에 이르되, "묘한 뜻 꽃 문 성에서"라 한 것에서 '묘한 뜻 꽃'이란 곧 소만나(蘇滿那) 꽃[152]이며 그 성문의 곁에 있기 때문이다. 또한 남천축에 있으면 그 교훈을 받음에 해당하고 선지식의 묘한 뜻을 구하여 뛰어난 인행의 꽃이 된 까닭이다. 동자는 깨끗한 지혜를 표하고, 지혜는 만 가지 덕행이 생겨남으로 말미암았

---

152) 소만나(蘇滿那)는 소마나(蘇摩那)라고도 쓴다. 인도의 꽃 이름. 꽃은 황백색이고 향기가 있는데, 사방으로 축 늘어져서 마치 천개(天蓋)를 씌운 듯이 보인다고 한다. 향유(香油)의 원료로 쓴다.

고, 동녀는 깨끗한 자비를 표하고, 대비는 여러 덕행의 근본이 된 것이다. 자비와 지혜가 서로 이끄는 연고로 두 사람이 함께 모였고, 인연을 모은 마지막에 이 두 가지를 만족한 연고로 자씨(慈氏) 미륵보살을 만남을 가져서 부처님 지위를 잇는 까닭이다.

[鈔] 會緣之終에 此二滿者는 卽悲智滿이니 言將見慈氏紹佛位者는 慈氏는 悲滿이요 佛位는 智滿耳라하니라

● '인연을 모아 진실한 법에 들어가는 모양[會緣入實相]의 마지막에 이런 두 가지를 만족한 것'은 곧 자비와 지혜가 만족함을 말하되, "장차 자씨 미륵보살을 만나서 부처님 지위를 이은 것은 자씨는 자비가 만족하여 부처님 지위의 지혜가 만족함일 뿐이다"라고 하였다.

[鳥字卷上 終]

大方廣佛華嚴經 제77권
大方廣佛華嚴經疏鈔 제77권의 ① 鳥字卷下
제39 入法界品 ⑱

제39. 법계에 증득해 들어가는 품[入法界品] ⑱

제50. 최적정바라문은 성 남쪽 법촌(法村) 마을에 살면서 환술 같은 지혜가 '진실하게 원하는 말의 해탈문'을 얻은 선지식이다. 묘의화문성(妙意華門城)의 제51. 덕생동자·유덕동녀는 '환술처럼 머무르는 해탈'로 미륵보살을 소개해 주는 선지식이다. 해안(海岸)국의 남쪽 바다 북쪽 언덕에 일생보처 보살인 미륵보살이 살고 있다. 疏에 云, "법은 사람을 빌려서 넓어지나니 선지식을 인하지 않으면 어떻게 능히 모든 미묘한 행법을 듣겠는가?" 결론하여 말하면 선지식은 스승이 되기도 하고 때로는 외호자가 되기도 하고 부모나 의사가 되거나 뱃사공이 되기도 하는 까닭이다. 經云,

"착한 남자여, 저 선지식은 그대의 착한 뿌리들을 윤택하게 하고, 그대의 보리심을 증장케 하고, 그대의 뜻을 견고하게 하고, 그대의 착한 일을 더하게 하고, 그대의 보살의 뿌리를 자라게 하고, 그대에게 걸림 없는 법을 보이고, 그대를 보현의 지위에 들어가게 하고, 그대에게 보살의 원을 말하고, 그대에게 보현의 행을 말하고, 그대에게 모든 보살의 행과 원으로 이룩한 공덕을 말하리라. … 한정한 마음으로 여섯 바라밀다를 행하여 십지에 머물러서 부처님의 극토를 깨끗이 하거나 선지식을 섭기지 말아야 하느니라."

> 大方廣佛華嚴經 제77권
> 大方廣佛華嚴經疏鈔 제77권의 ① 鳥字卷下

제39. 법계에 증득해 들어가는 품[入法界品] ⑱

9) 제51. 덕생동자와 유덕동녀 선지식[德生童子有德童女] 6.

❖ 德生동자와 有德동녀 선지식 변상도(제77권)

(1) 선지식의 가르침에 의지해 나아가 구하다[依敎趣求] (第九 1下1)
(2) 만나서 공경을 표하고 법문을 묻다[見敬諮問] (第二)

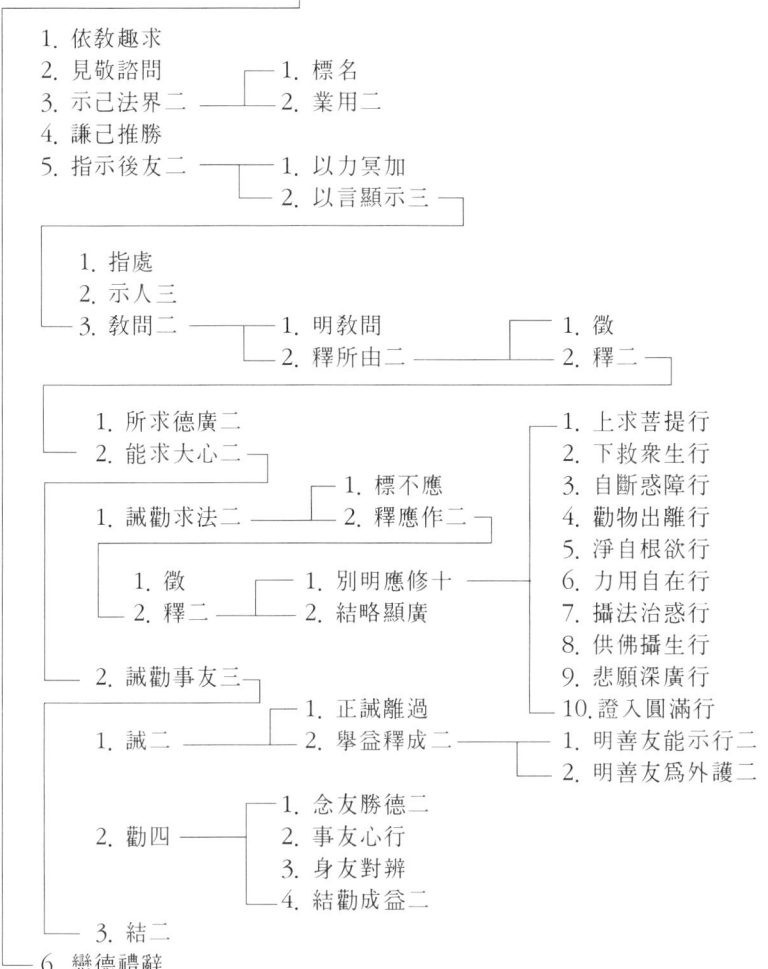

爾時에 善財童子가 漸次南行하여 至妙意華門城이라가 見德生童子와 有德童女하고 頂禮其足하며 右遶畢已하고 於前合掌하여 而作是言하되 聖者여 我已先發阿耨多羅三藐三菩提心하니 而未知菩薩이 云何學菩薩行이며

云何修菩薩道리잇고 唯願慈悲로 爲我宣說하소서
그때 선재동자는 점점 남쪽으로 가다가, 묘한 뜻 꽃 문 성에 이르러 덕 나는 이 동자와 덕 있는 이 아가씨를 보고는, 그 발에 엎드려 절하고 오른쪽으로 돌고 앞에 서서 합장하고 말하였다. "거룩하신 이여, 저는 이미 아눗다라삼먁삼보디심을 내었사오나, 보살이 어떻게 보살의 행을 배우며, 어떻게 보살의 도를 닦는지를 알지 못하나이다. 바라옵건대 저를 가엾이 여기어 말씀하여 주소서."

[疏] 第九, 德生과 有德은 幻智歸幻門善友라 第一, 依敎趣求요 第二, 見德生下는 見敬咨問이요

- 9) 제51. 덕생동자와 유덕동녀는 환술 같은 지혜로 환술 같은 문에 돌아가는 선지식이니, (1) 가르침에 의지해 나아가 구함이요, (2) 見德生 아래는 선지식을 만나서 공경을 표하고 법문을 물음이다.

(3) 자신의 해탈법을 보여 주다[示己法界] 2.

가. 명칭을 표방하다[標名] (第三 1下2)

時에 童子童女가 告善財言하시되 善男子여 我等이 證得菩薩解脫하니 名爲幻住라
이때 동자와 아가씨는 선재에게 말하였다. "착한 남자여, 우리는 보살의 해탈을 증득하였으니 이름이 <환술처럼 머무름>이니라."

[疏] 第三, 時童子下는 示己法門이라 於中에 二니 初, 標名이요 後, 業用이라 今初니 謂能所境智와 染淨之法이 皆從緣起요 無定性故로 如幻而住니라

- (3) 時童子 아래는 자신의 해탈법을 보여 줌이다. 그중에 둘이니 가. 명칭을 표방함이요, 나. 해탈법의 업과 작용이다. 지금은 가.이니 이른바 경계의 주체와 대상인 지혜, 염오법과 청정법은 모두 인연에서부터 일어났고 정해진 성품이 없는 연고로 환술과 같이 머무르는 것이다.

나. 해탈법의 업과 작용[業用] 2.
가) 개별로 설명하다[別明] 2.
(가) 한 구절은 총상이다[一句爲總] (二得 2上5)

得此解脫故로 見一切世界가 皆幻住니 因緣所生故며
이 해탈을 얻었으므로, (1) 모든 세계가 다 환술처럼 머무는 줄로 보나니, 인연으로 생긴 탓이니라.

[疏] 二, 得此解脫下는 明業用이라 中에 二니 初, 別明이요 後, 結歎이라 今初에 有十種幻하니 皆上句는 標幻이요 下句는 以緣生으로 釋成이라 十中에 初一은 爲總이요 緣生世界는 並通染淨이라 刹海는 亦名世界故니라

- 나. 得此解脫 아래는 해탈법의 업과 작용이다. 그중에 둘이니 가) 개별로 설명함이요, 나) 결론하여 찬탄함이다. 지금은 가)이니 열 가지 환술이 있음은 모두 위 구절은 환술을 표방함이요, 아래 구절은 인연

으로 생김을 해석함이다. 열 가지 중에 (가) 처음 한 구절은 총상이니 인연으로 생긴 세계는 염오법과 청정법에 함께 통함이요, 국토 바다는 또한 세계라 이름하기도 하는 까닭이다.

(나) 아홉 구절은 별상이다[九句爲別] 3.
ㄱ. 다섯 구절은 염오분[初五染分] (餘九 2上8)

一切衆生이 皆幻住니 業煩惱所起故며 一切世間이 皆幻住니 無明有愛等의 展轉緣生故며 一切法이 皆幻住니 我見等種種幻緣所生故며 一切三世가 皆幻住니 我見等顚倒智所生故며 一切衆生生滅生老病死憂悲苦惱가 皆幻住니 虛妄分別所生故며

(2) 모든 중생이 다 환술처럼 머무나니, 업과 번뇌로 일어난 탓이니라. (3) 모든 세간이 다 환술처럼 머무는 것이니, 무명과 존재와 욕망 따위가 서로 인연이 되어 생기는 탓이니라. (4) 모든 법이 다 환술처럼 머무는 것이니, 나란 소견 따위의 갖가지 환술과 같은 인연으로 생기는 탓이니라. (5) 모든 세 세상이 다 환술처럼 머무는 것이니, 나란 소견 따위의 뒤바뀐 지혜로 생기는 탓이니라. (6) 모든 중생의 생기고 없어지고 나고 늙고 병들고 죽고 근심하고 슬퍼하고 괴로운 것이 다 환술처럼 머무는 것이니, 허망한 분별로 생기는 탓이니라.

[疏] 餘九는 爲別이라 初五는 約染分依他가 如幻緣生故니 一, 約有情의

苦果가 從業惑集生이요 二, 約十二因緣順觀이 卽世間故니 次第相由일새 故云展轉이니라 三, 就五類法中하여 但除無爲일새 故云一切니 以無爲는 無有起니 非幻緣生故며 異熟識等이 從無始惡習하여 內執爲我하여 四惑相應일새 故云我見等과 及外取妄境하여 云種種幻緣이니 故感心等이 悉皆如幻이니라 四五二句는 別明不相應行이라 四는 卽是時니 謂依行하여 相續不斷하여 分位建立이 爲時라 所依行空커니 時何位所立이리요 妄計有體가 是顚倒智니라 五는 卽無常生老等이니 謂依生已壞滅하여 分位建立이니 無常等이 皆妄分別有니라

■ (나) 나머지 아홉 구절은 별상이다. ㄱ. 다섯 구절은 염오분의 의타성을 잡으면 환술과 같이 인연으로 생긴 까닭이다. (1) 유정의 괴로운 과보를 잡으면 업과 미혹에서 집제가 생겨남이요, (2) 십이인연을 잡으면 수순하여 관찰함이 세간과 합치하는 연고며, 순서대로 서로 연유하므로 '전전이'라 하였고, (3) 다섯 부류의 법에 입각한 중에 단지 무위법은 제외되는 연고로 '일체(一切)'라 하였다. 무위법은 일어남이 없으며 환술과 같은 인연으로 생긴 것이 아닌 연고며, 이숙식 등은 시작 없는 악한 습기로부터 안으로 〈나〉라고 집착하여 네 가지 미혹과 상응함으로 인한 아견(我見) 등과 밖으로 망념 경계를 취하여 '갖가지 환술과 같은 인연'이라 하였다. 그러므로 마음을 감득한 등은 모두 환술과 같다. 넷째와 다섯째의 두 구절은 개별로 불상응행법을 설명하였다. (4) 시간과 합치함이니, 이른바 행법이 상속하여 끊어지지 않음을 의지하고 부분 지위로 건립함을 '시간'이라 하였다. 의지할 행법이 공하고 시간은 어떤 지위로 세운 것인가? 망령된 계탁이 체성이 있으면 '뒤바뀐 지혜'이다. (5) 무상한 태어남과 늙음 등이니, 이른바 태어남을 의지하여 이미 무너져 멸했다면 부분적 지위가

무상함을 건립한 등은 모두 허망한 분별로 있다는 뜻이다.

[鈔] 三, 就五類者는 疏文有三하니 一, 釋一切法이니 卽有爲一切니라 以無爲下는 出揀無爲所以니 同掌珍論의 眞性에 有爲空故니라 二, 從異熟識等下는 出餘四類之果니 異熟은 是心이요 等餘七識과 及心所色法과 幷不相應이니라 從無始下는 釋我見等能成之因이라 然我見이 有二하니 一, 與七識相應이니 卽執第八하여 以爲內我故[153]로 謂我所가 與[154]四惑으로 相應이라 今言我見等者는 等取愛慢이니라 二者, 與六識으로 相應我執이니 兼外取妄境하여 以爲我所하며 及起餘惑일새 故云種種이니라 三, 故感已下는 辨因感果니 可知니라

四五二句는 別明不相應者는 然이나 不相應이 有二十四하니 今二門中에 略遣其四하여 等於所餘니라 四中에 言卽是時者는 釋經의 三世니 三世는 是二十四中之一인 時故니라 從謂依行下는 出三世如幻之由니 行은 卽五蘊이 刹那生滅하여 前後相續하니 已謝는 爲過去요 未起는 爲未來요 生已未謝는 名爲現在라 離行之外에 何有分位하여 而有三世耶아 況所依行空커니 能依가 何有리요 五, 卽無常生老等者는 卽二十四中之三이니 一, 無常이요 二, 生이요 三, 老等이라 卽等上經에 言生滅과 及死니 皆無常攝이요 生老二字는 卽是二法이니 但略無住니라 又諸聖敎에 多合生滅하여 名爲無常이라 所以然者는 生名爲有나 有非恒有하여 不如無爲요 滅名爲無나 無非恒無가 不如兎角하니 由不同彼無爲와 兎角인 二常之相일새 故名無常이니라

● (3) 다섯 부류의 법에 입각함은 소문에 셋이 있으니 (1) 온갖 법이 유위의 모든 것과 합치함을 해석함이다. 以無爲 아래는 무위법을 가려

---

153) 故는 南續金本作或.
154) 與는 南續金本作而.

낸 이유를 내보임이니 『장진론(掌珍論)』의 '참된 성품에는 유위법이 공함'과 같은 까닭이며, (2) 異熟識等부터 아래는 나머지 네 부류의 결과를 내보임이다. 이숙(異熟)은 마음이니 나머지 7식과 똑같이 심소법과 색법(色法)도 함께 불상응행법이다. 無始부터 아래는 〈나〉란 소견 등이 성취하는 주체의 원인임을 해석함이다. 그러나 〈나〉란 소견이 둘이 있으니, ① 7식과 상응한 행법이니 곧 제8식을 고집하여 내부의 〈나〉를 삼은 연고로 이른바 내 것과 네 가지 미혹과 상응한 행법이다. 지금 〈나란 소견〉 등을 말한 것은 사랑과 거만함을 똑같이 취한 것이다. ② 6식과 상응한 〈나〉란 고집이니 밖으로 망심 경계를 취한 것을 겸하여 내 것과 나머지 미혹을 일으킴으로 삼은 연고로 '갖가지'라 말하였다. (3) 故感已 아래는 원인에서 결과를 감득함을 밝힘이니 알 수 있으리라.

'넷째와 다섯째의 두 구절은 개별로 불상응행법을 설명함'이란 그러나 불상응행법에 24가지가 있다. 지금 두 문 중에 그 네 가지를 보낸 것을 생략하여 남은 것과 평등한 것이다. (4) 중에 '시간과 합치함'이라 말한 것은 경문의 삼세(三世)를 해석함이며, 삼세는 24가지 불상응행법 중의 하나인 '시간'인 까닭이다. 謂依行부터 아래는 삼세가 환술과 같은 이유를 내보임이다. 지어 감은 곧 오온이며 찰나 간에 생멸하고 앞뒤로 상속하나니 이미 그만둠은 과거가 되고, 일어나지 않음은 미래가 되고, 생겨난 뒤에 그만두지 않음은 현재라 이름한다. 행법을 여읜 밖에 어찌해서 분위가 있는데도 삼세가 있겠는가? 하물며 의지할 대상인 지어 감이 공할 텐데 의지하는 주체가 어째서 있겠는가? (5) 무상한 태어남과 늙음 등이란 곧 24가지 중의 셋이니, ① 무상함 ② 태어남 ③ 늙음 등이다. 등(等)은 곧 평등함이니 위의 경문에 '생기고 없어지고 죽음'은 모두 무상함에 나고 늙음의 두 글자를 포섭함은 곧 두 가지 법이지만 단지 머무르지 않음만 생략하였다. 또한 모든 성인의 가르침에서 대부분 나고 멸함을 합하여 '무상함'이라 이름하였다. 그렇게 된 이유는 태어남을 '존재'라 이름하고, 존재[有]는 항상 존재함이 아니어서 무위법과 같지 않다. 멸함을 무(無)라 이름하며, 항상 없음이 아닌 것이 없음은 토끼의 뿔과 같지 않나니, 저 무위법이 토끼의 뿔과 같지 않음으로 말미암아 두 가지 항상한 모양인 연고로 '무상(無常)함'이라 이름하였다.

謂依生已壞滅下는 顯如幻所由라 故로 唯識第二에 云, 然有爲法이 因緣力故로 本無今有며 暫有還無니 表異無爲하여 假立四相이니라 本無今有하여 有位를 名生이요 生位暫停을 卽說爲住오 住別前後에 復立異名이요 暫有還無하여 無時를 稱滅이라하니 斯卽依生已壞滅分位建立也니라 言皆妄分別者는 正顯幻因이라 然其憂悲苦惱는 卽生老中事오 體非不相應行이니라 又上四五는 亦是前十二因中別義니 四는 明三世生老死耳니라

● 謂依生已壞滅 아래는 환술과 같은 이유를 밝힘이다. 그러므로 『성유식론』제2권에 이르되, "그런데 유위법은 인연의 힘인 연고며 본래 없었지만 지금은 있다. '잠시 있다가 도리어 없음[暫有還無]'은 무위법과 다름을 표하였다. 가정적으로 네 가지 모양을 세우고 본래 없었지만 지금은 있다. 지위가 있으면 생을 거듭할수록 지위가 잠시 머무는 것을 곧 '머무름'이라 말하였고, 머무름에 앞과 뒤가 다르므로 다시 다른 명칭을 세운 것이요, 잠깐 있다가 도리어 없어서 시간 없음을 '멸함'이라 칭한다"고 하였으니 이것은 곧 생을 의지하여 이미 멸

함이니, 멸함은 부분적 지위로 건립함이다. '모든 것이 허망하게 분별함'이라 말한다면 환술의 원인을 바로 밝힘이다. 그러나 그 어리석고 슬퍼함과 괴롭고 번뇌함은 곧 나고 늙음 중의 일이다. 체성은 불상응행법이 아니요, 또한 위의 (4)와 (5)도 또한 앞의 12가지 원인 중에서 개별 이치이다. (4)는 삼세로 태어남과 늙고 죽음을 밝혔을 뿐이다.

ㄴ. 다음 한 구절은 염오분와 청정분에 통하다[次通染淨] (次一 4上4)
ㄷ. 나머지 세 구절은 청정분이다[後三淨分] (後三)

一切國土가 皆幻住니 想倒心倒見倒無明所現故며 一切聲聞辟支佛이 皆幻住니 智斷分別所成故며 一切菩薩이 皆幻住니 能自調伏하여 教化眾生하는 諸行願法之所成故며 一切菩薩眾會의 變化調伏과 諸所施爲가 皆幻住니 願智幻所成故라 善男子여 幻境自性이 不可思議니라

(7) 모든 국토가 다 환술처럼 머무는 것이니, 생각이 뒤바뀌고 마음이 뒤바뀌고 소견이 뒤바뀌어 무명으로 나타나는 탓이니라. (8) 모든 성문과 벽지불이 다 환술처럼 머무는 것이니 지혜로 끊는 분별로 이루어지는 탓이니라. (9) 모든 보살이 다 환술처럼 머무는 것이니, 스스로 조복하고 중생을 교화하려는 여러 가지 행과 원으로 이루어지는 탓이니라. (10) 모든 보살 대중의 변화하고 조복하는 여러 가지 일이 다 환술처럼 머무는 것이니, 서원과 지혜의 눈어리로 이루어지는 탓이니라. 착한 남자여, 환술 같은 경계의 성품을 헤아릴 수 없느니라.

[疏] 次, 一切國土는 義通染淨하니 衆生染土는 多從三倒所生이니 以不了唯心하고 妄取境界故라 上에 云, 一切國土는 但想所持라하니라 旣有妄想故로 心見皆倒라 言無明所現은 亦通淨刹이니 謂登地已上도 無明未盡일새 所見國土가 種種不同하나니 旣云無明인대 則揀非佛土니라 後, 三種은 但約淨分依他가 從緣如幻이니 可以意得이니라

■ ㄴ. 一切國土는 뜻이 염오분과 청정분에 통함이다. 중생의 물든 국토는 대부분 세 가지 전도로부터 생긴 것이니, 오직 마음인 줄 알지 못하고 망령되게 경계를 취하는 까닭이다. 위[제42. 摩耶부인조 ㄱ. 萬類難思身]에 말하되, "모든 국토는 생각만으로 유지되는 바이다"라 하였다. 이미 망상이 있는 연고로 마음과 소견이 모두 뒤바뀌었다. "무명으로 나타낸 것도 또한 청정한 국토에 통한다"고 하였으니 말하자면 십지에 오른 이상도 무명이 다하지 않으며, 볼 대상인 국토도 갖가지로 같지 않다. 이미 무명(無明)이라 말하면 불국토가 아니라고 구분한다. ㄷ. 세 가지는 단지 청정분 의타성[淨分依他]만 잡았고, 인연으로부터 나온 환술과 같나니 생각으로 얻을 수 있으리라.

[鈔] 旣有妄想者는 卽出三倒也라 一, 想倒오 二, 心倒오 三, 見倒라 然이나 十行品에 已廣分別이라 彼有多義어니와 今是一義니 以心見이 非倒나 由想亂故로 令餘二로 皆倒耳니라

● '이미 망상이 있다'는 것은 곧 세 가지 뒤바뀜을 내보임이다. (1) 생각이 뒤바뀜이요, (2) 마음이 뒤바뀜이요, (3) 소견이 뒤바뀜이다. 그러나 제21. 십행품에 이미 널리 분별하였다. 저기에 많은 뜻이 있으나 지금은 한 가지 뜻은 마음과 소견은 뒤바뀜이 아니고 생각이 산란함으로 말미암은 까닭이니, 나머지 둘로 하여금 모두 뒤바뀌게 할

뿐이다.

나) 결론하여 찬탄하다[結歎] (後善 4下3)

[疏] 後, 善男子下는 結歎이라 言自性不思議者는 幻法은 非有니 體不實故오 非無니 相非無故오 非一이니 性相異故오 非異니 無二體故라 空有가 相卽하고 一異가 兩亡하여 旣離二邊일새 亦忘中道라 由斯交徹일새 故能一中에 現多코 多皆卽一이요 重重無礙하여 爲不思議니 故로 推勝云, 善入無邊한 諸事幻網이라하니라

■ 나) 善男子 아래는 결론하여 찬탄함이다. '경계의 성품을 헤아릴 수 없음'이라 말한 것은 환술 같은 법은 있지 않음이니 체성이 실답지 않은 연고요, 없지 않음이니 모양이 없지 않은 연고요, 하나가 아님이니, 성품과 모양이 다른 연고요, 다름이 아님이니, 둘이 없는 체성인 까닭이다. 공과 유가 서로 합치하고 하나와 다름이 둘다 없어서 이미 두 변두리를 여읨이므로 또한 중도(中道)도 잊는다. 이로 말미암아 서로 사무친 연고로 하나 중에 여럿을 나타낼 수 있고, 여럿이 모두 하나와 합치하면 거듭거듭 걸림 없어서 불가사의함이 되는 연고로 (4) 뛰어난 분을 추천하면서 이르되, "그지없는 일의 환술 그물에 잘 들어간다"고 말하였다.

[鈔] 幻法非有等者는 此中에 且約有無一異와 兼下中道하여 以爲三觀이라 亦應有離四句니라 又以合性相의 非一과 非俱인 非句라 非異之義는 當非俱句니라 旣離二邊이라 已是中道오 亦亡中道하니 絶待中也라 上은 卽事理無礙오 由斯交徹下는 卽事事無礙라 餘義는 如前

이니라

● '환술 같은 법이 있지 않다'는 등은 이 가운데 우선 유와 무, 하나와 다름과 겸하여 아래의 중도를 잡아서 삼관(三觀)으로 삼았다. 역시 네 구절을 여읨도 당연히 있다. 또한 성품과 모양을 합하면 하나도 아니요 모두도 아니며, 구절도 아니요 다름도 아닌 뜻이다. 모두인 구절이 아님에 해당하면 이미 두 가지 변제(邊際)를 여의었으니 이미 중도에도 또한 중도가 없으니 절대적인 중도이다. 위는 곧 현상과 이치가 걸림 없음이며, 由斯交徹 아래는 곧 현상과 현상이 걸림 없음이니 나머지 뜻은 앞과 같다.

(4) 자신은 겸양하고 뛰어난 분을 추천하다[謙己推勝] (第四 5上6)

善男子여 我等二人은 但能知此幻住解脫이어니와 如諸菩薩摩訶薩은 善入無邊諸事幻網하나니 彼功德行을 我等이 云何能知能說이리오
착한 남자여, 우리 두 사람은 다만 이 <환술처럼 머무는 해탈>을 알 뿐이니, 저 보살마하살의 그지없는 일의 환술 그물에 잘 들어가는 그 공덕의 행이야 우리가 어떻게 알며 어떻게 말하겠는가?"

[疏] 第四, 善男子我等下는 謙己推勝이라
■ (4) 善男子我等 아래는 자신은 겸양하고 뛰어난 분을 추천함이다.

(5) 다음 선지식을 지시하다[指示後友] 2.

가. 선근의 힘으로 그윽이 가피하다[以力冥加] (第五 5下4)

時에 童子童女가 說自解脫已에 以不思議諸善根力으로 令善財身으로 柔軟光澤하고
동자와 아가씨는 자기의 해탈을 말하고는 부사의한 착한 뿌리의 힘으로써 선재동자의 몸을 부드럽고 빛나고 윤택하게 하고

[疏] 第五, 時童子下는 指示後友라 於中에 二니 初, 以力冥加라
■ (5) 時童子 아래는 다음 선지식을 지시함이다. 그중에 둘이니 가. 선근의 힘으로 그윽이 가피함이요,

나. 언사로 밝게 보이다[以言顯示] 3.
가) 도량을 지정하다[指處] (後而 5下5)

而告之言하시되 善男子여 於此南方에 有國하니 名海岸이요 有園하니 名大莊嚴이며 其中에 有一廣大樓閣하니 名毘盧遮那莊嚴藏이니 從菩薩善根果報生이며 從菩薩念力願力自在力神通力生이며 從菩薩善巧方便生이며 從菩薩福德智慧生이라 善男子여 住不思議解脫菩薩이 以大悲心으로 爲諸衆生하여 現如是境界하며 集如是莊嚴하나니라
말하였다. "착한 남자여, 이 남쪽에 해안이란 나라가 있고 거기 대장엄 동산이 있으며, 그 안에 광대한 누각이 있으니

이름은 비로자나장엄장이라. 보살의 착한 뿌리의 과보로 좇아 생겼으며, 보살의 생각하는 힘·서원하는 힘·자재한 힘·신통한 힘으로 생겼으며, 보살의 교묘한 방편으로 생겼으며, 보살의 복덕과 지혜로 생겼느니라. 착한 남자여, 부사의한 해탈에 머무른 보살은 크게 가엾이 여기는 마음으로 중생을 위하여 이러한 경계를 나타내며, 이러한 장엄을 모으는 것이니라.

[疏] 後, 而告下는 以言顯示라 於中에 三이니 初, 指處요 二, 示人이요 三, 敎問이라 今初에 國名海岸者는 南海北岸이니 一生菩薩이 臨智海故라 園名大莊嚴은 因圓萬行으로 而嚴果故라 又生死園苑에 以萬行樹林으로 嚴自果故니라 廣大樓閣等者는 約事컨대 則其中廣博이 同虛空故며 有多光明이 能徧照故며 阿僧祇等寶로 所嚴故며 蘊多樓閣하며 包多事故니라 約法컨대 則二智相依며 緣起相由일새 故云樓閣이라 智卽法界니 是爲廣大라 名毘盧等은 順成上義니 二智光明이 徧照事理故라 智能包含萬德이 卽莊嚴藏이니 華嚴萬行이 不離此故라 上約其果요 從菩薩下는 出因이라 善根果報는 約其宿因이니 是彼善根之果報故라 念力과 願力等은 約其現緣이라 後, 住不思議下는 現依所爲니라

■ 나. 而告 아래는 언사로 밝게 보임이다. 그중에 셋이니 가) 도량을 가리킴이요, 나) 사람을 보임이요, 다) 교법으로 질문함이다. 지금은 가)이니 나라 이름이 해안(海岸)인 것은 남쪽 바다의 북쪽 언덕에 일생보처보살이 지혜 바다에 임(臨)해 사는 까닭이다. 동산의 이름이 '크게 장엄함[大莊嚴]'이며, 인행이 원만한 만 가지 행법으로 과덕을 장

엄하는 까닭이다. 또한 나고 죽는 동산은 만행의 숲으로 자신의 과
덕을 장엄하는 까닭이다. '광대한 누각' 등에서 일을 잡으면 그 가운
데 넓고 커서 허공과 같은 까닭이다. 많은 광명이 능히 두루 비춤이
있기 때문이다. 아승지(阿僧祇) 등은 보배로 장엄할 대상인 까닭이다.
많은 누각을 쌓아서 많은 일을 포함하는 까닭이다. 법을 잡으면 두
가지 지혜를 서로 의지하고 연기로 서로 연유하므로 누각(樓閣)이라
말하였다. 지혜는 곧 법계이며 이로써 광대함을 삼은 것이 비로(毘盧)
등이라 이름하였으며, 위의 뜻을 수순하여 이루고 두 가지 지혜 광명
이 현상과 이치를 두루 비추는 까닭이다. 지혜가 능히 만덕(萬德)을
포함함은 곧 '장엄하는 갈무리[莊嚴藏]'이며, 화엄의 만 가지 행법은 여
기를 벗어나지 않으므로 위는 그 결과를 잡은 해석이다. 菩薩부터
아래는 원인을 내보임이니 선근의 과보이다. 그 숙세(宿世)의 인행을
잡은 것이 바로 저 선근의 과보인 까닭이다. 기억하는 힘과 서원하는
힘 따위는 그 현재 인연을 잡은 해석이요, 다) 住不思議 아래는 의지
처의 역할을 나타냄이다.

[鈔] 約事則下는 先釋廣大오 有多光下는 釋毘盧遮那오 阿僧祇下는 釋
莊嚴이요 蘊多樓下는 釋藏이니라
- (가) 約事則 아래는 먼저 광대에 대한 해석이며, (나) 有多光 아래는
비로자나에 대한 해석이요, (다) 阿僧祇 아래는 장엄에 대한 해석이
요, (라) 蘊多樓 아래는 갈무리에 대한 해석이다.

나) 사람을 보이다[示人] 3.
(가) 바로 보이다[正示] (二彌 6下7)

(나) 인행에 머물다[住因] (後爲)

(다) 구분하다[料揀] (然有)

彌勒菩薩摩訶薩이 安處其中하사 爲欲攝受本所生處父母眷屬과 及諸人民하여 令成熟故며 又欲令彼同受生同修行衆生으로 於大乘中에 得堅固故며 又欲令彼一切衆生으로 隨住地隨善根하여 皆成就故며 又欲爲汝하여 顯示菩薩의 解脫門故며 顯示菩薩의 徧一切處受生自在故며 顯示菩薩의 以種種身으로 普現一切衆生之前하여 常敎化故며 顯示菩薩의 以大悲力으로 普攝一切世間資財하여 而不厭故며 顯示菩薩의 具修諸行하되 知一切行이 離諸相故며 顯示菩薩의 處處受生하되 了一切生이 皆無相故니라

미륵보살마하살이 그 가운데 있으니, (1) 본래 태어났던 부모와 권속과 백성들을 거두어 주어 성숙하게 하는 연고며, (2) 또 함께 태어나고 함께 수행하던 중생들을 대승 가운데서 견고하게 하려는 연고며, (3) 또 저 모든 중생들로 하여금 있는 곳을 따르고 착한 뿌리를 따라서 성취케 하려는 연고이니라. (4) 또 그대에게 보살의 해탈문을 보이려는 연고며, (5) 보살이 모든 곳에서 자재하게 태어남을 보이려는 연고며, (6) 보살이 갖가지 몸으로 여러 중생들 앞에 나타나서 항상 교화함을 보이려는 연고며, (7) 보살이 크게 가엾이 여기는 힘으로 모든 세간의 재물을 거두어 주며 싫어하지 않음을 보이려는 연고며, (8) 보살이 모든 행을 갖춰 닦으면서

도 모든 행이 모양 여읜 것을 보이려는 연고며, (9) 보살이 여러 곳에서 태어나되 모든 태어남이 모양이 없는 줄 아는 것을 보이려는 연고이니라.

[疏] 二, 彌勒菩薩下는 示人이니 先, 正示요 後, 爲欲下는 顯住因이라 彌勒은 梵音이니 具云迷帝隷라 此云慈니 是¹⁵⁵⁾其姓也니라 然有三緣하니 一, 由本願이니 過去에 値大慈如來하여 因立大願하여 願得斯號故오 二, 由此하여 得慈心三昧故요 三, 由母懷時에 有慈心故니 如滿慈子라 名阿逸多니 此云無勝이니 以生具相好하여 勝德無過故라 今以姓으로 而呼하여 但云慈氏라 慈依智住일새 故曰處中이요 悲智雙遊가 皆爲利物일새 故云爲欲等이니라

■ 나) 彌勒菩薩 아래는 사람을 보임이니 (가) 바로 보임이요, (나) 爲欲 아래는 인행에 머무름을 밝힘이다. 미륵(彌勒)은 범어 음성으로 갖추어는 미제예(迷帝隷)라 하며, '인자함[慈]'이라고 번역하나니 그 성씨이다. 그러나 세 가지 인연이 있으니 (1) 본래 서원으로 말미암아 과거는 크게 인자한 여래를 만나며, 인하여 대원(大願)을 세우나니 원으로 이런 호칭을 얻은 까닭이다. (2) 이로 말미암아 '자비심의 삼매[慈心三昧]'를 얻은 까닭이요, (3) 어머니가 회임(懷妊)함으로 말미암아 때때로 자비한 마음이 있기 때문이며, 마치 만자자(滿慈子)는 아일다(阿逸多)라 이름하나니 '이길 이 없음[無勝]'이라 번역한다. 태어나면서 상호를 갖추고 뛰어난 덕이 더할 나위 없는 까닭이다. 지금은 성씨로 호칭하면 단지 자씨(慈氏)라고만 한다. 인자함은 지혜에 의지해 머무르므로 '중간에 처함'이라 말하나니 자비와 지혜가 함께 노닐어서 모

---

155) 是는 甲續金本作氏, 源本作氏是.

두 중생을 이롭게 하는 연고로 '욕심이 평등함이 된다'고 하였다.

[鈔] 具云迷諦隷者는 西域記에 亦翻爲梅怛麗니 皆梵音輕重이라 然有三緣者는 此三이 展轉相生이니 謂由遇慈氏如來故로 得慈心三昧오 得三昧故로 母亦慈也라 慈依智住者는 上以樓閣으로 爲二智故니라

● 갖추어 미제예(迷諦隷)라 한 것은 『대당서역기』에도 또한 매달려(梅怛麗)라 번역하였으니 모두 범어 음성이 가볍고 무거운 차이이다. 그러나 세 가지 인연이 있는 것에서 여기의 셋은 전전이 서로 생긴다. 이른바 자씨여래를 만남을 말미암은 연고로 자심삼매(慈心三昧)를 얻어서 삼매를 얻은 연고며, 어머니도 또한 자비함이요, '어머니는 지혜를 의지하여 머문다'는 것에서 위는 누각으로 두 가지 지혜를 삼기 때문이다.

다) 교법으로 질문하다[敎問] 2.
(가) 교법으로 질문함을 밝히다[明敎問] (三詣 7下3)

汝詣彼問하되 菩薩이 云何行菩薩行이며 云何修菩薩道며 云何學菩薩戒며 云何淨菩薩心이며 云何發菩薩願이며 云何集菩薩助道具며 云何入菩薩所住地며 云何滿菩薩波羅蜜이며 云何獲菩薩無生忍이며 云何具菩薩功德法이며 云何事菩薩善知識이리잇고하라
그대는 그에게 가서, (1) 보살이 어떻게 보살의 행을 행하며, (2) 어떻게 보살의 도를 닦으며, (3) 어떻게 보살의 계율을 배우며, (4) 어떻게 보살의 마음을 깨끗이 하며, (5) 어떻

게 보살의 서원을 내며, (6) 어떻게 보살의 도를 돕는 거리를 모으며, (7) 어떻게 보살의 머무는 지위에 들어가며, (8) 어떻게 보살의 바라밀다를 만족하며, (9) 어떻게 보살의 생사 없는 법의 지혜를 얻으며, (10) 어떻게 보살의 공덕의 법을 갖추며, (11) 어떻게 보살 선지식을 섬기는가를 물으라.

[疏] 三, 汝詣彼下는 敎問이라 中에 二니 先, 正敎라 興十問者는 表無盡故니라
- 다) 詣彼 아래는 교법으로 질문함 중에 둘이니 (가) 바른 교법으로 열 가지 질문을 일으킴은 그지없음을 표하는 까닭이다.

(나) 그 이유를 해석하다[釋所由] 2.
ㄱ. 질문하다[徵] (後何 8上4)

何以故오 善男子여 彼菩薩摩訶薩이 通達一切菩薩行하며 了知一切衆生心하여 常現其前하여 敎化調伏하며 彼菩薩이 已滿一切波羅蜜하며 已住一切菩薩地하며 已證一切菩薩忍하며 已入一切菩薩位하며 已夢授與具足記하며 已遊一切菩薩境하며 已得一切佛神力하며 已蒙一切如來가 以一切智甘露法水로 而灌其頂이니라
왜냐하면 착한 남자여, 저 보살마하살은 모든 보살의 행을 통달하였으며, 모든 중생의 마음을 알고 그 앞에 나타나서 교화하고 조복하며, 저 보살은 모든 바라밀다를 이미 만족하였고, 모든 보살의 지위에 이미 머물렀고, 모든 보살의 지

혜를 이미 증득하였고, 모든 보살의 지위에 이미 들어갔고, 구족한 수기 주심을 이미 받았고, 모든 보살의 경계에 이미 이르렀고, 모든 부처님의 신통한 힘을 이미 얻었고, 모든 여래가 온갖 지혜인 감로의 법 물로 정수리에 부음을 받았느니라.

[疏] 後, 何以下는 釋廣問所由라 先, 徵이요 後, 釋이라 徵意에 云, 何以要須廣問고 釋有二意하니 一, 所求德廣일새 能具說故오 後, 善男子汝不應下는 能求大心이 法應爾故니라

■ (나) 何以 아래는 널리 질문한 그 이유를 해석함이다. ㄱ. 질문함이요, ㄴ. 해석함이다. 질문한 의미를 말하되, "어째서 자세히 질문함을 구하려 하는가?"라 하였으니, 해석함에 두 가지 뜻이 있으니 ㄱ) 구하는 덕이 광대함은 능히 갖추어 설하는 연고며, ㄴ) 善男子汝不應 아래는 대승을 잘 구하는 마음이니 법이 응당히 그러한 까닭이다.

ㄴ. 해석하다[釋] 2.

ㄱ) 구할 대상인 덕이 광대하다[所求德廣] 2.
(ㄱ) 미륵보살이 덕행이 원만하여 지위가 만족함을 통틀어 밝히다[通顯]

(前中 8上6)

(ㄴ) 개별로 밝히다[別顯] (後善)

善男子여 彼善知識이 能潤澤汝諸善根하며 能增長汝菩提心하며 能堅汝志하며 能益汝善하며 能長汝菩薩根하

며 能示汝無礙法하며 能令汝入普賢地하며 能爲汝說菩薩願하며 能爲汝說普賢行하며 能爲汝說一切菩薩行願所成功德일새니라

착한 남자여, 저 선지식은 (1) 그대의 착한 뿌리들을 윤택하게 하고, (2) 그대의 보리심을 증장케 하고, (3) 그대의 뜻을 견고하게 하고, (4) 그대의 착한 일을 더하게 하고, (5) 그대의 보살의 뿌리를 자라게 하고, (6) 그대에게 걸림 없는 법을 보이고, (7) 그대를 보현의 지위에 들어가게 하고, (8) 그대에게 보살의 원을 말하고, (9) 그대에게 보현의 행을 말하고, (10) 그대에게 모든 보살의 행과 원으로 이룩한 공덕을 말하리라.

[疏] 前中에 二니 初, 通顯彌勒의 德圓位滿이요 後, 善男子彼善知識下는 別顯是其眞善友故라 設若德滿이라도 非己有緣하면 亦難求故니라

■ ㄱ) 중에 둘이니 (ㄱ) 미륵보살이 덕행이 원만하고 지위가 만족함을 통틀어 밝힘이요, (ㄴ) 善男子彼善知識 아래는 그가 진실한 선지식임을 개별로 밝힌 연고로 설사 그 덕행이 만족함은 자기에게 인연이 있지 않음도 또한 구하기 어려운 까닭이다.

ㄴ) 대승을 잘 구하는 마음[能求大心] 2.
(ㄱ) 법을 구하라고 훈계하고 권하다[誡勸求法] 2.
a. 응하지 않음을 표방하다[標不應] (二明 10上10)

善男子여 汝不應修一善하며 照一法하며 行一行하며 發

一願하며 得一記하며 住一忍하며 生究竟想하며 不應以
限量心으로 行於六度하며 住於十地하며 淨佛國土하며
事善知識이니라

착한 남자여, 그대는 한 가지 착한 일을 닦고, 한 가지 법을
비추어 알고, 한 가지 행을 행하고, 한 가지 원을 세우고, 한
가지 수기를 얻고, 한 가지 지혜에 머무름으로써 끝까지 이
르렀다는 생각을 내지 말 것이며, 한정한 마음으로 여섯 바
라밀다를 행하여 십지에 머물러서 부처님의 국토를 깨끗이
하거나 선지식을 섬기지 말아야 하느니라.

[疏] 二, 明能求大心이 法應爾故者는 卽廣誡勸이라 於中에 二니 先, 誡勸
求法이요 後, 誡勸事友라 前中에 二니 先, 標不應하여 誡其去劣이요

■ ㄴ) '능히 대승을 구하려는 마음은 법이 응당히 그러한 까닭을 밝힘'
이란 곧 널리 훈계하고 권함이다. 그중에 둘이니 (ㄱ) 법을 구하라고
훈계하고 권함이요, (ㄴ) 훈계하여 선지식 섬길 것을 권함이다. (ㄱ)
중에 둘이니 a. 응하지 않음을 표방함이니 그 열등함을 버리라고 훈
계함이다.

b. 응당히 지을 것에 대해 해석하다[釋應作] 2.
a) 질문하다[徵] (後何 10下2)
b) 해석하다[釋] 2.

(a) 응당히 수행할 것을 개별로 밝히다[別明應修] 10.
㊀ 위로 보리를 구하는 행법[上求菩提行] (釋中)

㈢ 아래로 중생을 구제하는 행법[下救衆生行] (二應)

何以故요 善男子여 菩薩摩訶薩이 應種無量諸善根하며 應集無量菩提具하며 應修無量菩提因하며 應學無量巧廻向하라156) 應化無量衆生界하며 應知無量衆生心하며 應知無量衆生根하며 應識無量衆生解하며 應觀無量衆生行하며 應調伏無量衆生하라

무슨 까닭이냐? ① 착한 남자여, 보살마하살은 한량없는 착한 뿌리를 심어야 하며, 한량없는 보리의 기구를 모아야 하며, 한량없는 보리의 인을 닦아야 하며, 한량없는 교묘한 회향을 배워야 하느니라. ② 한량없는 중생 세계를 교화해야 하며, 한량없는 중생의 마음을 알아야 하며, 한량없는 중생의 근성을 알아야 하며, 한량없는 중생의 지혜를 알아야 하며, 한량없는 중생의 행을 보아야 하며, 한량없는 중생을 조복해야 하느니라.

[疏] 後, 何以下는 釋所應作하여 令其廣修라 文中에 先, 徵이요 後, 釋이라 釋中에 亦二니 先, 別明應修요 後, 善男子擧要下는 結略顯廣이라 前中에 有九十八門을 分爲十段이니 一, 上求菩提行이요 二, 應化下는 下救衆生行이요

■ b. 何以 아래는 응당히 지을 것에 대해 해석함이다. 그로 하여금 널리 수행하게 함이니 경문 중에 a) 질문함이요, b) 해석함이다. b) 해석함 중에 또한 둘이니 (a) 응하여 수행함을 개별로 밝힘이요, (b)

---

156) 合注云 因下에 宋論有應學無量菩提因七字.

善男子擧要 아래는 간략함을 결론하고 광대함을 밝힘이다. (a) 중에 98가지 문이 있으니 열 문단으로 나눈다. ㊀ 위로 보리를 구하는 행법이요, ㊁ 應化 아래는 아래로 중생을 구제하는 행법이요,

㊂ 번뇌와 장애를 스스로 단절하는 행법[自斷惑障行] (三應 10下5)
㊃ 중생에 권하여 벗어나고 여의려는 행법[勸物出離行] (四應)
㊄ 자신의 감관과 욕구를 정화하는 행법[淨自根欲行] (五應)

應斷無量煩惱하며 應淨無量業習하며 應滅無量邪見하며 應除無量雜染心하며 應發無量淸淨心하며 應拔無量苦毒箭하며 應涸無量愛欲海하며 應破無量無明暗하며 應摧無量我慢山하며 應斷無量生死縛하며 應度無量諸有流하며 應竭無量受生海하라 應令無量衆生으로 出五欲淤泥하며 應使無量衆生으로 離三界牢獄하며 應置無量衆生於聖道中하라 應消滅無量貪欲行하며 應淨治無量瞋恚行하며 應摧破無量愚癡行하며 應超無量魔網하며 應離無量魔業하며 應淨治菩薩無量欲樂하며 應增長菩薩無量方便하며 應出生菩薩無量增上根하며 應明潔菩薩無量決定解하며 應趣入菩薩無量平等하며 應淸淨菩薩無量功德하며 應修治菩薩無量諸行하며 應示現菩薩無量隨順世間行하라

③ 한량없는 번뇌를 끊어야 하며, 한량없는 업의 버릇을 깨끗이 해야 하며, 한량없는 나쁜 소견을 없애야 하며, 한량없는 물든 마음을 제해야 하며, 한량없는 깨끗한 마음을 내어

야 하며, 한량없는 괴로움의 독한 화살을 뽑아야 하며, 한량없는 애욕 바다를 말려야 하며, 한량없는 무명의 어둠을 깨뜨려야 하며, 한량없는 교만한 산을 부수어야 하며, 한량없는 생사의 결박을 끊어야 하며, 한량없는 존재의 강을 건너야 하며, 한량없이 태어나는 바다를 말려야 하느니라. ④ 한량없는 중생들을 다섯 가지 욕망의 진창에서 뛰어나게 하며, 한량없는 중생들을 세 세계의 옥에서 벗어나게 하며, 한량없는 중생들을 성인의 길에 있게 해야 하느니라. ⑤ 한량없는 탐욕의 행을 소멸해야 하며, 한량없는 성내는 행을 깨끗이 다스려야 하며, 한량없는 어리석은 행을 깨뜨려야 하며, 한량없는 마의 그물을 초월해야 하며, 한량없는 마의 업을 여의어야 하며, 보살의 한량없는 욕망을 다스려야 하며, 보살의 한량없는 방편을 증장해야 하며, 보살의 한량없이 더 올라가는 뿌리를 내어야 하며, 보살의 한량없는 결정한 지혜를 밝혀야 하며, 보살의 한량없는 평등에 들어가야 하며, 보살의 한량없는 공덕을 깨끗하게 해야 하며, 보살의 한량없는 행들을 닦아야 하며, 보살의 한량없는 세간을 따르는 행을 나타내어야 하느니라.

[疏] 三, 應斷下는 自斷惑障行이요 四, 應令無量衆生下는 勸物出離行이요 五, 應消滅下는 淨自根欲行이니 除三不善根하면 則成三善根等故라

■ ㈢ 應斷 아래는 번뇌와 장애를 스스로 단절하는 행법이요, ㈣ 應令無量衆生 아래는 중생에 권하여 벗어나고 여의려는 행법이요, ㈤ 應

消滅 아래는 자신의 감관과 욕구를 정화하는 행법이니, 세 가지 착하지 않은 뿌리를 제거하면 세 가지 착한 뿌리가 평등함을 이루는 까닭이다.

㈥ 힘과 작용이 자재한 행법[力用自在行] (六應 10下7)
㈦ 법을 섭수하여 번뇌를 다스리는 행법[攝法治惑行] (七應)

應生無量淨信力하며 應住無量精進力하며 應淨無量正念力하며 應滿無量三昧力하며 應起無量淨慧力하며 應堅無量勝解力하며 應集無量福德力하며 應長無量智慧力하며 應發起無量菩薩力하며 應圓滿無量如來力하라 應分別無量法門하며 應了知無量法門하며 應淸淨無量法門하며 應生無量法光明하며 應作無量法照耀하며 應照無量品類根하며 應知無量煩惱病하며 應集無量妙法藥하며 應療無量衆生疾하라

⑥ 한량없이 믿는 힘을 내어야 하며, 한량없이 정진하는 힘에 머물러야 하며, 한량없는 바르게 생각하는 힘을 깨끗이 해야 하며, 한량없는 삼매의 힘을 채워야 하며, 한량없는 깨끗한 지혜의 힘을 일으켜야 하며, 한량없는 수승하게 이해하는 힘을 굳게 해야 하며, 한량없는 복덕의 힘을 모아야 하며, 한량없는 슬기의 힘을 길러야 하며, 한량없는 보살의 힘을 일으켜야 하며, 한량없는 여래의 힘을 원만히 해야 하느니라. ⑦ 한량없는 법문을 분별해야 하며, 한량없는 법문을 분명히 알아야 하며, 한량없는 법문을 청정하게 해야 하며,

한량없는 법의 광명을 내어야 하며, 한량없는 법의 비춤을 지어야 하며, 한량없는 종류의 뿌리를 비추어야 하며, 한량없는 번뇌의 병을 알아야 하며, 한량없는 묘한 법약을 모아야 하며, 한량없는 중생의 병을 고쳐야 하느니라.

[疏] 六, 應生淨信下는 力用自在行이요 七, 應分別下는 攝法治惑行이요
■ ㊅ 應生淨信 아래는 힘과 작용이 자재한 행법이요, ㊆ 應分別 아래는 법을 섭수하여 번뇌를 다스리는 행법이요,

㊇ 부처님께 공양하고 중생을 섭수하는 행법[供佛攝生行] (八應 10下8)
㊈ 자비와 원력이 깊고 광대한 행법[悲願深廣行] (九應)
㊉ 증득하여 들어감이 원만한 행법[證入圓滿行] (十應)

應嚴辦無量甘露供하며 應往詣無量佛國土하며 應供養無量諸如來하며 應入無量菩薩會하며 應受無量諸佛敎하며 應忍無量衆生罪하며 應滅無量惡道難하며 應令無量衆生으로 生善道하며 應以四攝으로 攝無量衆生하라 應修無量總持門하며 應生無量大願門하며 應修無量大慈大願力하며 應勤求無量法하며 常無休息하며 應起無量思惟力하며 應起無量神通事하며 應淨無量智光明하며 應往無量衆生趣하며 應受無量諸有生하며 應現無量差別身하며 應知無量言辭法하라157) 應入無量差別心하며 應知菩薩大境界하며 應住菩薩大宮殿하며 應觀菩薩

---

157) 無量大慈의 慈는 合本作悲, 麗宋元明淸綱杭鼓纂續金本作慈; 合注云 悲는 宋北藏作慈.

甚深妙法하며 應知菩薩難知境界하며 應行菩薩難行諸
行하며 應具菩薩尊重威德하며 應踐菩薩難入正位하며
應知菩薩種種諸行하며 應現菩薩普徧神力하며 應受菩
薩平等法雲하며 應廣菩薩無邊行網하며 應滿菩薩無邊
諸度하며 應受菩薩無量記莂하며 應入菩薩無量忍門하
며 應治菩薩無量諸地하며 應淨菩薩無量法門하며 應同
諸菩薩의 安住無邊劫하여 供養無量佛하며 嚴淨不可說
佛國土하며 出生不可說菩薩願이니라

⑧ 한량없는 단이슬 공양을 잘 장만해야 하며, 한량없는 부처님 국토에 가야 하며, 한량없는 여래에게 공양해야 하며, 한량없는 보살의 모임에 들어가야 하며, 한량없는 부처님의 교화를 받아야 하며, 한량없는 중생의 죄를 참아야 하며, 한량없는 나쁜 길의 고난을 없애야 하며, 한량없는 중생을 선한 길에 나게 해야 하며, 네 가지 거두어 주는 법으로 한량없는 중생을 거두어 줘야 하느니라. ⑨ 마땅히 한량없는 다라니 문을 닦으며, 한량없는 큰 서원의 문을 내며 한량없이 크게 인자하고 크게 서원하는 힘을 닦으며, 한량없는 법을 부지런히 구하여 항상 쉬지 않으며, 한량없이 생각하는 힘을 일으키며, 한량없이 신통한 일을 일으키며, 한량없는 지혜의 광명을 깨끗이 하며, 한량없는 중생의 길에 나아가며, 한량없는 모든 존재에 태어나며, 한량없이 차별한 몸을 나타내며, 한량없는 말을 알아야 하며, 한량없이 차별한 마음에 들어가야 하며, 보살의 큰 경계를 알아야 하며, 보살의 큰 궁전에 머물러야 하며, 보살의 깊고 미묘한 법을 보아야

하며, 보살의 알기 어려운 경계를 알아야 하며, 보살의 행하기 어려운 여러 가지 행을 행해야 하며, 보살의 존중한 위의와 덕을 갖추어야 하며, 보살의 들어가기 어려운 바른 지위에 나아가야 하느니라. ⑩ 보살의 가지가지 행을 알아야 하며, 보살의 두루한 신통의 힘을 나투어야 하며, 보살의 평등한 법 구름을 받아야 하며, 보살의 그지없는 행의 그물을 넓혀야 하며, 보살의 그지없는 바라밀다를 만족해야 하며, 보살의 한량없는 수기를 받아야 하며, 보살의 한량없는 지혜의 문에 들어가야 하며, 보살의 한량없는 지위를 다스려야 하며, 보살의 한량없는 법문을 깨끗이 해야 하며, 보살들이 그지없는 겁에 있으면서 한량없는 부처님께 공양하고, 말할 수 없는 부처님 국토를 깨끗이 장엄하며, 말할 수 없는 보살의 서원을 내는 것을 같이해야 하느니라.

[疏] 八, 應嚴辦下는 供佛攝生行이요 九, 應修總持下는 悲願深廣行이요 十, 應入差別心下는 證入圓滿行이라

- ⑧ 應嚴辦 아래는 부처님께 공양하고 중생을 섭수하는 행법이요, ⑨ 應修總持 아래는 자비와 원력이 깊고 광대한 행법이요, ⑩ 應入差別心 아래는 증득하여 들어감이 원만한 행법이다.

(b) 간략함을 결론하고 광대함을 밝히다[結略顯廣] (二結 11上6)

善男子여 擧要言之컨댄 應普修一切菩薩行하며 應普化一切衆生界하며 應普入一切劫하며 應普生一切處하며

應普知一切世하며 應普行一切法하며 應普淨一切刹하며 應普滿一切願하며 應普供一切佛하며 應普同一切菩薩願하며 應普事一切善知識이니라

착한 남자여, 요령을 들어 말하면, 모든 보살의 행을 두루 닦아야 하고, 모든 중생 세계를 두루 교화해야 하고, 모든 겁에 두루 들어가야 하고, 모든 곳에 두루 태어나야 하고, 모든 세상을 두루 알아야 하고, 모든 법을 두루 행해야 하고, 모든 세계를 두루 깨끗하게 해야 하고, 모든 소원을 두루 채워야 하고, 모든 부처님께 두루 공양해야 하고, 모든 보살의 원과 두루 같아야 하고, 모든 선지식을 두루 섬겨야 하느니라.

[疏] 二, 結略顯廣者는 謂別陳難具故니라
- (b) 간략함을 결론하고 광대함을 밝힘은 이른바 갖추기 어려움을 별도로 진술하는 까닭이다.

(ㄴ) 선지식 섬길 것을 훈계하여 권하다[誡勸事友] 3.
a. 훈계하다[誡] 2.
a) 바로 허물을 여의라고 훈계하다[正誡離過] (第二 11下3)

善男子여 汝求善知識에 不應疲倦하며 見善知識에 勿生厭足하며 請問善知識에 勿憚勞苦하며 親近善知識에 勿懷退轉하며 供養善知識에 不應休息하며 受善知識敎에 不應倒錯하며 學善知識行에 不應疑惑하며 聞善知識演說出離門에 不應猶豫하며 見善知識隨順煩惱行에 勿生

嫌怪하고 於善知識所에 生深信尊敬心하여 不應變改니라
착한 남자여, 그대는 (1) 선지식 구하기를 게을리하지 말아야 하나니, (2) 선지식을 보고 싫어함을 내지 말며, (3) 선지식에게 묻기를 수고로워하지 말며, (4) 선지식에 친근하되 물러날 생각을 내지 말며, (5) 선지식에 공양하기를 쉬지 말아야 하며, (6) 선지식의 가르침을 받되 잘못되고 착오됨이 없어야 하며, (7) 선지식의 행을 배우되 의심하지 말며, (8) 선지식이 뛰어나는 문을 말함을 듣고 망설이지 말며, (9) 선지식의 번뇌를 따르는 행을 보고 혐의하지 말며, (10) 선지식에 믿고 존경하는 마음을 변경하지 말아야 하느니라.

[疏] 第二, 善男子汝求下는 誡勸事友라 中에 三이니 初, 誡요 次, 勸이요 後, 雙結二門이라 今初를 分二니 先, 正誡其離過요 後, 何以故下는 擧益釋成이라 今初에 言見隨煩惱行에 勿嫌怪者는 善友가 有二하니 一, 實이요 二, 權이니 權能行於非道라 內外生熟과 善巧難知니 故不應嫌이니라 實中에 復二니 一, 行이요 二, 解라 今但求解하고 不應觀行故니 如智論五十에 說호대 亦如有目跛人이 猶能示道니라

■ (ㄴ) 善男子汝求 아래는 훈계하여 선지식 섬길 것을 권함이다. 그중에 셋이니 a. 훈계함이요, b. 권유함이요, c. 두 문을 함께 결론함이다. 지금은 a.를 둘로 나누리니 a) 바로 허물을 여의라고 훈계함이요, b) 何以故 아래는 이익을 거론하여 성취함을 해석함이다. 지금은 a)에 (a) '선지식의 번뇌를 따르는 행을 보고 혐의하지 말며'라 말한 것은, 선지식에 둘이 있으니 (1) 참된 선지식이요, (2) 방편 선지식이다. (2) 방편 선지식은 도 아님을 잘 행하고 안은 생것이지만 밖은

익었으며, 교묘하여 알기 어려운 연고로 응당히 미워하지 않는다.
(1) 참된 선지식 중에도 다시 둘이니 ① 행하는 선지식이요, ② 아는 선지식이다. 지금에 단지 아는 것만 구하고 관찰하고 행함에는 응하지 않는 까닭이니, 마치『대지도론』제50권에 설명할 적에도 또한 눈이 한쪽뿐인 사람과 같나니 능히 도를 보임과 같다.

b) 이익을 거론하여 성취함을 해석하다[擧益釋成] 2.
(a) 선지식이 능히 보이는 행법을 밝히다[明善友能示行] 2.
㈀ 질문하다[徵] (二擧 12下6)
㈁ 해석하다[釋] (釋云)

何以故오 善男子여 菩薩이 因善知識하여 聽聞一切菩薩諸行하며 成就一切菩薩功德하며 出生一切菩薩大願하며 引發一切菩薩善根하며 積集一切菩薩助道하며 開發一切菩薩法光明하며 顯示一切菩薩出離門하며 修學一切菩薩淸淨戒하며 安住一切菩薩功德法하며 淸淨一切菩薩廣大志하며 增長一切菩薩堅固心하며 具足一切菩薩陀羅尼辯才門하며 得一切菩薩淸淨藏하며 生一切菩薩定光明하며 得一切菩薩殊勝願하며 與一切菩薩同一願하며 聞一切菩薩殊勝法하며 得一切菩薩祕密處하며 至一切菩薩法寶洲하며 增一切菩薩善根芽하며 長一切菩薩智慧身하며 護一切菩薩深密藏하며 持一切菩薩福德聚하며 淨一切菩薩受生道하며 受一切菩薩正法雲하며 入一切菩薩大願路하며 趣一切如來菩提果하며 攝取

一切菩薩妙行하며 開示一切菩薩功德하며 往一切方하여 聽受妙法하며 讚一切菩薩廣大威德하며 生一切菩薩大慈悲力하며 攝一切菩薩勝自在力하며 生一切菩薩菩提分하며 作一切菩薩利益事니라

무슨 까닭이냐? 착한 남자여, 보살이 선지식을 인하여 (1) 모든 보살의 행을 들으며, (2) 모든 보살의 공덕을 성취하며, (3) 모든 보살의 큰 원을 내며, (4) 모든 보살의 착한 뿌리를 이끌어 내며, (5) 모든 보살의 도를 돕는 일을 모으며, (6) 모든 보살의 법의 광명을 열어 밝히며, (7) 모든 보살의 뛰어나는 문을 드러내 보이며, (8) 모든 보살의 청정한 계율을 닦으며, (9) 모든 보살의 공덕법에 머물며, (10) 모든 보살의 광대한 뜻을 깨끗하게 하며, (11) 모든 보살의 견고한 마음을 증장하며, (12) 모든 보살의 다라니와 변재의 문을 구족하며, (13) 모든 보살의 청정한 갈무리를 얻으며, (14) 모든 보살의 선정의 광명을 내며, (15) 모든 보살의 훌륭한 서원을 얻으며, (16) 모든 보살의 동일한 원을 받으며, (17) 모든 보살의 훌륭한 법을 들으며, (18) 모든 보살의 비밀한 곳을 얻으며, (19) 모든 보살의 법보의 섬에 이르며, (20) 모든 보살의 착한 뿌리의 싹을 늘게 하며, (21) 모든 보살의 지혜의 몸을 자라게 하며, (22) 모든 보살의 깊고 비밀한 갈무리를 보호하며, (23) 모든 보살의 복덕 더미를 가지느니라. (24) 모든 보살의 태어나는 길을 깨끗이 하며, (25) 모든 보살의 바른 법의 구름을 받으며, (26) 모든 보살의 큰 서원의 길에 들어가며, (27) 모든 보살의 보리의 결과에 나아가며, (28) 모든 보

살의 묘한 행을 거두어 가지며, (29) 모든 보살의 공덕을 열어 보이며, (30) 여러 지방에 가서 묘한 법을 들으며, (31) 모든 보살의 광대한 위엄과 공덕을 찬탄하며, (32) 모든 보살의 크게 자비한 힘을 내며, (33) 모든 보살의 훌륭하고 자재한 힘을 거두어 가지며, (34) 모든 보살의 보리의 부분을 내며, (35) 모든 보살의 이익하는 일을 짓느니라.

[疏] 二, 擧益釋成이라 中에 有二하니 初, 明善友가 能示行故요 二, 明善友가 爲外護故라 今初에 先, 徵이니 意에 云, 但起廣心하면 足成大道어늘 何以要令事友하여 誡離過耶아 釋云호대 法假人弘하나니 不因善友면 何能聞諸妙行이리요 於中에 有三十五句하니 句各一行이니라

■ b) 이익을 거론하여 성취함을 해석함이다. 그중에 둘이 있으니, (a) 선지식이 능히 보이는 행법을 밝히는 연고요, (b) 선지식이 외호자가 됨을 밝히는 까닭이다. 지금은 (a)이니 ㉠ 질문함이니 의미를 말하되, "단지 광대한 마음을 일으켜서 대도를 만족히 성취한다면 어째서 선지식을 섬겨서 하여금 허물을 여의라고 훈계함이 중요한가?"라 하였다. ㉢ 해석하여 말하되, "법은 사람을 빌려서 넓어지나니 선지식을 인하지 않으면 어떻게 능히 모든 미묘한 행법을 듣겠는가?" 그중에 35구절이 있으니 구절이 각기 한 가지 행법이다.

(b) 선지식이 외호자가 됨을 밝히다[明善友爲外護] 2.
㉠ 능히 섭수하고 보호함을 바로 설명하다[正明] (第二 14上3)

善男子여 菩薩이 由善知識任持하여 不墮惡趣하며 由善

知識攝受하여 不退大乘하며 由善知識護念하여 不毁犯菩薩戒하며 由善知識守護하여 不隨逐惡知識하며 由善知識養育하여 不缺減菩薩法하며 由善知識攝取하여 超越凡夫地하며 由善知識教誨하여 超越二乘地하며 由善知識示導하여 得出離世間하며 由善知識長養하여 能不染世法하며 由承事善知識하여 修一切菩薩行하며 由供養善知識하여 具一切助道法하며 由親近善知識하여 不爲業惑之所摧伏하며 由恃怙善知識하여 勢力堅固하여 不怖諸魔하며 由依止善知識하여 增長一切菩提分法하나니라

착한 남자여, 보살이 (1) 선지식의 유지함을 인하여 나쁜 길에 떨어지지 않으며, (2) 선지식의 거두어 줌을 인하여 대승에서 물러나지 않으며, (3) 선지식의 염려함을 인하여 보살의 계율을 범하지 않으며, (4) 선지식의 수호함을 인하여 나쁜 벗을 따르지 않으며, (5) 선지식의 길러 줌을 인하여 보살의 법에 이지러짐이 없으며, (6) 선지식의 붙들어 줌을 인하여 범부의 자리를 초월하며, (7) 선지식의 가르침을 인하여 이승의 지위를 초월하며, (8) 선지식의 지도를 인하여 세간에 뛰어나며, (9) 선지식의 길러 줌을 인하여 세상법에 물들지 않으며, (10) 선지식을 섬김으로 인하여 모든 보살의 행을 닦으며, (11) 선지식께 공양함을 인하여 모든 도를 돕는 법을 갖추며, (12) 선지식을 친근하므로 업과 번뇌에 좌절되지 않으며, (13) 선지식을 믿으므로 세력이 견고하여 모든 마를 무서워하지 않으며, (14) 선지식을 의지하므로

모든 보리의 부분법을 증장하느니라.

[疏] 二,[158) 善男子菩薩由善知識下는 明善友가 能爲外護라 前即能生이
요 此能養育이라 於中에 二니 前은 正明能爲攝護요
- (b) 善男子菩薩由善知識 아래는 선지식이 외호자가 됨을 밝힘이니
앞은 곧 생기는 주체이니 이것이 능히 양육하게 된다. 그중에 둘이니
㈠ 능히 섭수하고 보호함을 바로 설명함이요,

㈡ 인행을 거론하여 성취함을 해석하다[釋成] 2.
① 질문하다[徵] (後何 14上5)
② 해석하다[釋] (釋意)

何以故오 善男子여 善知識者는 能淨諸障하며 能滅諸罪
하며 能除諸難하며 能止諸惡하며 能破無明長夜黑暗하
며 能壞諸見堅固牢獄하며 能出生死城하며 能捨世俗家
하며 能截諸魔網하며 能拔衆苦箭하며 能離無智險難處
하며 能出邪見大曠野하며 能度諸有流하며 能離諸邪道
하며 能示菩提路하며 能教菩薩法하며 能令安住菩薩行
하며 能令趣向一切智하며 能淨智慧眼하며 能長菩提心
하며 能生大悲하며 能演妙行하며 能說波羅蜜하며 能擯
惡知識하며 能令住諸地하며 能令獲諸忍하며 能令修習
一切善根하며 能令成辦一切道具하며 能施與一切大功
德하며 能令到一切種智位하며 能令歡喜集功德하며 能

---

158) 二는 續金本作第二.

令踊躍修諸行하며 能令趣入甚深義하며 能令開示出離門하며 能令杜絶諸惡道하며 能令以法光照耀하며 能令以法雨潤澤하며 能令消滅一切惑하며 能令捨離一切見하며 能令增長一切佛智慧하며 能令安住一切佛法門이니라

무슨 까닭이냐? 착한 남자여, 선지식은 (1) 모든 장애를 깨끗이 하며, (2) 모든 죄를 소멸하며, (3) 모든 어려움을 제하며, (4) 모든 악한 짓을 그치게 하며, (5) 무명의 캄캄한 밤을 깨뜨리며, (6) 모든 소견의 옥을 부수며, (7) 생사의 성에서 나오게 하며, (8) 세속 집을 버리게 하며, (9) 마의 그물을 찢으며, (10) 괴로운 화살을 뽑으며, (11) 무지하고 험난한 곳을 여의게 하며, (12) 삿된 소견의 벌판에서 헤어나게 하며, (13) 모든 존재의 강을 건너게 하며, (14) 모든 삿된 길을 여의게 하느니라. (15) 또 보리의 길을 보여 주며, (16) 보살의 법을 가르치며, (17) 보살의 행에 편안히 머물게 하며, (18) 온갖 지혜로 나아가게 하며, (19) 지혜의 눈을 깨끗하게 하며, (20) 보리심을 자라게 하며, (21) 크게 가엾이 여김을 내며, (22) 묘한 행을 연설하며, (23) 바라밀다를 말하며, (24) 나쁜 동무를 배척하며, (25) 모든 지위에 머물게 하며, (26) 모든 참음을 얻게 하며, (27) 모든 착한 뿌리를 닦아 익히게 하며, (28) 모든 도 닦는 기구를 장만하게 하며, (29) 모든 큰 공덕을 베풀어 주느니라. (30) 또 갖가지 지혜의 자리에 이르게 하며, (31) 기뻐서 공덕을 모으게 하며, (32) 뛰놀면서 모든 행을 닦게 하며, (33) 깊고 깊은

이치에 들어가게 하며, (34) 뛰어나는 문을 열어 보이게 하며, (35) 나쁜 길을 막아 버리게 하며, (36) 법의 광명으로 비추게 하며, (37) 법 비로 윤택하게 하며, (38) 모든 의혹을 소멸하게 하며, (39) 모든 소견을 버리게 하며, (40) 모든 부처님의 지혜를 자라게 하며, (41) 모든 부처님의 법문에 편안히 머물게 하느니라.

[疏] 後, 何以下는 擧因釋成이라 於中에 初, 徵意에 云, 善惡이 在己어니 善友가 何能令我로 不墮惡趣等耶아 釋意에 云, 由友가 令離惡因하여 故로 因亡果喪하나니 豈非友力이리요 以此四十句로 釋上正明十五句라 有通有別하니 通則後諸惡因으로 通對前果오 別則各各配屬이니 如由除諸難하여 不退大乘이요 由止諸惡하여 不犯淨戒오 由破無明하여 不隨惡友라 下의 諸句는 或有二三이 對上一句하니 可以意得이라 恐繁不配하노라

■ ㈡ 何以 아래는 인행을 거론하여 성취함을 해석함이다. 그중에 ① 질문함이다. 의미를 말하면, "선과 악이 자기에게 있으니 선지식은 어찌하여 능히 나로 하여금 나쁜 갈래에 떨어지지 않게 하는가?" ② 의미를 해석하여 말하되, "선지식으로 인해 나쁜 인행을 여의게 하므로 인행이 없고 과덕이 상한다면 어찌 선지식의 능력이 아니겠는가?" 여기의 40구절로 위의 15구절을 바로 설명함을 해석하는데 전체 모양과 개별 모양이 있다. 전체 모양은 뒤의 모든 나쁜 원인은 전체로 앞의 과덕과 상대할 것이며, 개별 모양은 각기 배대하여 소속함이 모든 어려움을 제거함으로 말미암나니 대승법에서 물러나지 않음이다. 모든 악을 그침으로 말미암아 청정한 계법을 범하지 않으며, 무명을 타파

함으로 말미암아 나쁜 벗을 따르지 않는다. 아래 모든 구절은 혹은 둘 셋이 있어서 위의 한 구절을 상대하였다. 의미로 얻을 수 있나니 번거로움을 두려워하여 배대하지 않는다.

b. 가르쳐 권유하다[勸] 4.
a) 선지식의 수승한 덕을 기억하다[念友勝德] 2.
(a) 뛰어남을 찬탄하다[歎勝] (第二 14下8)
(b) 결론하여 권유하다[結勸] (後常)

善男子여 善知識者는 如慈母니 出生佛種故며 如慈父니 廣大利益故며 如乳母니 守護不令作惡故며 如敎師니 示其菩薩所學故며 如善導니 能示波羅蜜道故며 如良醫니 能治煩惱諸病故며 如雪山이니 增長一切智藥故며 如勇將이니 殄除一切怖畏故며 如濟客이니 令出生死暴流故며 如船師니 令到智慧寶洲故라 善男子여 常當如是 正念思惟諸善知識이니라

착한 남자여, 선지식은 (1) 어머니와 같으니, 부처의 종자를 내는 연고라. (2) 아버지와 같으니, 광대하게 이익하는 연고라. (3) 유모와 같으니 보호하여 나쁜 짓을 짓지 못하게 하는 연고라. (4) 스승과 같으니, 보살의 배울 것을 보여 주는 연고라. (5) 좋은 길잡이와 같으니, 바라밀다의 길을 보여 주는 연고라. (6) 좋은 의사와 같으니, 번뇌의 병을 치료하는 연고라. (7) 설산과 같으니, 온갖 지혜의 약을 자라게 하는 연고라. (8) 용맹한 장수와 같으니, 모든 두려움을 제거

하는 연고라. (9) 강을 건네 주는 사람과 같으니, 생사의 빠른 물에서 나오게 하는 연고라. (10) 뱃사공과 같으니, 지혜의 보배 섬에 이르게 하는 연고라. 착한 남자여, 항상 이렇게 바른 생각으로 선지식을 생각해야 하느니라.

[疏] 第二, 善男子善知識者如慈母下는 敎勸이니 謂敎其事友之方이라 文有四段하니 皆約喩顯이라 一, 敎念友勝德이라 於中에 先, 歎勝이요 後, 常當如是下는 結勸이니라

■ b. 善男子善知識者如慈母 아래는 가르쳐 권유함이다. 이른바 그 선지식 모시는 방법을 가르침은 경문에 네 문단이 있다. 모두 비유를 잡아 밝힘이니 a) 가르쳐서 선지식의 수승한 덕을 기억함이니 그 중에 (a) 뛰어남을 찬탄함이요, (b) 常當如是 아래는 결론하여 권유함이다.

b) 선지식 섬기는 마음의 행법[事友心行] (二復 15下5)

復次善男子여 汝承事一切善知識에 應發如大地心이니 荷負重任하되 無疲倦故며 應發如金剛心이니 志願堅固하여 不可壞故며 應發如鐵圍山心이니 一切諸苦가 無能動故며 應發如給侍心이니 所有敎令을 皆隨順故며 應發如弟子心이니 所有訓誨를 無違逆故며 應發如僮僕心이니 不厭一切諸作務故며 應發如養母心이니 受諸勤苦하되 不告勞故며 應發如傭作心이니 隨所受敎하여 無違逆故며 應發如除糞人心이니 離憍慢故며 應發如已熟稼心

이니 能低下故며 應發如良馬心이니 離惡性故며 應發如
大車心이니 能運重故며 應發如調順象心이니 恒伏從故
며 應發如須彌山心이니 不傾動故며 應發如良犬心이니
不害主故며 應發如旃荼羅心이니 離憍慢故며 應發如犗
牛心이니 無威怒故며 應發如舟船心이니 往來不倦故며
應發如橋梁心이니 濟度忘疲故며 應發如孝子心이니 承
順顏色故며 應發如王子心이니 遵行敎命故니라[159]

또 착한 남자여, 그대가 모든 선지식을 받자와 섬기는 데는 (1) 땅과 같은 마음을 내어야 하나니, 무거운 짐을 지어도 고달프지 않은 연고라. (2) 금강과 같은 마음을 내어야 하나니, 뜻과 소원이 견고하여 깨뜨릴 수 없는 연고라. (3) 철위산과 같은 마음을 내어야 하나니, 모든 괴로움으로 요동할 수 없는 연고라. (4) 시중하는 사람과 같은 마음을 내어야 하나니, 시키는 일을 모두 순종하는 연고라. (5) 제자와 같은 마음을 내어야 하나니, 가르치는 일을 어기지 않는 연고라. (6) 하인들과 같은 마음을 내어야 하나니, 여러 가지 일 하는 것을 싫어하지 않는 연고라. (7) 어머니 봉양함과 같은 마음을 내어야 하나니, 여러 가지 괴로움을 받아도 고달프다 하지 않는 연고라. (8) 머슴살이 같은 마음을 내어야 하나니, 시키는 일을 어기지 않은 연고라. (9) 거름 치는 사람과 같은 마음을 내어야 하나니, 교만을 버리는 연고라. (10) 익은 곡식과 같은 마음을 내어야 하나니, 고개를 숙이는 연고라. (11) 양순한 말과 같은 마음을 내어야 하나니, 나쁜

---

[159] 旃荼羅心의 旃荼는 合卍綱本作旃茶, 金本作梅茶.

성질을 여의는 연고라. (12) 큰 수레와 같은 마음을 내어야 하나니, 무거운 짐을 운반하는 연고라. (13) 길든 코끼리 같은 마음을 내어야 하나니, 항상 복종하는 연고라. (14) 수미산 같은 마음을 내어야 하나니, 흔들리지 않는 연고라. (15) 좋은 개와 같은 마음을 내어야 하나니, 주인을 해하지 않는 연고라. (16) 전다라 같은 마음을 내어야 하나니, 교만함을 떠난 연고라. (17) 불알을 깐 소와 같은 마음을 내어야 하나니, 성내는 일이 없는 연고라. (18) 배와 같은 마음을 내어야 하나니, 가고 오는 데 게으르지 않은 연고라. (19) 교량과 같은 마음을 내어야 하나니, 건네주면서도 고달픈 줄 모르는 연고라. (20) 효자와 같은 마음을 내어야 하나니, 기색을 받들어 순종하는 연고라. (21) 왕자와 같은 마음을 내어야 하나니, 내리는 조치를 따라 행하는 연고이니라.

[疏] 二, 復次汝承事下는 敎起事友心行이라 有二十一句하니 文[160]顯이니라
- b) 復次汝承事 아래는 가르쳐서 선지식 섬기는 마음의 행법을 일으킴이니 21구절이 있는데 경문에 (자연히) 드러난다.

c) 몸으로 선지식을 상대하여 밝히다[身友對辨] (三復 16下5)

復次善男子여 汝應於自身에 生病苦想하고 於善知識에 生醫王想하며 於所說法에 生良藥想하고 於所修行에 生除病想하며 又應於自身에 生遠行想하고 於善知識에 生

---

160) 文은 甲南續金本作亦.

導師想하며 於所說法에 生正道想하고 於所修行에 生遠達想하며 又應於自身에 生求度想하고 於善知識에 生船師想하며 於所說法에 生舟楫想하고 於所修行에 生到岸想하며 又應於自身에 生苗稼想하고 於善知識에 生龍王想하며 於所說法에 生時雨想하고 於所修行에 生成熟想하며 又應於自身에 生貧窮想하고 於善知識에 生毘沙門王想하며 於所說法에 生財寶想하고 於所修行에 生富饒想하며 又應於自身에 生弟子想하고 於善知識에 生良工想하며 於所說法에 生技藝想하고 於所修行에 生了知想하며 又應於自身에 生恐怖想하고 於善知識에 生勇健想하며 於所說法에 生器仗想하고 於所修行에 生破怨想하며 又應於自身에 生商人想하고 於善知識에 生導師想하며 於所說法에 生珍寶想하고 於所修行에 生捃拾想하며 又應於自身에 生兒子想하고 於善知識에 生父母想하며 於所說法에 生家業想하고 於所修行에 生紹繼想하고 又應於自身에 生王子想하고 於善知識에 生大臣想하며 於所說法에 生王敎想하고 於所修行에 生冠王冠想과 服王服想과 繫王繒想과 坐王殿想이니라

또 착한 남자여, 그대가 (1) 자기의 몸은 병난 것과 같이 생각하고, 선지식은 의사와 같이 생각하고, 말씀하는 법은 약과 같이 생각하고, 닦는 행은 병이 나은 것과 같이 생각하라. (2) 또 자기의 몸은 먼 길 떠난 것과 같이 생각하고, 선지식은 길잡이같이 생각하고 말씀하는 법은 곧은 길과 같이 생각하고, 닦은 행은 갈 곳에 간 것과 같이 생각하라. (3)

또 자기의 몸은 강을 건너려는 것과 같이 생각하고, 선지식은 뱃사공같이 생각하고, 말씀하는 법은 노[楫]와 같이 생각하고, 닦는 행은 언덕에 닿은 것과 같이 생각하라. (4) 또 자기의 몸은 곡식의 모와 같이 생각하고, 선지식은 용왕과 같이 생각하고, 말씀하는 법은 비와 같이 생각하고, 닦는 행은 곡식이 익는 것과 같이 생각하라. (5) 또 자기의 몸은 빈궁한 이같이 생각하고, 선지식은 비사문천왕같이 생각하고, 말씀하는 법은 재물같이 생각하고, 닦는 행은 부자가 된 것과 같이 생각하라. (6) 또 자기의 몸은 제자같이 생각하고, 선지식은 훌륭한 장인같이 생각하고 말씀하는 법은 기술같이 생각하고, 닦는 행은 다 아는 것과 같이 생각하라. (7) 또 자기의 몸은 무서운 것과 같이 생각하고, 선지식은 용맹한 사람과 같이 생각하고, 말씀하는 법은 무기같이 생각하고, 닦는 행은 원수를 깨뜨리는 것과 같이 생각하라. (8) 또 자기의 몸은 장사꾼같이 생각하고, 선지식은 길잡이같이 생각하고, 말씀하는 법은 보배와 같이 생각하고, 닦는 행은 주워 모으는 것과 같이 생각하라. (9) 또 자기의 몸은 아들같이 생각하고, 선지식은 부모같이 생각하고, 말씀하는 법은 살림살이같이 생각하고, 닦는 행은 살림을 맡은 것과 같이 생각하라. (10) 또 자기의 몸은 왕자와 같이 생각하고, 선지식은 대신과 같이 생각하고, 말씀하는 법은 왕의 명령같이 생각하고, 닦는 행은 왕관을 쓰는 것과 같이 생각하고, 왕의 옷을 입는 것과 같이 생각하고, 왕의 비단을 매는 것과 같이 생각하고, 왕의 궁전에 앉은 것과 같이 생각하라.

[疏] 三, 復次汝應於自身下는 身友對辨이라 文有十句하니 句各四事를 可知니라
- c) 復次汝應於自身 아래는 몸으로 선지식을 상대하여 밝힐 적에 경문이 열 구절이 있으니, 구절마다 각기 네 가지 섬김이니 알 수 있으리라.

[鈔] 句各四事者는 此四도 亦卽涅槃의 四近因緣이니 前已頻釋일새 故云可知니라 初二句는 卽親近善友요 第三句는 卽聽聞正法이요 第四句는 卽如說修行이요 正念思惟는 徧於四句라 故로 句句에 皆令起如是想이라 亦可第四句는 合正念思惟요 又第一句는 是具四之人이라 餘三은 可知니라

- '구절이 각기 네 가지 섬김'이란 이런 넷도 또한 『열반경』의 네 가지 가까운 인연이니, 앞에서 이미 자주 해석한 연고로 '알 수 있다'고 하였다. (1) 처음 두 구절[1. 生病苦想 2. 生醫王想]은 곧 선지식을 가까이함이요, (2) 셋째 구절[3. 生良藥想]은 곧 바른 법을 들음이요, (3) 넷째 구절[4. 生除病想]은 곧 말한 바와 같이 수행하여 바르게 생각하고 사유함이다. 네 구절에 두루하는 연고로 구절마다 모두 이러한 생각을 일으키게 함도 또한 넷째 구절이 바르게 생각하여 사유함과 합하였다. 또한 첫째 구절은 넷을 갖춘 사람이니, 나머지 셋은 알 수 있으리라.

d) 권유하여 성취한 이익을 결론하다[結勸成益] 2.

(a) 바로 권하다[正勸] (四善 17下2)
(b) 이익을 거론하여 성취함을 해석하다[釋成] 2.
㈀ 선지식 섬긴 이익을 바로 해석하다[正釋] (後何)

㊂ 거듭하여 칭찬하다[重讚] (後復)

善男子여 汝應發如是心하며 作如是意하여 近善知識이니 何以故오 以如是心으로 近善知識하면 令其志願으로 永得淸淨이니라 復次善男子여 善知識者는 長諸善根이니 譬如雪山이 長諸藥草하며 善知識者는 是佛法器니 譬如大海가 吞納衆流하며 善知識者는 是功德處니 譬如大海가 出生衆寶하며 善知識者는 淨菩提心이니 譬如猛火가 能鍊眞金하며 善知識者는 出過世法이니 如須彌山이 出於大海하며 善知識者는 不染世法이니 譬如蓮華가 不着於水하며 善知識者는 不受諸惡이니 譬如大海가 不宿死屍하며 善知識者는 增長白法이니 譬如白月이 光色圓滿하며 善知識者는 照明法界니 譬如盛日이 照四天下하며 善知識者는 長菩薩身이니 譬如父母가 養育兒子니라

착한 남자여, 그대는 마땅히 이러한 마음과 이러한 뜻으로 선지식을 친근해야 하느니라. 왜냐하면 이러한 마음으로 선지식을 친근하면, 뜻과 원이 영원히 청정하리라. 또 착한 남자여, (1) 선지식은 착한 뿌리를 자라게 하나니, 마치 설산에서 약풀이 자라는 것 같으니라. (2) 선지식은 부처님 법의 그릇이니, 마치 바다가 여러 강물을 받아들이는 것 같으니라. (3) 선지식은 공덕이 나는 곳이니, 마치 바다에서 여러 가지 보배가 나는 것 같으니라. (4) 선지식은 보리심을 깨끗하게 하나니, 마치 맹렬한 불이 진금을 단련하는 것 같으니라. (5) 선지식은 세간법에서 뛰어나나니, 마치 수미산이 큰

바다에서 솟아나는 것 같으니라. (6) 선지식은 세상 법에 물들지 않나니, 마치 연꽃이 물에 묻지 않는 것 같으니라. (7) 선지식은 모든 나쁜 것을 받지 않나니, 마치 큰 바다가 송장을 머물러 두지 않는 것 같으니라. (8) 선지식은 흰 법을 증장케 하나니, 마치 보름달의 광명이 원만한 것 같으니라. (9) 선지식은 법계를 밝게 비추나니, 마치 밝은 해가 사천하를 비추는 것 같으니라. (10) 선지식은 보살의 몸을 자라게 하나니, 마치 부모가 아이들을 기르는 것 같으니라.

[疏] 四, 善男子汝應發如是心下는 結勸成益이라 於中에 二니 初, 正勸이요 後, 何以下는 擧益釋成이라 於中에 亦二니 先, 正釋事友之益이요 後, 復次下는 重讚友爲能益일새 故宜承事니라

■ d) 善男子汝應發如是心 아래는 권유하여 성취한 이익을 결론함이다. 그중에 둘이니 (a) 바로 권유함이요, (b) 何以 아래는 이익을 거론하여 성취함을 해석함이다. 그중에 또한 둘이니 ㉠ 선지식 섬기는 이익을 바로 해석함이요, ㉡ 復次 아래는 선지식은 이익을 주는 주체라고 거듭 칭찬하는 연고로 마땅히 받들어 섬기는 것이다.

c. 함께 결론하다[結] 2.
a) 숫자에 의탁한 명칭이 많다[寄數名多] (第三 18上9)
b) 거둠이 많음을 총합하여 결론하다[總收結多] (後我)

善男子여 以要言之컨댄 菩薩摩訶薩이 若能隨順善知識敎하면 得十不可說百千億那由他功德하며 淨十不可說

百千億那由他深心하며 長十不可說百千億那由他菩薩
根하며 淨十不可說百千億那由他菩薩力하며 斷十不可
說百千億阿僧祇障하며 超十不可說百千億阿僧祇魔境
하며 入十不可說百千億阿僧祇法門하며 滿十不可說百
千億阿僧祇助道하며 修十不可說百千億阿僧祇妙行하며
發十不可說百千億阿僧祇大願이니라

善男子여 我復略說一切菩薩行과 一切菩薩波羅蜜과 一
切菩薩地와 一切菩薩忍과 一切菩薩總持門과 一切菩薩
三昧門과 一切菩薩神通智와 一切菩薩廻向과 一切菩薩
願과 一切菩薩成就佛法이 皆由善知識力하여 以善知識
으로 而爲根本하여 依善知識生이며 依善知識出이니 依
善知識長이며 依善知識住니 善知識이 爲因緣이며 善知
識이 能發起니라

착한 남자여, 중요한 것을 말하면, 보살마하살이 만일 선지
식의 가르침을 따르면 (1) 열 곱 말할 수 없는 백천억 나유
타 공덕을 얻으며, (2) 열 곱 말할 수 없는 백천억 나유타 깊
은 마음을 깨끗이 하며, (3) 열 곱 말할 수 없는 백천억 나유
타 보살 근기를 기르며, (4) 열 곱 말할 수 없는 백천억 나유
타 보살의 힘을 깨끗이 하며, (5) 열 곱 말할 수 없는 백천억
아승지 장애를 끊으며, (6) 열 곱 말할 수 없는 백천억 아승
지 마의 경계를 초월하며, (7) 열 곱 말할 수 없는 백천억 아
승지 법문에 들어가며, (8) 열 곱 말할 수 없는 백천억 아승
지 도를 돕는 일을 만족하며, (9) 열 곱 말할 수 없는 백천억
아승지 묘한 행을 닦으며, (10) 열 곱 말할 수 없는 백천억

아승지 큰 원을 내게 되느니라.

착한 남자여, 내가 다시 간략히 말하거니와, 모든 보살의 행과 모든 보살의 바라밀다와 모든 보살의 지위와 모든 보살의 법 지혜와 모든 보살의 다라니문과 모든 보살의 삼매문과 모든 보살의 신통한 지혜와 모든 보살의 회향과 모든 보살의 서원과 모든 보살의 불법을 성취하는 것이, 다 선지식의 힘을 말미암았으니, (1) 선지식으로 근본을 삼으며, (2) 선지식을 의지하여 생기며, (3) 선지식을 의지하여 뛰어나며, (4) 선지식을 의지하여 자라며, (5) 선지식을 의지하여 머물며, (6) 선지식이 인연이 되고, (7) 선지식이 능히 발기하느니라."

[疏] 第三, 善男子以要下는 雙結誡勸二門이라 謂別說難窮일새 故로 結廣從略이라 於中에 亦二니 先, 寄數結多요 後, 我復略說下는 總收結多라 旣通一切이니 何但百千이리요 明知前云, 十不可說이 意顯無盡耳니라

■ c. 善男子以要 아래는 훈계하고 권유하는 두 문을 함께 결론함이다. 이른바 궁구하기 어려움을 개별로 설명하는 연고로 광대함은 간략함에서부터임을 결론함이다. 그중에도 또한 둘이니 a) 숫자에 의탁한 명칭이 많음이요, b) 我復略說 아래는 거둠이 많음을 총합하여 결론함이다. 이미 모두와 통함은 어찌 단지 백천 가지뿐이리요, 앞에서 말하되, "열 곱의 말할 수 없음"이라 하였으니, 의미로 그지없음을 밝힌 것일 뿐이다.

(6) 덕을 사모하여 예배하고 물러가다[戀德禮辭] (第六 18下6)

時에 善財童子가 聞善知識의 如是功德이 能開示無量
菩薩妙行하며 能成就無量廣大佛法하고 踊躍歡喜하여
頂禮德生과 及有德足하며 遶無量帀하며 殷勤瞻仰하고
辭退而去하니라
이때 선재동자는 선지식의 이러한 공덕이 한량없는 보살의
묘한 행을 열어 보이고 한량없이 광대한 부처님 법을 성취
함을 듣고, 기뻐 뛰놀면서 덕 나는 이 동자와 덕 있는 이 아
가씨의 발에 엎드려 절하고 수없이 돌고 은근하게 앙모하
며 하직하고 물러갔다.

[疏] 第六, 時善財下는 戀德禮辭니라
- (6) 時善財 아래는 덕을 사모하여 예배하고 물러감이다.

[鈔] 第二, 明會緣入實相은 竟하다
- 제2절. 인연을 모아진 진실법에 들어간 모양은 마친다.

화엄경청량소 제33권

| 초판 1쇄 발행_ 2020년 9월 1일

| 저_ 청량징관
| 역주_ 석반산

| 펴낸이_ 오세룡
| 편집_ 손미숙 박성화 김정은 김영미
| 기획_ 최은영 곽은영
| 디자인_ 김효선 고혜정 장혜정
| 홍보 마케팅_ 이주하
| 펴낸곳_ 담앤북스
    서울특별시 종로구 새문안로3길 23 경희궁의 아침 4단지 805호
    대표전화 02)765-1251 전송 02)764-1251 전자우편 damnbooks@hanmail.net
    출판등록 제300-2011-115호
| ISBN 979-11-6201-234-5 04220

정가 30,000원